O problema dos desconhecidos

Terry Eagleton

O problema dos desconhecidos
Um estudo da ética

TRADUÇÃO DE
Vera Ribeiro

2ª edição

Rio de Janeiro
2025

Copyright © 2009, Terry Eagleton

Todos os direitos reservados. Tradução autorizada a partir da edição em inglês publicada pela Blackwell Publishing Limited. A fidelidade da tradução é de responsabilidade exclusiva da Editora Record Ltda. Nenhuma parte deste livro pode ser reproduzida, sob qualquer forma, sem a autorização por escrito dos detentores dos direitos originais de publicação: Blackwell Publishing Limited.

TÍTULO ORIGINAL EM INGLÊS
Trouble with strangers: a study of ethics

PROJETO GRÁFICO DE MIOLO
Evelyn Grumach e João de Souza Leite

CAPA
Thiago Lacaz

CIP-BRASIL. CATALOGAÇÃO NA PUBLICAÇÃO
SINDICATO NACIONAL DOS EDITORES DE LIVROS, RJ

E11p   Eagleton, Terry, 1943-
2ª ed.   O problema dos desconhecidos: um estudo da ética / Terry Eagleton; tradução de Vera Ribeiro. - 2ª ed. - Rio de Janeiro: Civilização Brasileira, 2025

Tradução de: Trouble with strangers
Inclui bibliografia
ISBN 978-85-200-0948-2

1. Lacan, Jacques, 1901-1981. 2. Ética. I. Título. II. Série

10-2848   CDD: 170
                                       CDU: 17

EDITORA AFILIADA

Todos os direitos reservados. É proibido reproduzir, armazenar ou transmitir partes deste livro, através de quaisquer meios, sem prévia autorização por escrito.

Texto revisado segundo o Acordo Ortográfico da Língua Portuguesa de 1990.

Direitos desta edição adquiridos pela
EDITORA CIVILIZAÇÃO BRASILEIRA
Um selo da
EDITORA JOSÉ OLYMPIO LTDA.
Rua Argentina, 171 – 20921-380 – Rio de Janeiro, RJ – Tel.: (21) 2585-2000.

Seja um leitor preferencial Record.
Cadastre-se e receba informações sobre nossos lançamentos e nossas promoções.

Atendimento e venda direta ao leitor:
sac@record.com.br

Impresso no Brasil

2025

*Em memória de Charles Swann
Bondade infinita, coragem interminável*

SUMÁRIO

PREFÁCIO *9*

PARTE I
A insistência do imaginário *11*

INTRODUÇÃO
O estádio do espelho *13*

CAPÍTULO 1
Sentimento e sensibilidade *29*

CAPÍTULO 2
Francis Hutcheson e David Hume *53*

CAPÍTULO 3
Edmund Burke e Adam Smith *95*

PARTE II
A soberania do simbólico *123*

INTRODUÇÃO
A ordem simbólica *125*

CAPÍTULO 4
Espinosa e a morte do desejo *137*

CAPÍTULO 5
Kant e a lei moral *151*

CAPÍTULO 6
Lei e desejo em *Medida por medida* *187*

PARTE III
O reino do real *201*

INTRODUÇÃO
Desejo puro *203*

CAPÍTULO 7
Schopenhauer, Kierkegaard e Nietzsche   *223*

CAPÍTULO 8
Ficções do real   *257*

CAPÍTULO 9
Lévinas, Derrida e Badiou   *309*

CAPÍTULO 10
A banalidade do bem   *369*

CONCLUSÃO   *423*

ÍNDICE REMISSIVO   *436*

PREFÁCIO

A tese deste livro é bem direta. Consiste na afirmação de que a maioria das teorias éticas pode ser classificada num dos três registros psicanalíticos de Jacques Lacan — o Imaginário, o Simbólico e o Real — ou em alguma combinação dos três. Usando esses registros de maneira bastante genérica, procurei ponderar os pontos fortes de cada um desses tipos de pensamento ético junto com seus defeitos e contrastá-los com o que me parece ser a ética mais rica do socialismo e da tradição judaico-cristã.

Alguns de meus amigos e leitores ficarão desolados ao me verem desperdiçar meu tempo com a teologia, mais uma vez. É verdade que a religião revelou-se uma das instituições mais nocivas da história humana, porém essa narrativa sórdida de opressão e superstição fica sob o julgamento da versão de cristianismo proposta neste livro. É um paradoxo de nossa época que, ao mesmo tempo em que ela gerou vários tipos letais de fundamentalismo religioso, também deu origem a uma corrente de teologia radical — uma corrente que, ironicamente, representa um dos poucos enclaves de pensamento materialista a sobreviverem nestes tempos politicamente fragmentados e que amiúde é mais revolucionária em suas implicações políticas do que grande parte do pensamento esquerdista laico. É bem possível que constitua um desolador sinal dos tempos ser justamente à ciência de Deus que temos de recorrer para encontrar essas percepções subversivas. Mas não há razão para olharmos os dentes de cavalo dado.

"Se um homem pudesse escrever um livro de ética que realmente fosse um livro de ética", afirmou Ludwig Wittgenstein, "tal livro destruiria com uma explosão todos os outros livros do mundo."[1] Entristece-me informar que, quando levantei os olhos da última frase de meu texto, os volumes em minhas estantes continuavam intactos. Mesmo assim, confio

O PROBLEMA DOS DESCONHECIDOS

em que este trabalho faz uma contribuição original para a teoria da ética, nem que seja pelo fato de poucos desses estudos investigarem ao mesmo tempo Hume e Levinas, Burke e Badiou. É minha esperança que o livro granjeie a antipatia dos filósofos anglo-saxões, por levar os parisienses a sério, e seja desdenhado pelos parisienses, por encontrar algo de valor no pensamento inglês. Como sempre, meus mentores filosóficos — Peter Dews, Simon Critchley, Peter Sedgwick e Slavoj Žižek — salvaram um perfeito amador de alguns de seus erros e disparates costumeiros e agradeço sua gentileza de se darem ao trabalho de fazê-lo.

Caso alguém presuma que somente os de estatura moral impecável têm autoridade para escrever sobre ética, só me resta lembrar, *mutatis mutandis*, os comentários de Marx sobre seus próprios esforços, quando ele observou que ninguém tinha escrito tanto sobre o dinheiro e possuía tão pouco.

TE
Dublin, 2007

NOTA

1. Ludwig Wittgenstein, "Lecture on Ethics", *Philosophical Review*, 74 (janeiro de 1965), p. 7.

PARTE I   A INSISTÊNCIA DO IMAGINÁRIO

INTRODUÇÃO: O estádio do espelho

Nenhuma crítica cultural esquerdista das décadas de 1970 e 1980 parecia completa sem uma exposição da teoria de Jacques Lacan sobre o estádio do espelho — o momento do desenvolvimento da criança pequena em que, contemplando seu próprio reflexo num espelho, ela se delicia com a correspondência mágica entre seus movimentos e os da imagem diante de seus olhos.[1] As correspondências mágicas e as afinidades milagrosas são a matéria-prima do mito e se o ensaio de Lacan intitulado "O estádio do espelho" investigou esse mito, ele próprio transformou-se rapidamente num mito. Os limites entre a realidade e o faz de conta, afirma Lacan, ficam embotados nessa fase primitiva: o ego [moi], nossa janela para a chamada vida real, na verdade é uma espécie de ficção, ao passo que a criança diante do espelho é tida como tratando sua imagem como real, muito embora saiba que ela é ilusória. Uma ambiguidade similar aplica-se à palavra "imaginário", que significa, para Lacan, "pertinente à imagem", e não fantasioso ou irreal, mas que (tal como a teoria da ideologia com que Louis Althusser ficaria famoso por derivar dele), mesmo assim, envolve a ilusão e o engodo.

Como que de modo especular, o *status* ficcional ou de vida real da própria tese de Lacan veio a ser questionado. Pretendia o estádio do espelho ser literal ou metafórico? Será que esse autor, o mais gongórico dos intelectuais franceses, estava mesmo falando de algo tão embaraçosamente empírico quanto criancinhas? Como é que se poderia efetivamente saber o que uma criança experimentaria nessa situação? E o que dizer — para levantar o tipo de objeção pragmática da qual somente os ingleses são capazes — das sociedades que não desfrutavam do privilégio de possuir espelhos? Será que lagos ou rios também serviriam? Ou será que o verdadeiro espelho da criança seria seu genitor ou responsável, que, ao investir as diferentes partes do corpo dela (rosto, orifícios etc.) com graus variáveis de intensidade, construiria para a criança um autorretrato

O PROBLEMA DOS DESCONHECIDOS

somático? Acaso nosso corpo, assim como nosso desejo, é constituído pelo Outro? De qualquer modo, como é estranho que uma teorização tão momentosa baseie-se na que é a mais ficcional e primitiva de todas as atividades humanas: a brincadeira e a encenação! Sim, encenação, com certeza, bem como brincadeira, pois a criança que imita jubilosamente seus próprios movimentos no espelho é um mímico, um mágico minúsculo, capaz de alterar a realidade pelo simples elevar de uma das mãos; é um ator que se apresenta diante de uma receptiva plateia de um só, um artista de bolso que se delicia com sua capacidade de moldar e transformar seu produto com o estalar de um dedo ou uma virada da cabeça. Representar diante de um espelho envolve uma espécie de regressão infinita, ou *mise en abîme*, uma vez que a *Gestalt* no espelho sorri com aprovação para os esforços da criança, com isso provocando seu sorriso, o qual, por sua vez, é a deixa para outro sinal aprovador de deleite vindo da imagem refletida e assim por diante. Veremos algo dessa mesma dialética mais adiante, por incrível que pareça, na filosofia moral setecentista.

Não se trata, é claro, de que os teóricos culturais da época ficassem particularmente extasiados com o tema do desenvolvimento infantil. A importância do ensaio lacaniano residiu em sua ilustração do Imaginário — esse estranho campo do psiquismo humano em que sujeitos e objetos (se é que sequer podemos falar dessa divisão num ponto tão inicial) parecem trocar constantemente de lugar e viver a vida uns dos outros. Nesse jogo de projeção e reflexão, as coisas parecem entrar e sair umas das outras sem mediação, sentir umas às outras por dentro, com todo o imediatismo sensorial com que elas vivenciam seu próprio interior. É como se a pessoa pudesse colocar-se justamente no lugar do qual é observada ou ver-se ao mesmo tempo de dentro para fora e de fora para dentro. A psicologia mal começa a compreender os mecanismos neurais pelos quais uma criança muito pequena é capaz de imitar jocosamente a expressão facial de um adulto, num complexo conjunto de reflexões que vão de fora para dentro e de novo de dentro para fora.[2] Como escreveu Maurice Merleau-Ponty:

> Um bebê de 15 meses abre a boca quando, de brincadeira, seguro um de seus dedos entre meus dentes e finjo mordê-lo. No entanto, ele mal viu seu rosto num espelho e, de qualquer modo, seus dentes não se parecem nada com os meus. O fato é que sua boca e seus dentes, tal como ele os

O ESTÁDIO DO ESPELHO

sente por dentro, são para ele, de imediato, um aparelho com que morder e minha mandíbula, tal como vista de fora pelo bebê, é para ele, de imediato, capaz dos mesmos propósitos.[3]

O Imaginário é um campo em que as coisas nos devolvem a nós mesmos, se tivermos um eu suficientemente determinado para reconhecer isso. É um campo de antes da expulsão do paraíso, no qual o saber é rápido e seguro como uma sensação.

Nessa configuração peculiar do espaço psíquico, na qual ainda não há um eu ou centro da consciência claramente organizado, não pode haver alteridade genuína. De algum modo, minha interioridade está "por aí", como um fenômeno entre outros, enquanto qualquer coisa que exista por aí tem uma estreita relação comigo, faz parte de meu estofo interno. Entretanto, também sinto minha vida interior como alheia e distante, como se parte do meu eu fosse cativada por uma imagem e reificada por ela. Essa imagem parece capaz de exercer sobre mim um poder que provém e não provém de mim mesmo. No campo do Imaginário, portanto, não fica claro se eu sou eu mesmo ou um outro, se estou dentro ou fora de mim, atrás ou diante do espelho. Podemos imaginar isso como algo que capta um pouco da experiência do bebê amamentado pela mãe, que usa o seio dela como se fosse um órgão seu; mas também é, no que concerne aos objetos que ficam ambiguamente dentro e fora de nós, uma questão dos "objetos parciais" — partes do corpo expelidas no mundo externo (fezes, leite materno e similares) — que Melanie Klein retrata como transicionais entre o eu e o outro, o sujeito e o objeto, e que o próprio Lacan descreve como sendo justamente a matéria, o forro ou o estofo imaginário do sujeito humano.

É por isso que o Imaginário envolve o que é tecnicamente conhecido como transitivismo, no qual, como num vínculo primitivo de solidariedade, a criança pequena pode chorar quando outra leva um tombo ou dizer que ela mesma levou um tapa quando bate num companheiro. O filósofo setecentista Adam Smith interessou-se muito por esse fenômeno, sobre o qual escreveu, em sua *Teoria dos sentimentos morais*, que "quando vemos uma pancada que visa e está prestes a atingir a perna ou o braço de outra pessoa, naturalmente nos encolhemos e puxamos nosso próprio braço ou perna". O transitivismo é apenas um exemplo peculiarmente vívido da mímica solidária como tal, que, até certo ponto, continua a ser uma

O PROBLEMA DOS DESCONHECIDOS

questão do corpo, mesmo para os que conseguiram ir além das seduções do estádio do espelho. É por isso que sorrir é contagioso, ou que, como observa Smith, "quando a multidão contempla um dançarino na corda bamba, as pessoas naturalmente se contorcem, reviram e equilibram o próprio corpo, tal como veem o dançarino fazer e como sentem que deveriam fazer naquela situação".[4] Smith parece supor que essa imitação espontânea resulta do que Lacan chama de transposição imaginária, ao nos projetarmos imaginativamente no corpo do dançarino. Mas esses espectadores também são aspirantes a mágicos que, involuntariamente, buscam controlar os movimentos do dançarino com sua própria oscilação simpática, tal como a criança pequena no estádio do espelho domina exuberantemente seu próprio reflexo no exato momento em que é cativada por ele. Os espectadores de Smith continuam a ser eles mesmos, no momento em que assumem a identidade de um outro, e essa fusão é típica do registro imaginário.

O transitivismo, portanto, é uma espécie de consonância ou ressonância de corpos. Aqueles que têm fibras delicadas, observa Smith, experimentam sensações de coceira ou mal-estar ao olharem para as úlceras de um mendigo, ao mesmo tempo em que ver os olhos inflamados de outra pessoa tende a fazer nossos próprios olhos parecerem sensíveis. No fim, a única imagem satisfatória desse estado seria a de dois corpos fundidos num só, do modo como Clym Yeobright e sua mãe conversam entre si em *O retorno do nativo*, de Thomas Hardy, como se "seus discursos fossem (...) conduzidos entre as mãos direita e esquerda de um mesmo corpo". Jude Fawley e Sue Bridehead, em *Judas, o obscuro*, de Hardy, alcançam "aquela completa compreensão mútua em que cada olhar e cada gesto eram tão eficazes quanto a fala para transmitir o entendimento entre elas, (e) quase as transformava nas duas partes de um só todo". A afeição entre Walter Shandy e tio Toby, personagens de Laurence Sterne,[5] a qual é uma questão de gestos, intuição e comunhão sem palavras, é outro bom exemplo. Teremos oportunidade de retornar a essa ideia do corpo como linguagem num ponto posterior deste livro.

Há um sentido em que a versão adulta do Imaginário é a amizade. Na amizade, como assinala Aristóteles na *Ética*, o outro é e não é o próprio sujeito, de modo que essa fusão e mescla de identidades recria o estádio do espelho num nível superior. "A única alegria que tenho em ele ser meu", escreveu Montaigne em seu grande ensaio sobre a amizade, "é

O ESTÁDIO DO ESPELHO

que o *não meu é meu*."[6] Seu relacionamento com seu mais dileto amigo, acrescenta ele, não lhe deixou nada que houvesse pertencido a ambos, que fosse de seu amigo ou dele mesmo. "Se insistirem em que eu diga por que o amava", comenta o escritor, "sinto que isso só poderia exprimir-se numa resposta: porque era ele, porque era eu. (...) Uma amizade assim não tem outro modelo senão ela mesma e só pode ser comparada a ela mesma."[7] O Imaginário resiste a ser traduzido em termos racionais ou comparativos. Diferentemente do Simbólico, no qual, como veremos, a troca e a comensurabilidade são essenciais, todos os seus elementos são irredutivelmente específicos.

De modo geral, a esquerda cultural da década de 1970 só evocava o Imaginário para demonizá-lo. Por um lado, para teóricos para quem o discurso tinha-se tornado uma verdadeira obsessão, os estados pré-linguísticos mal chegavam a ser mais populares do que os bebês. Por outro, o Imaginário era uma questão de unidade, estase, semelhança, correspondência, autonomia, imitação, representação, harmonia, plenitude e totalidade e nenhum termo poderia estar menos *a la mode* para uma vanguarda cujos bordões eram a falta, a ausência, a diferença, o conflito, a fissura, a dispersão, a fragmentação e a heterogeneidade. A esquerda da época só tolerava a ideia de representação se os meios e as condições de representação fossem dados junto com ela; e tudo isso, no estádio do espelho, é ameaçadoramente suprimido.[8] Pior ainda, a representação em questão é falsa. A imagem no espelho é uma versão enganosamente unificada do corpo real e descoordenado da criança, cujo júbilo com ela provém do contraste entre esse todo idealizado e seu estado disfuncional. O espelho lhe permite uma autonomia que lhe falta na vida real. Poderíamos também especular que a criança contrasta essa aparência agradavelmente coesa com certas fantasias kleinianas do corpo infantil dilacerado, mutilado, despedaçado.

A inocência pré-egoica do estádio do espelho, portanto, parecia pronta para a desconstrução, uma vez que girava em torno do que era, na verdade, uma ideia icônica da identidade. Tratava-se de um espelho em que, segundo a expressão de São Paulo, só enxergamos por enigmas. A criança disfuncional, extasiada com sua imagem, era um exemplo tão bom de identificação falsa quanto a ideia de que todo significante, como ocorre com o ícone, ata-se por um vínculo interno a um único significado, o qual se pode dizer que representa seu sentido. No espelho, obser-

O PROBLEMA DOS DESCONHECIDOS

vam Jean Laplanche e J.-B. Pontalis, "há uma espécie de coalescência do significante com o significado".[9] O outro lugar em que se supõe que isso aconteça é conhecido como poesia, na qual, por uma espécie de *trompe l'oeil* verbal, esses dois aspectos do signo parecem indissociáveis.[10] Mas também não adianta pensar nas palavras e nos significados como separados e continuar a imaginar que eles são mais ou menos o mesmo tipo de entidade. "Aqui a palavra, ali o sentido", comenta Ludwig Wittgenstein com sarcasmo. "O dinheiro e a vaca que se pode comprar com ele. Mas contrastemos o dinheiro com seu uso."[11] Para Wittgenstein, a palavra adquire sentido através de seu uso e isso implica ela estabelecer relações regulamentadas com outros signos, numa forma específica de vida. Poderíamos sugerir que essa é sua versão do que Jacques Lacan chamaria de ordem simbólica. Só que Lacan mostra que o que se aplica aos signos aplica-se também aos sujeitos humanos. A criança pequena que imagina que sua imagem especular é a encarnação tangível de seu eu é um pré-estruturalista à moda antiga, que ainda não captou que a identidade humana, tal como os signos, é uma questão diferencial — ou seja, uma questão de assumir um lugar numa ordem simbólica, num sistema de papéis e relações em que se é uma função intercambiável, e não um animal vivo e palpitante, singular e insubstituível. Extasiado com a fantasia de estar em completa harmonia consigo mesmo, o *infans* ainda está por reconhecer que, como comenta Wittgenstein em suas *Investigações filosóficas*, não há proposição mais inútil do que a da identidade de uma coisa com ela própria. A criança pequena torna-se presa, por assim dizer, do erro filosófico de crer que há um tipo especial de certeza e acessibilidade na pessoalidade humana.

E é assim que o autorreconhecimento da criança na esfera imaginária é, na verdade, um falso reconhecimento — que age como prelúdio para a forma bem mais momentosa de falso reconhecimento com que ela deparará na ordem simbólica. Sua identidade também é uma alienação, visto que o *je*, ou sujeito, confunde seu ser esquivo com o de um mero *moi*, uma coisa determinada no espelho de sua autorreflexão. Por conseguinte, a verdade do sujeito lhe escapa — o fato de que, na floreada reformulação lacaniana de Descartes, "Penso onde não sou, logo, sou onde não penso". O bebê ainda terá de aprender que o sujeito que coincide com ele mesmo nada tem de sujeito. A pessoalidade que (presume-se) o jovem Narciso do estádio do espelho considera fixa e determinada é, na verda-

O ESTÁDIO DO ESPELHO

de, fissurada e imperfeita. Tal como o processo em si de significação, é movida por sua própria incompletude.

A oposição do Imaginário, na qual cada termo (bebê e imagem) depende simbioticamente do outro, acaba tendo de ser rompida ou triangulada. E esse, para Lacan, é o momento edipiano. O recinto imaginário tem de ser escancarado para a ação da diferença e da alteridade. A criança pequena precisa irromper pelo espelho de seu falso reconhecimento para emergir no terreno do intersubjetivo, o único no qual pode negociar uns parcos retalhos de verdade. Para Hegel, de quem deriva boa parte do pensamento de Lacan, a transição de um estado para outro tem uma dimensão ética. O sujeito tem de se desacostumar de se tomar por uma entidade autônoma e, em vez disso, confessar sua dependência dos outros no campo da intersubjetividade — um campo que Hegel chama de *Geist* e Lacan denomina de Outro ou ordem simbólica. Nas palavras de Lacan, isso envolve, no que tem de mais completo, a "aceitação total do sujeito por outro sujeito".[12] Não se trata de um ideal de reciprocidade humana que ele tenha mantido por muito tempo. Devemos parar de derivar do outro a nossa autoimagem, como fazemos no Imaginário, e passar a extraí-la do Outro (o campo da sociabilidade como um todo), como fazemos no Simbólico. Para Hegel, as formas mais elementares da vida humana envolvem uma absorção não reflexiva numa ordem social fechada, que não fica muito longe do Imaginário lacaniano. Somente quando alguém se aventura nas trocas intersubjetivas do Simbólico é que pode conscientizar-se de si mesmo como indivíduo. Mais adiante, porém, veremos que essa conquista, aos olhos de Lacan, nunca está muito longe da catástrofe.

Para a vanguarda cultural da década de 1970, essa troca de registros ontológicos foi mais política do que ética. A ideia não era reforçar o sujeito burguês, erguendo um espelho diante de seu olhar envaidecido, mas lançá-lo numa crise permanente. A política era uma questão de ideologia; a ética, uma questão de prática cultural revolucionária. O que nos faz ser o que somos — a falta, o Real, o recalcamento, a castração, a Lei do Pai, as leis invisíveis da formação social — tudo isso estava além da representação. Eram as fraturas e pontos cegos no espelho da consciência — um fenômeno tradicionalmente concebido, ele próprio, em termos especulares ("reflexão", "especulação", "contemplação"). Nas palavras do conde de Shaftesbury, "Toda criatura pensante ou reflexiva

O PROBLEMA DOS DESCONHECIDOS

é obrigada, por natureza, a suportar a revisão de sua mente e seus atos e a ver representações dela mesma e de seus assuntos íntimos, que lhe são óbvias, passarem constantemente diante de seus olhos e girarem em sua mente".[13] A autorreflexão, nesse sentido, é uma espécie de Imaginário interno — uma questão de nos contemplarmos no espelho da mente, um teatro mental no qual passamos como atores diante de nossos próprios olhos de espectadores, como se fôssemos outra pessoa. Era esse ensimesmamento meio arrogante que, aos olhos da esquerda, precisava ser estilhaçado, descentrando o sujeito imaginário, para que alguma coisa dos determinantes reais de nossa vida viesse a ser exposta.

"Uma *imagem* nos manteve cativos", escreveu Wittgenstein nas *Investigações filosóficas*, "e não pudemos sair dela, pois estava em nossa linguagem e a linguagem pareceu repeti-la para nós inexoravelmente."[14] Se a criança de Lacan é cativada por uma imagem ou eu ideal, seduzida como o trabalhador alienado de Marx por um poder que não reconhece como próprio, o adulto verbalmente enfeitiçado de Wittgenstein torna-se vítima das estruturas intrinsecamente reificadoras de nossa gramática, que forjam identidades espúrias entre o que na verdade não passa de uma trama de diferenças. Friedrich Nietzsche era exatamente da mesma opinião, tendo escrito que o pensamento ficava aprisionado "no feitiço de certas funções gramaticais".[15] Para Wittgenstein, essa é uma forma crônica de falsa consciência, visto que a linguagem é homogeneizadora — do mesmo modo que o Imaginário, para Lacan, não é uma simples fase que possamos superar, como chupar o dedo, mas a própria estrutura interna do eu e, portanto, uma dimensão inerradicável de toda a experiência humana. Esses gritinhos e essas cabriolas infantis diante do espelho permanecem vivos em todos os nossos investimentos libidinais posteriores, à medida que nos identificamos com os tipos de objetos que exibem alguma semelhança tranquilizadora com nós mesmos. "É em torno da sombra errante de seu eu", sugere Lacan, "que se estruturam todos os objetos do mundo (humano)."[16] Aquilo de que necessita a criança do estádio do espelho para se tornar uma pessoa é algo de que nós, adultos mistificados pela linguagem, também precisamos — um requisito resumido na citação do *Rei Lear* que Wittgenstein pensou em usar como epígrafe em suas *Investigações*: "Eu vos ensinarei a distinguir as pessoas."

A interminável cura pela fala que Wittgenstein conhecia como filosofia é o que nos permite desfetichizar nossos significados. Para ele, a

22

O ESTÁDIO DO ESPELHO

filosofia é uma espécie de terapia que nos permite libertar aqueles portentosos significantes rígidos e isolados em que ficamos presos, como um punhado de sintomas neuróticos, devolvendo-os ao jogo das diferenças que constitui uma forma de vida. Ou então, como diz Wittgenstein em outro texto, devolvendo-nos do gelo puro para o terreno irregular. "Quando os filósofos usam uma palavra — 'saber', 'ser', 'objeto', 'eu', 'proposição', 'nome'", adverte ele, "e tentam apreender a *essência* da coisa, devemos sempre perguntar-nos: algum dia a palavra já foi realmente usada dessa maneira no jogo de linguagem que é sua morada original? O que *nós* fazemos é trazer de volta as palavras de seu uso metafísico para seu uso cotidiano."[17]

É claro que há uma gigantesca diferença entre as meditações caseiras de um Wittgenstein, que, no que têm de menos impressionante, meramente consagram o lugar-comum, e as lucubrações barrocas de um Lacan. No entanto, a meta do psicanalista também é devolver os significados perdidos àqueles que ficaram atolados numa dificuldade e cujo discurso, consequentemente, tornou-se rígido e repetitivo. Desatar o nó de uma neurose e deslindar uma significação reificada não são atividades dessemelhantes. No cenário da análise, podem formar aspectos de uma mesma prática. Um dos papéis da psicanálise é libertar-nos de fantasias ou repetições compulsivas em que nos tenhamos fixado, convertendo o emperramento ou obstáculo que existe no núcleo do ser na pedra angular de uma nova forma de vida.[18]

O estádio do espelho, portanto, nunca foi exatamente um estado de inocência paradisíaca. Ao contrário, em certo sentido ele é um instantâneo da Queda, no ato de sua ocorrência. Por um lado, o próprio narcisismo envolve uma certa autoagressão e repulsa por si mesmo. Por outro, o embotamento das fronteiras entre os sujeitos responde tanto pela rivalidade quanto pela harmonia. É o tipo de identidade com antagonismo que podemos observar no estado paranoide, no qual a figura persecutória é, a um só tempo, o próprio sujeito e um obscuro *alter ego*. É a isso que Kierkegaard se refere como "simpatia antipática" em *O conceito de angústia*.[19] O semelhante, observa Freud em seu "Projeto para uma psicologia científica", talvez pensando principalmente num irmão ou irmã, tanto é nosso primeiro objeto gratificante quanto o primeiro objeto hostil. Alguns de seus traços (o rosto, por exemplo), diz Freud, podem ser estranhos e ameaçadores, mas outros — como o movimento das mãos

— evocarão uma similaridade. Nesse aspecto, é interessante assinalar que a palavra "emular" significa rivalizar e imitar, igualar e superar. "Aquele com quem se briga é o que mais se admira", comenta Lacan, citando inconscientemente Oscar Wilde.[20] O eu ideal, que é como seu próprio reflexo avulta aos olhos do bebê, é aquele que se tem de matar.

Imersa num conluio absurdo com sua própria imagem e com os objetos que a cercam, a criança pequena procura dissolver esse estado de inércia por meio da agressão. Podemos imaginá-la, dominada pelo transitivismo, passando incessantemente do papel do caçador para o da caça ou ocupando as duas posições ao mesmo tempo.[21] Na *Dialética do esclarecimento*, Max Horkheimer e Theodor Adorno falam do desejo mimético de fusão com o mundo, mas também do medo que o sujeito tem de ser possuído por forças estranhas, um medo que pode ser gerado por esse desejo. Numa passagem curiosa e bastante sinistra, Martin Heidegger escreve que, na Primeira Guerra Mundial, os soldados de ambos os lados do conflito podiam encontrar-se cara a cara no *front* e, com isso, passavam a se identificar uns com os outros, "fundindo-se num só corpo" (nas palavras de Ernst Jünger).[22] Nenhum encontro imaginário desse tipo foi possível, lamenta Heidegger, no contexto mecanizado da Segunda Guerra Mundial. Uma briga corpo a corpo é mais satisfatoriamente simbiótica do que a tarefa ignobilmente impessoal de trucidar uns aos outros a longa distância.

Na visão de Lacan, o estádio do espelho assinala a emergência inicial do eu [*moi*], função que não passa de uma forma de autoalienação. A própria consciência é uma estrutura de desreconhecimento. O reflexo especular reificado da criança torna-se o protótipo de todas as identificações narcísicas posteriores que compõem o eu. "O eu de que falamos", observa Lacan, "é absolutamente indistinguível das captações imaginárias que o constituem da cabeça aos pés."[23] Essa "estrutura rígida", que nos é a um tempo íntima e externa como uma cota de malha, é uma miragem de união e solidez e, como tal, serve para mascarar a verdade de que o sujeito é mais não ser do que ser. O Imaginário, em suma, é uma espécie de ideologia.

É exatamente assim que o mais espetacular fracasso entre os pacientes de Lacan, o filósofo marxista Louis Althusser, interpreta o campo do Imaginário, usando o termo no sentido lato que adotaremos neste estudo.[24] Para Althusser, a ideologia é uma forma de des-reco-

O ESTÁDIO DO ESPELHO

nhecimento imaginário na qual sujeito e objeto, ou o eu e o mundo, parecem talhados um para o outro. Em vez de ser de uma indiferença impassível a nossas metas, o mundo parece ter familiaridade conosco e se conformar obedientemente a nossos desejos, curvando-se aos nossos gestos com a obsequiosidade de um reflexo no espelho. Todavia, como essa imagem é consoladoramente coesa, como no caso do bebê lacaniano, o eu e a realidade social são erroneamente percebidos de uma só vez. Visto em termos teóricos, o sujeito humano é uma entidade tão descentrada quanto a criança caótica diante do espelho, mera função dessa ou daquela estrutura social. No entanto, como essas criaturas desgrenhadas seriam incapazes de uma ação dotada de propósito, o campo imaginário da ideologia intervém para dotá-las de um senso de unidade e autonomia. Só assim elas se tornam agentes históricos, seja qual for o seu matiz político. Por esse ponto de vista, a revolução bolchevique envolveu a esfera da ideologia tanto quanto o faz uma parada do dia de São Patrício.

Chamar o sujeito da ideologia de "imaginário" é afirmar que, tal como a criança diante do espelho lacaniano, ele sente o mundo como parte de sua substância interna, centrado nele, espontaneamente oferecido a ele, atado a ele por um vínculo interno. A ideologia, segundo essa visão, é um tipo bem obtuso de antropocentrismo. "Todos nascemos na estupidez moral", escreve George Eliot em *Middlemarch*,[25] "tomando o mundo como uma teta para alimentar nosso eu supremo." A ideologia reinventa o Imaginário no nível da sociedade como um todo, para aqueles sujeitos humanos plenamente evoluídos que, de outro modo, poderiam se aperceber, com um *frisson* de susto, de que o mundo não lhes deve nada e lhes é tão indiferente quanto as variações do tempo. Preso nessa ilusão cômoda, o sujeito pode ter a certeza de que a sociedade o reivindica de maneira especial, destaca-o como singularmente precioso e, por assim dizer, dirige-se a ele pelo nome. Ao nos convocar do amontoado de cidadãos sem rosto que nos cercam e ao nos voltar benignamente a face, o supersujeito da ideologia fomenta em nós a lisonjeira convicção de que a realidade não poderia funcionar sem a nossa presença e ficaria inconsolavelmente aflita ao nos ver deixar a vida, exatamente como podemos imaginar que o bebê amamentado ao seio acredita numa fantasia berkelianista de que, se desaparecesse, tudo o mais desapareceria com ele num trovão.

O PROBLEMA DOS DESCONHECIDOS

Há alguns problemas espinhosos na teoria de Althusser, mas não pretendo examiná-los aqui.[26] Em vez disso, quero explorar os paralelos entre essas ideias psicanalíticas modernas e o que se poderia chamar de ética imaginária de alguns moralistas ingleses do século XVIII. Antes de chegarmos a isso, entretanto, devemos fazer um desvio pelo tema do sentimentalismo setecentista.

NOTAS

1. Ver "The Mirror Stage as Formative of the Function of the I as Revealed in Psychoanalytic Experience", *in* Jacques Lacan, *Écrits: A Selection* (Londres, 1977) ["O estádio do espelho como formador da função do eu tal como nos é revelada na experiência psicanalítica", in *Escritos*, trad. Vera Ribeiro, Rio de Janeiro: Jorge Zahar Editor, 1998, p. 96-103].

2. Ver Sandra Blakeslee, "Cells That Read Minds", *New York Times*, 10 de janeiro de 2006.

3. Maurice Merleau-Ponty, *Phenomenology of Perception* (Londres, 1966), p. 352 [*Fenomenologia da percepção*, trad. Carlos A. Ribeiro de Moura, São Paulo: Martins Fontes, 1994].

4. Adam Smith, "The Theory of Moral Sentiments", *in* L. A. Selby-Bigge (org.), *British Moralists*, vol. 1 (Nova York, 1965), p. 258 [*Teoria dos sentimentos morais*, trad. Lya Luft, São Paulo: WMF/Martins Fontes, 1999].

5. Ver L. Sterne, *A vida e as opiniões do cavalheiro Tristam Shandy*, trad. José Paulo Paes, São Paulo: Companhia. das Letras, 2ª ed., 1998. (*N. da T.*)

6. Montaigne, *Essays* (Harmondsworth, 1979), p. 98 [*Os ensaios*, livros I e II, trad. Rosemary Costhek Abílio, prefácio de V.-L. Saulnier, São Paulo: Martins Fontes, 2000].

7. Idem, p. 97.

8. A revista britânica de cinema *Screen*, que publicou alguns trabalhos admiravelmente pioneiros, é típica do vanguardismo cultural da época.

9. J. Laplanche e J.-B. Pontalis, *The Language of Psycho-Analysis* (Londres, 1980), p. 210 [*Vocabulário da psicanálise*, trad. Pedro Tamen, Lisboa, Moraes Eds., 4ª ed., 1977].

10. Ver Terry Eagleton, *How to Read a Poem* (Oxford, 2006), cap. 2.

11. Ludwig Wittgenstein, *Philosophical Investigations* (Oxford, 1963), p. 49 [*Investigações filosóficas*, trad. Marcos G. Montagnoli, 3ª ed., Petrópolis: Vozes/Bragança Paulista: Edusf, 2005].

O ESTÁDIO DO ESPELHO

12. Jacques Lacan, *Le Séminaire, Livre I: Les écrits techniques de Freud* (Paris, 1975), p. 242 [*O Seminário*, livro 1, *Os escritos técnicos de Freud*, trad. Betty Milan, Rio de Janeiro: Jorge Zahar Editor, 1979].

13. Shaftesbury, *An Inquiry Concerning Virtue or Merit*, in L. A. Selby-Bigge (org.), *British Moralists* (Nova York, 1965), vol. I, p. 45.

14. Idem, p. 48.

15. Citado em Manfred Frank, *What is NeoStructuralism?* (Mineápolis, 1989), p. 208.

16. Citado em Peter Dews, *Logics of Disintegration* (Londres, 1987), p. 59.

17. Wittgenstein, *Philosophical Investigations*, p. 48e [*Investigações filosóficas*, op. cit.].

18. Ver Eric Santner, *The Psychotheology of Everyday Life* (Chicago, 2001), para uma discussão esclarecedora sobre essa questão.

19. Søren Kierkegaard, *O conceito de angústia*, trad. Torrieri Guimarães, São Paulo: Hemus Liv. Ed., 1968. (*N. da T.*)

20. Jacques Lacan, "Desire and the Interpretation of Desire in *Hamlet*", *Yale French Studies 55/56* (New Haven, 1907), p. 31.

21. Ver Frederic Jameson, "Imaginary and Symbolic in Lacan", *Yale French Studies, 55/56* (New Haven, 1997), p. 356.

22. Ver Jacques Derrida, *The Gift of Death* ["O dom da morte"] (Chicago e Londres, 1996), p. 16.

23. Citado em Dews, *Logics of Disintegration*, p. 57.

24. Ver Louis Althusser, "Ideology and Ideological State Apparatuses", in *Lenin and Philosophy* (Londres, 1971) [*Ideologia e aparelhos ideológicos do Estado*, trad. Joaquim J. Moura Ramos, Lisboa: Editorial Presença, 1970].

25. George Eliot, *Middlemarch: um estudo da vida provinciana*, trad. e prefácio de Leonardo Fróes, Rio de Janeiro: Record, 1998. (*N. da T.*)

26. Para uma discussão crítica, ver meu livro *Ideology: An Introduction* (Londres, 1991), cap. 5 [*Ideologia: uma introdução*, trad. L. C. Borges e Silvana Vieira, São Paulo: Boitempo/ Unesp, 1997].

CAPÍTULO 1   Sentimento e sensibilidade

Hoje em dia, é lugar-comum reconhecer que o século XVIII foi uma era tanto dos sentimentos quanto da razão. Certamente houve uma boa dose de choramingos, desmaios, tremores, formigamentos, fungadas, explosões efusivas, rubores e derretimentos que estavam na moda.[1] A sensibilidade, palavra-chave da época, representava uma espécie de retórica do corpo, uma semiótica social de enrubescimentos, palpitações, lágrimas, desfalecimentos e coisas similares. Era também a resposta da época ao dualismo filosófico, uma vez que, para a ideologia dos sentimentos, corpo e alma conviviam com o mesmo aconchego de uma jaqueta e seu forro. Como uma espécie de materialismo primitivo, a sensibilidade setecentista é um discurso de fibras e terminações nervosas, vapores e fluidos, latejos e vibrações, excitações e irritações. "Sentimento", observou Vicesimus Knox, "é uma palavra da moda, usada em substituição a 'processos mentais' e que cheira muito a materialismo."[2] De fato, a própria palavra *feeling*,[3] que tanto pode significar uma sensação física quanto um impulso emocional, o ato de tocar e o evento de vivenciar, forneceu à época um elo entre a excitação das fibras nervosas e os movimentos sutis do espírito.

A romancista irlandesa Sydney Owenson (*Lady* Morgan) deplora, em suas memórias, sua "infausta organização física, essa susceptibilidade nervosa a toda e qualquer impressão, que me circulava por todo o corpo e tornava sensível o sistema inteiro",[4] mas, na verdade, está apenas se gabando de como é compassiva. Seu marido, *Sir* Charles Morgan, escreveu um tratado de fisiologia, talvez influenciado pela observação de sua esposa intensamente impressionável. Os *Principia* de Isaac Newton, sem diferirem muito do excêntrico livro *Siris*, do bispo Berkeley, consideram que a criação inteira é permeada pelo espírito sutil do éter, que cria sensações ao fazer os nervos vibrarem. A sensibilidade é o ponto em que o corpo e a mente se fundem. Passa a ser o sistema nervoso, e não a alma,

O PROBLEMA DOS DESCONHECIDOS

que faz a mediação entre os reinos material e imaterial. A moral corre o risco de ser suplantada pela neurologia. Laurence Sterne satiriza a sensibilidade como uma espécie de patologia social em *Uma viagem sentimental*,[5] embora ele mesmo ofereça uma abundante dose dessa matéria. Para seus inúmeros críticos, o culto dos sentimentos é uma marca dos neurastenicamente supercivilizados.[6] O Homem Sentimental é um pelicano moral que se alimenta de suas próprias emoções refinadas.

Em contraste com a frígida altivez do aristocrata, um culto burguês da misericórdia, da benevolência e da solidariedade foi persistentemente fomentado. Richard Steele escreveu:

> Por um encantamento secreto, lamentamos com os desafortunados e nos rejubilamos com os que estão felizes, pois não é possível ao coração humano ter aversão a nada que seja humano; ao contrário, pela própria aparência e gesticulação dos alegres e dos aflitos, nós nos elevamos ou descemos ao estado em que eles se encontram; e visto que a alegria é comunicativa, é razoável que a tristeza seja contagiosa, sendo ambas vistas e sentidas num relance, pois os olhos de um homem são, para outro, óculos com que ler seu coração.[7]

Temos aí alguns dos elementos primordiais do Imaginário: uma projeção ou transposição imaginária para o interior do corpo de outrem; a mimese física de "pela própria aparência e gesticulação (dos semelhantes), nós nos elevamos ou descemos ao estado em que eles se encontram"; o "contágio" pelo qual dois sujeitos humanos compartilham a mesma situação interna; o imediatismo visual com que o estado interno do outro é comunicado, de tal sorte que o interior parece inscrito no exterior; e a troca de posições ou identidades ("os olhos de um homem são, para outro, óculos...").

Ou então, consideremos este enunciado extraído dos *Sermões* de Joseph Butler:

> Por natureza, a humanidade é tão estreitamente unida, tamanha é a correspondência entre as sensações íntimas de um homem e as de outro, que a desonra é tão evitada quanto a dor física e ser objeto de estima e amor é tão desejado quanto qualquer bem externo (...). Há no ser humano um tal princípio natural de atração pelo ser humano que ter percorrido o

SENTIMENTO E SENSIBILIDADE

mesmo pedaço de chão, ter respirado o mesmo clima ou ter meramente nascido num mesmo distrito ou divisão artificial dão ensejo a que se travem conhecimentos e amizades, depois de decorridos muitos anos (...). Os homens são a tal ponto um só corpo que, de uma forma peculiar, sentem uns pelos outros a vergonha, o perigo repentino, o ressentimento, a honradez, a prosperidade, a aflição (...).[8]

Mais uma vez, aí nos são oferecidos alguns dos componentes principais do Imaginário: correspondência, troca de sensações internas, fusão de dois corpos e um princípio quase mágico de magnetismo, junto com um descaso bastante exclusivista pela diferença, o qual presume que os outros são feitos exatamente do mesmo estofo interno que o próprio indivíduo. Aliás, para a *Ética a Nicômaco*, de Aristóteles, esses sentimentos afetuosos devem-se tanto à própria pessoa quanto a outrem. Só os que têm para consigo uma disposição amistosa, afirma Aristóteles, são realmente capazes de amar aos outros, ao passo que os que não sentem afeição por si mesmos "não têm uma consciência solidária de suas próprias alegrias e tristezas".[9] O corolário necessário de tratar o outro como a si mesmo é tratar a si mesmo como ao outro. Para Aristóteles, a situação em que essas duas coisas ocorrem em termos um do outro é conhecida como amizade.

Antes de nos aprofundarmos mais na ideia butleriana de correspondências internas, porém, precisamos investigar um pouco mais o seu contexto social. Na cultura dos sentimentos, as virtudes da civilidade, da submissão à esposa e do espírito jovial procuram expulsar os valores mais bárbaros do militarismo e da arrogância masculina, próprios da classe alta.[10] Elas se voltam igualmente contra a circunspecção sem refinamento do puritano pequeno-burguês. "A amável virtude do humanitarismo", observa Adam Smith, "exige uma sensibilidade que vai muito além da possuída pelo vulgo grosseiro da humanidade."[11] A delicadeza do sistema nervoso torna-se um indicador razoavelmente fidedigno da classe social. Um novo tipo de heroísmo antiaristocrático, centrado no homem dócil, no marido casto e no empresário civilizado, entra na ordem do dia e atinge sua consumação num puritano inexprimivelmente maçante: *Sir* Charles Grandison, o último e menor dos protagonistas de Samuel Richardson e uma espécie de Jesus Cristo de culotes. Dá-se um aburguesamento geral da virtude: Francis Hutcheson oferece como tipos a serem enaltecidos

O PROBLEMA DOS DESCONHECIDOS

não apenas o príncipe, o estadista e o general, mas "o comerciante honesto, o amigo generoso, o conselheiro fiel e prudente, o vizinho caridoso e hospitaleiro, o marido terno e pai afetuoso, o companheiro sereno, mas bem-humorado".[12] Trata-se, na expressão de Raymond Williams, do "contraste entre a piedade e a pompa".[13] A moderação, o cavalheirismo e a jovialidade são armas a brandir contra os Dissidentes carrancudos e os rufiões belicosos da aristocracia rural à moda antiga. Adam Smith vê o egoísmo econômico como uma espécie de deslocamento ou sublimação da luxúria, da sede de poder e da ambição militar do *Ancien Régime*, enquanto Francis Hutcheson distingue um desejo "sereno" de riqueza das paixões mais turbulentas. O conde de Shaftesbury fala com admirável brandura da posse da riqueza como "a paixão que se estima particularmente *interessante*";[14] já Montesquieu, cujo *Espírito das leis* é a fonte de grande parte de sua filosofia do *doux commerce*, tem uma fé comovente no poder civilizador das letras de câmbio.

Isso também nos faz pensar no célebre comentário de Samuel Johnson de que o homem nunca está dedicado a uma atividade tão inofensiva quanto ao ganhar dinheiro — um comentário que serve para mostrar que uma falsidade, se proclamada com suficiente autoridade, deixa instantaneamente de parecer falsa. No que concerne à vida econômica, o filósofo iluminista escocês John Millar confina até mesmo o proletariado no projeto sentimentalista, incorporando-o a um único sensório social ou comunidade de sentimentos. Quando os trabalhadores são reunidos em massa pelo mesmo emprego e o "mesmo intercâmbio", afirma ele, "tornam-se aptos, com grande rapidez, a comunicar todos os seus sentimentos e paixões" e com isso são lançadas as bases da solidariedade plebeia.[15] Para a classe média inglesa de uma era histórica posterior, essa solidariedade mais viria a se revelar uma fonte de angústia do que de edificação.

Nessa feminização difundida da cultura inglesa, o emocional e o pacífico tornaram-se as insígnias de uma burguesia cujos objetivos comerciais pareciam ficar mais garantidos mediante o decoro social e a tranquilidade política. A sensibilidade foi, entre outras coisas, uma resposta ao sectarismo sanguinário do século anterior, que havia ajudado a moldar o *status quo* político, mas que, tendo realizado seu trabalho subversivo, devia, como muitas heranças revolucionárias, ser apagado da memória e atirado no inconsciente político. Num patriarcado ainda despótico, havia incita-

SENTIMENTO E SENSIBILIDADE

ções a um aprofundamento dos laços afetivos entre homens e mulheres, junto com a emergência da "infância" e a celebração do companheirismo espiritual no casamento.[16] Uma animada confiança na providência cristã viria a expulsar o fatalismo pagão à moda antiga. Um estilo de moderação artificial foi criado por comentaristas sociais como Joseph Addison e Richard Steele — um estilo que, aos olhos de sucessivas gerações, pareceria a própria essência do britanismo. A quem a ele se entregasse da maneira apropriada, o sentimentalismo permitia ser ardente ou arrebatado, animado ou lacrimoso, sem por um momento violar o decoro. Era isso que Marianne Dashwood, a personagem emocionalmente brusca de Jane Austen em *Razão e sentimento*,[17] ainda não havia aprendido.

No campo das ideias, um empirismo militante procurou desacreditar os sistemas racionalistas com muito pouco sangue nas veias e, em vez deles, abraçou a matéria bruta da sensação subjetiva. Os conceitos deveriam enraizar-se no solo áspero da experiência vivida, onde o burguês honesto sentia-se bem mais à vontade do que no gelo puro da especulação metafísica. Era um modo de filosofar apropriado para uma época que assistiu ao surgimento do romance. A percepção e a sensação — o próprio corpo humano — encontravam-se na origem de todas as nossas especulações mais complexas. Enquanto isso, animados pela prosperidade econômica e pelas vitórias políticas da nação, muitos membros da intelectualidade sentiram-se livres para cultivar uma confiança otimista na bondade da natureza humana. Um ar xaroposo e convencido de benevolência e humanitarismo inundava as agremiações, os periódicos e os cafés. Apesar da prevalência da maldade, da inveja e da competição na sociedade, o filósofo escocês Adam Ferguson ainda conseguia acreditar que "o amor e a compaixão [eram] os princípios mais poderosos no coração humano".[18]

A sensibilidade e o sentimentalismo foram, por assim dizer, a guinada fenomenológica do século XVIII — o equivalente, no campo das emoções, à guinada para o sujeito constituída pela introspecção e pelo individualismo possessivo dos protestantes. Em publicações de extraordinária influência, como as revistas *Tatler* e *Spectator*, a sensibilidade assumiu uma forma programática, à medida que o leitor sem refinamento se submetia a um curso intensivo de civilidade. Essa forma de jornalismo, com sua hábil mescla de graça e seriedade, representou uma nova espécie de política cultural, educando conscientemente o público leitor nas virtu-

O PROBLEMA DOS DESCONHECIDOS

des de moderação, simplicidade, decoro, não violência, cavalheirismo e afeição conjugal. "Faz muito tempo que alimento a ambição de fazer da palavra Esposa o substantivo mais agradável e encantador da natureza", escreveu Steele na edição número 40 da *Spectator*. Pessoalmente, ele estava longe de ser um poço de virtudes: bebia demais, matou um homem num duelo, conheceu por dentro a prisão dos devedores, casou-se com uma viúva por dinheiro e foi denunciado na Câmara dos Comuns por crime contra a segurança do Estado. No entanto, o alcance de sua autoridade cultural, ao lado da de Addison, ia da reforma do vestuário às homilias contra os duelos, das formas de tratamento elegantes aos louvores ao comércio.[19] Na galeria de figuras sociais exemplares do jornalismo praticado por esses autores havia Citadinos, Fungões, Farristas, Livrespensadores, Embonecados e Muito Embonecados.

Os códigos morais viriam a ser estetizados, praticados como estilo, graça, espirituosidade, leveza, refinamento, franqueza, discrição, afabilidade, bom humor, gosto pelo convívio social, liberdade e desenvoltura, e ainda despretensão cortês. Em seu livro *An Inquiry Concerning Moral Good and Evil* ["Indagação sobre o bem e o mal morais"], Francis Hutcheson recomenda como virtudes quase morais "a roupa bem cuidada, a postura clemente, o prazer de despertar alegria nos outros", juntamente com a meiguice, a moderação, a vivacidade, a ternura, uma certa pose e "um *je ne sais quoys* [sic]".[20] Isso está muito longe da filosofia moral de Platão ou Kant. Como na ficção de Richardson ou Austen, alguns detalhes empíricos soltos podem revelar-se moralmente portentosos: é na dobra de um dedo ou no talhe de um colete que se podem revelar inclinações virtuosas ou imorais — ideia que teria parecido absurda a Leibniz. Para Hutcheson, o corpo e, em especial, o rosto expressam diretamente o estado moral de seus possuidores, de modo que, à maneira do Imaginário, os interiores e exteriores são facilmente reversíveis e de uma continuidade ininterrupta. Nessa união dos bons modos com a moral, os estados de consciência são questões quase materiais, visivelmente inscritas nas superfícies da conduta humana, encarnadas no andar excessivamente servil ou na inclinação altiva demais da cabeça. Dickens viria a herdar essa espécie de antidualismo. Os personagens mais admiráveis de Jane Austen revelam um senso íntimo do decoro externo, desmantelando a oposição entre amor e lei, espontaneidade e convenções sociais.[21] A *politesse* impera de fio a pavio: civilidade significa não apenas não cuspir

SENTIMENTO E SENSIBILIDADE

na garrafa de xerez, mas também não ser grosseiro, arrogante nem emocionalmente desprovido de tato.

O culto dos sentimentos era o fator gerador de bem-estar numa nação mercantil bem-sucedida, mas tanto constituía uma força social quanto um estado de espírito. Os sentimentos podiam azeitar as rodas do comércio, permitindo que o poeta e romancista Henry Brooke, nascido na Irlanda, escrevesse em tom entusiástico sobre como o mercador "faz convergirem as mais remotas regiões (...) e com isso une numa só família e tece numa mesma rede a afinidade e a fraternidade de todos os homens".[22] (Como figura vorazmente mercenária, que escrevia panfletos pró-catolicismo por dinheiro, apesar de suas ideias destemidamente anticatólicas, Brooke entendia uma ou duas coisinhas sobre o mercado.) Aí está, em síntese, a ideologia do chamado humanismo comercial, para o qual a proliferação do comércio e a geração de simpatias humanas eram mutuamente enriquecedoras.[23] Laurence Sterne usou a expressão "comércio sentimental" tendo bem presente seu significado econômico. As relações econômicas entre os homens aprofundavam suas simpatias mútuas, aparavam suas arestas provincianas e tornavam os canais de comércio mais livres de atrito e mais eficientes. Como uma espécie de versão material da conversa civilizada, o comércio tornava o indivíduo mais dócil e gregário — uma doutrina em que os sócios de Moll Flanders, de Defoe ou do Sr. Bounderby, de Dickens,[24] talvez tivessem dificuldade de acreditar. A riqueza comercial, dispersiva e volátil, tinha afinidade com o avanço e recuo das simpatias humanas e a mesma característica de inconstância fornecia um imponente contrapeso à insolência do poder autocrático.

Mas esses rituais do coração tinham sua faceta utópica, assim como a ideológica. A sensibilidade, por incrível que pareça, talvez tenha sido a mais engenhosa crítica da racionalidade iluminista que a cultura britânica pré-romântica conseguiu montar. Os sentimentos talvez lubrificassem as engrenagens do comércio, mas também ameaçavam descarrilar o projeto inteiro, em nome de uma visão menos crassamente egocêntrica da sociedade humana. O homem de sentimentos, comentou Janet Todd, "não entra na ordem econômica que condena; recusa-se a trabalhar para se aprimorar ou aperfeiçoar a sociedade".[25] Há um certo cheiro do *flâneur* benjaminiano no Homem de Sentimentos, cuja profusão de sensibilidade e cuja recusa pedante ou generosa a ser calculista ia de encontro a uma ordem flagrantemente utilitária. Sua displicência com a proporção e seu

O PROBLEMA DOS DESCONHECIDOS

hábito de dar por dar representavam um ataque implícito à doutrina do valor de troca, muito semelhante às extravagâncias posteriores de um Oscar Wilde. Ao mesmo tempo, a desproporção era exatamente o que os críticos do sentimentalismo tinham dificuldade de engolir: o excesso de sensibilidade significava uma incapacidade de discernir o central do marginal, visto que o "sentimento" em si não dava nenhum indício dessas distinções vitais. O sentimentalismo e a literatura por ele produzida tendiam a ser caprichosos, digressivos e idiossincráticos, preferindo o brilho pálido de uma campânula-branca a uma reforma dos presídios. Tratava-se, em todos os sentidos, de uma ética suntuosa.

Mas havia necessidade dessa relação afetiva numa ordem social que já não era mantida por um Estado absolutista. A sociedade individualista requeria uma estrutura de solidariedade para conter seus apetites anárquicos. Caso contrário, esses apetites correriam o risco de subverter as próprias instituições que lhes permitiam florescer. Tratava-se, no entanto, de uma harmonia cada vez mais difícil de encontrar, dado que as relações sociais corriam o risco de ser reduzidas ao puramente contratual, o poder político arriscava reduzir-se ao instrumental e os próprios indivíduos, a mônadas isoladas. Adam Ferguson, em seu *Essay on the History of Civil Society* ["Ensaio sobre a história da sociedade civil"], contrastou sombriamente a solidariedade de uma cultura tribal com os indivíduos "desligados e solitários" da vida moderna, para quem "os laços de afeição foram rompidos". Nessas condições, não era de admirar que homens e mulheres recaíssem nas afeições naturais para garantirem a si mesmos um certo grau de camaradagem, dada a disponibilidade cada vez menor dessa no mundo social. Aquilo que não podia ser encontrado na cultura humana passou a ser procurado na natureza humana.

Numa ordem social de interesses egoístas, as origens da virtude pública tendiam a parecer obscuras. Nessas condições, como afirmou Alasdair MacIntyre, já não é possível fornecer uma descrição dos papéis e das relações sociais de maneiras que façam uma referência implícita a obrigações e responsabilidades morais.[26] Por conseguinte, tais obrigações ficam soltas no ar — tal como, para os sentimentalistas mais imoderados, os sentimentos desligavam-se dos objetos a que estariam supostamente ligados e se tornavam entidades autônomas estranhas e quase objetivas. Como não parecia haver nada na constituição da sociedade que pudesse instigar seus membros à ajuda e à afeição recíprocas, a faculdade da

SENTIMENTO E SENSIBILIDADE

comiseração precisava ser deslocada para dentro de cada homem e cada mulher, naturalizada como um instinto semelhante aos da fome ou da autopreservação. Ficamos tão encantados com a benevolência quanto nos comprazemos com o aroma de um perfume ou nos nauseamos com o mau cheiro. É nesse sentido que uma era da razão, na qual a utilidade, a tecnologia e o cálculo racional eram cada vez mais importantes, foi também uma cultura do coração, do choro e da *tendresse* [ternura]. No reino do individualismo possessivo, o amor e a benevolência foram forçados a sair da esfera privada do aconchego doméstico e a se tornarem metáforas de significação pública mais ampla. Na mais sombria das estimativas, os sentimentos — a troca rápida, caprichosa e muda de gestos ou intuições — passaram a ser, talvez, a única forma de sociabilidade restante num mundo de indivíduos tristemente isolados. É o que talvez possamos considerar que insinua o *Tristam Shandy* de Sterne.[27]

A guinada para o sujeito foi um gesto sagaz, mas também perigoso. É que ancorar a comunidade política nas afeições naturais era, em certo sentido, supri-la com a mais forte base que se poderia imaginar e, em outro, deixá-la alarmantemente vulnerável. Para David Hume, a sociedade humana se mantém unida, no fim das contas, por hábitos sentimentais; e se não há nada que possa ser mais coercitivo em termos espirituais, nada poderia ser menos demonstrável em termos racionais. Os sentimentos têm importância por proporcionarem motivações para o comportamento, de um modo como os meros preceitos racionais talvez não consigam fazer. O mesmo se aplica ao racionalismo moderno: como assinalou J. M. Bernstein, a ética comunicativa de Jürgen Habermas é intensamente descontextualizadora; mas para que suas normas universais sejam consubstanciadas como motivos convincentes, elas precisam tornar a se ancorar na prática cotidiana.[28] O problema é que agora não pode haver justificativa racional para a compaixão ou a generosidade, tal como haveria para Espinosa. Não há também fundamentação pragmática para isso: como sugere a ficção de Henry Fielding, essa misericórdia mais tenderia a nos fazer acabar na ponta de uma corda do que a nos garantir uma propriedade rural ou um ministério no governo. É por isso que Fielding enaltece a virtude de seus heróis e ao mesmo tempo a parodia satiricamente, porque, numa sociedade tão predatória, ela só podia afigurar-se ingênua.

Mas também não há justificativa racional para se provar um pêssego ou cheirar uma rosa, experiências que (como uma onda repentina de piedade ou de repulsa moral) parecem estampar no rosto suas justificativas, em letras garrafais, por seu próprio caráter imediato e incontestável. Se não podemos prover as virtudes de uma fundamentação racional, como ainda procuraram fazer certos moralistas do século XVIII, a exemplo de Samuel Clarke e William Wollaston, talvez seja por elas mesmas serem fundamentadoras, tão inseridas no corpo quanto o fígado ou o pâncreas. Talvez, nesse sentido, assemelhem-se ao gosto estético, a um *je ne sais quoi* [não-sei-quê] do qual — quem sabe? — talvez não precisemos saber mais nada, afinal, visto que talvez não haja mais nada a saber. Pode ser que o gosto e o juízo moral, como Deus e a obra de arte, sejam sua própria razão de ser. Francis Hutcheson certamente parece haver acreditado nisso: se lhe perguntassem, escreveu, por que aprovamos o bem público, "imagino que não [poderíamos] encontrar (nenhuma razão) nesses casos, não mais do que as poderíamos fornecer para explicar nosso gosto por uma fruta saborosa".[29] As explicações, comentou Wittgenstein, têm de chegar ao fim em algum ponto; e a pá de Hutcheson bateu no fundo rochoso, para usar uma expressão wittgensteiniana, quando chegou à ideia de um sentido moral que é parte tão integrante de nossa natureza material quanto espirrar ou sorrir.

Seja como for, "bom" e "mau" parecem ser termos que se estendem indefinidamente, no sentido de que, mesmo que pudéssemos respaldar esses julgamentos com razões não morais, como os racionalistas afirmam que conviria, talvez sempre fosse possível fazer a pergunta recuar uma etapa e indagar por que essas razões, por sua vez, deveriam ser consideradas boas ou por que se consideraria bom ser guiado por elas. Em parte, trata-se de uma questão de motivação, como sugeriria a etimologia da palavra "benevolência". Hutcheson, Hume e seus colegas dirigiam-se a uma civilização na qual o que era tido como real, *grosso modo*, era o que se sentia nos pulsos ou nos globos oculares e a qual, por causa disso, sentia um ceticismo natural ante a ideia de agir com base em princípios abstratos. "A virtude, situada a tamanha distância", observou Hume sobre algumas imagens da antiga virtude, "é como uma estrela fixa que, embora aos olhos da razão possa afigurar-se tão luminosa quanto o Sol em seu meridiano, está tão infinitamente distante que não afeta os sentidos com a luz nem com o calor."[30] Falta força psicológica a esses ideais anemicamente admiráveis. No que concerne à motivação, a filosofia de Hutcheson e a ficção de Defoe fizeram parte do mesmo meio cultural. Se

SENTIMENTO E SENSIBILIDADE

alguém quisesse conduzir uma investigação das motivações humanas em toda a sua complexidade pragmática, provavelmente acabaria escrevendo um romance.

Além disso, numa sociedade em que a virtude parece andar escassa e na qual o pouco que existe dela não chega propriamente a seduzir (parcimônia, prudência, castidade, autodisciplina, obediência, abstinência, pontualidade, industriosidade e assim por diante), os homens e as mulheres tendem a exigir uma motivação bem mais consistente para agir corretamente do que uma apreciação racional da harmonia cósmica. Em suma, quando a moral se torna cansativamente burguesa, precisa-se de incentivos extras para aderir a ela. De qualquer modo, o que significaria dizer que as razões formuladas para a virtude pelos racionalistas tinham uma força especificamente *moral*? O que há de tão esplêndido, por exemplo, em alguém se conformar à natureza do cosmos? Muitos moralistas imaginavam que a vida íntegra consistiria precisamente em não fazê-lo.

O próprio Hutcheson expôs justamente essa linha de raciocínio em sua *Short Introduction to Moral Philosophy* ["Pequena introdução à filosofia moral"], argumentando que o racionalismo pressupunha exatamente o sentido moral que procurava explicar. Trata-se de um dilema bastante conhecido da teoria ética moderna: ou nos atemos, como Hutcheson e G. E. Moore, a uma ideia intuitiva e não naturalista do bem, caso em que compramos uma espécie de fundamentação à custa de seu profundo mistério, ou traduzimos a ideia do bem num conjunto qualquer de propriedades naturais, o qual só desmistifica o conceito à custa de expor a própria explicação a novas explicações, privando-a, com isso, justamente da função fundadora que lhe seria exigido cumprir.

O chamado sentido moral de Shaftesbury e Hutcheson, o qual, como veremos dentro em pouco, é uma espécie de adivinhação espontânea do bem e do mal, é, em certo sentido, a confissão de uma derrota filosófica. Esse sentido moral espectral, que o próprio Hutcheson chama de "qualidade oculta" e que Immanuel Kant classificou bruscamente de "antifilosófico", é, simplesmente, uma espécie de substituto de um tipo mais sólido de embasamento ético, um X misterioso que marca um lugar vazio na argumentação. Postular esse sentido — uma espécie de sombra espectral de nossos órgãos mais grosseiros da percepção — como fonte do juízo moral equivale, em certo sentido, a afirmar que tais juízos não têm como ser justificados. Foge tanto do assunto quanto a "força dormitiva"

O PROBLEMA DOS DESCONHECIDOS

de Molière.[31] Parece tão impossível negarmos a realidade desse sentido quanto o sabor das batatas, mas é tão atordoante dizer em que consiste a primeira quanto é analisar o segundo. O sentido moral é uma espécie de não-sei-quê semelhante à faculdade estética, tão irrefutável quanto indemonstrável. A razão, para Hume e Hutcheson, tem de permear nosso sentido moral, mas não pode fundamentá-lo. E isso não chega a surpreender, dado que a razão perde muito de sua credibilidade ao ser definida por uma Idade da Razão em termos instrumentais. Se o sentido moral é anterior à razão, em parte é porque hoje a razão se encontra sobretudo nas mãos daqueles para quem ela não pode ter nada a ver com propósitos morais. Tudo isso, portanto, equivale a admitir que, embora o amor, a generosidade e a cooperação mútua sejam, de fato, as mais esplendorosas virtudes humanas, já não é possível dizer por quê.[32] Mas, por que precisaríamos fazê-lo, para começar? Não será isso um simples sinal de que nossa pá bateu no fundo rochoso e não precisa afundar mais?

Ainda assim, como reconheceram os racionalistas do século XVIII, há motivos de apreensão. É verdade que fundamentar os imperativos morais na experiência vivida é, em certo sentido, conferir-lhes a mais irrepreensível das bases. Somente as afirmações que envolvem nossas devoções e afeições têm a esperança de ser persuasivas, como compreendeu, na esfera política, Edmund Burke, o mais eminente filósofo setecentista da hegemonia. O mais leal súdito do poder é sentimental, no sentido que o termo tinha no século XVIII. No entanto, alicerçar tais afirmações no sujeito é também correr o risco de entregá-las às extravagâncias do acaso, do capricho, do hábito, das predileções e do preconceito. Em que difere nossa aversão à tortura de nossa aversão à couve-de-bruxelas? O que há de especificamente moral nessa aversão? Se não dignificamos o horror à couve-de-bruxelas com o *status* de uma lei universal, por que devemos fazê-lo no caso da tortura? Foi por isso que *Sir* John Hawkins, num arroubo de admiração sarcástica, pôde acusar os sentimentalistas de subjetivarem a moral: "Suas generosas concepções superam qualquer obrigação; eles se guiam por seus próprios princípios e, tendo *bom coração* e uma abundância do *leite da bondade humana*, ficam acima das considerações que submetem os homens à norma de conduta fundamentada num senso de dever" [grifos no original].[33] Hawkins ficava desconcertado com os mercadores do sentido moral, do mesmo modo que os deontologistas modernos veem algo meio relaxado demais na ética da

SENTIMENTO E SENSIBILIDADE

virtude. Søren Kierkegaard viria a registrar a mesma opinião: "Não falemos esteticamente [da moral]", escreveu ele em seus *Diários*, "como se o ético fosse uma alegre gentileza."[34]

Coleridge sentiu-se igualmente desconcertado e reclamou, em seus *Aids to Reflection* ["Subsídios para a reflexão"], que Sterne e os sentimentalistas haviam causado muito mais danos do que Hobbes e os materialistas. Oliver Goldsmith, ele mesmo um perito em devoção e *tendresse*, acusou seu compatriota Edmund Burke de "basear sua filosofia em seus sentimentos particulares".[35] Alicerçar os valores morais no sujeito humano era o que trazia o risco de solapá-los. Além disso, na moral democratizante, corria-se também o risco pelagiano de fazer a virtude parecer fácil e instintiva em demasia, mais semelhante a um suspiro do que a uma luta. Essa bondade descontraída era uma reação aristocrática à ética sem graça dos puritanos da baixa classe média, com sua insistência arrogante na autodisciplina e no esforço. Um fidalgo luta tão pouco com sua consciência moral quanto com seu criado. Mas a classe média protestante não ficava satisfeita com essa facilidade moral. Como observou em tom mordaz a escritora setecentista Elizabeth Carter, "Ser meramente tomado por um impulso repentino de compaixão, ante a visão de um objeto que sofre, tem tão pouco de benevolência quanto um ataque de gota".[36]

Não há dúvida de que Carter e Kierkegaard têm razão em sua postura — uma postura (como veremos adiante) que o Shylock de Shakespeare bem poderia ter adotado. A moral é uma questão vital demais para ficar entregue à generosidade caprichosa dos que podem dar-se ao luxo de ser afáveis. Os vulneráveis precisam de um vínculo material ou um código de obrigações em que se apoiar, de uma formulação verbal exata que possam brandir quando seus superiores ficarem de mau humor. Uma ética baseada em regras pode soar menos agradável do que um impulso afável, mas seu objetivo é que o sujeito se porte humanamente com os outros, independentemente do que esteja sentindo. A ideia é também que a moral é uma questão daquilo que o indivíduo faz, não do que sente. A compaixão, se desacompanhada de um entusiasmo caloroso, não deixa de ser compaixão. Somente os dualistas morais podem dizer que tinham amor no coração quando empalaram um bebê num espeto.

A ética imaginária da escola setecentista do "senso moral" é perseguida pela velhíssima suspeita de que o altruísmo seria simplesmente uma for-

O PROBLEMA DOS DESCONHECIDOS

ma dissimulada de egoísmo. Assim como é difícil, na ordem imaginária, dizer quais sensações são minhas e quais pertencem a você, é difícil, ou talvez até impossível, saber se o meu prazer com o seu prazer está preso aos meus interesses ou aos seus. Uma ética do ser humano em que a afinidade com o outro é um tipo quase sensorial de gratificação deve perguntar a si mesma se seu verdadeiro objetivo é a solidariedade altruísta ou a satisfação egoísta. E se eu me deleitar tanto com a minha benevolência, como uma espécie de versão idealizada de mim mesmo, quanto a criança pequena se deleita com sua imagem enganosamente coesa no espelho? Isso nos faz pensar naqueles macabros samaritanos de Dickens, de Brownlow a Boffin, cujo exterior rude esconde um coração compassivo e cuja severidade sentimentaloide provoca neles um *frisson* quase erótico. Richard Steele compara a alma piedosa que se desmancha de compaixão por outra ao homem enamorado que "se derrete" pela beleza. No louvor sentimentalista de Laurence Sterne ao "glorioso prazer de fazer o bem", será que a ênfase recai no "prazer" ou no "bem"?

Para o filósofo C. S. Peirce, esse, a rigor, é um pseudoproblema. Dizer que agimos pelo prazer é, em sua opinião, meramente dizer que desejamos fazer o que fazemos.[37] Com um ceticismo característico, Thomas Hobbes vê a compaixão pelos outros, num estilo puramente egoísta, como "a imaginação ou ficção da calamidade futura sofrida por nós mesmos, a partir do senso da calamidade ocorrida com o semelhante".[38] Para os de inclinação romântica, esse é um lembrete de que a imaginação não é, em absoluto, uma faculdade inteiramente benévola. Um comentarista muito menos cético, Amartya Sen, escreve que "é possível argumentar que a conduta baseada na solidariedade é egoísta, num sentido importante, porque o sujeito se satisfaz com os prazeres dos outros e sofre com a dor deles e, assim, a busca de sua própria conveniência pode ser auxiliada pela ação solidária".[39] A ética setecentista imaginária, como veremos, diz respeito ao altruísmo; para Lacan, entretanto, a categoria do Imaginário está na própria origem do eu.

Talvez uma distinção entre benevolência e sentimentalismo possa revelar-se útil aqui, por mais nebulosa que seja a diferença. *Grosso modo*, a benevolência, no século XVIII, era um caso de abnegação, ao passo que o sentimentalismo era uma questão mais egocêntrica. A benevolência seria centrífuga, ao passo que o sentimentalismo é centrípeto. Benevolentistas como Goldsmith, Hutcheson, Smith e Burke orientavam-se para o semelhante, enquanto sentimentalistas como Steele e Sterne eram consumidores encabulados de sentimentos ternos, ruminando suas próprias emoções afáveis.[40] O benevolentista faz coisas benévolas, mas não as faz pelo prazer de fazer, ao passo que a motivação do sentimentalista é a satisfação pessoal. O que se sente nesse último caso é menos a felicidade ou o infortúnio alheios do que a afinidade "fusional" do próprio sujeito com eles. As cartas de Steele a sua esposa são repletas de queixumes e arrebatamentos de impecável cortesia: ela é sua "Querida Criatura", "Querida Soberana", "Mais Amado Ser da Terra"; ele jura que "morro por ti, definho", mesmo quando não tem a mais remota intenção de abandonar um jantar com algum manda-chuva.[41] Naquele tempo, era de bom-tom ser emasculado. O sentimentalismo era o sentimento excessivo em relação ao que o ensejava, passando por seu objeto como o desejo freudiano, a fim de descrever uma curva sobre si mesmo e retornar ao sujeito; a benevolência, em contraste, era sentimento proporcional a seu objeto. Foi o que frisou Hutcheson ao afirmar, em sua *Inquiry Concerning the Original of Our Ideas of Virtue and Moral Good* ["Investigação sobre o originador de nossas ideias de virtude e bem moral"], que não amamos porque isso nos seja prazeroso ou vantajoso; ao contrário, nosso sentimento provém de seu "objeto apropriado".

Joshua Reynolds parabenizou Oliver Goldsmith por "sentir com exatidão" e é verdade que o próprio Goldsmith — mais benevolentista do que sentimentalista — via algo de ofensivamente teórico no culto aos sentimentos pelo qual era cercado. Só um homem que extraiu suas ideias dos livros, pensava, "entra no mundo com um coração que se desmancha a cada aflição fictícia".[42] Sendo ele mesmo um emigrado irlandês, Goldsmith estava acostumado a ver o sentimentalismo como uma espécie de opressão "colonialista": havia algo de disfarçadamente dominador na prodigalidade extravagante, que era um modo ardiloso de deixar o outro em dívida com o sujeito. Tal como Goldsmith a percebia, ela era, na verdade, uma forma traiçoeira de egoísmo, na qual aquilo que se parecia doar a outrem era secretamente conferido ao próprio indivíduo. Levada ao extremo, a prodigalidade simplesmente tratava os outros como objetos convenientes, como ilustrado pela peça *Timon de Atenas*.[43] Saqueava-lhes o espólio emocional para saciar seu apetite voraz. Tóri robusto, Goldsmith encarava a superfluidade como uma questão de importações estrangeiras que debilitavam a economia nacional. Similarmente, a Inglaterra não deveria destruir sua economia afetiva, importando bens sentimentais de gente como os franceses. Por mais conservador que ele fosse, entretanto, sua teoria das origens históricas do excedente tem afinidades notáveis com o materialismo histórico.[44]

Num ensaio intitulado "Justiça e generosidade", Goldsmith insiste em que a verdadeira generosidade não é uma questão de bons sentimentos caprichosos, mas um dever que traz em si toda a severidade de uma lei. Trata-se de uma regra que nos é imposta pela razão, "que deve ser a lei soberana do ser racional".[45] A linguagem kantiana é reveladora. Goldsmith quer acabar com a oposição entre amor e lei, convertendo o primeiro numa obrigação; e nesse aspecto, ele é fiel ao Novo Testamento, para o qual o amor mais constitui uma ordem do que uma opção. O amor pela tradição judaico-cristã tem pouquíssimo a ver com o sentimento de solidariedade. Quem confia em seus afetos tende a acabar agindo com compaixão somente no caso daquelas pessoas com as quais porventura se importa, de qualquer modo, ou então quando lhe dá na telha. É nesse sentido, como veremos, que a ética judaico-cristã, para a qual o objeto de amor exemplar é o estranho ou o inimigo, não é de natureza imaginária. O arraigado antagonismo do Novo Testamento à família coaduna-se com sua propensão anti-Imaginário. Essa, sem sombra de dúvida, é uma das razões do sucesso extraordinário de *O código Da Vinci*, de Dan Brown, uma obra meramente comercial, execravelmente escrita, na qual Jesus se casa com Maria Madalena e tem um filho. A visão intensamente relaxada da sexualidade no Novo Testamento, em contraste com as ideias da maioria de seus devotos adeptos ao longo dos séculos, é escandalosa, evidentemente, para uma era pós-moderna obcecada com o erótico. Por conseguinte, o texto tem de incorporar uma narrativa sexual fogosa se quiser preservar o mais ínfimo grau de interesse contemporâneo.

O benevolentista espera não mais ter de sentir o incômodo da compaixão, indo em socorro da vítima que a ocasiona; o sentimentalista mostra-se bem menos ansioso por se desfazer de suas sensações prazerosamente sadomasoquistas ao cuidar dos ferimentos alheios. Shaftesbury observa que o excesso de piedade pode impedir-nos efetivamente de ajudar outras pessoas.[46] É possível, pensa ele, gostar demais, ser zelosamente afetuoso em excesso — ideia que Richard Steele sem dúvida acharia grosseira. O filósofo escocês David Fordyce escreveu sobre o

SENTIMENTO E SENSIBILIDADE

sentimentalista como alguém que encontra "uma espécie de angústia prazerosa" na miséria humana, angústia essa que culmina numa "alegria autoaprovadora".[47] Do mesmo modo que o desejo, na teoria psicanalítica, quer simplesmente continuar a desejar, o que o sentimentalista sente de maneira mais aguda é a necessidade de sentir. Alguns filantropos setecentistas consideravam a pobreza, a aflição deplorável, a distinção de classes e coisas similares como oportunidades enviadas pelos céus para o exercício da caridade. A piedade e a comiseração são sempre respostas *post hoc*, indicativas de que a catástrofe já aconteceu. Essa é, sem dúvida, a força política de um verso de selvagem falso sentimentalismo, "Vertendo uma lágrima sobre a lágrima do bebê", em suas *Canções da experiência*.[48] O mundo é dado e nossa liberdade reside unicamente numa resposta passiva a suas formas imutáveis. No caso dos filósofos do senso moral, para quem a solidariedade é involuntária, nem mesmo nossa reação à miséria humana é livre.

No cômputo geral, a benevolência é uma questão de riso, enquanto o sentimentalismo é uma questão de choro. O sentimentalismo, na verdade, é a solidariedade com o solidarizar-se do próprio sujeito, um processo autodevorador em que o mundo é reduzido a um tanto de matéria-prima para a ânsia de sensações do sujeito ou a outras tantas oportunidades para ele exibir sua munificência moral. Assim, ele pode trocar os objetos de suas afeições de um momento para outro, com escassa consideração por seu valor de uso. Essa é a modalidade de sentimento apropriada para os que não têm muita prática com a emoção na vida cotidiana e que, por isso, só conseguem ter dela uma versão teatral e exagerada, nas raras ocasiões em que são chamados a exibi-la. Aí está, sem dúvida, uma das razões pelas quais os políticos americanos soluçam tão desamparadamente em público. O sentimentalista ostenta seus sentimentos refinados como um conjunto de mercadorias, uma vez que, tal como a renda anual ou suas terras, eles fazem parte do que lhe assegura a *entrée* na sociedade requintada. "A intensidade de uma experiência especial de sentimento", observou astutamente John Mullan, "era um substituto (no século XVIII) das simpatias comuns e predominantes."[49]

Assim como a criança do estádio do espelho é seduzida por um reflexo idealizado dela mesma, o sentimentalista reconhece erroneamente uma imagem enaltecida de si no ato de socorrer o outro. O outro é um simples espelho para seu deleite consigo mesmo. O Yorick da *Viagem sen-*

47

O PROBLEMA DOS DESCONHECIDOS

timental, de Sterne, para adotar a expressão de Byron, vive masturbando a imaginação, sonhando com cenas aflitivas para se deleitar com os prazeres orgásticos da piedade. Enquanto os benevolentistas veem apenas o objeto de sua compaixão, os sentimentalistas agem com um olho de falsa modéstia na resposta admirada de terceiros. São homens de posses afetivas substanciais, que investem seus belos sentimentos com a esperança de retorno lucrativo que caracteriza o corretor de ações.[50] Nesse sentido, assemelham-se aos narcisistas dos tempos modernos, encontrados sobretudo nos Estados Unidos, que tratam o próprio corpo com toda a cautelosa vigilância de quem carrega consigo uma antiguidade indescritivelmente preciosa, que chega a enjoar de tão frágil. Isso nos faz lembrar o hipócrita Sr. Pecksniff, de Dickens,[51] que aquece as mãos na lareira com a mesma benevolência que aqueceria se elas fossem de outra pessoa. O narcisismo, tal como o Imaginário, implica tratar a mim mesmo como o outro e tratar o outro como a mim mesmo.

NOTAS

1. Escrevi mais plenamente sobre esse assunto em *The Rape of Clarissa* (Oxford, 1982) e em "The Good-Natured Gael" ["O celta bem-humorado"], capítulo 3 de meu *Crazy John and the Bishop* (Cork, 1998). Reutilizei parte desse último material, sob forma um tanto modificada, no presente capítulo.

2. Citado por G. J. Barker-Benfield, *The Culture of Sensibility* (Chicago e Londres, 1992), p. 2.

3. A palavra pode traduzir-se igualmente por *tato* (como um dos cinco sentidos), *sensação*, *sensibilidade* (nas diferentes acepções), *sentimento* ou uma forma verbal de *sentir*. (N. da T.)

4. *Lady* Morgan, *Memoirs* (Londres, 1862), vol. I, p. 431.

5. Laurence Sterne, *Uma viagem sentimental através da França e da Itália*, trad. Bernardina S. Pinheiro; rev., intr. e notas Marta de Senna, Rio de Janeiro: Nova Fronteira, 2002. (N. da T.)

6. Ver John Mullan, *Sentiment and Sociability: The Language of Feeling in the Eighteenth Century* (Oxford, 1988), cap. 5.

7. Richard Steele, *The Christian Hero* (Oxford, 1932), p. 77. Dizem que Steele escreveu esse tratado quando ficava de sentinela na Torre de Londres.

8. Joseph Butler, *Sermons*, in L. A. Selby-Bigge (org.), *British Moralists* (Nova York, 1965), vol. I, p. 203-204.

SENTIMENTO E SENSIBILIDADE

9. Aristóteles, *Ethics* (Harmondsworth, 1986), p. 295 [ver Aristóteles, *Ética a Nicômaco*, trad. L. Vallandro e Gerd Bornheim, *in* Aristóteles, *Metafísica* (livros I e II), sel. J. A. Motta Pessanha, São Paulo: Abril Cultural, 1984].

10. Ver R. F. Brissenden, *Virtue in Distress: Studies in the Novel of Sentiment from Richardson to Sade* (Londres, 1974).

11. Adam Smith, *The Theory of Moral Sentiments*, *in* Selby-Bigge, *British Moralists*, vol. I, p. 279 [*Teoria dos sentimentos morais, ou Ensaio para uma análise dos princípios pelos quais os homens naturalmente julgam a conduta e o caráter, primeiro de seus próximos, depois de si mesmos*, biografia crítica de D. Stewart, trad. Lya Luft, São Paulo: Martins Fontes, 1999].

12. Francis Hutcheson, *An Inquiry Concerning Moral Good and Evil*, in Selby-Bigge, *British Moralists*, vol. I, p. 17.

13. Raymond Williams, *Modern Tragedy* (Londres, 1966), p. 92 [*Tragédia moderna*, trad. Betina Bischof, São Paulo: Cosac & Naify, 2002].

14. Citado em Albert O. Hirschman, *The Passions and the Interests* (Princeton, 1977), p. 37 [*As paixões e os interesses: argumentos políticos a favor do capitalismo antes do seu triunfo*, trad. Luiz G. B. Chaves e Regina Bhering, Rio de Janeiro: Record, 2002].

15. Citado em idem, p. 90.

16. Ver Lawrence Stone, *The Family, Sex and Marriage in England 1500-1800* (Harmondsworth, 1979), capítulo 5; mas ver também a contestação da tese principal de Stone em Ruth Perry, *Novel Relations* (Cambridge, 2004); Philippe Ariès, *Centuries of Childhood* (Londres, 1962), especialmente a Parte 3; Jean H. Hagstrum, *Sex and Sensibility: Ideal and Erotic Love from Milton to Mozart* (Chicago e Londres, 1980); David Marshall, *The Surprising Effects of Sympathy* (Chicago e Londres, 1988), e Markman Ellis, *The Politics of Sensibility* (Cambridge, 1996). Ver também Terry Eagleton, *The Function of Criticism* (Londres, 1984) e *The Ideology of the Aesthetic* (Oxford, 1990) [*A ideologia da estética*, trad. M. S. Rego Costa, Rio de Janeiro: Jorge Zahar Editor, 1993], caps. 1 e 2.

17. Jane Austen, *Razão e sentimento*, trad. Ivo Barroso, Rio de Janeiro: Nova Fronteira, 1982. (*N. da T.*)

18. Adam Ferguson, *An Essay on the History of Civil Society* (Dublin, 1767), p. 53.

19. Ver Eagleton, *Function of Criticism*, cap. 1.

20. "Um não-sei-quê". Ver Selby-Bigge, *British Moralists*, p. 148.

21. Ver Terry Eagleton, *The English Novel: An Introduction* (Oxford, 2005), cap. 5.

22. Henry Brooke, *The Fool of Quality* (Londres, 1975-1770), vol. I, p. 41.

23. A exposição clássica sobre o assunto é J. G. A. Pocock, *Virtue, Commerce, and History* (Cambridge, 1995).

O PROBLEMA DOS DESCONHECIDOS

24. Ver Daniel Defoe, *As confissões de Moll Flanders*, trad. Lucio Cardoso, Rio de Janeiro: Ediouro, 1992. Bounderby é um dos personagens centrais do romance *Hard Times* ["Tempos difíceis"], de Charles Dickens, publicado em 1854. (*N. da T.*)

25. Janet Todd, *Sensibility: An Introduction* (Londres e Nova York, 1986), p. 97. Talvez falte uma certa nuance à afirmação de Todd.

26. Ver Alasdair MacIntyre, *After Virtue* (Londres, 1981) [*Depois da virtude*, trad. Jussara Simões, São Paulo: Edusc, 2001].

27. Ver Laurence Sterne, *A vida e as opiniões do cavalheiro Tristam Shandy*, trad. José Paulo Paes, São Paulo: Companhia das Letras, 2ª ed. 1998. (*N. da T.*)

28. J. M. Bernstein, *Adorno: Disenchantment and Ethics* (Cambridge, 2001), p. 83.

29. Francis Hutcheson, *Illustrations on the Moral Sense* (Cambridge, 1971), p. 129.

30. David Hume, *An Enquiry into the Principles of Morals* (Oxford, 1998), p. 45 [*Uma investigação sobre os princípios da moral*, trad. J. O. Almeida Marques, Campinas: Unicamp, 1995].

31. Ver Molière, *O doente imaginário/Le malade imaginaire*, trad. e apresentação Leonardo Gonçalves, ed. bilíngue, Belo Horizonte: Crisálida, 2002. (*N. da T.*)

32. Algumas excelentes razões históricas pelas quais é impossível dizê-lo foram fornecidas por MacIntyre, *Depois da virtude*.

33. Citado *in* Ann Jessie Van Sant, *Eighteenth-Century Sensibility and the Novel* (Cambridge, 1993), p. 6.

34. Alexander Dru (org.), *The Journals of Søren Kierkegaard: A Selection* (Londres, 1938), p. 385.

35. Ver Arthur Friedman (org.), *Collected Works of Oliver Goldsmith* (Oxford, 1966), vol. 1, p. 28.

36. Citado por Arthur Hill Cash, *Sterne's Comedy of Moral Sentiments* (Pittsburgh, 1966), p. 55.

37. C. S. Peirce, *Collected Papers* (Cambridge, 1931-1958), vol. 7, p. 329.

38. Thomas Hobbes, *English Works* (Londres, 1890), vol. 4, p. 44.

39. Amartya Sen, "Rational Fools: A Critique of the Behavioural Foundations of Economic Theory", *Philosophy and Public Affairs*, 6, 1977.

40. Sterne, entretanto, é um caso ambíguo, como satirista do sentimentalismo e, ao mesmo tempo, seu provável defensor.

41. Ver Raze Blanchard (org.), *The Correspondence of Richard Steele* (Oxford, 1941).

42. Friedman, *Collected Works of Oliver Goldsmith*, vol. 1, p. 408.

43. Ver William Shakespeare, *Timon de Atenas: peça em cinco atos*, trad. Bárbara Heliodora, Rio de Janeiro: Lacerda Editores, 2003. (*N. da T.*)

44. Em *The Citizen of the World* ["O cidadão do mundo"], Goldsmith afirma que, para a ciência florescer, primeiro o país deve tornar-se populoso, desenvolven-

50

SENTIMENTO E SENSIBILIDADE

do suas forças produtivas através do que Marx chamaria, posteriormente, de divisão do trabalho. "O habitante", escreveu ele, "deve passar pelas diferentes etapas de caçador, pastor e agricultor; depois, quando a propriedade se torna valiosa e, por conseguinte, dá ensejo à injustiça, quando são supridas leis para coibir os danos e garantir a posse, quando os homens, pela aprovação dessas leis, tornam-se possuidores de coisas supérfluas, quando assim é introduzido o luxo, que exige seu suprimento contínuo, é então que as ciências se tornam necessárias e úteis; o Estado, a essa altura, não pode subsistir sem elas (...)" (Friedman, *Collected Works of Oliver Goldsmith*, vol. 2, p. 338).

45. Idem, p. 406.
46. Shaftesbury, *An Inquiry Concerning Virtue or Merit*, *in* Selby-Bigge, *British Moralists*, p. 11.
47. Ver Markman Ellis, *The Politics of Sensibility*, p. 6.
48. Verso do poema "On Another's Sorrow" ("Sobre a tristeza do outro"), *in Canções da inocência e da experiência: revelando os dois estados opostos da alma humana*, trad., prefácio e notas Mário A. Coutinho e Leonardo Gonçalves, ed. bilíngue, Belo Horizonte: Crisálida, 2005. (*N. da T.*)
49. Mullan, *Sentiment and Sociability*, p. 146.
50. *A viagem sentimental*, de Sterne, usa conscientemente imagens do balanço de pagamentos a respeito das emoções.
51. Um dos personagens centrais de *Martin Chuzzlewit*, publicado em 1843-1844. (*N. da T.*)

CAPÍTULO 2 Francis Hutcheson e David Hume

Na maioria das descrições padronizadas da filosofia setecentista, Francis Hutcheson não figura como mais do que uma nota de rodapé do poderoso David Hume.[1] No entanto, esse extraordinário ulsteriano, pai da filosofia escocesa, ensinou a Hume muito do que ele sabia, além de ter influenciado profundamente os escritos pré-críticos de Immanuel Kant. Sua doutrina econômica foi herdada por seu discípulo Adam Smith, com isso ajudando a lançar as bases do mundo moderno. Como entusiástico republicano harringtoniano que adotou uma linha *whig* radical a propósito do direito de os oprimidos derrubarem as monarquias injustas, ele exerceu uma influência seminal em Thomas Jefferson, assim se tornando um eminente ator intelectual da Revolução Americana. Sua *Short Introduction to Moral Philosophy* ["Breve introdução à filosofia moral"] foi regularmente importada pela América às vésperas da revolução e, em 1788, publicou-se uma edição americana do texto.

As ideias de Hutcheson foram reimportadas por sua Irlanda natal nas doutrinas insurrecionais dos Irlandeses Unidos. É possível que Edmund Burke também tenha absorvido alguns de seus escritos, o que faz dele um precursor remoto do nacionalismo romântico. Mas ele também foi um dos grandes expoentes do Iluminismo de Ulster, a mais rica cultura radical que a Irlanda já tinha visto, com sua mescla estonteante de racionalismo lockiano, republicanismo clássico, presbiterianismo radical e libertarismo político. Como antagonista ferrenho de Thomas Hobbes, Hutcheson argumentava que o estado de natureza era de liberdade, e não de anarquia, e pregava a igualdade natural dos seres humanos. Era um humanista cívico de cunho tradicional, convencido de que o bem público era o mais elevado objetivo moral; no entanto, uma de suas realizações mais inovadoras foi traduzir a linguagem do republicanismo clássico, com seu discurso sobre o dever, o espírito público e a responsabilidade política, para o discurso da ética e da psicologia setecentistas, muito diferente

O PROBLEMA DOS DESCONHECIDOS

daquele. Hutcheson defendeu os direitos das mulheres, das crianças, dos criados, dos escravos e dos animais, manifestou-se a favor do casamento como uma parceria entre sócios equiparados e observou que "os poderes conferidos ao marido pela legislação civil de muitas nações são monstruosos".[2] O senso moral, frisou em seu *System of Moral Philosophy*, é uma faculdade democrática, comum a adultos e crianças, aos iletrados e aos cultos. Há uma comunhão de sensibilidade moral que perpassa as várias distinções sociais. Hutcheson também revelou uma atitude notavelmente esclarecida diante das culturas não ocidentais, buscando "vestígios de afeição, dignidade e senso moral entre nativos (...) antes identificados como selvagens".[3] Apesar de tudo isso, o tricentenário de seu nascimento, alguns anos atrás, passou quase despercebido.

Hutcheson nasceu no condado de Down, em 1694, neto de um escocês. Liberal ou presbiteriano da Nova Luz, foi educado em Belfast e Glasgow e, durante algum tempo, lecionou numa academia dos Dissidentes em Dublin, onde se tornou membro do grupo de intelectuais progressistas reunidos em torno de Robert Molesworth, lorde liberal irlandês, comerciante e diplomata que era um dos protegidos de John Locke. O liberalismo religioso de Molesworth tinha despertado a atenção do conde de Shaftesbury, cujos escritos de moral e estética viriam a moldar as investigações de Hutcheson. Esse finalmente regressou a Glasgow para ocupar a cátedra de filosofia moral. Durante um breve período, também foi ministro religioso no condado de Armagh, embora sua severa congregação presbiteriana julgasse a teologia dele liberal demais para seu gosto. Um desses paroquianos insatisfeitos, privado de sua dose semanal de fogo do inferno e dores atrozes de privação, queixou-se de que Hutcheson era um "lunático tolo", que havia "matraqueado" durante uma hora sobre um Deus bom e benevolente, sem dizer uma palavra sobre as velhas e "cômodas" doutrinas dos eleitos, da reprovação, do pecado original e da morte.[4] O lunático em questão foi processado duas vezes, quando lecionava em sua academia em Dublin, onde trabalhou ao lado do filho de William Drennan, um dos fundadores da organização Irlandeses Unidos. Ele também foi processado por heresia quando lecionava em Glasgow.

Foi de Shaftesbury, que rompeu com o racionalismo de grande parte do pensamento moral seiscentista, que Hutcheson herdou a ideia de um senso moral — embora o que aparece como uma ênfase no primeiro tenha-se tornado um argumento filosófico plenamente desenvolvido no segundo. Também foi Shaftesbury quem resgatou a ideia de prazer para a sociabilidade, em lugar do interesse egoísta. Nada nos é mais prazeroso, afirmou ele, do que o estado mental "dominado por um vívido afeto de amor, gratidão, prodigalidade, generosidade, compaixão, socorro ou qualquer outra coisa de natureza social ou amistosa".[5] A argumentação de Shaftesbury representa uma derradeira resistência aristocrática à ética do amor-próprio burguês, bem como uma crítica neoplatônica ao empirismo. Até uma orgia, afirmou ele, com um leve toque de desespero, faz alguma referência à camaradagem. Assim, ser libertino é preferível a ser bêbado, já que, pelo menos, o primeiro bebe de cair na companhia de outras pessoas.

Para Shaftesbury, a virtude é um assunto dialógico, uma questão do reflexo mútuo dos atos. Desfrutamos da bondade por "recebê-la como que por reflexo ou pela participação na bondade alheia".[6] A mimese é algo recíproco ou dialético: nossos atos generosos são causa de aprovação nos outros e o valor que esses lhes dão aprofunda nosso prazer. Na verdade, nossa conduta é quase sempre orientada para o outro e é desse modo que ela adquire realidade: "É a essa esperança consoladora e a essa expectativa de amizade que quase todos os nossos atos fazem alguma referência."[7] O tipo mais precioso de amizade, entretanto, não é o do outro, mas do Outro. "Que confiança pode haver numa mera inclinação fortuita ou numa estima caprichosa?", pergunta ele. "Quem pode confiar numa amizade que não se fundamente em nenhuma regra moral, mas seja fantasiosamente atribuída a uma única pessoa ou a uma pequena parte da humanidade, excluindo a Sociedade e o *Todo*?"[8] Uma ética sentimental é mais do que uma questão de predileção fugaz ou capricho particular. No fim, o reconhecimento que buscamos não vem de nenhum indivíduo isolado, mas do Outro ou da ordem social como um todo.

Toda a obra escrita de Hutcheson é um ataque vigoroso ao egoísmo filosófico. Hobbes, protestou ele em suas *Reflections upon Laughter* ["Reflexões sobre o riso"], "deixou de lado tudo que há de generoso ou gentil na humanidade e representa os homens à luz em que são contemplados pelo perfeito patife ou covarde, desconfiando que em toda amizade, no amor ou nas afeições sociais há hipocrisia, interesses escusos ou medo".[9] O livro em si, com seu título bakhtiniano, pretende opor-se à visão hobbesiana do riso como sinal de superioridade. Os tratados sobre o riso não

O PROBLEMA DOS DESCONHECIDOS

constituíram o mais prolífico dos gêneros entre os presbiterianos de Ulster. É igualmente difícil imaginar Descartes ou Frege produzindo um estudo dessa ordem. A virtude, para Hutcheson, não é uma questão de calcular as vantagens pessoais, já que não é, em absoluto, uma questão de cálculo. Ao contrário, há em nós uma faculdade especial — o senso moral — que aprova espontaneamente os atos altruístas e condena os impiedosos, sem a menor referência a nossos interesses ou vantagens. Existe, observa ele, "algum instinto, anterior a toda razão proveniente do interesse, que nos influencia no amor ao próximo".[10] O senso moral — o prazer veloz, intenso e altruísta que extraímos da visão de um ato virtuoso — opera, portanto, como uma espécie de compreensão prévia heideggeriana. É aquilo que já encontramos instaurado assim que chegamos à razão — aquilo em relação ao qual, como agentes morais, nunca podemos voltar atrás, já que é algo que define o que importa para nós como resposta moral, antes de mais nada. Houve algumas tentativas recentes de ressuscitar essa ideia, situando-a em bases aparentemente mais científicas.[11]

"Pelo próprio poder da natureza", afirma Hutcheson, "anterior a qualquer raciocínio ou meditação, alegramo-nos com a prosperidade dos outros e lamentamos com eles seus infortúnios (...) sem qualquer consideração para com nosso interesse."[12] O Dr. Primrose, herói de O vigário de Wakefield, de Goldsmith,[13] é justamente um desses apreciadores especializados dos gestos de generosidade alheios. Ou ainda:

> Assim que nos é representado um ato que brota do amor, da humanidade, da gratidão, da compaixão, de um estudo do bem alheio e do prazer com a felicidade do outro, ainda que seja na parte mais distante do mundo ou numa era passada, sentimos alegria dentro de nós, admiramos a ação encantadora e louvamos seu autor. E, inversamente, toda ação que brota do ódio, do prazer com a infelicidade alheia ou da ingratidão desperta abominação e aversão.[14]

Há uma espécie de efeito especular nessa ética, à medida que nosso senso de dor ou prazer desinteressados reflete o do agente que observamos. O desprendimento manifestado pelo outro origina sua reprodução em nós, como que o elevando à segunda potência. Nosso brilho de satisfação ao registrar o ato de bondade do outro é um sintoma da própria benignidade observada. Há uma espécie de mímica ou magnetismo naturais entre os eus, algo tão pré-racional quanto o próprio campo do imaginário. Sem essa reação, o ato, para Hutcheson, não tem a menor possibilidade de se classificar como moral. É o que sentimos sobre uma dada conduta que nos auxilia a determinar se ela é virtuosa ou não, do mesmo modo que um observador pode ajudar a constituir certos eventos no mundo da física quântica. Talvez, como uma árvore que caia sem produzir som algum numa floresta deserta, o ato não observado não se afigure virtuoso. O que faz com que um ato tenha relevância moral, em vez de ser apenas um comportamento físico, é sua relação com as paixões e os afetos. Tal como em alguns outros moralistas do século XVIII, essa é uma ética do espectador, além de uma ética especular: Hutcheson pensa na virtude e no vício em termos de nossas reações à conduta do outro, e não, em primeiro lugar, em termos de nosso próprio comportamento. Para ele, a pergunta moral menos é "O que devo fazer?" do que "O que sinto sobre o que você faz?"

Homens e mulheres desejam a felicidade, naturalmente, e visto que, na concepção de Hutcheson, os prazeres da virtude pública representam a maior felicidade de que somos capazes, não pode haver distinção de estilo kantiano entre o desejo pessoal e a obrigação social. Ao contrário, o senso moral une essas duas esferas, pois são justamente as formas de conduta socialmente fecundas que ocasionam nosso mais intenso deleite pessoal. Mas não é em nome do prazer egoísta que agimos: "Nosso senso de prazer", escreve Hutcheson, "antecede a vantagem ou o interesse e é a base desses."[15] É assim que o conceito de prazer é apropriado dos hedonistas egoístas: o bem não é simplesmente aquilo que me satisfaz, ainda que a sensação de satisfação lhe seja inerente.

Hutcheson, portanto, é o melhor tipo de moralista, aquele que, como Aristóteles ou São Tomás de Aquino, compreende que o discurso ético é uma investigação sobre como viver da maneira mais prazerosa e abundante, realizando os desejos que são mais autenticamente nossos. Uma de suas principais divergências de Aristóteles é sua crença em que a virtude é uma predisposição do coração, e não uma predisposição para agir; mas o que Jacques Lacan observa do prazer aristotélico — que ele é "uma atividade comparável ao brilho emitido pela atividade juvenil — uma irradiação, se quisermos"[16] — bem poderia ser dito também de Hutcheson. A virtude, para esse presbiteriano de mentalidade liberal, é uma questão de

O PROBLEMA DOS DESCONHECIDOS

prazer, cordialidade e rigoroso bem-estar, de modo que sua analogia mais próxima seria com a experiência de um jantar extremamente bem-sucedido. Saboreia-se o delicioso bom coração do outro do mesmo modo com que se lamberiam os beiços ao comer um suculento prato de camarões. Tal como para Sterne, a excelência moral é uma espécie de comédia, um espírito festivo que nos vacina contra o puritanismo carrancudo. A comédia tanto é um antegozo de um mundo mais amistoso que virá como uma espécie de terapia para chegar a ele. Alguns pensadores do século XVIII pareciam ter a jovialidade pelo menos em tão alta conta quanto a compaixão e com certeza discerniam uma afinidade entre as duas. Para Hutcheson, assim como para Mikhail Bakhtin, o riso é uma forma de solidariedade humana, posto que "nos comprazemos em provocar hilaridade nos outros (...) assim como apreciamos a conversa prazerosa, animada pelo riso moderado".[17] Ele é um modelo de virtude, até porque ocorre por si mesmo. Os ditos espirituosos na conversa são um exemplo do caráter contagioso da virtude e a sociabilidade espirituosa é um prazer em si; já o cético Mandeville afirma que as pessoas gostam de estar em grupo em nome de sua autopromoção e de seu divertimento egoísta.

Talvez seja isso que Hutcheson considera tão ofensivo na teoria hobbesiana do riso — não só o fato de esse ser desagradavelmente sádico, posto que zombamos dos menos afortunados que nós, mas também de estar a serviço do poder, em vez de ser um fim em si. "É uma grande lástima", escreveu ele em tom sarcástico em sua réplica a Hobbes, "não dispormos de um sanatório ou um leprosário a que nos possamos recolher nos dias nublados, para desfrutar de uma tarde de risadas desses objetos inferiores (...)."[18] Dados os seus argumentos, indaga ele, por que os hobbesianos não colecionam criaturas inferiores, como corujas, caramujos e ostras, "para se divertirem com elas"? Hutcheson, diríamos, reage a Hobbes do modo como talvez se sentisse um humanista moderno diante do livro dos chistes de Freud. À sua maneira republicana, ele também vê o riso como uma forma de desmitificação, um esvaziamento da falsa grandeza ou um cambalear carnavalesco que rebaixa o elevado. Para ele, assim como para uma venerável linhagem de escritores irlandeses, de Swift até Beckett, o cômico é, acima de tudo, o batos, a passagem do sublime ao ridículo. Mas o chiste compartilhado ou o dito espirituoso repentino são também um sinal do imaginário — dessa dimensão da vida humana em que a comunhão com os outros é instantânea e intuitiva, sem nada do

FRANCIS HUTCHESON E DAVID HUME

trabalhoso desembrulhar conceitual que é o ônus da razão. O humor é um eco do reino de Deus na Terra.

O benevolentista é uma espécie de *bon viveur* espiritual e por isso a caridade e a sociabilidade tornam-se difíceis de distinguir. Há nessa ética um helenismo animado, a um tempo restritivo e sedutor. É fácil compartilhar os sentimentos de outra pessoa quando se frequenta o mesmo café que ela. Mas Hutcheson é muito mais do que um clubista complacente. Aos que acusam a ética sentimentalista de não passar de uma espécie de capricho moral, ele insiste em dizer que o que responde pelo caráter virtuoso não é "meia dúzia de gestos acidentais de compaixão", mas "uma humanidade permanente ou o desejo do bem público para todos".[19] Se o misterioso senso moral fica próximo da faculdade estética, não é por ser a virtude uma questão de gosto, mas antes porque, tal como a arte, ela é preciosa em si, e não uma questão de sanções, benefícios, obrigações, vantagens pessoais ou ditames divinos. Na verdade, a comparação pode ser levada mais adiante, pois tanto a virtude quanto a arte envolvem uma faculdade que vai além do puramente racional e ambas são uma questão de autorrealização prazerosa. As duas atividades lidam com a sensação e a percepção (sentido original da palavra "estética") e as duas invocam a imaginação desinteressada ou empática.

"Os homens", escreve Hutcheson, "dão profunda aprovação à beneficência que consideram gratuita e desinteressada."[20] Se você está realmente em busca de prazer, sugere ele, esqueça a sua satisfação pessoal e funda-se na união imaginária com a vida afetiva de outrem. O resultado será um prazer mais intenso do que você poderia saborear de outro modo, desde que fique entendido que solidarizar-se com os outros puramente para colher o gozo que isso nos proporciona é contraproducente. Seria como tomar uísque simplesmente para se embriagar, o que, a longo prazo, tende a diminuir o prazer que se extrai dessa bebida. A virtude, em suma, é não lucrativa, autorrealizadora, autotélica, externa à razão e inimiga figadal do egoísmo e, como tal, representa uma crítica a uma ordem social em que o *utile* supera o *dulce*, a razão é um processo calculista, o prazer é quase certamente pecaminoso, o egoísmo impera acima de tudo e não se faz quase nada apenas por fazer. Uma sociedade assim deixou de reconhecer que, como poderia observar Oscar Wilde, a inutilidade é próxima da divindade. Mas convém acrescentar que, se a virtude é de fato sua própria recompensa, essa é uma doutrina sumamente conveniente,

O PROBLEMA DOS DESCONHECIDOS

bem como moralmente digna de crédito, pois é provável que colha outras recompensas preciosas no tipo de mundo que criamos. São os velhacos que acabam se tornando ministros de Estado. Os íntegros recebendo sua recompensa, e os maus, o merecido castigo, aí está algo que constitui, hoje em dia, um espetáculo cada vez mais restrito ao romance. E até o romance tende a ser adequadamente irônico a esse respeito. Também é fato que a teoria de que a virtude deveria ser lucrativa soava irremediavelmente vulgar a um certo tipo de mente setecentista refinada.

O desprendimento, bicho-papão da esquerda cultural contemporânea, é, nas mãos de Hutcheson, uma forma de resistência ao mercado. O individualismo possessivo jamais consegue responder pelos "principais atos da vida humana, como as funções da amizade, da gratidão, das afeições naturais, da generosidade, do espírito público e da compaixão".[21] Numa associação entre comerciantes, assinala ele, há uma conjunção de interesses, mas nenhuma afeição necessária; um comerciante só se interessa pela conduta dos outros porque seus próprios interesses estão em jogo. Entre pais e filhos, ao contrário, existe afeição, mas não há conjunção de interesses, pois os pais não cuidam da sede dos filhos para saciar a deles mesmos. O desinteresse ou desprendimento não é uma imparcialidade de fachada, mas uma questão de o sujeito se projetar, pela força da imaginação solidária, nas necessidades e nos interesses de terceiros. Como questão ética e epistêmica,[22] significa uma indiferença aos interesses do próprio sujeito, não aos alheios. Como acontece com o narrador onisciente da ficção literária, ele envolve uma deliciosa descentração de nós mesmos nas esferas subjetivas aparentemente fechadas daqueles que nos cercam. Assim, no sentido lacaniano, esse desprendimento é uma faculdade imaginária. A moral, como a mimese artística, envolve uma imitação ou encenação dos estados internos de outras pessoas. Como desejo altruísta de que elas floresçam, significa também uma espécie de amor. E aprovar um agente desinteressado é amar os que amam. "A palavra (sic) BONDADE MORAL", escreve Hutcheson em sua Inquiry, "denota nossa ideia de uma qualidade apreendida em atos — a qual proporciona aprovação e amor pelo agente — daqueles que não recebem nenhum benefício desses atos".[23] A primeira oração dessa frase pretende ser uma resposta ao subjetivismo: Hutcheson não afirma, à maneira dos emotivistas, que nada é bom nem ruim e que se torna uma coisa ou outra graças aos sentimentos.

FRANCIS HUTCHESON E DAVID HUME

É a inocência bondosa da visão moral de Hutcheson que recordamos, porém sua visão da humanidade de modo algum era inteiramente panglossiana. Como convinha a um bom presbiteriano, ele falou de uma humanidade "depravada e corrupta", para a qual "a sensualidade e os interesses egoístas e mesquinhos são os mais universais";[24] no entanto, seus escritos traziam o suficiente para sugerir que ele via a natureza humana como essencialmente benévola. Para um presbiteriano, foi um ato de ousadia pôr o nome de um notório deísta e otimista cósmico como Shaftesbury na página de rosto de um de seus livros. "Nossas mentes", escreveu ele, mostravam uma forte propensão "para a bondade universal, a ternura, a humanidade, a generosidade e o desprezo pelos bens privados (...)".[25] Em seu *Essay on the Nature and Conduct of the Passions and Affections* ["Ensaio sobre a natureza e a conduta das paixões e afetos"], o vício pareceria consistir na simples imoderação: "Toda paixão, em seu grau moderado, é inocente; muitas são diretamente amáveis e moralmente boas."[26] Ou, se não fosse a imoderação, não seria nada mais hediondo do que um excesso de amor-próprio: "Basta que se removam os obstáculos provenientes do amor-próprio", insistiu ele, "para que a própria natureza nos incline para a benevolência."[27] Esse era um material perigosamente pelagiano para um presbiteriano, mesmo que ele pertencesse à ala liberal da Igreja. O senso moral de Hutcheson é, entre outras coisas, uma versão secularizada do apelo evangélico ao sentimento íntimo, porém as diferenças são mais óbvias do que as afinidades.[28] Com uma ingenuidade levemente ridícula, ele acreditava que as crianças não torturavam os animais por maldade, mas por mera ignorância do sofrimento deles e pela curiosidade de observar as contorções de seus corpos. Hutcheson era o tipo de liberal de espírito terno que deixaria apopléticos os tabloides de hoje. A popularidade dos combates de gladiadores na Roma antiga ele atribuiu não só à admiração que a multidão nutria pela coragem e pelo heroísmo, mas também à oportunidade que tais espetáculos proporcionavam para a compaixão. Seu mentor, Shaftesbury, de maneira um pouquinho mais realista, admitiu existirem aqueles que extraíam um "prazer selvagem" do sangue, das calamidades e da aflição, mas nem mesmo ele pôde admitir que faltasse completamente a algum ser humano a solidariedade por sua própria espécie.

Em seu sofrido reconhecimento desse "prazer selvagem" — expressão que poderíamos tomar como sua versão pessoal da tradução dada por

O PROBLEMA DOS DESCONHECIDOS

Slavoj Žižek à *jouissance* de Lacan como "gozo obsceno" — Shaftesbury tocou, por um momento desconcertante, no que poderíamos chamar de Real: no desejo, escreveu ele, de "nos alimentarmos da morte, por assim dizer, e nos divertirmos com agonias moribundas [*sic*]".[29] Um dos limites de uma ética imaginária está em que o masoquismo de Tânatos, ou pulsão de morte, junto com a ideia de uma malevolência puramente imotivada, é quase inconcebível, exceto na versão enobrecida dessas coisas que conhecemos como tragédia. Os Sades e os Iagos deste mundo são estranhos à esfera imaginária. Tais prazeres mórbidos, apressa-se Shaftesbury a assinalar, não têm lugar onde imperam "a civilidade e os modos afáveis" e os que a eles se entregam são infelizes no mais alto grau. Hutcheson também afirma que a natureza humana dificilmente seria capaz de um "ódio maldoso e desinteressado" e não consegue imaginar que alguém possa deleitar-se com a miséria alheia sem qualquer benefício em proveito próprio. Friedrich Nietzsche não chegava a ser tão sentimentalista: "Testemunhar o sofrimento", escreveu na *Genealogia da moral*, "é prazeroso e infligi-lo o é ainda mais (...). Até no castigo há algo de imensamente *festivo*!"[30]

A descrença hutchesoniana na maldade sem motivo encontrou eco em David Hume, que sustentou que "a maldade absoluta, não provocada e desinteressada talvez nunca tenha tido lugar em nenhum peito humano".[31] Esse "talvez" é uma hesitação interessante. A mesma visão foi adotada por Joseph Butler, que pregou em seus *Sermões* que ninguém praticava maldades com o semelhante puramente por praticá-las. Mas Butler emitiu aos hutchesonianos de seu mundo o oportuno lembrete de que o desprendimento de modo algum é sempre louvável. "A suprema depravação possível que nossa imaginação é capaz de conceber é a da crueldade desprendida", escreveu ele.[32] Mas Butler acertou ao reconhecer que a maldade é, a seu modo, tão desapegada quanto a virtude.[33] Os verdadeiramente perversos são tão inimigos da utilidade quanto os anjos. Não é à toa que o próprio demônio é um anjo decaído. Os nazistas não calcularam o custo dos campos de concentração para seu esforço de guerra. No entanto, uma ética imaginária deve abordar o Real com certa cautela. Ele ameaça destroçar as simetrias de um terreno em que a angústia ou o júbilo de um sujeito, como num jogo de espelhos, reflete obedientemente o de outro. Extrair prazer do tormento alheio é o inverso do imaginário ético.

FRANCIS HUTCHESON E DAVID HUME

A visão confiante da natureza humana de boa parte da filosofia do "senso moral" reflete um otimismo dos primórdios da classe média que, posteriormente, como veremos, viria a se azedar numa visão muito menos esperançosa. Mas se Hutcheson precisou embutir o senso moral em nossa própria constituição, em parte foi porque essa era a única maneira de a virtude poder suportar os ataques de uma sociedade voraz. Tal como em Henry Fielding, que adotava exatamente a mesma teoria da virtude que Hutcheson, o campo moral não poderia ficar entregue a nada tão frágil e precário quanto a cultura. A aversão ao vício e a inclinação para a virtude, asseverou Hutcheson, estavam profundamente cravadas em nossa natureza, "a tal ponto que não há educação, princípios falsos ou hábitos depravados que possam desarraigá-las por completo".[34] Ao Tom Jones de Fielding é dada cuidadosamente a mesma educação recebida pelo odioso Blifil,[35] para deixar clara essa ideia — embora, no caso de Fielding, isso também constitua uma bofetada dos tóris nos progressivistas utópicos que defendiam a superioridade da cultura em relação à natureza.

Se essa é, a seu modo, uma ética materialista, é porque as respostas morais, como já vimos, estão ancoradas no corpo — um corpo que impõe suas aversões e aprovações instintivas a nossa conduta social e que, portanto, pode agir como um juízo utópico sobre ela. "O corpo (...) é mais sábio do (que a mente), à sua maneira simples", comentou Burke, que era um esteta no sentido original do fenomenologista, da pessoa interessada em mapear a vida sensorial do corpo.[36] Antes de sequer começarmos a raciocinar, já existe em nós a faculdade que nos faz sentir os sofrimentos alheios com a agudeza de uma ferida e nos instiga a ficarmos radiantes com a alegria de outrem, sem o menor indício de *Schadenfreude*.[37] Todavia, inserir o senso moral em nosso ser da espécie, para usar a terminologia de Marx, equivale a só fortalecê-lo à custa de sua diminuição. Se nossos sentimentos de aversão e aprovação realmente são tão involuntários quanto o reflexo com que afastamos o dedo da chama, eles estão longe de ser uma questão de mérito pessoal. Decerto são respostas aos atos voluntários de outrem, mas há um sentido em que a filosofia do "senso moral" torna nossa compaixão menos louvável, no próprio processo de torná-la mais natural. Ao que parece, temos tão pouca possibilidade de não nos compadecer dos aflitos quanto de não notar um elefante em nosso campo visual.

O PROBLEMA DOS DESCONHECIDOS

Um objetivo dessa doutrina é tornar o sentimento de fraternidade bem mais plausível e difundido do que ele seria se envolvesse a vontade; mas, se é assim, por que há tantos vilões por aí? É o que se poderia chamar de paradoxo de Fielding: a bondade é natural, mas, para um produto tão natural, sofre de uma curiosa escassez. E se a bondade é um instinto natural e relativamente difícil de encontrar, os virtuosos, como na ficção de Fielding, hão de se descobrir uma minoria constantemente sitiada, sem que lhe sejam supridas a astúcia e a vigilância necessárias para enfrentar os ataques dos perversos.[38] É por isso que os virtuosos são cômicos, além de admiráveis. Mas são também perigosos, visto que tendem a ser causa de vício nos outros. Entretanto, se em si eles parecem argutos, é difícil conciliar essa inteligência com sua inocência. Quanto mais o indivíduo é forçado a defender sua natureza bondosa, menos é inocente. John Milton, entretanto, teria insistido em que uma inocência não testada não é realmente virtuosa.

Essa ideia pode ser formulada em termos mais políticos. Quando a classe média sente-se razoavelmente satisfeita consigo mesma, a virtude parece tão fartamente disponível quanto o clarete; no entanto, basta ela dar uma olhadela na civilização monstruosamente egoísta que criou para reconhecer que isso não pode ser verdade. Em termos ideológicos, o amor e a afeição devem ser fundamentais; falando empiricamente, é claro que não são nada disso. Dizer que o senso moral é, a um tempo, evidente como uma bofetada no rosto e difícil de localizar como o aroma do café é outra maneira de registrar essa contradição. Como bom empirista, parece que Hutcheson deveria concordar com Adam Smith em que os sentidos "nunca nos levaram nem jamais poderão levar-nos além de nossa própria pessoa e é somente pela imaginação que podemos formar alguma ideia do que são as sensações (do outro)".[39] O que nos bloqueia o acesso à consciência dos outros é nosso corpo; assim, é tão somente em virtude do imaginário — por uma imitação ou reduplicação, dentro de nós, do que supomos ser o que os outros sentem — que a solidariedade humana é fomentada. O senso moral de Hutcheson não está longe da imaginação de Smith; no entanto, ao defender um *sentido* moral, a ser acrescentado aos cinco já conhecidos, ele permanece no âmbito do empirismo, ao mesmo tempo em que vira a teoria contra ela própria. Falar de um senso moral é complementar os cinco sentidos do empirismo com uma sombra espectral deles, que pode então conferir às noções morais a

FRANCIS HUTCHESON E DAVID HUME

certeza apodíctica do tato ou do paladar. Um discurso dos sentidos corre para resgatar o valor moral. Mas é também pela não confiabilidade dos sentidos que se tem de recair nessa espécie de intuição sensorial. Num mundo empirista, a linguagem, a percepção e a racionalidade sempre podem dar errado, como demonstra *Tristam Shandy*, de maneira hilariante, e é para compensar essa deficiência, em parte, que o senso moral é importado. No exato momento em que o sujeito humano corre o risco de ficar solipsisticamente trancado em suas próprias sensações, Hutcheson descobre, justamente nesses sentidos, a própria chave da sociabilidade, encontrando numa faculdade especial a passagem que nos descortina o mundo dos outros.

Mas é só por terem uma ideia falha do corpo que os sentimentalistas precisam complementá-lo com esses apêndices imaginários. O século XVIII estava familiarizado com um modo de ir além dos sentidos — a rigor, de destroçá-los — que era conhecido como o sublime, porém não era tão versado nesse ir além do corpo que é o próprio corpo. Não tendia a conceber o corpo como um projeto que transcende a si mesmo; ao contrário, via-o como um objeto, nos moldes dos sofás e das secretárias, diferindo deles apenas por segregar um princípio animador conhecido como alma. Todavia, o silêncio de um corpo humano não é o silêncio de uma escrivaninha. Mesmo quando não faz mais do que me olhar, você não está presente para mim do mesmo modo que o bule de chá. Os empiristas não se apercebem de que o discurso sobre a alma é simplesmente uma forma reificadora de tentar definir o que há de distintivo em corpos animados e auto-organizadores, como as vespas ou os altos funcionários públicos, em contraste com peças de mobiliário. O efeito dessa incapacidade talvez seja uma das razões por que, ao ouvirmos a palavra "corpo", tendemos a pensar em cadáver. Para Locke e Hume, os sentidos são receptáculos passivos, não maneiras de ser e de agir sobre o mundo. Para Smith e outros do seu tipo, o corpo é, em primeiro lugar, um objeto material, e não uma forma de práxis, um centro a partir do qual se organiza um mundo. Eles não o veem como aquele "exterior" de nós que nunca chegamos propriamente a apreender, mas em cuja atividade expressiva estamos presentes, tal como o significado se acha presente numa palavra.

Dada essa versão do corpo, só se pode reconhecer a realidade de outros eus por analogia consigo mesmo. É mais ou menos isso o que defende Edmund Husserl, para quem os outros eus ficam essencialmente

O PROBLEMA DOS DESCONHECIDOS

escondidos de mim, porém manifestam em sua conduta algo que posso identificar como parte de minha experiência interna. O outro nunca está plenamente presente para mim, mas é cognoscível como um reflexo de mim mesmo. Em suas *Meditações cartesianas*,[48] Husserl vê cada eu, em termos imaginários, como uma mônada que reflete e contém todos os outros eus, com a consequente possibilidade de harmonia, empatia, comunhão e reciprocidade entre eles. Eis como Maurice Merleau-Ponty retrata a situação:

> Vejo um certo uso que é feito por outros homens dos utensílios que me cercam, (e) interpreto o comportamento deles por analogia com o meu e por minha experiência íntima, que me ensina o significado e a intenção dos gestos percebidos."[37]

Nessa medida, apreendo os outros eus segundo o modelo do "eu" — ou seja, exatamente em termos daquilo que me distingue deles — e por isso nunca posso lograr fugir de mim mesmo. De acordo com essa teoria, diz Merleau-Ponty,

> o corpo do outro, tal como o meu, não é habitado, mas é um objeto parado diante da consciência que pensa nele ou que o constitui (...). Existem duas modalidades do ser, e apenas duas: a do ser em si, que é a dos objetos distribuídos no espaço, e a do ser para si, que é a da consciência.[42]

No entanto, é precisamente o corpo — esse fenômeno anfíbio que não é simplesmente "em si" nem transparentemente "para si" — que desmantela essa polaridade sartriana. O corpo do outro está presente para mim, pré-reflexivamente, como um "em si" ou um objeto em meu horizonte que é intrinsecamente expressivo de um "para si" — um projeto intencional que constitui um movimento em direção ao mundo, em vez de repousar dentro dos limites dele como um pedaço inerte de matéria. Percebo a intencionalidade do outro em seus movimentos corporais, e não como um processo invisível que espreita por trás deles. Do mesmo modo, meu corpo "me torna um outro sem alienação", no dizer de Emmanuel Lévinas.[43] Existe, considera Merleau-Ponty, uma "relação interna" entre meu corpo e o do outro, tal como existe uma relação entre meu corpo e minha "consciência". Ou então, poderíamos acrescentar, entre uma série de sons e um

FRANCIS HUTCHESON E DAVID HUME

conjunto de significados. Visto que meu corpo nunca pode presentificar-se para mim simplesmente da maneira como meu relógio de pulso se faz presente, o corpo do outro também não pode fazê-lo. Ao ver as coisas da minha perspectiva singular, parte do que percebo é que os mesmos objetos estão presentes para o corpo dele por uma perspectiva diferente — percebo que nossos projetos se entrelaçam e que esse espaço compartilhado forma o terreno comum em que pode estabelecer-se o que chamamos de objetividade. O fato de eu nunca poder "objetivar" plenamente o corpo do outro, dada a entidade ambígua que ele é, liga-se ao fato de que o corpo do outro é a fonte de um mundo que tem uma intersecção com o meu.

A forma desse terreno comum é a linguagem. Um excesso de discussões sobre "outros eus" tem presumido que essas entidades não falam nem escutam. Na experiência do discurso, afirma Merleau-Ponty,

> constitui-se entre a outra pessoa e eu um terreno comum; meu pensamento e o dela se entrelaçam num único tecido (...) e se inserem numa operação compartilhada da qual nenhum de nós é o criador. Temos aí um ser dual, no qual o outro já não é para mim um mero comportamento em meu campo transcendental, nem eu no dele; somos colaboradores um do outro, numa consumada reciprocidade.[44]

Essa última frase cheira um pouco ao que vimos chamando frouxamente de imaginário. Aliás, Merleau-Ponty fala em seguida do processo quase mágico em que cada parceiro desse diálogo antecipa os pensamentos do outro ou lhe "empresta" os seus. "A percepção de outras pessoas e do mundo intersubjetivo", escreve ele, "só é problemática para os adultos. A criança vive num mundo que, sem hesitação, ela acredita ser acessível a todos que a cercam."[45] A criança pequena, segundo ele, não tem conhecimento de uma realidade articulada em pontos de vista nem está ciente de que o sujeito tem que ficar restrito a apenas um deles. Tal como no Imaginário, ela pode ocupar todas as posições simultaneamente, livre das restrições da ordem simbólica. E assim como a criança lacaniana não faz distinção entre o dentro e o fora, de tal sorte que os próprios sentimentos ganham uma existência palpável, quase concreta, os olhares humanos, para a criança pequena de Merleau-Ponty, "têm existência quase material, a tal ponto que a criança se indaga como esses olhares evitam quebrar-se quando se encontram".[46]

O PROBLEMA DOS DESCONHECIDOS

Hutcheson aproxima-se mais de um sentido fenomenológico do corpo do que Adam Smith. Encanta-se com a ideia de um rosto humano falante ou doador de significado, ao qual respondemos pré-reflexivamente, sem que seja preciso "inferir" nem "deduzir" o tipo de emoção que o anima. É a expressividade intrínseca da carne — o fato de o próprio corpo humano ser um signo — que promete uma espécie de solução para o dualismo aflitíssimo de Smith. Se esse presume que só podemos ter acesso aos outros por meio de uma faculdade especial, é por imaginar que os estados mentais alheios nos são naturalmente inacessíveis, escondidos que estão pelo invólucro carnal do corpo. Minha raiva se oculta dentro de mim e os fragmentos dela que você é efetivamente capaz de vislumbrar — o fato de eu ter acabado de atear fogo no cabelo, de pura frustração enfurecida, por exemplo — são os simples sinais externos de um estado intrinsecamente particular. O que você vê não é o que as coisas são. Minhas palavras, do mesmo modo, são simples sinais externos de significados que, por serem imagens na minha cabeça, são tão essencialmente privados quanto minhas emoções. Por isso, é difícil, ou talvez impossível, saber se em algum momento sentimos ou queremos dizer realmente uma mesma coisa — um estado crônico de divergências ou intenções opostas que *Tristam Shandy* explora por seu rico valor cômico. Em sua *Teoria dos sentimentos morais*, Adam Smith confessa que nunca podemos saber com exatidão o que sente outra pessoa, como se viéssemos necessariamente a compartilhar seus sentimentos de maneira mais profunda, se nos fosse possível sabê-lo. Se os outros nos são inacessíveis, é difícil encontrar uma base consciente para a harmonia social; por isso, é forte a tentação de postular uma faculdade elusiva — empatia, intuição, imaginação, senso moral — que sirva em seu lugar.

A tese de termos de imaginar o que os outros sentem, nem é preciso dizer, é tão implausível quanto a ideia de precisarmos imaginar o que eles querem dizer. Elaine Scarry se engana, com certeza, ao afirmar que a imaginação é central para a solidariedade humana.[47] Compreender não é uma questão de nos projetarmos empaticamente nas entranhas espirituais de outrem, cujo conteúdo se presume ser intrinsecamente privado. Não há dúvida de que os outros podem esconder de nós os seus sentimentos ou confundir de propósito os significados desses, mas fazê-lo requer algumas técnicas bastante sofisticadas e essas técnicas sempre são colhidas na arena pública. Temos acesso a nós mesmos exatamente do mesmo modo que temos acesso aos outros. A simples introspecção não serve, nesse caso. Não pode ser por simples introspecção que me conscientizo de estar sendo invejoso ou de estar com medo.

"A possibilidade de a outra pessoa ser evidente", escreve Merleau-Ponty, "deve-se ao fato de eu não ser transparente para mim mesmo e de minha subjetividade arrastar o corpo em sua esteira (...). O outro nunca é propriamente um ser pessoal, quando eu mesmo sou totalmente uno e me apreendo como apodicticamente evidente."[48] Os outros estão fadados a parecer opacos, quando nos iludimos a ponto de crer que somos inteiramente transparentes para nós mesmos.

David Hume não partilhava a confiança de Francis Hutcheson na generosidade inata do coração humano. Afinal, era um tóri cético, não um *whig* republicano que encarava o amor-próprio como a força motriz central nas questões humanas. Se é que a justiça era necessária, pensava ele, era como um contrapeso para nossa busca desmedida do lucro e de interesses egoístas. Mas Hume também sustentava que, apesar de a maioria das pessoas amar mais a si mesma do que aos outros, suas afeições humanas, tomadas em conjunto, suplantavam seu egoísmo. Nessa mescla de afabilidade refinada e intransigência mundana, Hume é urbano nos dois sentidos do termo.[49] Não é mal-humorado como Hobbes nem otimista como Shaftesbury. Escreveu num momento em que a classe média pré-industrial recém-surgida ainda estava suficientemente impressionada com o glamour da aristocracia para buscar uma conciliação entre o comércio e a civilidade. Era uma harmonia que se tornaria mais difícil de alcançar nas épocas posteriores de capitalismo industrial.

"O costume e as relações", escreve Hume em seu *Tratado da natureza humana*, "fazem-nos penetrar a fundo nos sentimentos dos outros, e qualquer sina que suponhamos caber-lhes faz-se presente para nós através da imaginação, e funciona como se fosse originalmente nossa."[50] É difícil dizer se isso é abnegado ou egoísta, pelo menos no que concerne às paixões mais agradáveis. Em geral, porém, Hume tem sólida convicção da realidade da benevolência e afirma, com espírito hutchesoniano, que "esse apetite que acompanha o amor é um desejo de felicidade da pessoa amada e uma aversão a seu sofrimento" (430). Ele concede um espaço generoso às simpatias humanas, as quais, como Hutcheson, configura no que poderíamos chamar, em linhas gerais, de um molde imaginário.

O PROBLEMA DOS DESCONHECIDOS

É verdade que o prazer do outro nos causa dor quando o contrastamos com nosso sofrimento, assim como o infortúnio de alguém faz com que nos regozijemos, por colocar em relevo o nosso bem-estar. Em ambos os casos, entretanto, o egoísmo se mistura com a solidariedade autêntica. Se há aí algo da rivalidade do Imaginário, há também algo de sua empatia. Assim como a rivalidade e a imitação são indissociáveis no Imaginário, também o são no pensamento moral de Hume: comprazemo-nos com o prazer alheio, mas, ao mesmo tempo, experimentamos certa inquietação competitiva.

O mais vivo de todos os objetos, observa Hume no *Tratado da natureza humana*, é "um ser racional e pensante como nós, que nos comunica todos os atos de sua mente, revela-nos seus sentimentos e afetos mais íntimos e nos permite ver, no instante mesmo de sua produção, todas as emoções causadas por qualquer objeto" (402). O que importa nessa comunhão do espírito é o caráter imediato com que o interior se transforma no exterior — a maneira como os sentimentos do outro não ficam sepultados dentro de seu corpo, mas se inscrevem de forma legível na superfície desse. "Tudo que se relaciona conosco", escreve Hume, "é vividamente concebido pela transição serena de nós mesmos para o objeto relacionado" (402) e essa transição se dá por semelhança e correspondência: "Os homens de temperamento alegre gostam naturalmente dos alegres, assim como os sérios nutrem afeição pelos sérios (...) os homens aprovam naturalmente, sem reflexão, o caráter que mais se parece com o seu" (403, 654). Ou, como diria Freud numa formulação menos agradável, nossas escolhas de objeto tendem a ser narcísicas. O clube de cavalheiros, assim como o domínio do Imaginário, é um mundo de contágios e semelhanças mágicos. É predominantemente desprovido de diferenças. Se a leveza de espírito e a desenvoltura figuram entre os valores sociais dignos de cultivar, é mais fácil praticá-los com espíritos e *alter egos* afins do que com estranhos, em cuja presença talvez tenhamos de nos esforçar para ser afáveis. A companhia dos desconhecidos, considera Hume, só nos é agradável por breves períodos.

"Para produzir uma relação perfeita entre dois objetos", escreve o filósofo, "é necessário não apenas que a imaginação se transmita de um para outro, por semelhança, contiguidade ou causação, mas também que ela regresse do segundo para o primeiro com o mesmo desembaraço e facilidade" (405). Ainda estamos na esfera do Imaginário, no qual, como acontece com a criança pequena e seu reflexo, há um circuito fechado ou um trânsito de mão dupla entre os objetos em questão. "O movimento duplo é uma espécie de laço duplo", acrescenta Hume, "que une os objetos da maneira mais próxima e mais íntima" (405). No que se poderia chamar de imaginário social, eu me descubro refletido no outro, ao mesmo tempo em que o vejo refletido em mim; e essa mutualidade pode aprofundar-se a ponto de os dois sujeitos acabarem deixando de ser distinguíveis e, então, o que se reflete nada mais é do que o ato bidirecional do espelhar a si mesmo. Para Hume, assim como para Lacan, esse fascínio por duplos, semelhanças e comparações permanece como um componente de todas as nossas experiências mais maduras. Somos tão pouco regidos pela razão, considera o filósofo, que "sempre julgamos mais os objetos por comparação do que a partir de seu mérito e valor intrínsecos" (420).

Mas essa simetria é rompida no momento em que um terceiro tempo invade a cena: "Pois suponhamos que o segundo objeto", prossegue Hume, "além de sua relação recíproca com o primeiro, tenha também forte relação com um terceiro objeto; nesse caso, o pensamento, ao passar do primeiro objeto para o segundo, não retorna com a mesma facilidade, embora a relação continue igual, e é prontamente carregado para o terceiro objeto (...). Essa nova relação, portanto, enfraquece o vínculo entre o primeiro e o segundo objetos" (405). Não é difícil interpretar a afirmação de Hume em termos edipianos, à medida que o *rapport* diádico ou imaginário entre mãe e filho é triangulado pela entrada do pai em cena. O que Hume esboça aí, em síntese, é a transição do Imaginário para o Simbólico. Três sujeitos são bem mais do que dois.

Para que isso não seja considerado uma interpretação exagerada e perversa de uma passagem que, na verdade, concerne à associação de ideias, vale a pena assinalar que o *Tratado* começa no mesmo instante a falar de mães, pais e filhos:

O segundo casamento materno não rompe a relação entre o filho e a mãe e essa relação basta para transmitir minha imaginação de mim mesmo para ela com extremo desembaraço e facilidade. Mas depois que a imaginação chega a esse ponto de vista, constata que seu objeto está cercado por tantas outras relações, a questionarem seu olhar, que já não sabe qual delas preferir e fica confusa quanto a qual novo objeto escolher. Os laços

O PROBLEMA DOS DESCONHECIDOS

de interesse e dever ligam [a mãe] a outra família e impedem o retorno da imaginação dela para mim, necessário para sustentar a união. O pensamento já não tem a vibração necessária para deixá-la inteiramente à vontade e atender a sua inclinação para a mudança. Ela parte com facilidade, mas volta com dificuldade; e, em virtude dessa interrupção, descobre a relação muito enfraquecida, em comparação com o que seria se a passagem estivesse aberta e fácil de ambos os lados. (405)

Hume, que nesse trecho se coloca na posição da criança, é lançado numa relação problemática com a mãe, em virtude do relacionamento dela com o (segundo) pai. O vínculo entre o filho e a mãe passa a ser assimétrico, forte apenas de um lado, isso porque a mãe é percebida como presa na ordem simbólica, afiliada, através do segundo marido, a um conjunto de parentes distantes demais da criança em si. O objetivo do exemplo do segundo marido é enfatizar o modo como as relações familiares, apesar de todo o seu fechamento "imaginário", transmudam-se em afiliações com estranhos ou com pessoas que não são parentes consanguíneos — afiliações que então repercutem sobre o laço primário entre mãe e filho com um efeito que é, fatalmente, de afrouxamento. É isso que parece fazer a criança tatear e hesitar (ficando "confusa quanto a qual novo objeto escolher"), no que bem poderíamos interpretar como uma espécie de crise edipiana. Afirmar que agora é mais difícil rastrear a cadeia de associações da mãe para o filho do que o inverso parece um modo camuflado de o filho se queixar de que a mãe já não o ama como ele a ama. O edipianismo desloca-se para a epistemologia.

Para Althusser, não se pode falar com sensatez da esfera imaginária da ideologia como sendo verdadeira ou falsa. Ela simplesmente não é uma arena em que tais juízos sejam relevantes, visto que a ideologia não é, primordialmente, uma questão de proposições.[51] O modo como se "vivencia" a própria inveja, rebeldia, submissão etc. não é uma questão de precisão cognitiva. Para Althusser, há um abismo entre a teoria (a esfera da verdade) e a ideologia (a zona da experiência) e os poucos afortunados que participam do conhecimento científico da sociedade, uma vez que continuam, ao mesmo tempo, a ser cidadãos comuns, vivem em mundos divididos e distintos, os do Simbólico e do Imaginário. De forma paralela, há para Hume uma ruptura epistemológica ou "oposição total" entre razão e paixão. As paixões "nunca podem ser objeto de nossa razão" e

FRANCIS HUTCHESON E DAVID HUME

"é impossível pronunciá-las verdadeiras ou falsas" (510). Para ele, seria absurdo falar numa paixão racional ou irracional, o que não se daria com São Tomás de Aquino ou Espinosa. De nada adianta perguntar se devemos sentir o que sentimos. A paixão, para Hume, é uma "existência original", tal como é para Friedrich Nietzsche. ("Admito que nada é 'dado' como real senão o mundo de nossas paixões e impulsos [...]", diz Nietzsche como hipótese em *Além do bem e do mal*.) Na concepção de Hume, as emoções não apenas estão além da razão como também se recusam a ficar confinadas num dado indivíduo. "As paixões", comenta ele, "são tão contagiosas que passam com extrema facilidade de uma pessoa para outra e produzem movimentos correspondentes em todos os corações humanos" (655). Há algo de mágico nesse contágio afetivo, como se o medo ou o ciúme do outro pudessem literalmente infectar minhas entranhas, passar como um vírus emocional do corpo dele para o meu. Uma criança pequena poderia facilmente imaginar isso.

A solidariedade,[52] para Hume, é não apenas a fonte principal da virtude, mas uma espécie de princípio magnético que anima toda a criação animal, uma força semipalpável ou um meio volátil para a "comunicação desembarcada de sentimentos de um ser pensante para outro" (412). Ela é o grande painel de interligação das psiques humanas e se encontra no cerne de qualquer paixão que possamos conceber. É também o que faz com que valha a pena viver:

> "Ainda que todas as forças e elementos da natureza conspirem para servir e obedecer a um homem; que o sol se levante e se ponha ao comando dele; que o mar e os rios rolem como lhe aprouver e que a terra lhe forneça espontaneamente tudo que lhe possa ser útil ou agradável, ainda assim ele será infeliz, até que lhe deem alguém com quem ele possa compartilhar sua felicidade e de cuja amizade e estima possa desfrutar" (412).

Nessa fantasia imaginária, o mundo nos é espontaneamente dado, mostrando-se tão milagrosamente maleável ao nosso comando quanto o reflexo especular do bebê obedece a seus movimentos. Mas é com um cossujeito que essa comunhão tem de ser finalmente consumada.

"As mentes dos homens", comenta Hume, "são espelhos umas das outras" (414). Num movimento dialético, "o prazer que um homem rico extrai de suas posses, uma vez lançado sobre o espectador, causa prazer

O PROBLEMA DOS DESCONHECIDOS

e estima; e esses sentimentos, ao ser percebidos e vivenciados por simpatia, aumentam o prazer do possuidor; e, ao ser refletidos mais uma vez, tornam-se uma nova base para o prazer e a estima daquele que olha". O Imaginário, com seu luzir de espelhos sobre espelhos, é como que uma sociedade de admiração recíproca, na qual, numa espécie de *mise-en-abîme*, cada ato refletor dá origem a outro e esse a outro mais. Esse circuito giratório de afeições exibe o tempo cíclico do Imaginário, e não a evolução linear da ordem simbólica. É o tipo de reciprocidade mais e mais profunda que encontramos na dimensão imaginária da relação de Wordsworth com a natureza, na qual, numa realimentação potencialmente infinita, o amor do poeta aos objetos naturais que o cercam é enriquecido pelas sensações de que ele os investiu no passado e essas sensações, por sua vez, são transformadas pela perspectiva extensa do presente.

"As ideias", escreve Hume, "nunca admitem uma união total, mas são dotadas de uma espécie de impenetrabilidade pela qual se excluem mutuamente. (...) Por outro lado, as impressões e as paixões são suscetíveis de uma união completa e, tal como as cores, podem mesclar-se com tamanha perfeição que cada uma é capaz de se perder e de contribuir apenas para variar a impressão uniforme que provém do todo" (414-415). "Alguns dos fenômenos mais curiosos da mente humana", ele acrescenta, derivam dessa situação. Na ordem pré-reflexiva do Imaginário, o que importa são menos as "ideias" do que o imediatismo tangível das sensações, de modo que pode haver aí uma coalescência recíproca de elementos desconhecidos pela ordem simbólica do pensamento ou da linguagem, que funciona por reflexão, distinção e exclusão. Até a causalidade constitui para Hume uma espécie de esfera imaginária, na qual a imaginação nos seduz a postular uma reciprocidade ou um vínculo interno entre causa e efeito, laços esses que a própria razão sabe serem infundados. O mesmo se aplica à propriedade privada, o próprio eixo da ordem simbólica burguesa; também nesse caso, o costume e a imaginação nos convencem a perceber um vínculo necessário entre a propriedade e seu possuidor, para o qual, mais uma vez, não existe nenhum fundamento racional. Assim como, para Espinosa e Althusser, há uma ruptura epistemológica entre o modo como "vivenciamos" o mundo e o que a filosofia sabe que ele é, Hume está ciente de que, do ponto de vista da razão, muitas de nossas suposições espontâneas são simplesmente infundadas. Essa é uma verdade que ele considera nitidamente irritante, dada a sua convicção clubística

FRANCIS HUTCHESON E DAVID HUME

de que a filosofia deve dar continuidade às formas comuns, em vez de se mostrar subversora delas. A investigação moral deve ser a busca de mentes civilizadas, não de profetas cabeludos gritando no deserto.

Vimos que, para Lacan, o Imaginário não perece com a primeira infância. Para Hume, ele sobrevive na vida adulta, na acepção de que "nenhum objeto é apresentado aos sentidos e nenhuma imagem é formada na fantasia sem serem acompanhados por uma emoção ou movimento do espírito que lhes seja proporcional" (421). No mundo pré-reflexivo do Imaginário, é como se nos relacionássemos com as coisas diretamente por meio das sensações — como se nossa carne e nossos sentimentos se tornassem um meio sutil de comunicação, sem a interposição atabalhoada da linguagem ou da reflexão. Sem esses sentimentos e impressões, diz Hume, "tudo que há na natureza nos é perfeitamente indiferente" (547-548) — uma indiferença que, como veremos adiante, é uma faceta da ordem simbólica. Mas o costume nos leva a esquecer que nosso pensamento é impregnado por essas colorações afetivas e tons sentimentais, do mesmo modo que, para Heidegger, a razão torna-se desatenta ao *Stimmung* ou estado de ânimo que sempre a permeia. Esse legado do Imaginário desaparece de vista à medida que a racionalidade atinge seu nível máximo de competência, desbotando-nos o pensamento até transformá-lo numa faculdade aparentemente neutra. Para Hume, entretanto, esses afetos e essas sensações persistem mesmo assim, como uma espécie de corrente fenomenológica que corre por baixo de todas as nossas reflexões mais desapaixonadas.

Não é difícil imaginarmos a criancinha iludida diante do espelho, contemplando sua imagem como um objeto do mundo que seria independente dela, sem saber que a imagem é uma simples projeção de seu próprio corpo. É assim, na visão de Hume, que a maioria dos cidadãos irrefletidos aborda a questão da moral, convencida de que os valores morais fazem parte do mobiliário do mundo material. Essas pessoas não reconhecem que, na verdade, tais valores são imaginários, no sentido de serem criados pelo sujeito. O bem e o mal morais "pertencem apenas à ação da mente" (516); do mesmo modo que a criança e sua imagem especular, eles concernem a relações entre sujeitos e objetos, e não (como considera o realista ou racionalista) a relações entre os próprios objetos. Somente na ordem simbólica é que as coisas passam a ser consideradas como entidades dadas, presas em inter-relações objetivas, enquanto o su-

77

jeito é "descentrado" ou banido da cena. A terminologia moral, insiste Hume, não é aplicável a "objetos externos, quando colocados em oposição a outros objetos externos (...) a moral não consiste em nenhuma relação que seja objeto da ciência" (516, 520). Para essa ética emotivista, o homicídio não é mau em si, é mau pelo sentimento de reprovação que desperta em nós: "É objeto do sentimento, não da razão" e o valor moral "reside em vós, não no objeto" (520). "A moral, portanto, é mais propriamente sentida do que julgada" (522). O senso moral de Francis Hutcheson, por mais bizarramente intuitivo que seja, ao menos é uma resposta às qualidades intrínsecas dos atos; mas Hume leva a ideia uma etapa adiante e afirma, como Hutcheson não faria, que "ter o sentido da virtude nada mais é do que *sentir* uma satisfação de determinado tipo com a contemplação de um caráter" (523). Como diz Shaftesbury, "Se não existem uma afabilidade ou uma deformidade *reais* nos atos morais, pelo menos elas existem *como imaginárias*, com plena força".[53]

Sentimos solidariedade humana, afirma Hume, na "contemplação de um caráter" que a mereça, mas até que ponto essa expressão deve ser tomada no sentido literal? Devem aqueles com quem nos solidarizamos estar fisicamente diante de nossos olhos? A pergunta é mais momentosa do que pode parecer, pois toca na questão de haver ou não a possibilidade de uma ética imaginária ser universal. Francis Hutcheson achava natural amarmos os que nos são mais chegados de maneira mais profunda do que os que estão distantes, mas, como vimos, ele também ansiava por promover a camaradagem com culturas estranhas à nossa e chegou até a escrever, de maneira bastante inusitada, sobre estendermos a benevolência aos seres racionais de outros planetas, se porventura existissem. "Nossos bons votos ainda os acompanhariam", observou ele, no tom conciliador de um embaixador da ONU, "e ficaríamos radiantes com sua felicidade."[54] Em certo sentido, talvez Hutcheson seja um filósofo do Imaginário, mas não há nada de tacanho em sua visão. Ao contrário de seu compatriota Edmund Burke, ele não era um particularista romântico, mas um universalista do Iluminismo cujo horizonte era o bem-estar de toda a humanidade. Aliás, foi ele quem cunhou o lema utilitarista "a maior felicidade para o maior número de pessoas".[55] Ao mesclar esse universalismo com uma teoria do sentimento, o pensamento hutchesoniano representou um fecundo ponto de convergência entre o Iluminismo e o romantismo. Hutcheson admitiu que os apegos distantes eram mais

FRANCIS HUTCHESON E DAVID HUME

fracos do que os íntimos; tal como a gravidade, a força da benevolência diminui a longa distância "e é mais intensa quando os corpos chegam a se tocar".[56] Apesar disso, ele acreditava ser possível falar de "graus mais fracos de amor" e de uma benevolência que se "estendia além da vizinhança ou dos conhecidos".[57]

Como não seria de admirar num liberal irlandês do século XVIII, Hutcheson apontou o amor à pátria como um exemplo dessa afeição ampliada. A nação não é apenas uma comunidade imaginada, como na célebre expressão de Benedict Anderson, mas também uma comunidade imaginária, na qual, como em certos espaços vedados atemporais, cada cidadão leal se descobre harmoniosamente refletido no olhar de camaradagem de seus compatriotas, enquanto cada um deles, ao mesmo tempo, é singularmente reconhecido pelo augusto significante transcendental que é a própria nação. Esse era, *grosso modo*, o sonho político de Jean-Jacques Rousseau: a nação constitui um espaço imaginário em que cada cidadão, ao se submeter às leis que produziu livremente com seus compatriotas, rende-se à vontade coletiva desses últimos, apenas para receber seu eu de volta, mil vezes enriquecido por sua harmonia com os deles. Cada cidadão contempla seu próprio rosto na soberania que faz a mediação dos compatriotas com ele. O republicano irlandês Thomas Kettle falou do nacionalismo como a elevação do sentimento particular à condição de princípio político e propôs a nova forma como um análogo dessa reabilitação pública dos sentimentos.[58] Tal como o tempo do Imaginário, a narrativa da nação não conhece origem nem fim. Além disso, do século XVIII em diante, o princípio espiritual da nação passou a se fundir com o conceito político de Estado, dando origem a uma configuração novíssima de Imaginário e Simbólico. Como comunidade imaginária, a nação não reconhece diferenças nem divisões internas, pois todo membro se vê espelhado em todos os demais; no entanto, para se firmar no palco global, essa entidade platônica precisa condescender em se encarnar na história profana, articulando-se nas estruturas simbólicas da lei, das ideologias éticas, das instituições políticas e coisas similares. Aliás, se o Estado nacional tem sido essa invenção tão sumamente bem-sucedida da modernidade, é também por controlar os sentimentos mais tenazmente "imaginários" em nome dos quais homens e mulheres entregam prontamente a vida à ordem simbólica impessoal da lei, do comércio, da justiça e da cidadania.

O PROBLEMA DOS DESCONHECIDOS

Do mesmo modo, uma ética baseada na mutualidade dos eus e no contágio rápido dos sentimentos tem um claro problema com as relações menos cara a cara. A natureza, comenta Hutcheson, determinou-nos de tal modo que amamos os que estão mais próximos e essa é, para ele, uma espécie providencial de economia afetiva. Impede que desperdicemos nossos afetos em multidões distantes, cujos verdadeiros interesses estamos fadados a desconhecer, e que se encontram longe demais para que as ajudemos. Mas resta "uma determinação universal para a benevolência na humanidade, mesmo em relação às partes mais longínquas da espécie".[59] Também é possível, acredita ele, formular regras e máximas capazes de ajudar a promover o bem universal, tarefa que fez parte de seu legado para os benthamistas. Aqueles que baseiam sua ética sobretudo nos sentimentos, como faz Hutcheson, receiam desviar-se demais para o Simbólico, para o qual a moral é uma questão de leis universais e obrigações absolutas. A simples menção desses deveres abstratos é uma afronta aos impulsos espontâneos do coração. Contudo, se o sujeito quiser realmente agir de forma global, é difícil ver como possa deixar de falar em tais preceitos e, por conseguinte, descobrir-se invadindo o terreno kantiano ou benthamista. Faz-se necessário algo mais do que o sentimento para estruturar uma comunidade universal de sujeitos morais. Apanhado entre Shaftesbury e Bentham, Hutcheson quer agarrar-se à ideia do bom coração, ao mesmo tempo reconhecendo que a ética universal enaltecida por ele deve ser governada por regras.

David Hume mostra-se muito menos convencido do que Hutcheson da verdade da benevolência universal. É verdade que, em sua *Enquiry Concerning the Principles of Morals*, ele escreve sobre "um sentido ou sentimento interno (do bem e do mal) que a natureza universalizou em toda a espécie" e fala da benevolência como algo que promove os interesses da humanidade como um todo.[60] Todavia, se as instituições da justiça são indispensáveis, é porque os seres humanos não são "tão repletos de amizade e generosidade que todo homem tenha a máxima ternura por todos os demais e sinta tão pouca preocupação com seus próprios interesses quanto com os de seus semelhantes".[61] A visão humiana da justiça parece ser aproximadamente a de Marx: ela é uma virtude necessária nas situações de abundância limitada, quando é preciso sustentar a discussão sobre o que é devido a quem, mas é irrelevante nas situações de extrema necessidade, nas quais homens e mulheres simplesmente agarram o que

FRANCIS HUTCHESON E DAVID HUME

podem. Para Marx, ela é igualmente irrelevante numa sociedade de superabundância material, na qual não se clamará por justiça porque não haverá necessidade de uma distribuição regulada dos bens. Hume, nem é preciso dizer, mantém-se sobriamente não seduzido por esse utopismo.

No *Tratado*, ele rejeita expressamente a ideia de um amor universal. "Em geral", escreve, numa veia swiftiana, "pode-se afirmar que não existe na mente humana uma paixão como o amor à humanidade, meramente como tal, independentemente de qualidades pessoais, de préstimos ou da relação com o próprio indivíduo" (231). São os limites da generosidade humana — aquilo a que ele chama "benevolência confinada" — que Hume procura destacar aí. Em sua opinião, essa simpatia raras vezes se estende além de parentes e amigos. "Amamos nossos conterrâneos, nossos vizinhos, aqueles que são do mesmo ofício ou profissão e até os do mesmo sobrenome que nós" (401) e não podemos deixar de preferir até o menos simpático de nossos amigos à companhia de estranhos. Trata-se da ética da cafeteria. Freud concordava ardorosamente com esse sentimento prudente: para ele, simplesmente não havia tanta libido assim para circular. O esforço de amar a todos, argumentou em *O mal-estar na cultura*, é uma espécie de injustiça, já que desperdiça com quem não merece a afeição que eu deveria reservar "para minha gente". Os estranhos, prossegue ele, têm mais direito ao nosso ódio e à nossa hostilidade do que à nossa bondade. Para Freud, o próximo é, em segredo, um inimigo, o que também se aplica ao cristianismo, num sentido diferente. É por isso que o exemplo a ser tomado como precedente no amor ao próximo é amar o inimigo. Qualquer um é capaz de amar um amigo. Se o semelhante é uma fonte de trauma, como reconheceu Freud, em parte é porque (como ele não reconheceu muito) poucas atividades humanas são mais desagradáveis, exigentes, ingratas e, em última análise, letais do que amar. *O mal-estar na cultura* expõe um conflito franco entre a sexualidade e a sociedade: o número ideal para a primeira é dois, visto que um terceiro, proclama Freud, austeramente contrário ao *ménage à trois*, só pode ser diruptivo ou excedente; já a sociedade como um todo envolve-nos com um número maior de indivíduos e, assim, dispersa perigosamente nossas afeições. De forma caracteristicamente moderna, Freud confunde o amor como *eros* com o amor como *ágape* ou caridade.

Para Hume, esse provincianismo afetivo faz parte de nossa natureza. Há uma fronteira bem patrulhada entre amigos e desconhecidos, que

O PROBLEMA DOS DESCONHECIDOS

corresponde, até certo ponto, às divisões de classe (já que nossos amigos, em sua maioria, são tão educados quanto nós) e à distinção entre o Imaginário e o Simbólico. A sociedade compõe-se, para Hume, de círculos concêntricos crescentes do que Hutcheson chamava de "amor fraco" e o ar afetivo vai-se rarefazendo à medida que nos afastamos de nossos parentes consanguíneos: "O homem ama naturalmente a seus filhos mais do que aos sobrinhos, aos sobrinhos mais do que aos primos, aos primos mais do que aos estranhos (...)" (535). Como que traçando uma ascensão finamente graduada da troposfera para a ionosfera, Hume declara que nossas afeições pelos que nos são mais próximos são "muito mais tênues" do que nosso amor-próprio, ao passo que nossas simpatias pelos que estão mais longe revelam-se ainda "muito mais tênues". Não parece ocorrer-lhe que um homem é capaz de amar um líder político a quem nunca encontrou em pessoa com muito mais fervor do que ama a sua esposa.

Há maneiras de compensar a inclinação provinciana de nossas simpatias. Podemos fazer ajustes morais, digamos, em nossa indiferença natural aos estranhos, assim como podemos saber, através da reflexão, que um objeto distante realmente não é tão diminuto quanto parece. Além disso, "todos os dias encontramos pessoas que se acham em situação diferente da nossa e que nunca poderiam conversar conosco em termos racionais se permanecêssemos constantemente na situação e no ponto de vista que nos são peculiares" (653). Assim modificando nossa perspectiva, passamos a fazer estimativas mais objetivas de nossos semelhantes do que se continuássemos enfurnados no nicho social que nos cabe. Poderíamos dar a isso o nome de tese das visitas aos bairros miseráveis. Mas um empirismo para o qual a realidade, em termos gerais, é aquilo que pode ser captado pelos sentidos tende a enfrentar dificuldades com as relações sociais anônimas e, por conseguinte, com a política. "A piedade", escreve Slavoj Žižek, "é o fracasso da capacidade de abstração",[62] e para Hume, a lei e a política são fruto do fracasso da imaginação. Uma vez que os interesses dos que nos são distantes são difíceis de guardar vividamente na lembrança, têm de ser delegados a mecanismos impessoais como as instituições judiciárias.

Hume acredita, é claro, que todos os seres humanos se aparentam por semelhança, de modo que nossa natureza comum proporciona um contrapeso ao amor-próprio. Podemos apiedar-nos dos desconhecidos "e de outros que nos são perfeitamente indiferentes" até mesmo à simples

FRANCIS HUTCHESON E DAVID HUME

menção de suas aflições. Mas o filósofo também considera que a compaixão "depende, em larga medida, da contiguidade e até da visão do objeto" (418), o que é uma das razões pelas quais, na mesma passagem, ele se volta para o tema da tragédia. É que a ideia da arte trágica é nos oferecer representações palpáveis de figuras dignas de pena que não conhecemos, razão por que a morte de Cordélia pode comover-nos tão profundamente quanto a de um amigo. A solidariedade, para Hume, depende largamente da representação. Os únicos estranhos com que conseguimos identificar-nos são aqueles de quem ouvimos falar. A ética e a epistemologia vinculam-se pelo menos no sentido de que sem a mente formadora de imagens, nossas paixões solidárias permaneceriam inativas e inertes.

Em outro trecho do *Tratado*, Hume fala em socorrer um perfeito estranho que está prestes a ser pisoteado por cavalos; mas o importante é que o desconhecido em questão está fisicamente presente, o que, na visão humiana, é um estímulo muito mais agudo à compaixão do que uma concepção nebulosa de benevolência universal. Realmente existe esse sentimento global de fraternidade, considera ele, no sentido de que, em princípio, qualquer pessoa pode levar-nos à compaixão; mas nossas simpatias, como a energia de um cão de guarda, só fluem de maneira realmente livre quando o outro é tangível, representado, colocado à mão, seja pela imaginação, seja pelas circunstâncias materiais. "Não há ser humano e, a rigor, não há criatura sensível", escreve Hume, "cuja felicidade ou sofrimento não nos afete em alguma medida, ao ser trazido para perto de nós" (533); mas é essa última oração que distingue seu exemplo de um amor pela humanidade em geral, doutrina que Hume (apesar do cosmopolitismo de seus interesses culturais) repudia explicitamente nesse trecho.

Em outro ponto do *Tratado*, ele fala em termos similares de sentir simpatia por "qualquer pessoa que esteja presente para nós" (432), ao passo que, nas *Investigações*, afirma que "decerto entramos com mais presteza em sentimentos parecidos com os que experimentamos todos os dias; todavia, quando bem representada, nenhuma paixão pode ser-nos inteiramente indiferente (...)".[63] Mais uma vez, a ênfase recai na representação vivaz, como no teatro. Outras pessoas têm de captar nossa imaginação se quiserem despertar nossa boa vontade; e a imaginação, no sentido humiano pré-romântico do termo, é consideravelmente mais susceptível ao próximo do que ao distante. Há um particularismo moral

O PROBLEMA DOS DESCONHECIDOS

nessa ética empirista, que reflete o provincianismo emocional do clubista tóri. É como se uma certa ética decorresse de uma certa epistemologia: a timidez da abstração conceitual e a insistência no que pode ser sentido nos pulsos podem acabar por nos convencer de que os desconhecidos não são semelhantes de verdade. As coisas que nos são contíguas no espaço e no tempo, acredita Hume, têm "uma força e vivacidade peculiares", que superam todas as outras influências (474). É surpreendente, portanto, que a Grã-Bretanha setecentista pareça ter-se importado tão apaixonadamente com seu império — que um conjunto tão remoto de nações possa ter captado suas simpatias imaginativas com a profundidade com que as captou.

A guinada para o romantismo foi, entre outras coisas, uma tentativa de corrigir essa miopia moral. Enquanto, para o século XVIII, a imaginação podia significar a faculdade geradora de imagens vívidas do que está diante de nossos olhos, a tarefa da imaginação romântica foi, em grande parte, fazer-nos compreender o que se achava temporal ou espacialmente ausente e, desse modo, tecer uma rede de simpatias universais tão animadas e duradouras quanto as locais. Quando a própria imaginação se torna uma faculdade universal, como ocorre no romantismo, a tese empirista deixa de ser tão plausível.

Existem méritos distintos no que venho chamando, com certo ar de oximoro, de ética imaginária. (Com ar de oximoro porque o Imaginário lacaniano é, na verdade, anterior à moral.) Essa moral, sob certos aspectos, é uma versão laica da harmonia, afinidade e correspondência que antes ficavam reservadas ao céu, por assim dizer, nas cosmologias dos escolásticos medievais ou no universo sinfônico dos neoplatônicos. Na época de Hutcheson, essas visões grandiosas vinham caindo cada vez mais em descrédito, mas, pelo fato de estar então campeando um individualismo diruptivo, houve um movimento no sentido de reinventá-las sob uma forma adequadamente sublunar. Os laços humanos tiveram de ser furtivamente reintroduzidos num mundo quase desprovido deles. Numa cultura de contratos sem alma e obrigações legalísticas, a insistência dos benevolentistas no amor, na compaixão e na generosidade tinha em si um agradável calor humano. Ela desacreditou a tese, que depois viria a ser exposta por Kant, de que a única alternativa à obrigação moral era agir em nome do prazer egoísta. Com efeito, resgatou toda a categoria do prazer dos puritanos carrancudos e a devolveu a seu lugar central no pensamento ético. Era marca da pessoa virtuosa, considerou David Hume, extrair prazer de ser misericordiosa e humana. A seu modo, os filósofos benevolentes reconheciam, nas palavras de Bernard Williams, que "a linha entre o interesse por si mesmo e o interesse pelo outro não corresponde, em absoluto, a uma linha entre o desejo e a obrigação".[64]

Há nessa visão imaginária uma graça e uma beleza junto às quais a ética simbólica que examinaremos dentro em pouco talvez se afigure anêmica e sem atrativos. Os moralistas nos quais demos uma olhada estão certos ao perceber que a moral tem a ver com a realização humana e certos também quanto aos valores que realmente importam, por mais iludidos que estejam quanto à maneira de fundamentá-los. Em contraste com Aristóteles, cujo ser humano virtuoso às vezes parece um magnata dos meios de comunicação, magnificamente bem-sucedido, e que com certeza é um pudico arrogante, essa visão não considera os homens e as mulheres autossuficientes, mas sim constantemente necessitados de ternura e apoio. Ao contrário de uma venerável linhagem de voluntarismo moral do Ocidente, ela também dá o devido peso ao momento passivo da moral — à sensação de sermos levados, coagidos, impelidos, espontaneamente instigados à ação. É verdade que ela vê os indivíduos como muito pouco autodeterminantes, ansiosos demais por imitar e se adaptar, muito angustiadamente escravizados às opiniões dos colegas. Isso, entre outras coisas, é um reflexo do contexto social desses teóricos, os quais, como membros de uma classe social bastante homogênea, compartilhavam as mesmas reações, sem terem de pensar muito a respeito delas. Eles também tinham grande preocupação com sua reputação pública, o que é uma das razões por que o olhar do outro lhes era tão importante.

Se a esfera do Imaginário acaba tendo de ser aberta, é porque homens e mulheres só atingem sua autonomia, por magra que seja, na ordem simbólica — e, mesmo assim, a um preço altíssimo. Não obstante, o aspecto positivo dessa conformidade social é a sociabilidade humana de uma ética imaginária, que se recusa a separar os valores morais da essência e da textura da vida cotidiana. É esse respeito pela vida cotidiana, também manifesto na ficção realista, que marca publicações setecentistas de notória influência, como as revistas *Tatler* e *Spectator*.

Ainda assim, essa ética parece exclusivista e isolada demais para ser conveniente. O amor e a compaixão são estendidos, de um modo meio abstrato, à humanidade como um todo, mas o verdadeiro semelhante é

O PROBLEMA DOS DESCONHECIDOS

o primo ou o colega, não o samaritano desconhecido. Para uma ética de base tão somática, a vida social além dos parentes e amigos deixa de ser uma extensão do corpo e, por conseguinte, corre o risco de desaparecer de nosso horizonte moral. Os círculos concêntricos do sentimento de fraternidade vão-se desfazendo numa série de gradações finas, que vão do aconchego doméstico às hordas anônimas que definham na escuridão lá fora.

É verdade que a etiqueta social é concebida como uma espécie de mediação ou acomodação entre amigos e estranhos — uma maneira de o indivíduo se conduzir que é afável sem intimidade e gentil sem familiaridade. Bertolt Brecht acreditava que uma zona intermediária entre o erótico ou doméstico, de um lado, e o burocrático e anônimo, de outro, seria um protocolo essencial numa cultura socialista. O termo "camarada" seria um meio-termo, por assim dizer, entre "querida" e "senhora". Theodor Adorno escreveu sobre o "tato", em *Minima moralia*, como uma dessas formas de mediação na sociedade dos primórdios da classe média — uma faculdade que ele receava ter sido atrofiada fazia muito tempo. "Livre e solitário", escreveu ele, "[o sujeito burguês] responde por si, enquanto as formas de respeito e consideração hierárquicos desenvolvidas pelo absolutismo, despojadas de sua base econômica e seu poder ameaçador, ainda continuam presentes apenas em dose suficiente para tornar suportável o convívio nos grupos privilegiados."[65] Mas a ética imaginária receia que entrar na esfera das leis e dos deveres universais seja abandonar as devoções e afeições locais e ler os escritos éticos de Kant é compreender isso. Por outro lado, essa veia de pensamento moral parece, aos olhos dos devotos de princípios augustos, leis soberanas ou dos pavores do Real, aconchegante e clubística demais, além de muito vulgarmente cativada por conceitos de colônia de férias, como felicidade. A piedade e a compaixão são, simplesmente, a face lacrimosa que um capitalismo hipócrita exibe para suas vítimas. E a felicidade, que na Grã-Bretanha de hoje é responsabilidade de funcionários do governo, é o remédio mágico que as manterá empregadas.

Mas talvez a escolha entre amor e lei seja ilusória. O que os sentimentalistas morais deixam de apreender, de modo geral, é que a única lei moral autêntica é uma lei do amor — mas não, de modo algum, da espécie de amor passível de ser formulada em termos de sensibilidade. O único tipo de amor que importa é aquele que é "lícito", e não afetivo. Em

FRANCIS HUTCHESON E DAVID HUME

sua recusa implacavelmente desumana a privilegiar as necessidades de um indivíduo em relação às de outro, ele mais se assemelha a uma ordem do que a um instinto. Esse gênero de amor tem a pétrea indiferença da ordem simbólica às pessoas particulares; só que essa indiferença também fica a serviço de uma consideração "imaginária" para com as necessidades singularmente específicas de absolutamente qualquer um. Não se trata de benevolência universal — de "amar a todos" numa onda lacrimosa de filantropia, o que seria muito parecido com amar a ideia do magenta ou a do voto transferível único. Hume tem a sensatez de descartar essa fantasia. A noção de amor universal deve ser tratada, antes, como a concepção democrática de Povo. Tomado literalmente, ele é um fenômeno mítico. Mas o que significa é que absolutamente qualquer um pode ser um agente social, com mérito igual ao de qualquer outro.

Nesse sentido, o amor autêntico se conforma à lógica lacaniana do "não todo". Não é uma questão de "devo amar a todos", o que constitui a proposta mais vazia que pode haver, mas de que "não existe ninguém a quem eu não deva amar". O amor universal é uma questão de política global, não de obscuras vibrações de união cósmica. No que diz respeito aos indivíduos, ele significa amar a todos, no sentido de amar qualquer um que apareça. Como tal, rejeita a distinção entre amigo e estranho — não por ser insensível às afeições pessoais, mas por não ver o amor como predominantemente interessado nessas coisas. O sujeito não precisa sentir-se minimamente afetuoso para estar apto a amar.

Nos evangelhos de Marcos e Mateus, "o próximo" significa simplesmente o outro, seja ele amigo, conhecido, inimigo ou estranho. Nem é preciso dizer que essa não foi uma doutrina gerada pelo cristianismo: para os antigos estoicos, todos os homens eram cidadãos do mundo e todos os semelhantes humanos eram o próximo. Lucas, fiel à tradição do Velho Testamento, para a qual "o próximo" significa os judeus obscuros e socialmente inferiores, particularmente carentes de proteção, considera que o amor ao próximo se realiza da maneira mais característica no interesse pelos necessitados e desvalidos. O próximo é a primeira pessoa aflita que se encontrar. Para os autores e profetas do Livro da Sabedoria, similarmente, "o próximo" significa sobretudo os pobres. Os judeus da Diáspora universalizaram o termo, fazendo-o passar a incluir todos os seres humanos.[66]

Hume e Hutcheson acertam ao dizer que é natural amarmos nossos filhos mais do que ao gerente de nosso banco, mas eles pensam no amor

O PROBLEMA DOS DESCONHECIDOS

no sentido pessoal ou afetivo, o que não é seu sentido mais fundamental. Um bom número de problemas surgiu na tradição filosófica ocidental pela confusão entre o amor no sentido afetivo ou erótico e o amor como ágape ou caridade universal. Vimos que Freud, em certos momentos, comete justamente esse erro. Essa confusão provém, em parte, da diminuição gradativa do senso do político, que passou a fazer a ideia do amor político soar embaraçosamente contraditória. Se a questão for a escolha entre matar meu filho e dar um tiro no gerente do banco, entretanto, somente uma ética simbólica, e não imaginária, servirá. O amor, na acepção do que sinto por meu filho, não servirá de critério para que eu decida sobre a coisa moral a fazer. Na verdade, não haveria coisa moral a fazer, já que a vida do gerente do banco tem tanto direito a minha consideração quanto a de meu filho. O fato de eu o detestar e de ter tentado pessoalmente estrangulá-lo, em uma ou duas ocasiões, não faz diferença em relação a esse dado elementar. Devo tratar meu gerente de banco como a mim mesmo, o que não quer dizer que eu seja tomado por ondas de calor quando o encontro na rua, ou que sinta por ele a ternura cálida que sinto por minha filha, ou que eu não hesitaria em assaltar seu banco, em certas situações materiais prementes, ou que não me deleitaria ao vê-lo grelhar hambúrgueres no dia em que os bancos fossem transformados em propriedade pública. Kwame Anthony Appiah nos lembra que "dizer que temos obrigações para com os estranhos não equivale a dizer que eles tenham o mesmo domínio sobre nossas simpatias que aqueles que nos são mais próximos e mais caros".[67] Não é uma simples questão de tratar os estranhos como ao próximo, mas de tratar a si mesmo como um estranho — de reconhecer no cerne do próprio ser uma demanda implacável, imperscrutável, em última análise, e que é a verdadeira base, para além do espelho, sobre a qual os sujeitos humanos podem consumar um encontro. Era isso que Hegel conhecia como *Geist*, que a psicanálise conhece como o Real e que a tradição judaico-cristã chama de amor a Deus. A despeito de toda a admirável ternura de uma ética imaginária, há um horror e um esplendor que ficam além de sua compreensão limitada.

Um sinal dessa miopia é a incapacidade de homens como David Hume verem as virtudes ascéticas como outra coisa senão severas e avessas à vida, numa interpretação equivocada do cristianismo que está na moda até hoje. O Hume das *Investigações* rejeita o celibato, a abnegação,

88

FRANCIS HUTCHESON E DAVID HUME

a penitência e a mortificação como perversidades autorrepressoras. Essas práticas autopunitivas, considera ele, embotam a compreensão, endurecem o coração e azedam o humor. Nesse aspecto, o clubista sereno do século XVIII concorda com os liberais de nossa própria época, afirmadores da vida. Sem dúvida, não haveria razão para que um defensor setecentista do Iluminismo visse esses valores como outra coisa senão bárbaros. Hume não era um guerrilheiro moderno, que talvez reconheça a necessidade de não ser estorvado por laços familiares, de estar livre de posses materiais e habituado a agruras pessoais, em benefício último dos semelhantes. Tampouco era um monge que atestasse a preciosidade da sexualidade e da vida de abundância material pela renúncia provisória a essas riquezas, em nome de um futuro reino da verdade e da justiça. Só nesse reino, pensava o religioso celibatário, é que tal opulência ficaria ao alcance de todos. Tal celibato envolvia sacrifícios — ou seja, encarava a sexualidade e a prosperidade como valores a serem acalentados.

Não poderíamos esperar que um burguês afável como David Hume defendesse uma concepção de sacrifício altruístico — uma concepção que envolvesse as virtudes mais austeras e traumáticas que lidam com a morte, mas que existisse em nome de uma vida mais farta em toda a volta. Ele era uma encarnação do Imaginário, não um defensor do Real. Não via que às vezes precisamos fazer o que temos de fazer, para podermos fazer o que queremos. Tudo isso lhe parecia mórbido e masoquista, como parece à sabedoria liberal convencional de nossa época. É verdade que a vida boa tinha tudo a ver com a graça, a facilidade e o bem-estar, como apreenderam à sua maneira esses pensadores iluministas, com a mesma clareza que Aristóteles ou Tomás de Aquino. O que eles não puderam ver, do seu ponto de observação histórico, foi que chegar a esse estado exige, de vez em quando, as sombrias virtudes revolucionárias do sacrifício e da autodisciplina. É trágico que seja assim, porém esse é um fato inelutável. Ele não teria sido novidade para John Milton, mas a revolução que levara ao poder aqueles de quem David Hume era um porta-voz tão esplêndido já se distanciara o bastante, no horizonte histórico, para que ele esquecesse que as virtudes ascéticas, apesar de serem realmente desprovidas de atrativos e de estarem longe de ser um vívido retrato da vida boa, eram essenciais, lamentavelmente. Elas são essenciais tanto para a conquista prática da virtude e da justiça quanto (como acontece com o celibato religioso) como maneira de atestar sua possibilidade duradoura, mediante a

O PROBLEMA DOS DESCONHECIDOS

recusa estratégica dos consolos do presente. Só aqueles que derivam seu bem-estar dos sacrifícios impostos aos outros podem dar-se ao luxo de desconsiderar esse fato.

NOTAS

1. O filósofo David Wiggins afirma, numa descrição da ética de Hume, que o que esse *poderia* ter dito é que "*x* é bom/correto/belo quando e somente quando *x* é tal que torna *apropriado* um certo sentimento de aprovação" (*Needs, Values, Truth*, Oxford, 1987, p. 187). O que Wiggins *poderia* ter dito é que isso é mais ou menos o que Francis Hutcheson *efetivamente* diz.

2. Francis Hutcheson, *A System of Moral Philosophy* (Londres, 1755), Livro 3, p. 165. Em termos de estudos sobre os escritos de Hutcheson, ver William T. Blackstone, *Francis Hutcheson and Contemporary Ethical Theory* (Athens, 1965); Henning Jensen, *Motivation and the Moral Sense in Francis Hutcheson's Ethical Theory* (Haia, 1971); W. K. Frankena, "Hutcheson's Moral Sense Theory", *Journal of the History of Ideas*, vol. 16, nº 3, junho de 1955; Peter Kivy, *The Seventh Sense: A Study of Francis Hutcheson's Aesthetics* (Nova York, 1976); W. R. Scott, *Francis Hutcheson* (Cambridge, 1990); V. M. Hope, *Virtue by Consensus* (Oxford, 1989); e Alasdair MacIntyre, *Whose Justice? Which Rationality?* (Londres, 1988) [*Justiça de quem? Qual racionalidade?*, trad. Marcelo P. Marques, São Paulo: Loyola, 1991], cap. XIV.

3. Daniel Carey, "Travel Literature and the Problem of Human Nature in Locke, Shaftesbury and Hutcheson", tese de doutorado inédita, Universidade de Oxford, 1994, p. 200.

4. Scott, *Francis Hutcheson*, p. 20-21.

5   L. A. Selby-Bigge (org.), *British Moralists*, vol. 1 (Nova York, 1965), p. 35.

6. Ib., p. 38-39.

7. Ib., p. 40.

8. Ib., p. 41-42.

9. Francis Hutcheson, *Reflections on Laughter and Remarks upon the Fable of the Bees* (Glasgow, 1750), p. 6. O livro contém uma ou duas piadas excelentes.

10. Francis Hutcheson, *An Inquiry Concerning Moral Good and Evil*, in L. A. Selby-Bigge (org.), *British Moralists*, vol. 1, p. 94.

11. Ver, por exemplo, Marc D. Hauser, *Moral Minds: How Nature Designed Our Universal Sense of Right and Wrong* (Nova York, 2007).

12. Francis Hutcheson, *A Short Introduction to Moral Philosophy* (Glasgow, 1747), p. 14.

FRANCIS HUTCHESON E DAVID HUME

13. Oliver Goldsmith, *O vigário de Wakefield*, trad. Ciro Néri, prefácio de Cândido Jucá (filho); ilustrações de Ludwig Richter, Rio de Janeiro: Ediouro [1993]. (*N. da T.*)
14. Hutcheson, *A Short Introduction...*, p. 75.
15. Selby-Bigge, *British Moralists*, vol. 1, p. 70.
16. Jacques Lacan, *The Ethics of Psychoanalysis* (Londres, 1999), p. 27 [*O Seminário*, livro 7, *A ética da psicanálise*, trad. Antônio Quinet, Rio de Janeiro: Jorge Zahar Editor, 1988].
17. Francis Hutcheson, *Inquiry Concerning the Original of our Ideas of Beauty and Virtue* (Londres, 1726), p. 257.
18. Hutcheson, *Reflections on Laughter*, p. 12.
19. Selby-Bigge, *British Moralists*, vol. 1, p. 146.
20. Hutcheson, *Inquiry Concerning the Original of our Ideas of Beauty and Virtue*, p. 253.
21. Bernard Peach (org.), *Illustrations of the Moral Sense* (Cambridge, 1971), p. 106.
22. Ver Charles L. Griswold, *Adam Smith and the Virtues of Enlightenment* (Cambridge, 1999), p. 78.
23. Selby-Bigge, *British Moralists*, vol. 1, p. 69.
24. Hutcheson, *A Short Introduction to Moral Philosophy*, p. 34-35.
25. Hutcheson, *Inquiry Concerning the Original of our Ideas of Beauty and Virtue*, p. 275.
26. Francis Hutcheson, *An Essay on the Nature and Conduct of the Passions and Affections* (Glasgow, 1769), p. 69.
27. Selby-Bigge, *British Moralists*, vol. 1, p. 155.
28. Ver MacIntyre, *Whose Justice? Which Rationality?*, p. 278 [*Justiça de quem? Qual racionalidade?*, op. cit.].
29. Selby-Bigge, *British Moralists*, vol. 1, p. 165.
30. Friedrich Nietzsche, *The Genealogy of Morals* (Nova York, 1954), p. 31 [*Genealogia da moral: uma polêmica*, trad., notas e posfácio Paulo César de Souza, São Paulo: Companhia das Letras, 1999].
31. David Hume, *An Enquiry Concerning the Principles of Morals* (Oxford, 1998), p. 43 [ver D. Hume, *Investigações sobre o entendimento humano e sobre os princípios da moral*, trad. José O. A. Marques, São Paulo: 2004].
32. Joseph Butler, *Sermons*, *in* Selby-Bigge, *British Moralists*, vol. 1, p. 194.
33. Ver Terry Eagleton, *Sweet Violence: The Idea of the Tragic* (Oxford, 2003), cap. 9.
34. Hutcheson, *A Short Introduction to Moral Philosophy*, p. 46.
35. Ver Henry Fielding, *Tom Jones*, trad. Octavio Mendes Cajado, Rio de Janeiro: Globo, 1987. (*N. da T.*)
36. Edmund Burke, *A Vindication of Natural Society* (Londres, 1903), p. 26.

O PROBLEMA DOS DESCONHECIDOS

37. Alegria maldosa, ou prazer de rir da desgraça alheia; em alemão no original. (*N. da T.*)

38. Ver Terry Eagleton, *The English Novel: An Introduction* (Oxford, 2005), cap. 3.

39. Adam Smith, *The Theory of Moral Sentiments*, *in* Selby-Bigge, *British Moralists*, vol. 1, p. 258.

40. Edmund Husserl, *Meditações cartesianas: introdução à fenomenologia*, trad. Frank de Oliveira, São Paulo: Madras, 2001. (*N. da T.*)

41. Maurice Merleau-Ponty, *The Phenomenology of Perception* (Londres, 1962), p. 348 [*Fenomenologia da percepção*, trad. C. A. Ribeiro de Moura, 2ª ed. São Paulo: Martins Fontes, 1999].

42. Idem, p. 349.

43. Emmanuel Lévinas, *Otherwise than Being* (Haia, 1991), p. 77.

44. Merleau-Ponty, *The Phenomenology of Perception*, op. cit., p. 354.

45. Ib., p. 355.

46. Ib., p. 355.

47. Elaine Scarry, "The Difficulty of Imagining Other People", *in* Martha Nussbaum, *For Love of Country: Debating the Limits of Patriotism* (Boston, 1996).

48. Merleau-Ponty, *The Phenomenology of Perception*, op. cit., p. 352.

49. O autor refere-se aos dois sentidos principais de *urbane*, termo que implica um alto grau de refinamento, aliado à segurança que vem da vasta experiência social (mundana). A língua portuguesa preserva o sentido de sofisticação (urbanidade) do vocábulo e deixa implícita a ideia de experiência na desenvoltura própria do cidadão urbano, se contrastado com o homem do campo, por exemplo. (*N. da T.*)

50. David Hume, *A Treatise of Human Nature* (Londres, 1969), p. 457 [*Tratado da natureza humana: uma tentativa de introduzir o método experimental de raciocínio nos assuntos morais*, trad. Déborah Danowski, São Paulo: Imprensa Oficial/Unesp, 2ª ed. rev. e ampliada, 2009]. As referências posteriores a páginas desse livro serão fornecidas entre parênteses, após cada citação.

51. Sobre esse assunto, ver Terry Eagleton, *Ideology: An Introduction* (Londres, 1991), p. 142s [*Ideologia: uma introdução*, trad. L. C. Borges e Silvana Vieira, São Paulo: Boitempo/Unesp, 1997].

52. No original, *sympathy*, que também se poderia traduzir por compaixão ou simpatia. (*N. da T.*)

53. Shaftesbury, *Characteristics*, *in* Selby-Bigge, *British Moralists*, vol. 1, p. 120 (grifos no original).

54. Selby-Bigge, *British Moralists*, vol. 1, p. 97.

55. Idem, p. 107. Esse lema é comumente citado de forma incorreta.

56. Ib., p. 130.

57. Ib., p. 96-97.

FRANCIS HUTCHESON E DAVID HUME

58. Thomas Kettle, *The Day's Burden* (Dublin, 1937), p. 10.
59. Idem, p. 127.
60. Hume, *An Enquiry Concerning the Principles of Morals*, p. 5, 12 [*Investigações sobre o entendimento humano e sobre os princípios da moral*, op. cit.].
61. Idem, p. 12.
62. Slavoj Žižek, "Neighbors and Other Monsters: A Plea for Ethical Violence", *in* Slavoj Žižek, Eric L. Santner e Kenneth Reinhard, *The Neighbor: Three Inquiries in Political Theology* (Chicago e Londres, 2005), p. 185.
63. Hume, *An Enquiry Concerning the Principles of Morals*, p. 40.
64. Bernard Williams, *Ethics and the Limits of Philosophy* (Cambridge, 1985), p. 50.
65. Theodor Adorno, *Minima moralia* (Londres, 1974), p. 36 [*Minima moralia: reflexões a partir da vida danificada*, trad. L. Eduardo Bicca, São Paulo: Ática, 1992].
66. Ver Edward Schillebeeckx, *Jesus: An Experiment in Christology* (Nova York, 1989), p. 250.
67. Kwame Anthony Appiah, *Cosmopolitanism: Ethics in a World of Strangers* (Londres, 2006), p. 158.

CAPÍTULO 3   Edmund Burke e Adam Smith

E se os sentimentos locais e os princípios globais não fossem as únicas opções oferecidas? E se pudesse haver uma política da simpatia? Edmund Burke, um dos mais eloquentes porta-vozes setecentistas da preciosidade dos compromissos de lealdade locais, tirava o chapéu para os preceitos universais, mas nem de longe se entusiasmava com eles. A seu ver, o político podia funcionar tão bem quanto o pessoal pela afinidade imaginária; aliás, a menos que o fizesse com certa urgência, era provável que as pessoas se vissem com mais calamidades nas mãos, como a perda da América, a insurreição da Irlanda, o Terror jacobino em Paris e as depredações da Companhia das Índias Orientais. Para evitar tais desgraças, devia haver, na opinião de Burke, "uma comunhão de interesses e uma afinidade de sentimentos e desejos entre os que agem em nome de qualquer descrição do povo e o povo em cujo nome eles agem".[1]

O poder, na visão de Burke, deve enraizar-se no amor — doutrina a que hoje damos o nome de hegemonia.[2] "O poder e a autoridade", declara ele em *Conciliation with the Colonies* ["Conciliação com as colônias"], "são às vezes trazidos pela bondade, mas nunca podem ser implorados como esmolas por uma violência empobrecida e derrotada."[3] Para Burke, a ordem política assenta-se sobre uma base imaginária de reciprocidade e afinidade: "Os homens", proclama ele em sua *First Letter on a Regicide Peace* ["Primeira carta sobre uma paz regicida"], "não se ligam uns aos outros por papel e chancelas. São levados a se associar pelas semelhanças, conformidades e simpatias. Nada constitui um laço tão forte de amizade entre as nações quanto a correspondência entre leis, costumes, modos e hábitos de vida. Esses têm em si mais força do que a dos tratados. São obrigações escritas no coração."[4]

Para Burke, portanto, não se trata de contrastar sólidas afeições domésticas com anêmicas afeições políticas, como vemos em Hume. Tampouco é uma questão de nos inclinarmos num momento para uma

O PROBLEMA DOS DESCONHECIDOS

imitação "imaginária" e, no momento seguinte, para uma benevolência universal, como em Hutcheson. O desejo de Burke, antes, é reformular a própria sociedade política em moldes domésticos. Na Irlanda prémoderna de que ele proveio, com seus caciques locais e seus laços tribais calcados na tradição, a fronteira entre as duas coisas nunca era precisa. A meta burkiana era "colocar as inclinações prazerosas da vida privada a serviço da nação e na condução dela".[5] Assim, podemos supor que ele discordaria da afirmação de Gopal Balakrishnan de que as religiões e as nações "têm por premissa concepções de afiliação que anulam as fatalidades brutas do nascimento, do parentesco e da raça".[6] Como "tribunal da consciência moral que existe independentemente de éditos e decretos",[7] a família oferece um modelo persuasivo de obrigações sem leis. É um exemplo de poder hegemônico, em vez de coercitivo. Richard Steele, compatriota de Burke, redigiu um panfleto intitulado *A Nation a Family* ["Uma nação, uma família"], que traça paralelos entre planejar a política econômica da nação e assegurar o futuro dos filhos.[8] Na França, alertou Burke, o sentimentalismo vinha "subvertendo os princípios de confiança e fidelidade domésticas que formam a disciplina da vida social".[9] Num curioso paradoxo, um culto exorbitante da emoção estava devastando não a razão, mas o sentimento, em sua acepção mais verdadeira — os sentimentos entendidos como os laços de lealdade e afeição testados e tidos como certos, dos quais a família era o modelo supremo, e que proporcionavam o modelo mais sólido da própria vida social. O sentimento era uma prática tradicional, não uma encenação teatral.

Ainda assim, Burke está longe de estender essas simpatias sociais à espécie como um todo. Nesse aspecto, assemelha-se mais ao Hume do *Tratado* do que a seu compatriota Francis Hutcheson. As fronteiras do Imaginário podem estender-se para abranger uma cultura nacional, mas não se pode realmente trocar identidades ou vibrações solidárias com aqueles que pertencem a uma forma de vida muito diferente. Os estranhos, por assim dizer, começavam em Calais[10] — ao passo que, em Calais e Paris, a distinção entre os desconhecidos e os íntimos estava sendo negada no momento mesmo em que Burke escrevia, para sua grande fúria antifilantrópica. Ele nutria um desprezo virulento pelo tipo de benevolência godwiniana[11] que colocava no mesmo pé o amor aos parentes e o amor aos desconhecidos. (Swift, outro compatriota de Burke, que compartilhava a antipatia desse pela benignidade universal, fez seu Gulliver enlouquecido

EDMUND BURKE E ADAM SMITH

dar um passo a mais, rejeitando os parentes e se apaixonando por uma raça estrangeira de quadrúpedes.)

Tal como Hume, Burke julgava natural amar os que nos são mais próximos e rejeitou como falsa a doutrina da simpatia global. Há uma via direta que vai da filantropia universal para a tirania revolucionária. Rousseau, que, tal como Hutcheson, via a piedade como um instinto anterior a qualquer reflexão, foi o principal alvo de seu desprezo zombeteiro. Homem dotado desse tipo de amor, mas que odiava seus parentes: era essa a famosa caricatura que o irlandês fazia do francês. "A benevolência para com a espécie inteira", protestou Burke, "e a falta de sentimento por todo e qualquer indivíduo com que esses professores entrem em contato formam o caráter da nova filosofia."[12] Burke concordava com Rousseau em que os sentimentos são uma força mais imperiosa do que a razão. Ambos sustentavam que, se dependêssemos de algo tão frágil e incômodo quanto a racionalidade para nos instigar a um comportamento indulgente, era provável que a espécie humana já houvesse tropeçado e estancado muito tempo antes. Como Tomás de Aquino, Burke também acreditava que a amizade podia servir de introdução a tipos de relacionamento menos pessoais. Todavia, quem procurava esticar esses sentimentos para além de seus limites naturais só conseguia arrancá-los de suas raízes num local apreciado e privá-los totalmente de nutrição. Os sentimentos transformavam-se em artigos de luxo, a serem consumidos em particular, e não mais podiam agir como uma força social coesiva. A sensibilidade deixava de ser política.

Apesar disso, Burke praticou sua própria forma de benevolência universal. Os que se lembram de seu célebre comentário de que o princípio básico da afeição é amar o "pequeno pelotão" de nossos amigos e parentes suprimem, em geral, a expressão "princípio básico". Burke afirmou em seguida que esses devotamentos locais constituíam o primeiro elo de uma corrente que culminava no amor à pátria e à humanidade. Afinal, ele não era o particularista míope que poderia parecer. Ao denunciar Warren Hastings perante a Câmara dos Comuns, insistiu em que a conduta desonrosa de Hastings na Índia fosse julgada exatamente pelos mesmos padrões morais que prevaleciam no Reino Unido. Não se deveria fazer nenhuma concessão, como o próprio acusado pleiteara sofisticamente, por diferenças de contexto cultural. Para Burke, os critérios morais não se curvavam a mudanças de localização geográfica. Os mesmos parâmetros

O PROBLEMA DOS DESCONHECIDOS

de justiça e liberdade deveriam prevalecer em relação ao povo indiano e ao britânico. "Há alguns pontos fundamentais", escreveu ele em *Remarks on the Policy of the Allies* ["Observações sobre a política dos Aliados"], "em que a natureza (humana) nunca se modifica — mas eles são poucos e óbvios e mais pertencem à moral do que à política."[13] Burke não acreditava que os laços afetivos pudessem expandir-se muito além do pequeno pelotão de cada um, mas, ainda assim, os princípios com base nos quais condenou a pilhagem colonial na Irlanda ou na Índia eram universais. Uma ética da solidariedade poderia levar o indivíduo além do aconchego doméstico, até chegar à sociedade política, mas não poderia conduzi-lo à humanidade como um todo. Para isso, seria necessária uma moral de estrutura mais universal; e, apesar de Burke haver adotado justamente um código desse tipo em sua defesa das indianas estupradas, bem como dos rebeldes irlandeses e dos insurgentes americanos torturados, ele o fez com toda a cautela das implicações filosóficas desse código para um moralista que afirmava que a caridade começa em casa e raramente se afasta muito dela.

O que une a sociedade, na opinião de Burke, é a mimese. "É pela imitação, muito mais do que pelos preceitos", escreveu ele, "que aprendemos tudo; e o que aprendemos dessa maneira é adquirido de modo não apenas mais eficaz como também mais prazeroso. Ela molda nossas condutas, nossas opiniões, nossa vida. É um dos laços mais fortes da sociedade; é uma espécie de aquiescência mútua que todos concedem uns aos outros, sem restrições pessoais, e que é extremamente lisonjeira para todos."[14] Mais tarde, Theodor Adorno escreveria sobre como "o humano está indissoluvelmente ligado à imitação: o ser humano só se torna humano imitando outros seres humanos". Uma certa inautenticidade habilitadora estaria na raiz da identidade, a seu ver.[15] A imitação recíproca é prazerosa, não só por nos comprazermos instintivamente com os duplos, mas também por assumirmos a aparência do outro de maneira espontânea e não trabalhosa, simplesmente compartilhando sua forma de vida, o que então confere à imitação um pouco do caráter pré-reflexivo do Imaginário. Na formulação do próprio Burke, lidamos aí com uma esfera de "aquiescência mútua" na qual cada sujeito parece mover-se por simpatia, de dentro para fora, por assim dizer, conforme os movimentos do outro. A sociedade é uma espécie de composição rimada. "Esquece-se facilmente", escreveu Bertolt Brecht, "que a educação humana se dá em

100

moldes sumamente teatrais. De maneira muito teatral a criança é ensinada a se comportar; os argumentos lógicos só vêm depois (...). O ser humano copia gestos, expressões corporais, tons de voz."[16] Os preceitos pertencem ao mundo simbólico do dever, da reflexão e dos valores universais, mas aprender modos civilizados é uma questão de nos pautarmos pela conduta dos outros, que fazem exatamente a mesma coisa. Tudo isso, portanto, é o que Burke chama de "belo", com o que se refere a uma esfera de afinidades mútuas: "Quando homens e mulheres (...) nos dão um sentimento de alegria e prazer ao fitá-los (e muitos o fazem), eles nos inspiram sentimentos de ternura e afeição para com sua pessoa; gostamos de tê-los por perto e estabelecemos de bom grado uma espécie de relação com eles (...)."[17] Beleza é o nome burkiano para as afinidades imaginárias que respondem pela coesão social.

Mas onde termina essa selva de espelhos? Para Burke, a vida social parece uma cadeia potencialmente interminável de representações de representações, sem base nem origem. Há algo de inquietantemente ensimesmado nesse processo especular, o qual, não sendo detido, significaria a morte da história, da diferença, do conflito e da competição. "Embora a imitação seja um dos grandes instrumentos usados pela divina Providência para levar nossa natureza a sua perfeição", escreveu Burke, "se os homens se entregassem por completo à imitação e cada um seguisse o outro, e assim sucessivamente, num círculo eterno, é fácil perceber que nunca poderia haver nenhum aperfeiçoamento entre eles."[18] As próprias condições que garantem a harmonia social também ameaçam paralisar a iniciativa humana. Ou, para formular a questão em termos marxistas clássicos, a base do dinamismo econômico e a superestrutura das formas sociais são perigosamente descentradas em relação uma à outra. Afundadas nesse enclausuramento narcísico, as simpatias tornam-se enjoativas e incestuosas e os homens de negócios ficam estéreis e debilitados. O que se faz necessário para romper essa inércia é um toque de perigo, rivalidade e esforço desgastante, um leve bafejo de morte e infinitude — todos os quais, como veremos mais adiante, relacionam-se com o que os lacanianos chamam de Real. Foi justamente esse estímulo que Burke descobriu nos horrores aburguesados do sublime. O marxista vulgar, tristemente obcecado com a classe social, talvez também visse nisso o esforço de conciliar uma cultura aristocrática de graça e civilidade com as energias mais anárquicas e usurpadoras da classe média emergente.

O PROBLEMA DOS DESCONHECIDOS

Vimos que a esfera imaginária é uma questão de imitação e rivalidade, juntas; na estética política de Burke, entretanto, esses registros cindem-se, respectivamente, no belo e no sublime. O sublime, com seus valores viris de iniciativa, ambição, rivalidade e ousadia, irrompe violentamente no enclausuramento do imaginário social, mas o faz apenas para regenerá-lo. É uma espécie de "inchação" fálica, na terminologia de Burke — uma negação da ordem estabelecida, sem a qual qualquer ordem desse tipo murcharia e morreria. Ao fazer com que nos voltemos da imitação enjoativa do belo para a esfera mais ampla da energia e da ambição, ela nos orienta para a ordem simbólica; mas há também, como sugeri, um toque de Real no abismo traumático do sublime, afrontador da morte, que, tal como Real, rechaça qualquer tentativa de ser aprisionado na rede da linguagem. Tal como o Real, o sublime fica além da representação. É o ponto de fratura interna do belo, a condição antissocial de toda sociabilidade.

A sublimidade, portanto, é a força masculina rebelde que nos instiga a ir além dos complacentes espelhamentos recíprocos da sociedade civil e que, ao fazê-lo, atira-nos numa região de perigo mortal, na qual jogamos com a morte na esperança de regeneração. Não é difícil discernir nessa transição da beleza para a sublimidade uma passagem do Imaginário para o Simbólico, do mesmo modo que ela pode ser interpretada, com bastante clareza, como uma passagem do feminino para o masculino. Mas também é possível discernir aí a transformação de uma emoção trágica clássica, a piedade, em outra, o medo. A piedade é aquilo que nos une aos outros, enquanto o medo é inspirado pelo perigo da dissolução do vínculo social.[19] Se a piedade é imaginária, o medo é real. Mas é uma emoção igualmente característica da ordem simbólica, à medida que sujeitos autônomos em choque ameaçam aniquilar uns aos outros; e há também um medo próprio do Imaginário, que diz respeito aos aspectos mais paranoides ou competitivos desse afeto. O pavor da tragédia provém, entre outras coisas, de imaginarmos que nós mesmos poderíamos ser afligidos como o herói trágico, e tem em si, portanto, um toque de egoísmo hobbesiano. A linha que separa essas duas emoções, como reconheceu Aristóteles na *Retórica*, é notavelmente fina — tão fina, diríamos, quanto a linha entre a solidariedade e a rivalidade no Imaginário. A piedade, comenta Aristóteles, transforma-se em medo quando seu objeto, o protagonista trágico, fica tão íntimo de nós que seu sofrimento parece nos pertencer. Trata-se de outro exemplo da confusão entre o eu e o outro que vimos como marca do Imaginário.

Tal como Burke, Adam Smith formula parte de sua teoria da moral em termos de gênero. Assim como Burke afirma que as mulheres são belas, enquanto os homens são sublimes, Smith propõe que as mulheres são humanas, ao passo que os homens têm o espírito generoso. A humanidade, a seu ver, é uma questão de bondade e de um sentimento delicado de fraternidade, o qual nos permite (o tema é mais do que familiar hoje em dia) penetrar nos sentimentos alheios como se fossem nossos. As mulheres exibem essa virtude empática, mas não se fazem notar por sua generosidade: "Que as mulheres raramente fazem doações consideráveis é uma observação do direito civil."[20] É que a generosidade envolve as virtudes viris do altruísmo, do autodomínio e da abnegação, ideias abstêmias que dificilmente penetrariam nas cabecinhas frívolas das damas. O soldado que joga fora a própria vida para defender a de seu oficial pode servir de exemplo dessa magnanimidade. Os atos de grande bondade e espírito público são monopólio dos homens. Tal como Burke, Smith vê necessidade de temperar a doçura da solidariedade com uma pitada de testosterona. Os valores femininos estão todos muito bem no seu devido lugar, mas é preciso saber onde traçar o limite entre compaixão e emasculação.

Adam Smith não era exatamente um filósofo "do senso moral".[21] Descartou a ideia hutchesoniana de uma faculdade moral especial, mas concordou com Shaftesbury, Hutcheson e Hume em que sentimos um interesse altruísta pela sina dos outros e consideramos sua felicidade essencial para a nossa. Esse prazer, tal como a dor de sentir a tristeza de outrem, é tão imediato que mal há tempo suficiente para que o egoísmo se manifeste. Na presença do semelhante, seja ele amigo ou estranho, "entramos em seu corpo, por assim dizer, e em certa medida nos tornamos a mesma pessoa que ele" (258). "Em certa medida", como veremos dentro em pouco, está decididamente repleto de problemas. Mais uma vez, moral é mimese, a rigor: confrontados com um amigo ou um desconhecido que sofre, "trocamos imaginariamente de lugar com o sofredor" (258), numa espécie de equivalente moral do transitivismo.

Inversamente, "nada nos agrada mais do que observar em outros homens um sentimento de fraternidade, com todas as emoções de nosso coração" (264). O sentimento moral genuíno requer algo como os recursos imaginativos do romancista: devemos procurar recriar em nossa mente o estado daquele que encontramos, até os detalhes mais insignificantes. O indivíduo solidário, escreve Smith, "deve adotar toda a situação de seu companheiro, com todos os seus incidentes mais ínfimos, e se esforçar por tornar tão perfeita quanto possível a mudança imaginária de situação na qual se baseia sua solidariedade" (275). Para essa mescla de moralista com economista político, a troca emocional é uma fonte tão boa de prosperidade quanto a troca de mercadorias. É verdade que, como economista político, é famosa a afirmação de Smith de que é o amor a seus interesses pessoais, e não a benevolência, que impele o açougueiro, o cervejeiro e o padeiro a nos fornecerem nosso jantar, mas a seu ver, o mercado é uma influência civilizadora. Não há conflito essencial, nessa etapa primitiva da vida burguesa, entre o comércio e a compaixão, como havia, digamos, para Dickens e Ruskin.

Mesmo assim, essa "mudança imaginária de situação", em última instância, é uma espécie de esforço inútil. Dado que nosso acesso às entranhas afetivas do outro é impedido pelas sólidas barreiras de seu corpo, a recriação de seu estado mental por afinidade simpática só pode ser aproximada. No curso habitual das coisas, não podemos ter uma concepção muito vívida do que as outras pessoas sentem nem fazer uma ideia de como são afetadas por suas situações, razão por que a transposição imaginária é essencial. Por mais generosa que possa parecer, portanto, essa empatia, na verdade, é um modo de compensarmos nosso alheamento natural uns dos outros. Tal identificação, sustenta Smith, nunca pode ser completa, embora haja simpatia suficiente por aí para garantir a harmonia social: "Ainda que nunca venha a haver uníssonos, pode haver consonâncias e isso é tudo o que se deseja ou de que se necessita" (276).

Mesmo assim, Smith e seus colegas ainda precisavam impedir que o prazer que sentimos ante a visão da felicidade alheia se afigurasse muito descaradamente egoísta. Era igualmente vital enfrentar a tese egoísta de que cuidamos dos ferimentos espirituais alheios simplesmente para evitar o incômodo que podemos sentir ao vê-los. Ou, a rigor, porque nossa imaginação pinta um retrato medonho da dor que sofreríamos se estivéssemos na mesma situação. Para esses pensadores pré-românticos, a imaginação podia ser atrelada à causa do interesse pessoal com a mesma facilidade com que podia servir ao ideal do altruísmo. Eu e outro, egoís-

EDMUND BURKE E ADAM SMITH

mo e altruísmo, meu prazer *e* dor ante o seu prazer, seu prazer e dor com o meu prazer: tudo isso faz parte das intimidades e alienações do Imaginário.

Smith defende a tese, hoje conhecida, de que a compaixão deve brotar de nos imaginarmos entrando na situação de outrem. Ele também considera, como acabamos de assinalar, que esse processo nunca pode ser perfeito. O projeto da transposição total dos eus tropeça na pedra do amor-próprio: é fatal que eu sinta o júbilo ou o remorso do outro de maneira menos ardorosa do que ele, simplesmente porque eu sou eu. Se sentimos as emoções de um amigo com menos intensidade do que ele, é claro que existe um problema ainda maior para sentirmos empatia pelos desconhecidos. Se um homem estivesse destinado a perder o dedo mínimo amanhã, observa Smith, não dormiria esta noite; no entanto, roncaria satisfeito depois da notícia de um terremoto que houvesse tragado a China inteira e destruído incontáveis milhões de seus semelhantes. Ou pelo menos roncaria, insiste Smith, desde que nunca pusesse os olhos no acontecimento. Para esse autor, tal como para Hume, são as imagens vívidas dos fenômenos distantes que fazem a diferença. A moral, em última instância, depende dos sentidos. É, de fato, uma questão de representação.

Smith procura contornar a acusação de que o prazer com o prazer alheio é um egoísmo dissimulado, expondo uma teoria bastante curiosa da empatia. Quando nos colocamos imaginariamente na posição do outro, o que sentimos não se dá, digamos, *in propria persona*, mas é uma questão de sentirmos *como* o outro. Essa virtualidade emocional, ou essa mudança imaginária de situação, supostamente "não [acontece] comigo em minha pessoa e meu caráter, mas nos daquele com quem me solidarizo" (323). No *Émile*, Rousseau escreve de forma parecida sobre "nos transportarmos para fora de nós e nos identificarmos com o animal que sofre, deixando o nosso ser, por assim dizer, para assumir o dele (...)".[22] Para o filósofo suíço, assim como para os sentimentalistas britânicos, a moral se alicerça numa predisposição pré-social e pré-racional para a piedade e a compaixão. É uma questão mais senciente do que cerebral. Não se trata, argumenta ainda Smith, de eu considerar o que sentiria no lugar do outro, situação que traria o risco do egoísmo, mas de eu me haver acomodado tão inteiramente no lugar dele, "depois de trocar de pessoa e caráter" com ele, que minha experiência torna-se totalmente uma questão da experiência dele. "Minha tristeza, portanto, se dá intei-

O PROBLEMA DOS DESCONHECIDOS

ramente por causa dele, e não minimamente por minha causa. Não tem, portanto, nada de egoísta" (323). Talvez seja isso o que se pretende dizer com empatia, em vez de simpatia, ainda que a distinção se mostre longe de estar clara.

Mas é difícil ver como essa descrição poderia ser coerente, porque se eu me transpuser inteiramente para você, não sobrará nenhum "eu" para sentir o que você sente. Minha tristeza não poderá manifestar-se inteiramente por sua causa, já que não me haverá sobrado nenhuma tristeza própria. Trocar de identidade com você não me dará acesso a sua experiência. Se eu for totalmente você, não fará sentido afirmar que sinto o que você sente. Poderíamos postular uma situação em que dois eus se ligassem de tal modo que cada um tivesse exatamente as sensações do outro. Isso nos lembra a fantasia satírica de Wittgenstein de ligar duas pessoas a uma máquina para que ambas sintam a mesma dor. (Mas em que sentido ela seria a mesma?) Todavia, a postura de Smith é mais ambiciosa, pois se alguém assumir completamente a personalidade de outra pessoa, já não será possível falar em dois sujeitos distintos, por mais estreitamente que eles se liguem. Levado ao extremo, todo o conceito do sentimento de fraternidade cai por terra. Esse é um mistério encenado na "Ode a um rouxinol", de Keats,[23] na qual a distinção entre dois seres vivos é negada por uma empatia tão intensa que prefigura a sedutora indiferença da morte.

A dificuldade lógica da tese de Smith transparece nas múltiplas incoerências do ensaio. "Embora se diga, com muita propriedade, que a solidariedade brota de uma troca imaginária de situação com a pessoa principalmente implicada", escreve ele, "não é de se supor que essa troca imaginária aconteça comigo em minha pessoa e meu caráter, mas nos daquele com quem me solidarizo" (323). Mas como pode alguém tornar-se outra pessoa sem sofrer a mudança drástica que é eliminar a si mesmo? Sem se deixar abater por essa dificuldade, Smith prossegue insistindo em que, "para entrar no luto do outro, não considero o que eu, uma pessoa de tal ou qual caráter e profissão, sofreria se tivesse um filho e esse filho tivesse a infelicidade de morrer, mas sim o que eu sofreria se realmente fosse o outro (...)" (323). Portanto, ainda existe aí um "eu" de quem podemos falar; no entanto, mal vem à tona, ele torna a submergir: "Não apenas troco de situação com o outro como troco também de pessoa e de caráter" (323). Contemplar o que eu sofreria se fosse o outro está longe de ser idêntico a habitar a personalidade dele. E o que aconteceu com a

EDMUND BURKE E ADAM SMITH

ressalva de que não está em nosso poder uma identificação perfeita com o outro?

Há algo de paradoxal na ideia de compaixão ou simpatia, visto que ela envolve penetrar na experiência alheia e, ao mesmo tempo, preservar suficiente capacidade racional própria para avaliar o que é encontrado ali. O distanciamento cognitivo que esses juízos requerem vai de encontro a uma ética imaginária. A compaixão não pode ser totalmente espontânca, uma vez que precisa pesar os méritos de seu objeto. Ela parece implicar uma cisão do eu em dois, já que uma parte penetra no próximo, enquanto a outra se deixa ficar para avaliar os resultados. Mas essa é uma proposta tíbia demais para Smith, que, como vimos, visualiza um tipo mais radical de renúncia a si mesmo. Ele reconhece que a razão e o discernimento desempenham um papel vital em toda transação afetiva, uma vez que, sem eles, seríamos incapazes de identificar o outro, para começar, e muito menos de dar nome ao que ele ou ela pudesse estar sentindo. Mas isso parece incompatível com o sonho de empatia total de Smith, no qual nossas faculdades mentais pareceriam ser simplesmente apagadas. Hume, que achava infundada toda a ideia da projeção imaginária do eu numa outra pessoa, foi muito mais astuto do que Smith nessa matéria. Mesmo que essa projeção do sujeito fosse possível, comentou, "não haveria celeridade de imaginação capaz de nos retransportar imediatamente para nós mesmos e nos fazer amar e estimar a pessoa como diferente de nós".[24]

A razão também deve ser atuante desde o começo, no sentido de que a verdadeira compaixão exige algum conhecimento do contexto. Quando dizemos "Sei o que você está sentindo", em geral queremos dizer muito mais do que "Reconheço essa sua emoção como um ressentimento inflamado". Também deixamos implícito que conhecemos uma ou outra coisa sobre as circunstâncias que ocasionaram esse sentimento, em primeiro lugar, e talvez sugiramos que ele é justificado. Confrontados com um semelhante aflito, comenta Smith, "entramos na repulsa e aversão dele por seja o que for que deu ensejo [à aflição]" (288). Mais tarde, porém, ele insiste em que não temos nenhum sentimento de solidariedade pelo assassino na forca. Não é verdade, como tendem a supor os sentimentalistas, que a felicidade alheia sempre nos dê satisfação ou que invariavelmente consideremos a aflição dos outros uma fonte de sofrimento. E não se trata apenas de *Schadenfreude*. É também uma questão

O PROBLEMA DOS DESCONHECIDOS

das circunstâncias — ponto a que Smith é bem mais sensível do que alguns de seus colegas. Podemos achar que o infortúnio de alguém é bem feito para ele, ou que a sorte de um outro é ofensivamente imerecida, ou que sua tristeza é descaradamente exibicionista. Os juízos morais tanto têm a ver com nos recusarmos a reforçar os estados afetivos do próximo quanto com nos apressarmos a confirmá-los. A compaixão não tem valor em si. Não há prêmios para quem sente empatia pela alegria de mercenários numa febre de matança. Hume e Hutcheson não imaginariam que houvesse; para eles, são os atos benéficos que despertam nossa aprovação exultante. Mas há um preconceito a favor das respostas espontâneas nessa ética benevolentista, que é, no sentido moderno da palavra, sentimental. Não podemos aprovar nem condenar os estados de ânimo até conhecermos sua causa e seu contexto e para isso precisamos de algo além de um instinto inato.

Smith dá enorme valor ao olhar do outro. Mostra-se fascinado pelo modo como alguém vê os outros a contemplá-lo, o que se poderia denominar, tecnicamente, de ideal do eu. Assim como os outros procuram olhar-nos através de nossos olhos, os deles tornam-se espelhos que refletem nossos próprios sentimentos. Essa troca mútua de olhares é uma propriedade do que Walter Benjamin chama de aura, a qual envolve, entre outras coisas, a sensação de objetos que retribuem nosso olhar. Ela contrasta, nesse sentido, com a era de reprodução mecânica em que, tipicamente, nosso olhar não é retribuído: "O que foi inevitavelmente sentido como desumano na daguerreotipia, diríamos até sentido como mortífero", escreveu ele, "foi o olhar (prolongado) para a câmera, uma vez que ela registra nossa imagem sem retribuir nosso olhar. Fitar alguém, entretanto, traz a expectativa implícita de que nosso olhar seja retribuído por seu objeto. Quando essa expectativa se realiza (...), há uma experiência da aura no mais pleno grau".[25] Os objetos auráticos, como as rosas dos *Quatro quartetos* de T. S. Eliot, têm a aparência de coisas olhadas. Maurice Merleau-Ponty encontra o significado mais profundo do narcisismo na sensação que o pintor experimenta de ser olhado pelas coisas que retrata.[26] O filósofo Fichte foi perseguido a vida inteira pela ideia de um olhar que vê a si mesmo. "As coisas que vejo me veem tanto quanto as vejo", escreveu Paul Valéry sobre as percepções oníricas.[27]

Isso também se aplica ao que Benjamin diz da mercadoria, a qual retribui amorosamente o olhar de cada freguês potencial, ao mesmo tempo

EDMUND BURKE E ADAM SMITH

em que mantém secretamente uma gélida indiferença a todos eles. Como todos os objetos auráticos, ela revela uma interação entre alteridade e intimidade, combinando o fascínio da Madona intocável com a disponibilidade instantânea da prostituta. "Quanto mais longínqua a distância a ser superada por um olhar", comenta Benjamin, "mais intenso o fascínio que tende a emanar dele."[28] Bertolt Brecht, que não queria conversa com nenhuma dessas ideias fantasiosas, julgou profundamente desagradável essa linha especulativa. "Benjamin está aqui", escreveu em sua agenda de trabalho; "... diz ele: quando a pessoa sente que um olhar lhe é dirigido, mesmo pelas costas, ela o retribui (!) (...) isso é o misticismo do misticismo, numa postura oposta ao misticismo; é dessa forma que se adota o conceito materialista da história! É mesmo assustador."[24] Brecht decerto considerava que Benjamin havia passado um tempo excessivo na companhia de seu amigo cabalista Gershom Scholem ou que andava levando um pouco longe demais os seus experimentos com o haxixe.

Para Jacques Lacan, o envoltório imaginário dos olhares é rompido por uma falta: o fato de eu nunca poder olhar para o outro do lugar de onde ele me vê.[30] Assim, o olhar torna-se uma interação de luz e opacidade, na qual o translúcido Imaginário é manchado pela intromissão do Simbólico, com suas não reciprocidades e suas relações anônimas. Ele trai a ambiguidade da multidão urbana de Baudelaire, na qual, como observa Benjamin, "ninguém é inteiramente transparente nem inteiramente opaco para todos os demais".[31] Na poesia de Baudelaire, assinala Benjamin, "a expectativa criada pela expressão do olho humano não se realiza" — o que equivale a dizer que o olhar, reorganizado em torno de uma falta constitutiva, passa inteiramente através do objeto da visão, na malfadada caça de uma plenitude perdida que é o desejo. No jargão lacaniano, nosso desejo não é um desejar o outro, mas o Outro. Como observa Benjamin com espírito lacaniano, "a pintura que contemplamos nos reflete aquilo de que nossos olhos nunca ficarão saciados".[32]

A troca de olhares que fascina Adam Smith é de natureza imaginária, mas também exibe uma certa falta de simetria. Uma vez que os outros, como vimos, tendem a ficar menos devastados ou extasiados com nossos sentimentos do que nós mesmos, seu olhar refletido pode temperar nossas paixões, introduzindo nelas uma espécie de calma. Como no Imaginário, nós nos vemos simultaneamente por dentro e por fora, embora essas duas visões não sejam exatamente proporcionais. Julgamo-nos pelos

O PROBLEMA DOS DESCONHECIDOS

olhos dos outros ou do ideal do eu, de modo que nossa conduta sempre manifesta uma mistura de alteridade. Aliás, isso se acha na própria origem da moral: um ser humano inteiramente solitário, sugere Smith, não teria nenhum sentimento moral, dado que lhe seria tão impossível ver suas qualidades de fora para dentro quanto ver seu próprio rosto. (Podemos supor que ele esteja falando de um "selvagem", não de um eremita provido de um espelho de bolso.) "Se introduzido na sociedade", entretanto, "ele é imediatamente suprido do espelho que antes lhe faltava" (298). É justamente isso, em contraste, que Jean-Jacques Rousseau acha desolador. Na visão desse filósofo, os "selvagens" são de uma autossuficiência admirável, ao passo que os seres civilizados são desprezivelmente dependentes de terceiros. É o fato de nosso desejo ser o desejo do Outro — de vivermos somente no olhar de nossos semelhantes — que se revela muito debilitante para Rousseau. Para ele, a sociabilidade é um sinal de nossa fraqueza. A moral é a consequência cansativa de não estarmos sozinhos. Tal como o inferno de Sartre, a ética são os outros.

"Toda faculdade de um homem", escreve Smith, "é a medida pela qual ele julga uma faculdade similar no próximo (...)", ou seja, medimos "a propriedade ou impropriedade dos sentimentos alheios por sua correspondência com os nossos ou sua discordância deles" (271). Assim, parece haver uma característica inquietantemente circular no juízo moral, visto que julgo você por mim e você julga a si mesmo ao me julgar. Cada sujeito pareceria ser, num estilo sofístico, a medida de tudo. Para frear essa deterioração relativista, Smith afirma que "nossas observações contínuas da conduta alheia levam-nos, imperceptivelmente, a formar para nós mesmos algumas regras gerais a respeito do que é certo e apropriado fazer ou evitar" (303). Assim, atribui-se um lugar às regras gerais, desde que elas sejam induções provenientes de nossa conduta costumeira, e não, à moda racionalista, princípios a priori dos quais seja possível deduzir comportamentos nocivos ou virtuosos. Na verdade, essas regras não passam de uma destilação dos "sentimentos concordantes da humanidade" (305), mas, ainda assim, exercem uma força poderosa sobre nós. Agem como uma espécie de Outro imparcial, um juiz ideal de nosso comportamento do qual sempre estamos conscientes.

Para Smith, portanto, assim como para Lacan, nossos atos sempre são, em algum nível, mensagens dirigidas ao Outro. Só que, na visão lacaniana, esse diálogo nunca pode reduzir-se às reciprocidades imaginárias de um Smith, para quem cada um de nós prospera sob o olhar benevolente de um outro coletivo — pois como é que reconhecemos que somos reconhecidos? Isso nem chega a constituir problema para uma ética imaginária, para a qual o reconhecimento é tão instantâneo e intuitivo quanto o sabor dos damascos. Na ordem simbólica, porém, o meio primordial de nossas relações com os outros é a linguagem e, para Lacan, a linguagem introduz a possibilidade da interpretação equivocada nesses encontros recíprocos. O meio que nos une também nos separa. Os significantes em que reconhecemos a demanda de reconhecimento uns dos outros nunca podem ser tão inequívocos quanto desejaríamos. Tampouco o são, aliás, os gestos físicos do Imaginário pré-linguístico, como as comunhões sem palavras do Walter e do Toby de Sterne,[33] que almejam uma reciprocidade menos traiçoeira do que a fundamentada na palavra. É que também os gestos precisam ser interpretados e, por conseguinte, não conseguem escapar à marca do significante. Não se evita o caráter escorregadio do significante cerrando o punho ou brandindo um pedaço de pau.

Os defensores do Imaginário sonham com um único e luminoso significante, um marco mágico que pudesse encapsular a essência do sujeito e transmiti-la ao outro, intacta e inteira, num piscar de olhos. Esse signo privilegiado é às vezes transmitido sob o nome do símbolo romântico, mas os lacanianos preferem chamá-lo de falo. Todavia, como a ordem simbólica é uma ordem do sentido, e como o sentido tende a errar o alvo, a possibilidade de desreconhecimento mútuo está embutida nela desde o princípio. É pelo fato de o falo não existir que pode haver a tragédia, mas pode haver também a história. Além disso, se a minha identidade está presa à sua, e a sua à de outro, e assim sucessivamente, numa rede de filiações que se reproduz perpetuamente, como posso saber se o seu olhar de aprovação é *seu*, e não efeito de um palimpsesto ilegível de eus? Assim, essa ética especular do Imaginário descobre-se rompida pela opacidade do Outro. A reciprocidade imaginária dá lugar à não reciprocidade simbólica. E, assim como não existe um lado externo do Imaginário, que se curve sobre si mesmo como o espaço cósmico, também não existe exterior da ordem simbólica. No jargão lacaniano, não existe Outro do Outro — não há metalinguagem capaz de permitir que investiguemos nossos significados intersubjetivos de um ponto de vista situado além deles, visto que essa linguagem, por sua vez, precisaria ser interpretada por outra. Dizer que somos efeitos do significante é sugerir que não exis-

O PROBLEMA DOS DESCONHECIDOS

te um suporte externo de nosso discurso comum, tal como, para Adam Smith, não existe um fundamento do nosso mundo afora "os sentimentos concorrentes da humanidade". Falta necessariamente à ordem simbólica uma fundação.

O *Oxford English Dictionary* define *empathy* [empatia] como a capacidade de o indivíduo "identificar-se mentalmente com uma pessoa ou um objeto de contemplação (e portanto, compreendê-lo por completo)". Mas a identificação e a compreensão não têm necessariamente a relação de intimidade que isso poderia sugerir. Não me é possível compreender Napoleão "transformando-me" nele — não só, como vimos, porque nesse caso não restaria ninguém para praticar o ato de compreender, mas também porque isso pareceria presumir que Napoleão se compreendia, o que suporia nele uma impossível transparência de si para consigo. Compreender pode ser, de fato, uma questão de obter acesso à cabeça de outra pessoa, mas é uma forma de invasão de domicílio conhecida como linguagem. Compreender não é uma questão de nos fundirmos magicamente com o corpo do outro. Mesmo que eu conseguisse realizar essa proeza, como reconheceria o que viesse a encontrar? Unicamente por ter tido uma linguagem, para começo de conversa, o que poderia ter-me poupado o trabalho dessa invasão fantasmática. A simpatia e a compreensão não exigem imagens mentais dos estados afetivos dos outros. Por um lado, esses estados não são ocultos, em princípio. Por outro, você pode condoer-se comigo por eu ter extraviado aquele manuscrito medieval de valor inestimável sem que nenhuma imagem específica do documento lhe salte à mente e sem se esforçar para reproduzir o que estiver ocorrendo em minhas entranhas afetivas.

É claro que é possível a pessoa solidarizar-se com experiências que ela não só nunca teve como nunca poderia ter. O exemplo de Smith é a compaixão de um homem por uma mulher durante o parto. É possível até sentir a alegria ou a inquietação de alguém de maneira mais aguda do que a própria pessoa a sente, o que representa uma espécie de falha no sonho da reciprocidade perfeita. Além disso, lamentar a dor alheia não é necessariamente senti-la. Há uma diferença entre eu ficar triste pelo outro e eu sentir sua tristeza. Também posso ficar entorpecido pela tristeza alheia sem sentir nenhuma reação moral específica a ela, do mesmo modo que posso ficar indignado sem refletir se é ou não lícito eu me indignar.

112

EDMUND BURKE E ADAM SMITH

As pessoas que correm para socorrer os feridos num acidente rodoviário costumam estar preocupadas demais para ter imagens mentais das supostas sensações das vítimas. Inversamente, podemos ter imagens animadas das sensações de outras pessoas sem sentir a menor inclinação para socorrê-las. "Faz pleno sentido dizer: 'Posso visualizar seus sentimentos, mas não sinto nenhuma pena de você'", escreveu o fenomenologista Max Scheler.[34] Os sádicos gostam de experimentar aquilo por que passam suas vítimas; como assinalou Nietzsche, a crueldade necessita de um certo grau de sensibilidade, enquanto a brutalidade o dispensa. Os masoquistas podem relutar em auxiliar os que sentem dor, por derivarem intenso prazer da identificação com suas agonias. Pela mesma razão, é possível que eles objetem a que seus próprios sofrimentos sejam aliviados por outrem. A simples capacidade de sentir o que outra pessoa está sentindo é tão pouco moral quanto o dom de imitar sua pronúncia de maneira impecável. Há também uma diferença entre solidariedade no sentido de compaixão e solidariedade no sentido de compartilhar o estado emocional de outra pessoa. Se podemos reivindicar um certo mérito pela primeira, às vezes podemos reivindicar bem pouco pela segunda. Inúmeras pessoas são, ao mesmo tempo, ultrassensíveis e egoístas monstruosos.

Com exceção de Shaftesbury, nenhum dos moralistas que vimos examinando era inglês. Na verdade, há uma escassez de ingleses nesse grupo, tal como nas fileiras do chamado modernismo literário inglês. Quase todos os pensadores que estivemos discutindo provieram das margens gaélicas da nação metropolitana, fato que talvez não seja insignificante. Celtas como Burke, Hume, Hutcheson, Smith, Fordyce e Ferguson, ao lado de figuras como Goldsmith, Steele, Brooke e Sterne, que nasceram na Irlanda ou eram de origem parcialmente céltica, sem dúvida inclinaram-se mais para o culto dos sentimentos e da benevolência do que seus equivalentes anglo-saxônicos. Não se trata de os celtas serem geneticamente mais simpáticos do que os ingleses, mas é que a Escócia e a Irlanda tinham tradições vigorosas de compromissos de fidelidade baseados no clã ou na comunidade.

É verdade que as estruturas de parentesco, os costumes compulsórios, as obrigações não escritas e a chamada economia moral vinham sendo sitiados desde longa data, em ambas as nações, por um sistema colonialmente imposto de relações contratuais e individualismo possessivo.

113

O PROBLEMA DOS DESCONHECIDOS

Contudo, alguns aspectos desse estilo de vida tradicional sobreviveram precariamente ao lado de instituições mais modernas e, na militância política dos pequenos arrendatários, os lavradores e os operários puderam oferecer a essa modernidade uma resistência feroz, durante toda a Idade da Razão. Em seu estudo do Iluminismo escocês, Gladys Bryson assinalou que

> grande parte do sentimento e da lealdade da antiga *Gemeinschaft* transpôs-se (na obra deles) para a *Gesellschaft*[35] (...) encontramos em todos os seus escritos uma grande atenção para com a comunicação, a solidariedade, a imitação, o hábito e a convenção (...)".[36]

Um exemplo contemporâneo dessas preocupações de estilo gaélico encontra-se na obra de Alasdair MacIntyre, um filósofo que, em busca desses valores, passou, em sua época, do cristianismo para o marxismo e do marxismo para o catolicismo e o comunitarismo. A crítica de MacIntyre ao universalismo iluminista faz parte de um legado do que poderíamos chamar de particularismo nacional da Escócia e da Irlanda — a insistência, por parte dos intelectuais nacionais, nas peculiaridades históricas dessas culturas, sua resistência a um certo racionalismo indiferente ao lugar e sua recusa a se conformarem a uma norma supostamente universal (mas, muitas vezes, apenas metropolitana).[37] O ceticismo de MacIntyre em relação aos universais do Iluminismo, junto com seu hábito de restabelecer os conceitos morais e sociais em seus contextos históricos, tem, arriscaríamos dizer, um certo sabor gaélico.

John Dwyer afirmou que o impulso escocês para uma economia avançada, do qual luminares como Hume e Smith foram apologistas muito articulados, ansiou, não obstante, por preservar certa medida de integridade nacional e conservou uma desconfiança tradicionalista do comercialismo irrestrito. "A sociabilidade, e não o individualismo", escreveu ele, "foi o ingrediente crucial da definição escocesa de sensibilidade, à medida que toda a ideia de sensibilidade transformou-se numa alternativa a uma ordem social egoísta."[38] Thomas Bartlett observou que "um traço notável da vida rural irlandesa, a partir da década de 1770, foi o surgimento do fenômeno da sociabilidade, da pressão crescente para a associação para diversos fins".[39] A política do sentimento conhecida como nacionalismo desempenhou um papel-chave nessa solidariedade rural, à medida que os

EDMUND BURKE E ADAM SMITH

dissidentes militantes clandestinos atrelaram bares, velórios, convenções, tabernas, feiras, mercados e lugarejos a seus fins subversivos.

A benevolência e o senso moral, poderíamos dizer, representavam uma espécie de *Gemeinschaft* do espírito que ainda florescia na *Gesellschaft* da vida comercial cotidiana. Como quer que fosse, a vida em lugares remotos, como Kerry ou Aberdeenshire, era um pouco menos racionalizada e anonimamente administrada do que na capital inglesa. Alasdair MacIntyre sugeriu que a crença do Iluminismo escocês num conjunto de princípios fundamentais originou-se no fundo comum das convicções tidas por certas nas ordens sociais pré-modernas.[40] Para o *Aufklärer* [iluminista] escocês, a sociedade humana era natural para os indivíduos. A melhor maneira de vê-la era como uma extensão do parentesco familiar — uma crença bastante plausível em comunidades nas quais as relações pessoais, sexuais, sociais e econômicas distinguiam-se com menos facilidade do que nos subúrbios modernos. O casamento e a sexualidade, por exemplo, ainda estavam presos, nessas condições, à propriedade, à força de trabalho, aos dotes, ao credo religioso, à herança, à emigração e ao bem-estar social. Talvez tenha sido pelo fato de a família ainda não ser uma unidade inteiramente privatizada que figuras como Burke, que na infância havia frequentado uma escola ao ar livre no condado de Cork, puderam propô-la como uma imagem de união nacional a uma Inglaterra apavorada com a perspectiva da revolução. Nesse sentido, a *Gemeinschaft* céltica passou a servir aos objetivos da metrópole.

Por isso, não é de admirar que a cultura da sensibilidade tenha-se infiltrado na nação colonialista principalmente a partir de suas margens menos modernizadas. Os ingleses, tal como em seu extraordinário fervor ante os poemas açucarados de Thomas Moore, importaram sentimentos tristonhos, exóticos ou melancólicos de suas periferias coloniais, onde havia mesmo muitos motivos para o indivíduo ser melancólico. A ideia de obrigações não escritas devia ser um modo de caracterizar, digamos, os direitos dos arrendatários na Irlanda setecentista, mas serve também para retratar a ética da escola sentimentalista, para a qual as leis estavam implícitas na etiqueta e nos estilos de sentimento e não precisavam ser vulgarmente explicitadas. Pode-se dizer o mesmo de Shaftesbury, que, como aristocrata neoplatônico, vivia em guerra com o espírito mesquinho do burguês. Em sua ligação com Hutcheson, o aristocrata inglês e o forasteiro celta davam as mãos numa frente comum contra as ideologias

115

O PROBLEMA DOS DESCONHECIDOS

da razão insensível, do mesmo modo que Oscar Wilde era um dândi inglês e um forasteiro gaélico dentro do mesmo corpo.

O maior dos filósofos irlandeses do século XVIII, o bispo Berkeley, era anglo-irlandês, e não gaélico-irlandês, mas é quase certo que seu pensamento tenha devido muito ao mundo da antiga mitologia celta, com sua visão do universo como uma espécie de poderoso discurso espiritual, um conjunto de forças ou epifanias em que Deus se comunicava livremente com suas criaturas, por meio de sinais e imagens. "Os fenômenos da natureza", escreveu Berkeley, "(...) formam não apenas um espetáculo magnífico, mas também um discurso sumamente coerente, cativante e instrutivo (...)."[41] Ao descobrirmos as relações entre causas e efeitos, por exemplo, aprendemos a dominar a gramática da natureza. O cosmos inteiro é uma espécie de semiose. Na visão de Berkeley, as coisas são significantes de Deus e, como qualquer linguagem, vivem apenas nas percepções do sujeito humano. Numa modalidade imaginária, elas se identificam com sua presença para aqueles que as percebem. Aos olhos do filósofo, a res e o signum são idênticos, assim como existe uma coalescência entre significante e significado na esfera imaginária.

Nesse aspecto, é significativo que, ao descrever o Imaginário lacaniano, Fredric Jameson tenha resvalado espontaneamente para a linguagem berkeliana, falando na "indiferenciação entre o esse (do objeto) e um percipi que não conhece o percipiens".[42] No universo antropocêntrico de Berkeley, as coisas só existem na medida em que estão (na expressão heideggeriana) "à mão", entregues a nós, benignamente centradas nos sujeitos humanos. Num ensaio das horas de folga, intitulado "Prazeres naturais e fantasiosos", o bispo entregou-se à fantasia brincalhona de que o mundo teria sido moldado pessoalmente para ele:

> Os vários objetos que compõem o mundo foram feitos, por natureza, para deleitar nossos sentidos (...). Por isso, é costumeiro eu considerar que detenho a propriedade natural de cada objeto que me confere prazer (...). Detenho a posse da parte colorida de todas as carruagens douradas que encontro, as quais considero como diversões concebidas para o deleite de meus olhos (...).[43]

Numa espécie de paródia lúdica de sua própria epistemologia, todas as coisas têm sua substância no prazer sensorial que o próprio Berkeley

EDMUND BURKE E ADAM SMITH

extrai delas, como podemos imaginar que tenham para o bebê ao ser amamentado.

Tal como diversos teólogos irlandeses setecentistas, Berkeley dispôs-se a objetar às implicações teológicas do ceticismo empirista — um ceticismo que ameaçava minar a doutrina da Igreja da Irlanda, da qual ele mesmo era um ilustre prelado, e com isso solapar a autoridade da ascendência colonialista anglo-irlandesa, da qual o bispo também fazia parte. Sua resposta filosófica a essa ameaça foi uma versão empolada do idealismo que, de João Escoto Erígena a W. B. Yeats, havia constituído a corrente principal da filosofia irlandesa. O racionalismo e o empirismo ingleses nunca lançaram mais do que raízes superficiais na ilha vizinha, até por conta de sua herança escolástica. Se o empirismo de Locke abrira entre a coisa e o conceito um abismo no qual o verdadeiro conhecimento corria o risco de desaparecer, Berkeley procurou fechar essa brecha, redefinindo os próprios fenômenos como nada além de complexos de dados sensoriais. O propósito de seu idealismo, portanto, não foi abolir os objetos, mas nos proporcionar um acesso irrestrito a eles. Ao fazê-lo, o filósofo levou a lógica dos empiristas a um limite extremo, no qual ela implodiu; é que esses filósofos ingleses, ao mesmo tempo que afirmavam nossa possibilidade de conhecer a substância das coisas, diziam que todo o conhecimento era uma questão de dados sensoriais e os dados sensoriais são um sinal de substâncias, e não das coisas em si.

O grande segredo que Berkeley expôs triunfalmente, à maneira da criança que anuncia com extrema naturalidade a nudez do imperador, foi que aquilo que a aparência das coisas escondia era o fato de não haver nada por trás delas; que, por conseguinte, elas nada tinham de aparência; e que o núcleo rígido a que chamávamos "substância" era frágil como uma fantasia. Se Deus estava no cerne de tudo e se (tanto para Berkeley quanto para Erígena) Ele não era uma espécie de entidade, de modo algum, e sim um sublime abismo de puro nada, o que sustentava os fenômenos era uma espécie de *néant* ou vazio abissal. Tal como em Santo Agostinho, o mundo era perpassado pelo não ser, de ponta a ponta. Dizer que faltava substância às coisas era dizer que elas eram o discurso eloquente do divino. Deus — o puro nada — estava na essência delas. O elusivo objeto pequeno *a* conhecido como substância era um simples objeto fantasioso que preenchia o vazio do Real — ou seja, para Berkeley, a insuportável presença do Todo-Poderoso. E como Deus não teria

O PROBLEMA DOS DESCONHECIDOS

presença tangível na Terra sem essa incessante decifração de Seu discurso que era a percepção humana, nossa própria existência era necessária, à maneira do Imaginário, e não contingente, no estilo do Simbólico. Nós e o mundo estávamos atados e era em nossa experiência sensorial direta, tal como acontece com a criança pequena, que era forjado esse laço. Nesse sentido, a visão de Berkeley foi amplamente imaginária. Assim, dado o que já dissemos sobre esse registro, não é de surpreender que o filósofo irlandês tenha emergido, em seu livro *Ensaio para uma nova teoria da visão*, como uma espécie de fenomenologista *avant la lettre*, muito preocupado, tal como seu compatriota Burke, com o corpo, a intuição sensorial e a proporção entre um órgão dos sentidos e outro. Na aversão desses dois pensadores às ideias abstratas alguns comentaristas detectaram um pendor singularmente céltico para o concreto.

A benevolência setecentista não chegou realmente a sobreviver ao advento de Jeremy Bentham. À medida que o domínio dos sentimentos foi progressivamente tomado pela propriedade privada, ficou cada vez menos apto a fornecer um modelo para a esfera pública. Em vez disso, a benevolência abandonou a filosofia moral e fixou residência na forma de investigação moral que hoje conhecemos como ficção realista. Não seria fantasioso demais afirmar que o grande herdeiro de Shaftesbury e Hutcheson foi Charles Dickens. O romance é que passou então a constituir o mais potente antídoto contra o egoísmo humano, tanto em sua forma de vozes múltiplas quanto em seu conteúdo humanístico. A Inglaterra industrial capitalista era bem mais confusa e opaca do que um clube de Whitehall, porém o romance era um instrumento de sensibilidade incomparável para explorar relações encobertas e ligações obscuras. Ou, como disse George Eliot em seu ensaio "A história natural da vida alemã", para ampliar nossa experiência e estender nosso contato com nossos semelhantes para além dos limites de nosso destino pessoal. Portanto, o romance tanto era um antídoto contra o Imaginário quanto contra o egocentrismo. Era nele, acima de tudo, que podíamos dar uma forma criativa às regiões ocultas da vida social que iam além de nossa experiência e, ao fazê-lo, evocar um sentimento de afinidade com uma miríade de outros sem rosto. Os inimigos gêmeos desse gênero literário eram o egoísmo e o anonimato. Havia razões políticas prementes, bem como outras admiravelmente humanitárias, para esse enriquecimento das simpatias — pois uma sociedade que já não pode conceber-se como uma

EDMUND BURKE E ADAM SMITH

comunhão de sentimentos fica perigosamente vulnerável ao conflito e à divisão.

Todavia, à medida que os sentimentos foram cada vez mais rechaçados do domínio público e devolvidos à esfera particular, indo fixar residência em meio a um grupo de excêntricos de olhar brilhante e de esquisitões amáveis, eles começaram a se tornar enjoativos e autodestrutivos. Não foi à toa que o culto dos sentimentos atingiu seu apogeu entre os obscuros moinhos satânicos dos vitorianos. A trilha que vai do generoso Brownlow de *Oliver Twist* para o Harold Skimpole de *A casa soturna*,[44] sempre meticulosamente bem-vestido, é a que vai da apologia apaixonada dos sentimentos para a sensação desencantada de que eles tanto podem fazer parte do problema quanto da solução.

NOTAS

1. R. B. McDowell (org.), *The Writings and Speeches of Edmund Burke* (Oxford, 1991), vol. 9, p. 247.
2. Ver Terry Eagleton, *Heathcliff and the Great Hunger* (Londres, 1995), cap. 2.
3. F. W. Rafferty (org.), *The Works of the Right Honourable Edmund Burke* (Londres, s.d.), p. 184.
4. Idem, p. 247.
5. Edmund Burke, "Thought on the Present Discontents", *in* Paul Langford (org.), *The Writings and Speeches of Edmund Burke* (Oxford, 1981), vol. 2, p. 84.
6. Gopal Balakrishnan, "The National Imagination", *New Left Review*, 211 (maio/junho de 1995), p. 56.
7. Edmund Burke, *A Letter to a Member of the National Assembly* (Oxford e Nova York, 1990, p. 44).
8. Richard Steele, *A Nation, a Family*, *in* Rae Blanchard (org.), *Tracts and Pamphlets by Richard Steele* (Baltimore, 1944).
9. Edmund Burke, *A Letter to a Member of the National Assembly*, op. cit., p. 43.
10. Isto é, do outro lado do canal da Mancha, segundo o ponto de vista britânico, numa alusão do autor à histórica rivalidade entre França e Inglaterra. (*N. da T.*)
11. Referência ao escritor e teórico político britânico William Godwin (1756-1836), que confiava no aperfeiçoamento do ser humano e na possibilidade do convívio harmonioso sem leis nem instituições. (*N. da T.*)

O PROBLEMA DOS DESCONHECIDOS

12. Edmund Burke, *A Letter to a Member of the National Assembly*, p. 35. Podemos argumentar, entretanto, que a ideia de Rousseau haver pregado a benevolência universal constitui uma interpretação equivocada de sua obra.

13. L. G. Mitchell (org.), *The Writings and Speeches of Edmund Burke* (Oxford, 1989), vol. 8, p. 498.

14. Edmund Burke, *A Philosophical Inquiry into the Origin of our Ideas of the Sublime and the Beautiful* (Londres, 1906), vol. 1, p. 101 [*Uma investigação filosófica sobre a origem de nossas ideias do sublime e do belo*, trad., apres. e notas Enid A. Dobianszky, Campinas: Unicamp/Papirus, 1993].

15. Theodor Adorno, *Minima Moralia* (Londres, 1974), p. 154 [*Minima moralia...*, op. cit.].

16. Citado *in* John Willett (org.), *Brecht on Theatre: The Development of an Aesthetic* (Londres, 1964), p. 106.

17. Ib., p. 95.

18. Ib., p. 102. Discuti essas ideias em *The Ideology of the Aesthetic* (Oxford, 1990) [*A ideologia da estética*, trad. Mauro S. R. Costa, Rio de Janeiro: Jorge Zahar Editor, 1993], cap. 2 — uma discussão que é retomada de modo bem diferente por parte do material aqui apresentado.

19. Ver Philippe Lacoue-Labarthe, "On the Sublime", *in Postmodernism: ICA Documents 4* (Londres, 1986), p. 9.

20. Adam Smith, *The Theory of Moral Sentiments*, *in* L. A. Selby-Bigge (org.), *British Moralists*, vol. 1 (Nova York, 1965), p. 315-316. As outras referências a essa obra serão fornecidas no texto, entre parênteses.

21. Para um estudo recente sobre seu pensamento moral, ver Jerry Evensky, *Adam Smith's Moral Philosophy* (Cambridge, 2005), especialmente o capítulo 2.

22. Jean-Jacques Rousseau, *Émile, ou de l'éducation* (Paris, 1961), vol. 4, p. 261 [*Emílio, ou Da educação*, trad. Sergio Milliet, Rio de Janeiro: Bertrand Brasil, 1992].

23. John Keats, "Ode to a Nightingale", trad. Augusto de Campos, *in Linguaviagem*, São Paulo: Companhia das Letras, 1987. (*N. da T.*)

24. David Hume, *An Enquiry Concerning the Principles of Morals* (Oxford, 1998), p. 47 [*Investigações sobre o entendimento humano e sobre os princípios da moral*, op. cit.].

25. Walker Benjamin, *Charles Baudelaire: A Lyric Poet in the Era of High Capitalism* (Londres, 1973), p. 147. Discuti essa ideia mais plenamente em meu livro *Walter Benjamin, Or Towards a Revolutionary Criticism* ["Walter Benjamin, ou por uma crítica revolucionária"] (Londres, 1981).

26. Maurice Merleau-Ponty, *The Visible and the Invisible* (Evanston, 1968), p. 139 [*O visível e o invisível*, trad. J. A. Gianotti e A. M. d'Oliveira, São Paulo: Perspectiva, 1971].

27. Citado em ib., p. 149.

EDMUND BURKE E ADAM SMITH

28. Ib., p. 150.
29. Bertolt Brecht, *Arbeitsjournal* (Frankfurt-am-Main, 1973), vol. 1, p. 16 [*Diário de trabalho: volume I, 1938-1941*, org. Werner Hecht; trad. R. Guarany e J. L. de Melo, Rio de Janeiro: Rocco, 2002].
30. Jacques Lacan, *The Four Fundamental Concepts of Psychoanalysis* (Londres, 1977), cap. 6 [*O Seminário*, livro 11, *Os quatro conceitos fundamentais da psicanálise*, trad. M. D. Magno, Rio de Janeiro: Jorge Zahar Editor, 1979].
31. Benjamin, *Charles Baudelaire*, p. 49.
32. Ib., p. 146-147.
33. No romance *A vida e as opiniões do cavalheiro Tristam Shandy*, op. cit. (*N. da T.*)
34. Max Scheler, *The Nature of Sympathy* (Londres, 1954), p. 9.
35. Da comunidade para a sociedade. (*N. da T.*)
36. Gladys Bryson, *Man and Society: The Scottish Inquiry of the Eighteenth Century* (Princeton, Nova Jersey, 1945), p. 146-147. Discuti mais plenamente essa questão em meu livro *Crazy John and the Bishop* (Cork, 1998), cap. 3.
37. Explorei mais a fundo essa questão em meu livro *Scholars and Rebels in Nineteenth-Century Ireland* (Oxford, 1999).
38. John Dwyer, *Virtuous Discourse: Sensibility and Community in Late Eighteenth-Century Scotland* (Edimburgo, 1987), p. 39.
39. Thomas Bartlett, *The Fall and Rise of the Irish Nation* (Dublin, 1992), p. 311.
40. Alasdair MacIntyre, *Whose Justice? Which Rationality?* (Londres, 1988), p. 223 [*Justiça de quem? Qual racionalidade?*, op. cit.].
41. Alexander Campbell Fraser (org.), *The Works of George Berkeley DD* (Oxford, 1871), vol. 1, p. 460.
42. Fredric Jameson, "Imaginary and Symbolic in Lacan", *Yale French Studies*, 55/56 (New Haven, 1977), p. 355.
43. Campbell Fraser, *Works of George Berkeley DD*, vol. 3, p. 160-161.
44. Ver Charles Dickens, *Oliver Twist*, trad. Antonio Ruas, São Paulo: Abril Cultural, 1983; e *A casa soturna*, trad. Oscar Mendes, Rio de Janeiro: Nova Fronteira, 1986. (*N. da T.*)

PARTE II   A SOBERANIA DO SIMBÓLICO

INTRODUÇÃO: A ordem simbólica

A passagem do Imaginário para o Simbólico sai da esfera fechada do eu e seus objetos para o campo aberto da intersubjetividade.[1] É a este último que Lacan dá o nome de Outro. O sujeito humano, cindido de sua simbiose com o outro materno pelo advento da diferença, sob a forma do Nome do Pai, tem de renunciar a seu gozo com o corpo da mãe, sob pena de castração. Tem de recalcar esse gozo, a fim de assumir seu lugar na estrutura de papéis e relações que Lacan chama de ordem simbólica. Poderíamos dizer que a função da ordem simbólica, tal como a da Eucaristia cristã, é converter a carne e o sangue em signos. Supõe-se que o sujeito se torne idêntico a seu lugar significante numa rede previamente dada de relações sociais.

No entanto, como o objeto de sua gratificação torna-se então proibido, essa proibição escava no sujeito o perpétuo não ser, ou *manque d'être*, que conhecemos como desejo. Procurando a realização, o sujeito se fratura e se dispersa, tropeçando de signo em signo ou de objeto em objeto, na malfadada busca de uma totalidade do ser que escapa eternamente — uma totalidade da qual cada um desses signos ou objetos é um mero substituto ou lugar-tenente. Como não existe significante transcendental — não há nenhuma palavra que, numa epifania milagrosa, possa dar voz ao ser do sujeito como um todo — o sujeito desliza pelas brechas entre esses vários significantes. Pode agarrar-se a esse ou aquele sentido específico, mas somente ao preço de sofrer uma calamitosa perda do ser. Ele pode "significar" algo — mas só ao preço de desaparecer de sua própria fala como sujeito "pleno". Não existe significante capaz de representar adequadamente o sujeito que utiliza os significantes, nem tampouco o lugar de onde ele o faz.

Portanto, o sujeito é a um tempo excluído da cadeia significante e representado nela. Como não pode estar totalmente presente para si mesmo, tem tão pouca possibilidade de ser diretamente conhecido quanto o

O PROBLEMA DOS DESCONHECIDOS

infame númeno de Kant; ao contrário, sua presença só pode ser detectada negativamente, na falta que palpita no cerne da linguagem. Nesse sentido, a entrada do sujeito na ordem simbólica é uma espécie de *felix culpa* ou Queda afortunada.[2] Ele não tem outra maneira de chegar a sua identidade, mas, tal como Édipo, o preço que tem de pagar por essa dádiva preciosa o desfigura pelo resto da vida. Ele passa a ter de buscar sua identidade não no espelho de si mesmo, porém num jogo de diferenças — no fato de que cada local na ordem simbólica (pai, avó, irmão e assim por diante) é constituído por suas relações com os outros, do mesmo modo que uma palavra nada mais é do que seu lugar numa cadeia de diferenças. Isso não quer dizer que o mundo do Imaginário seja simplesmente abandonado. Ao contrário, o sujeito fica então cindido entre o *moi* ou ego, com suas relações objetais narcísicas, e aquela verdade sobre ele mesmo, como ser significante, que ele recebe por se entregar ao Outro, ou ao campo da linguagem como um todo. Ele tem de admitir que sua verdade fica aos cuidados do Outro, e não no que ele afirma ilusoriamente de si mesmo. E como o Outro nunca lhe é totalmente acessível, tampouco o é a verdade de sua própria identidade. O sujeito não tem como saber ao certo se o que ele é para si coincide com o que é para o Outro. É nesse deslizamento ou ambiguidade que nasce o inconsciente. Aquilo que sou sempre ultrapassa minha apreensão.

Nada disso transcorre sem luta. Ser sujeito é também questionar o próprio lugar na ordem do Outro, é descobrir-se deslocado dentro dele, é recusar-se a ser despachado pelas mensagens enigmáticas e perturbadoramente kafkianas com que ele responde a nossas perguntas insistentes ("Quem sou eu?", "O que devo fazer?", "O que queres de mim?"). Nunca ficamos inteiramente à vontade nessa ordem francamente anônima e o "excesso" de nós que o Outro não assimila constitui o próprio cerne de nossa subjetividade. A ordem que constitui o sujeito também o aliena, de modo que aquilo com que deparamos ao emergirmos em nós mesmos é uma espécie de autoalienação. Todavia, se o núcleo do eu é profundamente estranho e ilegível, é precisamente aí que ele se identifica com a ordem similarmente indecifrável do Outro.

A ordem simbólica não é uma mera questão de diferença, mas de exclusão e proibição. Não se pode, por exemplo, ser filha e mulher de um mesmo homem. Ela é um campo de regulamentação e legalidade, ao contrário da natureza polimorfa do Imaginário. Os vínculos cara a cara do

A ORDEM SIMBÓLICA

Imaginário dão lugar à força impessoal das leis universais, enquanto o conhecimento intuitivo cede terreno ao saber sem sujeito que é a ciência ou a teoria. Para a criança edipiana, o "conteúdo" — o corpo da mãe — tem de ficar em segundo lugar para a "forma" — para uma lei paterna que não consiste em nada senão uma proibição vazia. No entanto, somente pela submissão a essa lei castradora, ou supereu, é que se pode assumir um lugar de significação no sistema de parentesco e, com isso, entrar no ser do sujeito. A crise edipiana é reescrita em termos semióticos. Somente apoderando-se com violência de si mesmo, recalcando o desejo ilícito e renunciando com culpa ao gozo é que o sujeito pode firmar-se como ser falante, dotado de ação e aparentemente autônomo. A *jouissance*, ou o gozo do corpo materno, observa Lacan, é proibida àquele que fala. O sujeito se divide, portanto, entre a lei e o desejo — ainda que, no cerne da ordem simbólica, como veremos mais adiante, espreite uma dialética paralisada entre os dois, conhecida como o Real.

Entrar na ordem simbólica é submeter-se a uma espécie de exílio. Nossa relação com o mundo já não tem o imediatismo (espúrio) do Imaginário, passando a ser mediada de fora a fora pelo significante. E isso envolve uma certa hemorragia de realidade, pois o significante é uma forma de castração, um gume afiado que nos corta do real. Em vez de fantasiar sobre cerrar os punhos para coisas reais, temos de nos contentar com significações delas, as significações de segunda mão conhecidas como linguagem. O símbolo, observa Lacan, é a morte da coisa — do mesmo modo que a soberania do significante representa o "esvaecimento" do sujeito pleno. Nesse sentido, falar — ser não mais do que um movimento vazio de um significante para outro — é antecipar a própria morte, já que o não ser do sujeito proporciona um antegosto de sua perda final do eu. Talvez esse seja um dos sentidos da observação de São Paulo de que morremos a cada momento. Os próprios significantes são intrinsecamente faltos: visto que o significado é um produto da diferença, são necessários pelo menos dois significantes para produzir um. E como esses dois significantes implicam inúmeros outros, todo o processo é tão intrincado e impossível de totalizar quanto o próprio desejo.

Além disso, não existem marcas nem sons que nós mesmos inventemos. Para expressar algo, o sujeito tem de recorrer à grande acumulação ou repositório de códigos, regras e significantes que Lacan denomina de Outro, de modo que só vem a fazer sentido a longo prazo e em segunda

O PROBLEMA DOS DESCONHECIDOS

mão, empregando significantes totalmente marcados pelas intenções de incontáveis outros anônimos. Todo significante é um palimpsesto. Minha demanda de ser reconhecido como sendo singularmente eu mesmo, portanto, é apanhada num meio do qual nenhum de nós detém a posse, um meio que tem sua lógica própria, inteiramente independente de nossa vontade e que nos "fala" muito mais do que nós o falamos. É o significante que faz nascer o Homem, e não o inverso. A ilusão de domínio do bebê no estádio do espelho, junto com sua falsa identificação consigo mesmo, é consoantemente esvaziada. O Outro de quem tomo emprestada a minha fala diz-me não apenas o que posso dizer, mas o que posso desejar, donde o núcleo mais íntimo de meu ser é constituído por minhas relações com aquilo que não sou.

Por isso, estamos fadados a nos expressar numa língua eternamente estrangeira. Mesmo que eu possa articular meu desejo, tenho de fazê-lo num meio — o Outro, ou todo o campo da intersubjetividade — que não pode articular-se ele próprio. Não existe Outro do Outro, não há nenhuma perspectiva a partir da qual esse terreno possa ser inspecionado como um todo, pois tal inspeção precisaria expressar-se dentro dele e, desse modo, não o transcenderia. O que Lacan chama de falo, como vimos, é o significante mágico que habilitaria o sujeito a captar o sentido pleno de sua própria fala, ao mesmo tempo dissolvendo a indeterminação da fala do outro; mas o falo é uma impostura. Esse caráter esquivo dos significantes que sou forçado a usar, a maneira como seus efeitos ambíguos escapam persistentemente a minhas intenções, é conhecido como inconsciente. O sujeito é dividido entre o eu e o inconsciente — ou seja, entre sua fala e a localização e significação dessa fala no Outro ou na rede inteira de significantes, da qual ele não pode estar propriamente consciente. O inconsciente, portanto, é um desempenho, não um lugar. O sujeito humano é como o escravo mensageiro de outrora, "que traz sob sua cabeleira o codicilo que o condena à morte (mas) não sabe nem o sentido nem o texto, nem em que língua ele está escrito, nem tampouco que foi tatuado em sua cabeça raspada enquanto ele dormia".[3] Para Lacan, a impessoalidade da ordem simbólica tem muito a ver com o anonimato da morte.

Se Lacan rotula sua ordem de "simbólica" é porque o que está em jogo aí, acima de tudo, são posições doadoras de sentido, não indivíduos de carne e osso. Só nos tornamos sujeitos "reais" ao assumir um ou outro

A ORDEM SIMBÓLICA

desses lugares simbólicos, do mesmo modo que só nos tornamos pessoas ao aprender a falar. Não é isso que se dá com o Imaginário, no qual a simbolização ainda está por ocorrer. O sujeito do Simbólico, como diz Fredric Jameson, "é transformado numa representação dele mesmo".[4] Lidamos, portanto, com uma estrutura puramente formal, na qual os indivíduos são distribuídos e fixados no lugar por uma lei superveniente, que se aplica com indiferença a todos eles. O que importa são as relações, as quais são significadas por um papel como "pai", e não os indivíduos empíricos entre os quais se sustentam essas relações. Porto-me com meu primo em segundo grau da maneira jocosa e superior com que me conduzo por ele ser meu primo em segundo grau, e não por ser particularmente risível como pessoa. Venerar o próprio pai por ele ser inteligente, comenta Kierkegaard, é uma forma de desrespeito. Os *Pensées* de Pascal contrastam o cético que não se deixa enganar pela autoridade e a massa crédula que a reverencia como sagrada com um terceiro grupo, mais aceitável: os que respeitam a autoridade, mas não por ela ser preciosa em si. A ordem simbólica, portanto, é uma espécie de ficção: sabemos, por exemplo, que nossos governantes são exatamente tão reles quanto nós em termos morais, mas encará-los como governantes, em primeiro lugar, é suspender essa percepção debilitante. Os lugares no sistema, portanto, são nocionais ou simbólicos e, como tais, podem ser combinados ou trocados de acordo com algumas regras rigorosas. Ou melhor, a lei permite algumas permutações, ao mesmo tempo em que exclui outras (o incesto, por exemplo).

Há aqui uma distinção entre as trocas "imaginária" e "simbólica". As mutualidades do Imaginário, como vimos, envolvem um obscurecimento das fronteiras entre o eu e o outro, de tal modo que os corpos parecem fundir-se perfeitamente entre si, viver a vida uns dos outros e se revestir da carne uns dos outros. Essa, portanto, é uma troca tão literal de eus quanto se poderia imaginar. A troca simbólica, em contraste, apoia-se na abstração: um item pode substituir ou representar um outro, pois o que importa não é sua natureza específica, e sim sua localização ordenada dentro do sistema. Tal como uma mercadoria, ele não existe em si, mas em seu intercâmbio com outros de seu tipo. Em termos marxistas, poderíamos dizer que a ordem simbólica é uma questão de valor de troca, ao passo que o Imaginário, no qual nos comprazemos com as qualidades tangíveis do outro puramente por elas mesmas, é um exemplo de valor de uso. Como observou Kierkegaard sobre a primeira dessas espécies de ordem em O *desespero humano*, cada indivíduo, "polido como um seixo, (...) gira de um lado para o outro como moeda corrente".[5]

Se você e eu nos relacionamos através de um meio (o Outro) que nos transcende a ambos, isso tem consequências para nossas probabilidades de inteligibilidade mútua. O Outro, como lugar mítico em que foram sedimentados inúmeros significados anonimamente emaranhados, é opaco e ambíguo; e visto que é daí que você e eu extraímos a fala com que nos comunicamos, também nos tornamos opacos um para o outro. Ou, na enigmática tipografia de Lacan, o outro se transforma no Outro. (Eis um bom exemplo: um amigo meu, ouvindo mal o tema deste estudo, o qual entendeu como Essex, em vez de ética, perguntou se eu estava discorrendo sobre Colchester. Passei alguns dias angustiado, perguntando a mim mesmo se Colchester seria um filósofo moral de quem eu devesse ter ouvido falar.[6]) Mas a coisa vai mais fundo do que a mera equivocação verbal. "Será que esse seio significa amor", podemos imaginar o bebezinho pensando, "ou apenas a evitação da fome?" Será o seio uma resposta à necessidade de reconhecimento do bebê ou simplesmente a sua necessidade? Podemos imaginar a criança pequena sendo bombardeada por mensagens dúbias, provenientes do Outro, traumatizada pelo enigma do que esse Outro deseja dela. Nessa medida, a criança pequena fica na mesma situação do protestante amedrontado, incapaz de decifrar as mensagens insistentes, porém inaudíveis, de uma divindade envolta em trevas. O Outro é um deus oculto cujas ordens são sibilinas, mas compulsórias.

Portanto, não pode haver um acesso irrestrito aos outros, posto que, tal como nós, eles se encontram atrás da muralha da linguagem. O que permite a você me reconhecer é também o que o/a isola de mim. Já não existe um contraste nítido, como havia para David Hume, entre os que são familiares e os desconhecidos longínquos. Agora, nessa teoria extraordinariamente pessimista da comunicação, até os mais íntimos são necessariamente distantes. Todo próximo é estranho. Até a conversa confidencial na cama, ao pé do ouvido, é impessoal. A ideia de uma ordem social em que sujeitos autodeterminantes estabeleçam trocas transparentes e simétricas com outros sujeitos igualmente luminosos é desmascarada como um mito. A rigor, poderíamos dizer que ela é *o* mito da sociedade de classe média.

A ORDEM SIMBÓLICA

Há nessa visão uma qualidade trágica que já foi assinalada com bastante frequência. Num paradoxo desconcertante, é no exato ponto em que o mundo parece mais completamente humanizado — quando é perpassado de ponta a ponta pelo significante — que nos descobrimos mais profundamente alienados. O significante pode ser um modo de possuirmos uns aos outros de um modo mais profundo do que são capazes as criaturas sem palavras, porém também marca uma perda irreparável. Recebemos nossa humanidade de algo inteiramente desumano — marcas, traços, sons, inscrições, incisões. Escavado pela falta que a linguagem introduz nele como um vírus, o sujeito só pode então agarrar-se ao sublime objeto do seu desejo sob a forma de um substituto fragmentado desse, uma sobra ou resto a que Lacan dá o nome de objeto pequeno *a*. A relação imaginária entre o eu e seu mundo se rompe, deixando como consequência essa ferida psíquica purulenta que se conhece como subjetividade.

A realidade nos vira as costas como um ex-amante que passa a se recusar rigidamente a reconhecer nossa existência. À maneira copernicana ou à de Darwin, o sujeito humano é deslocado de sua centralidade imaginária. O mundo já não lhe deve a vida e, com certeza, não expirará como um cônjuge afetivamente dependente no dia em que ele se extinguir. Devemos agora pensar em termos de um universo de sujeitos distintos, os quais, na expressão de Emmanuel Lévinas, existem lado a lado, e não cara a cara, sendo todos elementos substituíveis de uma estrutura que não se centra em nada, muito menos nela mesma. Se o espaço do Imaginário assemelha-se ao ventre, o do Simbólico é um campo plano, mas diferenciado. É esse espaço que encontramos nas principais variedades da ética simbólica: o kantismo, o liberalismo e o utilitarismo. Poderíamos contrastar o autoencerramento do espaço imaginário com o campo eternamente aberto do Outro; mas há uma espécie equivalente de autoencerramento na ordem simbólica que não recebe do mundo externo nenhum eco de seu próprio discurso. Qualquer eco precisaria passar pelo enganoso significante e, sendo assim, não constituiria nenhum tipo de "exterioridade". A ordem simbólica é um reino de pura contingência sem fundamento. Qualquer embasamento da linguagem teria de ser exprimível na linguagem e, por isso, seria parte do problema, e não sua solução. Não existe significante transcendental.

Então, será isso que significam os chamados maturidade e esclarecimento: sermos privados do conforto e consolo provenientes de algo além

O PROBLEMA DOS DESCONHECIDOS

de nossos próprios recursos, isolados da realidade pelo próprio meio (a linguagem) que supostamente nos deveria escancará-la? Nossa autonomia viceja no recalcamento de nossa dependência. Trocamos a confiança na natureza pelo vício no desejo. A ferida causada em nosso ser, por sermos arrancados de nossa união pré-reflexiva com o mundo, jamais cicatrizará; no entanto, sem esse pecado original, não poderia haver história, identidade, alteridade nem amor.

Para a esquerda cultural de uma era anterior, a ideia da ordem simbólica representou um certo problema. Sob alguns aspectos, ela parecia uma concepção glamorosamente vanguardista, com sua louvação da falta, do desejo, da diferença, da alteridade, do não todo, da fragilidade da identidade e da soberania do significante. Em contraste com o Imaginário, com suas fantasias infantis e seus investimentos narcísicos, o Simbólico tinha certo sabor de realismo maduro, por mais tristonho e derrotista que fosse. Contudo, visto por outro ângulo, o que ele parecia representar não era nada menos do que o *status quo* político. Se tinha a ver com falta e desejo, também dizia respeito à lei, à simetria e à regulação. Então, será que se estava lançando uma crítica ao "imaginário" da ideologia de dentro da própria barriga da fera?

Os teóricos precisavam, pois, de uma ou outra ideia que lhes prometesse transcender simultaneamente os registros do Imaginário e do Simbólico. Jacques Derrida veio com um jogo ilimitado da diferença, Julia Kristeva, com a "semiótica", Michel Foucault, com a ideia do poder e o Jean-François Lyotard dos primórdios, com uma visão de intensidades libidinais. O tipo de desejo triunfalmente celebrado por Gilles Deleuze e Félix Guattari recusou-se a se submeter a algo tão restritivo e confinante quanto a ordem simbólica ou a suportar algo tão humilhante quanto a falta e a castração. Em todos esses pensadores, a ordem simbólica viria a ser desfeita — mas não por uma regressão ao Imaginário. De fato, como veremos, Lacan encontrou sua própria maneira de chegar a esse fim, conhecida como o Real. Graças a essa abstrusa categoria, tornou-se então possível contornar e "superar" simultaneamente o Imaginário e o Simbólico.

A ORDEM SIMBÓLICA

NOTAS

1. Alguns aspectos centrais das ideias de Lacan sobre a ordem simbólica podem ser encontrados em seus *Écrits* (Paris, 1966), especialmente no ensaio "Subversion du sujet et dialectique du désir dans l'inconscient freudien" ["Subversão do sujeito e dialética do desejo no inconsciente freudiano", *in Escritos*, trad. Vera Ribeiro, Rio de Janeiro: Jorge Zahar Editor, 1998]. Ver também Jacques Lacan, *Le Séminaire, Livre 1: Les Écrits techniques de Freud* (Paris, 1975) [*O Seminário*, livro 1, *Os escritos técnicos de Freud*, trad. Betty Milan, Rio de Janeiro: Jorge Zahar Editor, 1979].

2. Também na acepção religiosa, a expressão pode ser traduzida por "culpa/falha abençoada" ou "culpa/falha bendita". (*N. da T.*)

3. Jacques Lacan, *Écrits* (Londres, 1977), p. 307 ["Subversão do sujeito e dialética do desejo", *Escritos*, op. cit., p. 818].

4. Fredric Jameson, "Imaginary and Symbolic in Lacan", *Yale French Studies*, 55/56 (New Haven, 1977), p. 363.

5. Søren Kierkegaard, *The Sickness Unto Death* (Londres, 1989), p. 64 [*O desespero humano*, trad. Adolfo Casais Monteiro, *in Kierkegaard*, col. Os Pensadores, São Paulo: Abril Cultural, 1979, p. 211].

6. Trata-se, no entanto, da cidade de Colchester, no condado de Essex, que reclama para si o título de cidade mais antiga da Grã-Bretanha. A equivocação foi favorecida pela semelhança fonética entre *ethics*, o tema do estudo, e *Essex*. (*N. da T.*)

CAPÍTULO 4   Espinosa e a morte do desejo

Copérnico pagou um preço por desalojar o Homem do centro do universo, e o mesmo fez seu equivalente filosófico, Baruch de Espinosa. Filho de um judeu sefardi português que emigrara para a Holanda, fugindo da perseguição religiosa, Espinosa foi expulso de sua sinagoga de Amsterdã por heresia, foi simpatizante de cristãos dissidentes e viu seu magnífico apelo à tolerância política e religiosa, o *Tractatus Theologico-Politicus*, ser denunciado como uma obra "gerada no inferno por um judeu e demônio renegado". O livro é também uma crítica histórica e científica da Bíblia, tendo tido por objetivo demolir as superstições em que vicejava o despotismo.

Esse grande expoente do desencanto racionalista foi, a seu modo, um defensor do que se poderia chamar de ética simbólica. Ela decerto não é do tipo plenamente desenvolvido que encontraremos nos escritos de Immanuel Kant. Espinosa acreditava, diversamente de Kant, que a ordem simbólica da sociedade tinha o respaldo da natureza — que a natureza e a humanidade não só estavam indissoluvelmente ligadas, como eram facetas de um mesmo sistema, regido pelas leis de uma totalidade a que a Ética, vez por outra, dá o nome de Deus. As forças que ordenam a queda de uma folha são também as que moldam nossas paixões. Mas a natureza não tem nenhuma consideração por nós, humanos, e é desprovida de objetivo. Para se encontrarem no Imaginário, os sujeitos devem se confrontar, mesmo que o façam apenas para se infiltrar na pele uns dos outros. Em Espinosa, porém, já não somos convidados a ver o mundo a partir do luminoso interior do sujeito. Ao contrário, homens e mulheres são vistos de fora, naturalisticamente, de modo tão desapaixonado quanto um entomologista vê as lacrainhas. Eles são elementos de uma ordem sistêmica cujas leis, em sua maioria, lhes são tão impenetráveis quanto a estrutura profunda do mito se oculta dos integrantes das tribos de Lévi-Strauss. Espinosa, que acredita que todo pensamento verdadeiro aspira

O PROBLEMA DOS DESCONHECIDOS

à condição da geometria, reconhece que parecerá estranho a seus leitores que ele pretenda "discorrer geometricamente sobre os vícios e inépcias dos homens, e queira demonstrar por um raciocínio rigoroso o que eles não cessam de proclamar irracional, vão, absurdo e digno de horror" (82). Mesmo assim, esse espírito geométrico existe, em última instância, em nome do amor e do perdão, e o faz, aos olhos de Espinosa, de maneira mais confiável do que qualquer espasmo efêmero de calor humano.

Para ele, os homens e mulheres tampouco são agentes autônomos, como são para Kant e os pensadores "simbólicos" — Habermas, Rawls — que defendem essa corrente da ética em nossa época. Ao contrário, são tão vítimas desamparadas da causalidade quanto um paciente canceroso. Para Lacan, no entanto, pelo menos em sua fase mais "estruturalista", essa autonomia, de qualquer modo, é predominantemente ilusória: a crença do eu em que ele é o senhor de sua própria casa mascara sua dependência da lei do significante. Ou, na visão de Espinosa, das leis da natureza. Para as pessoas comuns, em contraste com os eruditos que meditam sobre sua conduta, liberdade é a ignorância da necessidade. É por desconhecermos as causas de nossos atos que podemos alimentar essa agradável fantasia conhecida como liberdade. Numa das passagens mais citadas da crítica inglesa, T. S. Eliot ilustra sua concepção notoriamente passiva da imaginação criativa, escrevendo sobre como a mente poética associa espontaneamente sensações como apaixonar-se, ouvir o som da máquina de escrever, sentir o cheiro do jantar sendo preparado e ler Espinosa. O que as três primeiras dentre essas experiências têm em comum é sua independência da vontade, a menos que o sentir o cheiro em questão seja um farejar ativo; é adequado, portanto, que o filósofo cujo nome ocorreu a Eliot não tivesse confiança na faculdade do olfato. Se o nome de Espinosa ocorreu involuntariamente ao poeta, essa passagem pode ser um exemplo do que ela ilustra.

Nem mesmo o Deus de Espinosa, que não nos ama, porém também não nos odeia, é livre para fazer o que Lhe der na telha. Ele é livre na medida em que é autodeterminante, movido pela necessidade de Sua natureza divina, mas não poderia *não* ser assim e continuar a ser Deus. No contexto em que surgiu, essa foi uma visão politicamente radical: Deus não é um caprichoso monarca absoluto que governe por ordens arbitrárias, mimado e cheio de vontades como um astro do rock. Devemos tomar extremo cuidado, adverte Espinosa na Ética, para não confundir

ESPINOSA E A MORTE DO DESEJO

o poder de Deus com o poder dos reis. Diversamente dos tiranos, Deus tem que respeitar o modo de ser do mundo — aliás, o modo de ser do mundo é o que queremos dizer com Deus, que é imanente à natureza, e não transcendente a ela. O mundo, em suma, é o corpo de Deus, e, se viesse a ser diferente do que é, Deus seria tão pouco Deus quanto eu seria eu mesmo, se tivesse um corpo totalmente diferente. Visto que todos os atos do Todo-Poderoso são uma questão de necessidade, Ele não poderia ter criado o mundo senão da maneira que o criou, reflexão esta que, na visão de Espinosa, é um vigoroso incentivo ao estoicismo. Os sábios hão de ver os vexames e catástrofes da existência humana tal como os ingleses encaram suas condições climáticas: elas não são coisas agradáveis, mas há uma espécie de consolo perverso na ideia de que não poderiam ser diferentes. Além disso, há sempre a possibilidade de que também nós possamos assemelhar-nos a Deus, agindo pela pura necessidade imperiosa de nossa natureza, sem compulsão externa. É isso que Espinosa, antecipando Kant, conhece como liberdade. Liberdade não é falta de determinação, mas o árduo projeto de autodeterminação.

O fato de que nada poderia ser diferente do que é não constitui, é claro, o saber convencional do povão. Louis Althusser, que professava um tipo de marxismo peculiarmente espinosiano, via a necessidade e a liberdade como facetas da ideologia: necessidade porque, sob a influência da ideologia, imaginamos que, de algum modo, nossa existência individual é essencial para a sociedade como um todo, que estamos atrelados ao mundo tal como o bebê se liga a seus pais; e liberdade porque o imaginário ideológico, ao nos "centrar" dessa maneira, dá-nos coerência e senso de autonomia suficientes para que atuemos como agentes dotados de propósitos. O campo mais sombrio da teoria está cônscio de que nossa existência como indivíduos é puramente contingente — de que a ordem simbólica é uma questão de determinados lugares e de que quem virá de fato preenchê-los é um assunto estritamente secundário. Mas a teoria também tem ciência de que há uma necessidade de nossa existência cotidiana, como "portadores" das leis da história das classes, para as quais somos predominantemente cegos. Para Espinosa, a mente popular presume que as coisas no campo da ideologia — ou seja, no mundo incuravelmente mistificado da experiência do cotidiano — são gratuitas, contingentes, influenciadas pelo acaso e pelo esforço, ao passo que a filosofia tem consciência de que elas estão gravadas em pedra. Se o sujeito lacaniano é cindido entre o Imaginário e o Simbólico, algo da mesma ordem, para Espinosa, aplica-se à própria sociedade humana, dividida entre o populacho iludido e os transmissores do verdadeiro saber. Nesse sentido, a ética de Espinosa é tão baseada na classe quanto a de Aristóteles.

Espinosa, portanto, pertence à linhagem filosófica que vai de Platão, Schopenhauer e Marx até Nietzsche, Freud e Lévi-Strauss, para a qual a própria experiência é a pátria da ilusão. O contraste com o mundo — um mundo robustamente calcado no bom senso — de Hutcheson e Smith, homens de confiança otimista naquilo que podem tocar e sentir, não poderia ser maior. Para essa linhagem cética, as fontes de nossa subjetividade nos são opacas, e o são (para a maioria desses pensadores) necessariamente. Só ao recalcar, esquecer ou mistificar os verdadeiros determinantes de nosso ser é que podemos tornar-nos os sujeitos que somos. Somos fluentes no discurso do mundo, mas sua gramática nos é indecifrável.

Na visão de Espinosa, a consciência popular é espontaneamente antropocêntrica. A ideologia para a qual todos resvalamos ao nascer é uma espécie de humanismo espontâneo. Os homens e mulheres são instintivamente "imaginários", ou centrados no sujeito, e veem a realidade como algo que lhes é entregue e moldado para seus fins. Não percebem que, tal como no Simbólico lacaniano, as coisas existem puramente em relação umas às outras, sem um centro subjetivo para o qual convirjam. O pensamento do próprio Espinosa é decididamente antiteleológico, mas as massas supõem que o mundo tem um objetivo, e que esse objetivo atinge seu apogeu no bem-estar delas. Cada indivíduo confia em que Deus "criou todas as coisas para o homem" e "Deus pode amá-lo acima do resto e orientar toda a natureza para a satisfação de sua cupidez cega e sua avareza insaciável".[1] As massas crédulas também acreditam que as tempestades, as doenças, as catástrofes naturais e coisas similares são mandadas para castigá-las. A falsa consciência é a incapacidade de o indivíduo descentrar sua soberania ilusória para a desoladora verdade da realidade. Embora pudessem surpreender-se ao saber disso, as pessoas comuns são, na verdade, utilitaristas éticas, convencidas de que o bem é tudo aquilo que conduz à satisfação de seus desejos, e o mal, tudo o que a impede. Para elas, "bem" significa "isto é útil/prazeroso para mim ou para nós", o que equivale a dizer que as massas, sem que o saibam, são devotas de David Hume. O resultado desse antropocentrismo é o relativismo, posto que cada um julga "de acordo com a disposição de seu cérebro" (36).

ESPINOSA E A MORTE DO DESEJO

Uma ética imaginária, portanto, é a consequência da obtusa autocentração da turba. Para Espinosa, todas as coisas criadas são um fim em si, e sua única razão de ser é continuarem a existir; para a plebe, as coisas são os meios convenientemente fornecidos para que ela floresça. Deve haver, presumem as massas, "um governante ou governantes, dotados da liberdade humana, que tenham cuidado de tudo para elas e criado todas as coisas para seu uso" (32). Os homens e mulheres comuns "pensam que tudo foi criado para eles e chamam a natureza das coisas de boa ou má, salutar ou podre e corrupta, conforme elas os afetem" (36) As massas, portanto, são incapazes de se ver à luz do Simbólico. Não conseguem contemplar sua vida pela perspectiva desapaixonada da natureza, como um conjunto de fenômenos causalmente determinados, num mundo em que a materialidade e a subjetividade não passam de facetas alternativas da mente de Deus. Elas não compreendem que "todas as causas finais são meras fabricações dos homens" (33). Em vez disso, refugiam-se em apelos à vontade de Deus — "ou seja, no asilo da ignorância" (34). Assim como os atuais inimigos de Darwin, elas imaginam que o corpo humano é um fenômeno de complexidade espantosa demais para ter brotado de outra coisa senão uma arte sobrenatural. A humanidade, portanto, é "compelida pela paixão, pela opinião e pela imaginação a negar sua própria natureza".[2]

De todas essas maneiras, as pessoas comuns "confundem sua imaginação com o intelecto" (35), distinção que Louis Althusser reescreveria, tempos depois, como a que separa a ideologia da teoria. O saber popular nada nos diz sobre a realidade, mas diz muito sobre a estrutura do imaginário comum. As pessoas comuns acreditam, por exemplo, que o mundo é bem organizado — mas, na visão de Espinosa, isso significa apenas que, "quando as coisas são dispostas de tal maneira que, ao nos serem apresentadas por nossos sentidos, podemos imaginá-las com facilidade e, por conseguinte, recordá-las com facilidade, nós as chamamos de bem organizadas" (35). E as coisas que podemos imaginar facilmente nós consideramos prazerosas. Na visão de Espinosa, a ordem na natureza não é nada, "exceto com respeito a nossa imaginação" (35), tese que David Hume endossaria prontamente.

As coordenadas da sabedoria popular, portanto, são as do Imaginário: prazer, paixões, sentidos, representação, imaginação, autocentração, fantasias de coerência. Não é que a imaginação seja falsa, assim como

143

O PROBLEMA DOS DESCONHECIDOS

não o é a ideologia para Althusser. É fato que percebemos o Sol como mais próximo de nós do que ele realmente está, mas esse tipo de "conhecimento" sensorial é extremamente infidedigno e fica submetido ao julgamento absoluto da Razão. "A perfeição das coisas", escreveu Espinosa em oposição ao "vulgo", "deve ser estimada unicamente pela natureza e potência delas, donde as coisas não são mais nem menos perfeitas por deleitarem ou ofenderem os sentidos humanos, ou por serem úteis ou repugnantes para a natureza humana" (37). Assim, o eudemonismo e o utilitarismo são despachados por um tipo de racionalismo para o qual a ética do populacho é, na verdade, uma espécie de monstruoso egoísmo coletivo. O vulgo não consegue ficar à altura do desafio de contemplar o mundo como se não o contemplasse. Em termos estritos, portanto, o discurso moral repousa sobre um erro. Decorre do reconhecimento equivocado das verdadeiras causas e naturezas das coisas. Ele emite julgamentos sobre atos isolados, por exemplo, em vez de apreendê-los como partes integrantes de um todo, e nessa medida tem muito em comum com o que o marxismo conhece como moralismo.[3] A teoria marxista não é avessa ao discurso ético, do qual ela própria é um esplêndido exemplo, e sim àquela forma míope de juízo moral que arranca o objeto avaliado de seu contexto histórico. Não é de admirar que Plekhanov tenha saudado Espinosa como um ancestral do materialismo ateu.

Como observou Stuart Hampshire, "as exortações e apelos à emoção e ao desejo são tão inúteis e irrelevantes (para Espinosa) na moral quanto na filosofia natural".[4] Toda a teoria do "senso moral" é descartada de antemão: termos emotivos, como "alegria", "desaprovação" e similares, apenas emprestam uma uniformidade enganosa a uma vasta diversidade de respostas. Daria no mesmo elogiarmos ou censurarmos os outros por seus gostos e alergias ou por seus atos "morais". "Aquilo que (alguém) pensa ser incômodo ou mau", escreve Espinosa, "e também o que lhe parece ímpio, horrível, injusto ou vergonhoso, tudo isso provém de ele conceber essas coisas de maneira perturbada, mutilada e confusa" (187). Dá-se exatamente o mesmo ao se lerem as Escrituras Sagradas: os ignorantes tomam numa acepção literal frases emotivas como "Deus irou-se", em vez de apreenderem esses enunciados como metáforas de verdades eternas. "Os problemas morais", como diz Hampshire, "são essencialmente problemas clínicos."[5]

Vindo, como veio, da pena de um herege judeu perseguido, essa visão da moral é tão admirável quanto é perversa. Espinosa não consideraria a

ESPINOSA E A MORTE DO DESEJO

raiva ou o ressentimento respostas apropriadas à perseguição que sofria, tal com não considerava a moral um assunto afetivo, para começo de conversa. Os apetites e as aversões humanos provêm de nosso *conatus*, ou da luta intrínseca pela autopreservação, e, como tais, acham-se tão pouco submetidos a nosso controle quanto o inconsciente freudiano ou o modo de produção capitalista. Devemos adotar uma hermenêutica da desconfiança em nossos juízos, expurgar com firmeza qualquer referência ao sujeito e tomar a exposição que o falante faz de seus sentimentos e motivos como sintomática (no sentido freudiano) ou como uma racionalização (no sentido freudo-marxista). A verdade é necessariamente excêntrica em relação à experiência de cada um: reside nas causas físicas e materiais subjacentes a esses estados de consciência e nunca pode ser capturada neles. Ser sujeito é entender mal.

A força revolucionária dessa concepção é difícil de subestimar. Louis Althusser considerou que Espinosa "introduziu uma revolução teórica sem precedentes na história da filosofia, provavelmente a maior revolução filosófica de todos os tempos".[6] Essas doutrinas profundamente subversivas, lançadas por um obscuro polidor de lentes que é amplamente cultuado como santo entre os filósofos, solapam ortodoxias morais inteiras e sabotam vastas extensões de preconceitos. A experiência cotidiana — a própria pátria da moral para Locke, Hutcheson e Hume — é confusa, irracional, pré-científica e espontaneamente egoísta; palavras como "perverso" e "virtuoso", tal como os juízos estéticos para Kant, não indicam propriedades objetivas das coisas, e sim as atitudes do falante para com elas; a terminologia moral não pode ser aplicada aos seres humanos, já que eles são agentes tão pouco livres quanto os peixinhos dourados, e o eu nunca é mais completamente escravo da causalidade do que quando se imagina livre. Homens e mulheres são objetos naturais causalmente determinados, e é em aprender e acolher essa verdade, a mais dura de todas, que está o caminho da santidade e da salvação.

Somente os que conseguem elevar-se acima do interesse e do desejo são capazes de abraçar essa doutrina de sábio desencanto, e o que Espinosa pretende dizer com "desprendimento" é bem diferente do que diziam os sentimentalistas do século XVIII. Para eles, como vimos, ser desprendido não é praticar uma forma branda de *apatheia*, mas solidarizar-se com o outro quando isso não traz nenhuma vantagem. Na filosofia de Espinosa, porém, esse sentimento pelo corpo do outro, de dentro para fora, não é uma forma adequada de conhecimento, já que nosso conhecimento dos objetos que nos afetam através do corpo, o qual inclui o conhecimento de outras pessoas, é de natureza "confusa e mutilada". Tampouco podemos adquirir um conhecimento suficiente de nosso próprio corpo, o que também transtorna o trabalho dos sentimentalistas. As emoções são uma forma distorcida de conhecimento, e o intelecto precisa ganhar ascendência sobre elas. (Ainda assim, estranhamente, Espinosa comenta de passagem que é impossível haver um excesso de alegria.) A linguagem cotidiana é tão escorregadia quanto nossa vida afetiva, mais regida pela imaginação do que por ideias claras e distintas. Deslocamo-nos por um mundo de significados imprecisos e objetos ambíguos, do qual só os esforços conjuntos da filosofia, da matemática e da teologia podem ter esperança de nos redimir.

Assim, o que os benevolentistas viam como o próprio nascedouro da moral — o sentimento — era, para Espinosa, uma fonte da falsa consciência. Ele concordava com esses autores em que todo sentimento se baseia em representações imaginárias, mas se recusava a ver nisso uma fonte de saber genuíno.[7] É que o verdadeiro conhecimento das coisas só é possível "em Deus". Trata-se de um conhecimento *sub specie aeternitatis*, do mesmo modo que a teoria, para Althusser, é desprovida de história. Ver o mundo da maneira apropriada é vê-lo, por assim dizer, do ponto de vista dele mesmo, e isso envolve uma transição do Imaginário, no qual o saber é refratado pelo desejo, para a maturidade moral do Simbólico. Devemos, nas palavras de São Paulo,[8] parar de ver de forma enigmática, como que através de um espelho, e em vez disso adotar uma visão divina de nós mesmos, serenos por saber que nem nós nem qualquer outra coisa no cosmos poderíamos ser diferentes do que somos.

É isso, para Espinosa, que constitui a verdadeira sabedoria e virtude. Aliás, ele praticava esse austero desprendimento em sua vida, e afirmava (ao contrário de seu grande mas ambicioso contemporâneo, Leibniz) que a filosofia não deveria ser restringida pelo aprimoramento pessoal e pelo poder do Estado. Foi por essa razão que rejeitou a oferta de uma cátedra em Heidelberg, feita pelo Eleitor do Palatinado, e preferiu viver como um humilde artífice. O desejo, acreditava ele, em estilo psicanalítico, era "a própria essência do homem" (125) — e por desejo ele se referia a "todos os esforços, impulsos, apetites e volições do homem, que variam de acordo com as mudanças de disposição desse homem e que, muitas

ESPINOSA E A MORTE DO DESEJO

vezes, opõem-se a tal ponto entre si, que o homem é puxado em sentidos contrários e não sabe para onde se voltar" (126).

Nessa zona volátil do ser, o amor humano é de tipo imaginário, mimético. "Quem imagina aquilo que ama sendo afetado pelo prazer ou pela dor", comenta Espinosa, "é também afetado pelo prazer ou pela dor. (...) Ao imaginarmos algo que afete prazerosamente aquilo que amamos, somos afetados pelo amor por esse algo (...)" (98). Como vimos, trata-se do tipo de contágio emocional que a filosofia moral do século XVIII viria a considerar uma fonte poderosa dos vínculos sociais. Aos olhos de Espinosa, porém, ele representa uma espécie degenerada de afeição, que contrasta com o "amor intelectual de Deus", o qual, para ele, representa o mais elevado bem humano. Com efeito, Espinosa crê que a piedade é um tipo de sentimento repreensível, "afeminado", e sente o mesmo pela compaixão. Tal como propõe Kant, devemos agir sob o comando da razão, não enfeitiçados por um estímulo emocional passageiro.

Num ato de autotranscendência que encontra eco desde Buda até os estoicos e Schopenhauer, o indivíduo verdadeiramente livre suspende seu desejo de alcançar uma espécie de contentamento desanuviado. O indivíduo livre se recusa a culpar os outros ou o universo pelos males que eles lhe infligem, uma vez que essas máculas aparentes — estupro, tortura, massacres e coisas que tais — são simplesmente necessidades divinas, erroneamente entendidas como deficiências. Trata-se de um tipo de reflexão edificante, pois se os outros, dado um mundo determinista, não conseguem deixar de enganar, mentir ou cortar-nos em mil pedacinhos, nossa consciência dessa compulsão pode dar frutos nas virtudes de tolerância, brandura, capacidade de perdoar, resignação, paciência e equanimidade, junto com um bendito alívio da inveja, do ódio e do desprezo. Os virtuosos retribuem o ódio com amor e pouco pensam na morte. Portanto, o determinismo conduz à santidade, e não ao ceticismo ou ao desespero. A razão, a objetividade e o desapego estão do lado do amor e da clemência, não da força e do preconceito. É a necessidade do mundo que o torna não trágico: se nada é fortuito, não faz sentido lamentar nem resistir. Aqueles que insistem em que, se não resistirmos ao inevitável, jamais saberemos quão inevitável ele era, para começar, podem ficar seguros de que ele era inelutável desde a eternidade e, por conseguinte, podem poupar seus esforços.

147

O PROBLEMA DOS DESCONHECIDOS

Decerto parece que seria preciso um santo ou um racionalista frio para pensar dessa maneira. Mas Espinosa não faz simplesmente renegar a carne; tal como Hegel, Schiller e Marx, confia mais na reeducação dela. "Servir-se das coisas e deleitar-se ao máximo com elas", observa, "(...) é o papel do homem sensato" (170). A ideia não é evitar as paixões, mas fazer valer a razão em relação a elas, expondo à luz os determinantes invisíveis de nosso ser, à maneira do analista. Espinosa era um democrata e republicano que queria esclarecer as massas, não ocultar delas a verdade aterradora do mundo, à maneira estratégica de um Leo Strauss. De qualquer modo, ele objetou a Hobbes que os desejos delas eram suficientemente maleáveis para serem moldados. A filosofia era uma crítica do desejo, e não (como parte do pensamento pós-moderno) uma afirmação dele. Portanto, tinha uma agenda política e ética atuante: as massas poderiam ser persuadidas a praticar a virtude, e assim, como criaturas do hábito, e não da reflexão, poderiam chegar espontaneamente ao bem. Nesse caso, exigiriam menos disciplina e repressão — o que as tornaria menos rancorosas e, por conseguinte, mais dispostas a se submeterem a seus superiores. Tal como Burke e Schiller, Espinosa foi um teorizador precoce do que, tempos depois, Gramsci viria a chamar de hegemonia.

A meta do indivíduo virtuoso, portanto, é se tornar autodeterminante, sem se deixar levar por nada de uma estranheza tão banal quanto a emoção. Essa colocação prefigurou o pensamento de Immanuel Kant, e há outras antecipações similares nos escritos do filósofo holandês. Os homens e mulheres racionais, sugeriu ele, não desejam para si nada que não busquem também para o resto da humanidade. Agir de acordo com a razão não é nada menos do que seguir nossa natureza, considerada como um fim em si, e consegui-lo é obter a liberdade. Devemos amar a nós mesmos, porém, ao buscarmos o que é melhor para nós, também criamos condições para uma verdadeira comunidade, uma sociedade caracterizada pela paz, amizade e harmonia social. Numa república assim não haveria censura da fala nem da escrita, entre outras coisas porque, para Espinosa, tal liberdade é necessária ao exercício da razão e, por conseguinte, à revelação da verdade. Contudo, parte do que essa verdade nos ensina é que não existe algo que se possa chamar de liberdade, pelo menos tal como é comumente concebida. Ainda assim, essa própria verdade sobre a não liberdade nos libertará.

ESPINOSA E A MORTE DO DESEJO

Apesar de toda a rigorosa fidelidade de Espinosa ao Simbólico, sua visão de mundo culmina numa espécie curiosa de visão imaginária. Sua concepção da sociedade justa, que vai além da doutrina liberal da qual ele foi um defensor tão magnífico, "conjuga as mentes de todos numa só mente, por assim dizer, e os corpos de todos como que num só corpo (...)" (153). Essa mutualidade caminha de mãos dadas com a união entre a mente e a natureza, na qual uma espelha harmoniosamente a outra. No estado mais elevado de sabedoria, as ideias que compõem a mente são idênticas às que constituem a mente de Deus. Há uma espécie de Imaginário "superior" em jogo nessa faceta semimística do pensamento de Espinosa, a qual aponta para a autorrealização final do *Geist* hegeliano. Após suas perambulações pelo campo simbólico da perda, da negatividade, da diferença e da alienação, o Espírito do Mundo, para Hegel, finalmente se realiza numa sublime versão do Imaginário. O objetivo do conhecimento, observa Hegel, é "despirmos o mundo objetivo de sua estranheza e, como diz a expressão, ficarmos à vontade nele, o que não significa nada além de acompanharmos o mundo objetivo até a ideia, até nosso eu mais íntimo".[9] O espírito descobre seu próprio rosto abençoado, refletido na história e na natureza que ele moldou, tal como o Pai Se reconhece no Filho amado com quem Se alegra eternamente.

NOTAS

1. Espinosa, *Ethics* (Londres, 2000), p. 31, 32. Todas as referências subsequentes a esse livro serão fornecidas entre parênteses depois das citações.
2. Roger Scruton, *Spinoza* (Oxford, 1986), p. 33.
3. Para uma excelente exposição da ética marxista, ver R. G. Peffer, *Marxism, Morality, and Justice* (Princeton, Nova Jersey, 1990).
4. Stuart Hampshire, *Spinoza* (Harmondsworth, 1951), p. 121.
5. Ib., p. 142.
6. Louis Althusser, *Reading Capital* (Londres, 1970), p. 102 [*Ler O Capital*, Rio de Janeiro: Ed. Graal, 1980].
7. Ver Geneviève Lloyd, *Spinoza and the "Ethics"* (Londres, 1996), p. 76.
8. Na I Epístola aos Coríntios. (*N. da T.*)
9. *The Logic of Hegel* (Oxford, 1968), p. 335.

CAPÍTULO 5   Kant e a lei moral

Vimos que os adeptos setecentistas da benevolência eram defensores do amor, mas com um agudo senso de suas limitações. Tal como a memória, as afeições esmaecem, à medida que mais se afastam de seu objeto. De qualquer modo, nas ordens sociais em que o egoísmo impera, soberano, a simpatia sofre de uma escassez crônica. Isso não equivale a dizer que tais simpatias não sejam potencialmente universais. Richard Sennett assinalou o paradoxo de que, na Inglaterra setecentista, as afeições privadas eram tidas como naturais, em contraste com o artifício da cultura pública, e por isso eram vistas como universais. "O público", escreveu Sennett, "foi uma criação humana; o privado era a condição humana."[1] A mais privada das instituições — a família — é que constituía também "a pátria da natureza", representando uma espécie de democracia do coração. E é aí, no dizer de Sennett, que encontramos *in nuce* o que depois viria a ser conhecido como direitos naturais.

Nesse sentido, o privado podia emitir juízos sobre o público. "Ao identificar certos processos psíquicos como inexprimíveis em termos públicos", escreveu Sennett, "como fenômenos transcendentes, quase religiosos, que nunca poderiam ser violados nem destruídos pelos arranjos da convenção, [os cidadãos do século XVIII] cristalizaram para si uma forma, não a única, com certeza, mas uma forma tangível pela qual os direitos naturais podiam transcender os direitos de qualquer sociedade em particular."[2] Não ficamos entregues a um culturalismo ou um convencionalismo para os quais as fontes da crítica social radical devessem permanecer logicamente obscuras. Ao contrário, tal como se dera com os teóricos do senso moral, tivemos um trono de julgamento seguro na própria natureza. Mas essas emoções, "inexprimíveis em termos públicos", eram tão esquivas quanto intensas.

Havia outro senão a agravar esse problema específico, para o qual já demos uma olhadela de relance. É que, embora as simpatias naturais

O PROBLEMA DOS DESCONHECIDOS

sejam intrinsecamente universais, elas só são acionadas no plano local, como vimos. E isso gera problemas com os desconhecidos — com aqueles, no dizer de Sennett, que fazem parte da "aglomeração de estranhos" que era a metrópole setecentista e que são perigosamente difíceis de decifrar a partir de suas marcas semióticas externas. O século XVIII, afirmou Sennett, "foi um lugar em que as pessoas faziam grandes esforços para colorir e definir suas relações com os estranhos; a questão é que tinham de fazer um esforço".[3] Ainda se resistia à ideia moderna de uma massa sem rosto de outros, embora ela também invadisse mais e mais a comunidade cognoscível. Era possível cumprimentar um estranho na rua, desde que ficasse entendido que isso não significava uma pretensão inoportuna em relação à pessoa dele. Tais cumprimentos eram tão pouco "sinceros" quanto as palavras de um ator, mas isso não significava que, tal como ocorre no teatro, o indivíduo não se ligasse afetivamente à situação em questão. Empregavam-se rebuscadas figuras de linguagem para cumprimentar outras pessoas, mas elas eram de um tipo escrupulosamente indiscriminado, que não implicava qualquer familiaridade com a história de vida do outro ou suas circunstâncias materiais. A classe social proporcionava o que se poderia chamar de uma intimidade impessoal, como às vezes faz hoje: os cavalheiros se reconheciam como tais, mesmo a distância. Todavia, à medida que as fileiras da classe média foram inchando nas novas metrópoles urbanas, o problema do anonimato tornou-se consoantemente mais agudo.

Havia, pois, necessidade de compensar as deficiências dos sentimentos naturais e um dos nomes dessa compensação é lei. A lei, ou, em linhas mais gerais, a ordem simbólica a que ela dá sustentação, é uma das principais maneiras de nos conduzirmos com aqueles a quem não conhecemos. Assim como o mercado, ela é um mecanismo para regular nossa forma de tratar inúmeros outros anônimos, garantindo (e, nesse ponto, a analogia com o mercado começa a se desfazer) que se não pudermos achá-los agradáveis ou eroticamente atraentes, ao menos poderemos portar-nos com justiça em relação a eles. Trata-se, sem dúvida, de uma motivação menos agradável para a virtude do que a simpatia, mas é também uma motivação mais imparcial e confiável. Hegel escreveu com desdém, em sua *Filosofia do direito*, sobre as teorias românticas que "querem banir o pensamento e recorrer ao sentimento, ao coração, ao furor e ao entusiasmo".[4] A lei dos tempos modernos, como tribunal perante o qual estamos

KANT E A LEI MORAL

todos em pé de igualdade, é inimiga do privilégio, palavra que significa "lei privada". Além disso, dado que a lei, a razão e a ordem simbólica transcendem os interesses e apetites individuais, é-lhe possível fazer uma crítica desses, o que não acontece com o Imaginário. Podemos indagar, por exemplo, se determinado desejo é razoável — pergunta que não pareceria mais legítima a Hobbes ou a Hume do que a Gilles Deleuze.

Por ter de fazer a mediação entre tantos indivíduos, cada qual provido de seus interesses e desejos peculiares, a lei tem de cultivar a virtude da reticência, almejando dizer o mínimo possível. Por conseguinte, os que procuram conformar-se a ela veem-se mergulhados na angústia neurótica de não saber se a estão obedecendo ou não, se há como descobrir isso, afinal, e se essa ideia sequer faz sentido. A lei, por assim dizer, fica tão esticada entre uma multidão de homens e mulheres que se reduz a uma espessura extremamente fina. Quanto menos definitivo é seu conteúdo, mais ela pode cumprir seu papel com eficácia. Nesse sentido, a lei moral assemelha-se às leis físicas, que são simples relações matemáticas expressáveis com pouquíssimas informações.[5] Se quiser fornecer uma base para a união humana, a lei terá de fazê-lo desconsiderando sistematicamente nossas diferenças. Para os aristotélicos e os tomistas, temos uma natureza racional em comum; para os benevolentistas, essa natureza reduziu-se a um conjunto de sentimentos que compartilhamos, desprovidos de uma base racional; com os kantianos, os traços comuns humanos encolhem-se ainda mais, chegando a um conjunto de procedimentos formais compartilhados; para alguns modernistas e pós-modernistas, existe apenas diferença.

Para que haja uma comunidade de sujeitos numa sociedade fraturada, a lei precisa abstrair-se de tudo o que é específico e peculiar nos que estão sob o seu domínio. A vantagem dessa operação é que a lei fica apropriadamente surda para aqueles que tentam botar banca de importantes; o perigo é que ela termina criando uma comunidade de cifras. É como se os seres humanos tivessem de ser achatados e clonados para que a igualdade e a universalidade se concretizassem verdadeiramente. Cada indivíduo passa a ser apreciado como singular e autônomo; no entanto, como todos devem ser indiferentemente valorizados dessa maneira, tal valor fica constantemente à beira de negar a si mesmo. Todos são iguais — mas só, ao que parece, por terem sido reduzidos a espantalhos cujo estofo foi arrancado.

O PROBLEMA DOS DESCONHECIDOS

Não obstante, essa concepção da lei foi uma forma engenhosa de alcançar a universalidade, numa época em que as maneiras mais tradicionais de fazê-lo — a ideia de uma natureza humana comum, por exemplo — atolavam-se em dificuldades, até por conta dos viajantes que chegavam apressados de suas viagens, trazendo notícias da diversidade humana. Mas ela significou que já então se precisava de reflexão e cálculo para levar os outros em consideração. Uma certa espontaneidade ou *spezzatura* burguesa inicial estava irremediavelmente perdida. À medida que a classe burguesa na Europa enveredou pela acumulação de capital industrial, com seus trabalhadores anônimos, seus concorrentes sem rosto e suas ferozes lutas de classes, o clube dos cavalheiros cedeu lugar ao tribunal de justiça ou à arena política como paradigma do discurso moral.

Assim é a célebre lei moral de Immanuel Kant, à qual todos os seres humanos estão submetidos do mesmo modo e que tem a força absoluta de um mandamento divino, embora se mantenha perfeitamente sublunar. Tal como Deus, essa lei é simplesmente dada: não pode ser reduzida a nenhum princípio mais fundamental e não é passível de demonstração racional. Para Lacan, como vimos, só nos constituímos sujeitos sob o domínio de uma lei que articula nosso ser com o do outro. Enquanto, no Imaginário, como que nos voltamos para dentro, nesse ponto cada um de nós volta-se para fora, para uma autoridade que nos vincula anonimamente. Para Kant, o indivíduo só se torna um autêntico sujeito humano — livre, racional e autônomo — ao se curvar à soberania de uma lei que regula e harmoniza os propósitos de um conforme os propósitos de todos os outros desses seres racionais e livres. A diferença entre os dois filósofos, nesse aspecto, é que Kant situa essa liberdade num plano subterrâneo, numa esfera numênica inacessível à mente consciente, ao passo que, para Lacan, é justamente nesse subterrâneo, ou nesse domínio inconsciente, que menos ficamos em liberdade. Qualquer que seja a diferença, entretanto, agora nos aventuramos por um território que é instantaneamente reconhecível como moderno: uma cultura de relações contratuais, egoísmo esclarecido, regras morais, leis imparciais, maximização da utilidade, respeito à autonomia do outro, normas consensuais e procedimentos racionais. Essa é uma ordem muito distante dos imediatismos corporais do Imaginário, mas é também, como veremos adiante, tudo o que os defensores de uma ética do Real consideram mais impalatável.

No início da carreira, Kant expressou sua admiração pelo método de investigação moral de Shaftesbury, Hutcheson e Hume, encontrando nessa visão da ética aquilo a que chamou uma "bela descoberta de nossa época". O que o impressionou nesses moralistas (ironicamente, aliás, dada a sua rejeição posterior de uma ética antropológica) foi a preocupação deles com o que acontece, e não com o que deveria acontecer — o fato de eles não partirem de premissas abstratas, mas da natureza da humanidade.[6] Na *Crítica da razão pura*, em contraste, Kant adverte que nada é mais repreensível do que procurar derivar daquilo que efetivamente se faz as leis que prescrevem o que se deve fazer. Numa ordem social caracterizada pelo individualismo egoísta, não há dúvida de que essa é uma ressalva bastante prudente. O nervosismo de Kant com o empírico é, entre outras coisas, um comentário implícito sobre seu meio social. Se alguém tentasse derivar valores da realidade num contexto como aquele, poderia muito bem acabar com todos os tipos de valores menos palatáveis. Longe de serem uma simples expressão de como é o mundo, os valores devem isolar-se dele — em parte (pela sociedade em geral, se não por Kant em particular) a fim de que possam servir para legitimá-lo.

Pessoalmente, com certeza, Kant não viria a cravar seus alicerces no terreno pantanoso da teoria moral britânica, embora tenha sido muito influenciado pela tese shaftesburiana de que os princípios morais fundamentais não podem ser uma questão de preferência subjetiva, devendo, antes, ser uma obrigação universal. Tal como Shaftesbury, Kant sustenta que a moral envolve os sentimentos — no seu caso, respeito, raiva, indignação, prudência, estima, remorso e similares. Temos a capacidade de nos deleitar no cumprimento de nosso dever moral — aliás, esse sentimento de satisfação é legítimo e desejável. Entretanto, tais sentimentos não podem constituir o motivo de nossos atos. Hegel pensava exatamente o mesmo: o desejo não pode ser um componente da ação correta. Ao contrário, o que sentimos nessas circunstâncias, acima de tudo, é dor, porque a lei moral se opõe severamente a nossas inclinações naturais e essa é uma das maneiras de nos conscientizarmos de sua presença exaltada. Kant também abre espaço para a felicidade em seu pensamento ético, mas, embora ela seja a recompensa da virtude na vida após a morte, mesmo que não nesta vida mundana, não pode, na maioria das vezes, ser o impulso norteador da virtude. A felicidade é meramente uma ideia empírica, não um ideal da razão. O eudemonismo é uma coisa sem princípios. Deve-se lutar pela satisfação universal, porém uma satisfação que combine com o mais puro princípio moral e seja conforme a ele. Kant não crê que os princípios morais possam basear-se na sensação, na emoção ou na busca do bem-estar. Os sentidos não nos facultam o acesso a nosso verdadeiro eu nem às coisas em si, digam o que disserem os benevolentistas sobre a comunhão intuitiva de duas almas gêmeas. A sensação não é base para o autoconhecimento. O sujeito moral pertence ao reino do inteligível, não do sensível. Não devemos levar em conta o princípio da felicidade no que concerne ao nosso dever. O senso de virtude certamente deve ser mais do que um frêmito de satisfação. Deve-se agir com base em princípios, não no que Kant chama, desdenhosamente, de "compaixão lânguida". Nesse aspecto, ele discorda de Theodor Adorno, para quem "a verdadeira base da moral encontra-se na sensação corporal, na identificação com a dor insuportável".[7]

Na verdade, Kant vem a descartar essa corrente britânica de pensamento moral como uma tentativa fracassada de derivar da experiência o conceito de virtude. Para ele, assim como para Espinosa, a experiência é uma base mutável e contingente demais para o juízo moral, do mesmo modo que é um alicerce frágil demais, em si mesma, para estabelecer a objetividade da verdade. Ela é, como observa Kant, uma "monstruosidade ambígua" que resiste a qualquer formulação ordeira. A sensibilidade é um guia sumamente indigno de confiança. A moral está acima da natureza e não pode enraizar-se no corpo ou em suas circunstâncias empíricas. Sentimentos, propensões e inclinações não podem fornecer-nos princípios objetivos. Com Hutcheson em mente, Kant se refere em tom desdenhoso, em seus *Fundamentos da metafísica dos costumes*, a "um senso implantado" ou um "suposto senso especial" e zomba de que "os que não sabem *pensar* creem que podem ajudar-se experimentando sentimentos".[8] Tendo em mente a mesma ética, ele insiste em que a imitação não tem lugar algum nas questões de moral.

Mas Kant admite que a teoria do senso moral, por mais equivocada que seja, rende uma homenagem adequada à dignidade da vida moral. É como se esses filósofos de coração generoso, ainda que de ideias errôneas, sentissem, na presença de terceiros, o deleite e a estima que, para Kant, deveriam ser reservados à lei moral em geral. Os sentimentos deles, portanto, menos são impróprios do que descabidos. Existem almas, admite Kant, "tão solidárias que, sem outra motivação de vaidade ou egoísmo,

KANT E A LEI MORAL

encontram uma satisfação íntima em espalhar a alegria a seu redor e são capazes de se deleitar com a satisfação alheia, na medida em que ela seja obra sua".[9] Aos olhos de Kant, porém, esse sentimento de solidariedade tem tão pouco de uma questão moral quanto ansiar por um gole de rum. Somente os atos praticados em nome da lei podem ser classificados como morais. O indivíduo deve ser benevolente por dever, não por compaixão. Não deve fazer as coisas apenas por querer. As necessidades e inclinações, diz-nos o filósofo, têm um "preço de mercado", enquanto o que é precioso em si não tem preço.

É verdade que, em meados do século XVIII, Alexander Baumgarten lançou uma curiosa nova ciência chamada estética, cujo objetivo era esclarecer e regrar nossa vida sensorial, reduzindo nosso mundo somático a uma espécie de ordem quase legal. Os sentidos, rudemente expulsos por certas correntes da razão iluminista, viriam a ser clandestinamente reintroduzidos pela porta dos fundos, disfarçados de ciência da percepção. Mas essa investigação disciplinada de nossa vida sensorial não podia dar-nos acesso ao reino moral. O bom coração tinha tão pouco de categoria ética quanto o conceito de triangulação. "É muito edificante", escreve Kant em sua *Crítica da razão prática*, "praticar o bem para com os homens por amor a eles e por benevolência compassiva, ou ser justo por amor à ordem, mas essa não é a verdadeira máxima moral."[10] A piedade e a terna compaixão são ótimas, porém quando elas, e não a ideia de dever, constituem a causa de nossos atos, tornam-se, nas palavras de Kant, um fardo para os bem-pensantes, que então querem livrar-se delas e submeter-se unicamente à lei da razão. Tais emoções são exemplos do que Kant denomina de "amor patológico". Jacques Lacan, ao defender o Real, em vez do Simbólico, também insiste em que, "como guias do Real, os sentimentos são enganosos".[11] Se eliminássemos da moral todos os sentimentos, diz ele, acabaríamos com a visão de alguém como Kant — ou, pensando bem, de um Sade. Kant não vê que os próprios atos de renúncia e idealização podem ser fontes de um gozo libidinal oculto. Não é sem certo afeto ressentido que enfrentamos aqueles que querem privar-nos de nossa satisfação.

A tese britânica tem um certo jeito estético, portanto, mas é uma opção branda demais. A benevolência, considera Kant, é uma simples inclinação. Ele tem a desconfiança protestante dos valores que podem ser comprados por uma pechincha, sem um heroico drama interno de luta e

O PROBLEMA DOS DESCONHECIDOS

autodomínio. Kant admira a angústia do burguês idealista que luta com sua consciência moral, e não a espontaneidade despreocupada do aristocrata. Não é admirador da descontração refinada, altiva e sem esforço que o Renascimento conhecia como *sprezzatura*. O precioso é aquilo pelo qual o sujeito batalha, de modo que nascer com uma índole compassiva é um dado genético das pessoas, não um dado moral. Enquanto Aristóteles considera que quem não extrai satisfação de seus atos virtuosos, na verdade, é falho em sua virtude, e David Hume insiste em que esse prazer é a própria marca do virtuoso, Kant sustenta que os que são de temperamento frio, mas conseguem fazer o bem apesar disso, são os que figuram no ponto mais alto de todos no plano moral. Quanto mais combatemos nossas inclinações espontâneas, mais nos tornamos moralmente louváveis. O prazer é um tipo rasteiro de motivação, aos olhos severamente críticos de Kant, o que não acontece com Shaftesbury e Hutcheson. Uma vez que esses surtos repentinos de compaixão não envolvem atos de vontade, eles não figuram como respostas morais. O sensível é predominantemente inimigo do ético e o que não se inspira no dever deve ser feito puramente por prazer. Essa é a visão de mundo dos campos esportivos de Eton:[12] se não dói, não pode fazer bem. Tal como acontece com os charutos, é melhor, de modo geral, não achar a conduta virtuosa prazerosa demais.

Boa parte do campo intermediário é eliminada pela antítese kantiana entre a inclinação e a obrigação. O que se exclui, entre outras coisas, é a ideia aristotélica de uma predisposição moral, que não seria uma questão de dever abstrato nem de ânsia senciente, de hábito cego nem de zeloso ato de vontade. As predisposições envolvem emoções, porém se trata de emoções ligadas a juízos e orientadas para atos potenciais, e não de pontadas e palpitações íntimas, a serem alimentadas por elas mesmas, à maneira do sentimentalismo. Para agir realmente bem, devemos ter certos julgamentos, sentimentos e atitudes apropriados; no fim, entretanto, o que importa é agir bem. Nessa medida, o agente moral puramente racional de Kant é uma imagem tão falha da virtude quanto o agente totalmente intuitivo dos benevolentistas, que mal parece deixar espaço para a avaliação racional. As predisposições não são explosões cegas de sentimentos espontâneos, e sim estados a serem diligentemente cultivados, disciplinados, exercitados e examinados pela reflexão, até que os atos para os quais eles nos inclinam se tornem fáceis e habituais. Misericórdia, compaixão e desejo de justiça não são meras questões de

KANT E A LEI MORAL

cálculo conceitual, mas também não devem ter por modelo uma fisgada de fome ou um acesso repentino de inveja. Envolvem razão e paixão, reflexão e emoção. Tais faculdades também não podem ser atribuídas, respectivamente, a nosso trato com os desconhecidos e com os conhecidos, pois nos comovemos com as adversidades dos estranhos e remoemos nossa intimidade com os que nos cercam. Kant tem razão ao ver que os benevolentistas correm o risco de se isolar da fraternidade universal, mas erra ao imaginar que somente o raciocínio abstrato pode levar-nos além dos impulsos do coração.

A boa vontade, comenta Aristóteles na Ética a Nicômaco, assemelha-se à amizade, mas não lhe é idêntica, uma vez que é possível senti-la em relação a pessoas que não conhecemos. Para Kant, em busca de um princípio de comunhão que vá além das afinidades pessoais de seus antecessores britânicos, a ideia de boa vontade deveria desempenhar um papel de extrema importância. No entanto, é arriscado confiar demais, em matéria de ética, nas questões da motivação e da vontade. Visto que uma boa ação pode ter uma motivação duvidosa, Kant erra ao supor que a vontade impera, suprema, nas questões morais. O que mais importa nessas questões é o que o indivíduo faz, não o que ele quer ou pretende. Atirar uns trocados para os mendigos, a fim de salvar a própria consciência moral, é muito preferível a passar por eles sem olhar. Além disso, a hipostasiada ideia kantiana da vontade parece estar longe de ser plausível, se comparada, digamos, ao conceito de vontade que encontramos em Santo Tomás de Aquino. Para esse, a vontade não é um impulso mental não condicionado. É uma espécie de orientação primária de nossa existência, uma inclinação intrínseca para o bem ou um pendor natural para o bem-estar. Dado o tipo de corpo que somos, temos pelo bem um apetite que não é opcional. As questões de escolha, considera Santo Tomás, dependem, no fim das contas, da composição de nosso corpo material. Esse é um conceito de vontade com um jeito muito mais plausível do que a maioria de seus equivalentes modernos.[13]

Ao longo de seus escritos sobre ética, Kant comete o erro fundamental de supor que a diferença moral que importa é a que se dá entre inclinação e obrigação. Assim fazem, como veremos mais adiante, alguns expoentes atuais de uma ética do Real, os quais, nesse sentido, são kantianos enrustidos: se você não é um agente racional, deve ser um egoísta hedonista. Kant não admitiria que o desejo de fazer algo, desde que não se tratasse

161

de uma coisa prejudicial, fosse uma razão perfeitamente boa para fazê-lo. Afinal, de vez em quando, até os animais não humanos são capazes de agir por mais do que o simples hedonismo, ainda que tenham dificuldade de enfiar o imperativo categórico na cabeça. Foi Kant, acima de tudo, quem pôs o pensamento ético na trilha que levou à equação espúria da moral com o dever, fusão essa da qual ainda vamos encontrar vestígios em Emmanuel Lévinas e Jacques Derrida. (No entanto, como nos lembra Bernard Williams, não existe nenhum termo grego antigo corresponden-te a "dever".)[14] Kant presume que a moral envolva um valor incondicio-nal, o que também fazem (como veremos) os moralistas lacanianos. Se assim não fosse, na visão kantiana, se não na de Lacan, tenderíamos a mergulhar no sorvedouro do relativismo moral. Os que defendem essa postura não parecem reconhecer que o relativista costuma ser o outro lado do autoritário, o filho edipianamente rebelde do pai metafísico. Aos olhos daqueles para quem o valor moral tem de ser absoluto ou não ser nada, o que fica aquém do *status* de absoluto está fadado a parecer um caos assustador. Eles não veem que a razão e o caos implicam um ao outro, sendo o caos quase sempre aquilo que uma ordem racional exclui.

O resultado espantosamente radical da tese de Kant é difícil de exa-gerar. Não há nada de errado em passar a vida, digamos, como Nelson Mandela, inspirando-se na indignação e na compaixão para transformar o destino de incontáveis milhões de pessoas, mas de modo algum isso é tão bom quanto garantir que, quando você se abstém de surrupiar um pêssego, não o faz por viver no temor do fruteiro, mas por conformar seus atos a uma lei que também pode ser preceituada para todos os outros afanadores em potencial. É nisso, e não em dar uma côdea de pão a um mendigo por piedade, que reside a verdadeira beleza moral — ou, como diria Kant (já que a lei moral, como Deus, transcende a representação), a verdadeira sublimidade. Trata-se de uma tese tão arrebatadora quanto brutal. Num extremo, ela justifica o juízo de Bernard Williams, com seu humor seco, sobre o ultrarracionalista William Godwin, "com sua recusa ferozmente racional a respeitar qualquer consideração que um ser huma-no comum ache convincente".[15]

Que estranho imaginar, como Kant, que ser instigado pelo amor ou pela compaixão é não ser livre! Poderíamos dizer que a visão que ele tem da humanidade é, a um só tempo, elevada e rasteira demais — ou, nas palavras de Milan Kundera, angelical e demoníaca demais.[16] Em geral,

KANT E A LEI MORAL

encontram-se as duas coisas aninhadas bem juntinho: quando a vida social é "demoníaca", regida pela ambição e pelo egoísmo, costuma ser necessária uma ideologia correspondentemente "angelical" para legitimar esse fato. O valor moral precisa ter o mínimo contato possível com os dados empíricos. Essa é uma das razões por que os Estados Unidos, que são uma das sociedades mais desenfreadamente materialistas do mundo, têm também um discurso público comicamente sério, moralista e elevado. Uma visão um pouco menos nobre do que a de Kant, mesclando a consciência moral com a emoção, foi proposta pelo filósofo inglês Joseph Butler, para quem a afeição espontânea é louvável, porém se torna ainda mais digna quando se sedimenta num princípio aceito.

A visão de Kant, no entanto, é mais intransigente do que isso. Nenhuma lei universal genuína pode ser arrancada do desejo comum de felicidade, já que cada pessoa deseja a felicidade a seu próprio modo idiossincrático e, por conseguinte, a razão ética fica confinada no particularismo cego. Deve haver uma base mais absoluta e incondicional do que essa para a moral, uma espécie de versão laica do Todo-Poderoso incondicional, a qual, como todos os absolutos dessa natureza, carregue suas credenciais inteiramente dentro de si. Tal como Deus é Sua própria e eterna razão de ser, assim é a lei moral para Kant — uma lei que é necessariamente um fim para todos, visto que é um fim em si. Ela é o que todos os homens e todas as mulheres são capazes de querer, independentemente de seus anseios e suas propensões particulares, e portanto, é o que eles também podem querer uns para os outros. Daí o célebre imperativo categórico: aja apenas de acordo com a máxima que você possa propor como lei universal. Se ser humano é ser racional, agir de modo racional, para mim é, inevitavelmente, receitar minha forma de ação para todos os outros da minha espécie. Ser livre é estar desembaraçado de todos os objetos e desejos contingentes, de todos os chamados interesses "patológicos", a fim de agir unicamente de acordo com uma lei que se possa estabelecer para si — uma lei luminosa, com a aura de ser inteiramente um fim em si, sem qualquer consideração para com a natureza distintiva desse ou daquele indivíduo e, por conseguinte, de aplicação universal. Por legarmos essa lei a nós mesmos, ela constitui a própria base de nossa liberdade, visto que liberdade equivale a autodeterminação. As gerações posteriores viriam a ser bem mais céticas diante dessa afirmação, desconfiadas de que as leis que impomos a nós mesmos costumam ser as mais

O PROBLEMA DOS DESCONHECIDOS

brutalmente coercitivas de todas. Como percebeu Theodor Adorno, há algo de compulsivo na liberdade kantiana, supostamente não patológica e submetida à lei — algo a que Freud daria o nome de supereu.

Esse é, com certeza, o impalatável lado negativo da esclarecida ética de Kant. Como nunca podemos ter razão perante a lei, ela gera em nós uma perpétua inquietação ou sensação de estarmos deslocados, o que não é nada menos do que o estado de sermos sujeitos. A lei moral é um Deus cruel. No que tem de mais brutalmente sádico, ela nos reduz, com seu terrorismo insensível, à condição de não seres, de entidades supérfluas, de pedaços de matéria insignificantes. O correlato da altiva lei moral é o ser humano como resto, excremento, pura negatividade. Confrontado com essa traumática falta de sentido (pois a lei é totalmente desprovida de substância), o sujeito sofre uma crise ou um colapso do significado, crise essa que é um estado permanente de emergência, e não uma eclosão momentânea de pânico. Nesse sentido, a lei simbólica abriga em seu cerne o que Lacan viria a chamar de o Real — aquele estado em que somos desvalidos, desarticulados, lançados no abismo do não significado, esmagados por um núcleo traumático de falta de significação que é mais próximo de nós do que o respirar.

No cerne do pensamento ético, há uma tensão entre o universal e o particular. A conduta moral é uma questão material, ligada às necessidades e aos desejos de animais mortais, parte da comunicação expressiva ou simbólica desses e, portanto, inelutavelmente local; mas também se presume que ela se estenda, além dessa especificidade, a um domínio mais universal. Pareceria estranho dizer que a tortura é permissível para mim, mas não para você, ou juntar afirmações do tipo "é proibido furar o olho" com expressões de gosto pessoal, como "couve-de-bruxelas é um horror". Tal como a linguagem, a ética é majestosamente geral e irredutivelmente específica. Envolve conceitos densos e ralos. J. M. Bernstein distingue entre "moral" no sentido do que ele chama de princípios "centralistas", ou princípios gerais de cima para baixo, e os conceitos "éticos" densos, descritivos ou avaliativos, que são logicamente anteriores a tais universais pálidos, se bem que indispensáveis.[17] O que se conheceu brevemente na década de 1960 como "ética situacional", uma linha de antiuniversalismo ético muito favorecida por alguns cristãos de mentalidade liberal, rui por terra diante do problema de que nenhuma situação humana jamais pode ser circunscrita com exatidão e de que to-

KANT E A LEI MORAL

das as situações desse tipo envolvem aspectos que estão longe de lhe ser peculiares. Além disso, se só é possível captar o sentido de palavras como "amor" e "justiça" em situações mutuamente incomparáveis, esses termos são esvaziados de qualquer aplicação geral e nos deixam à deriva num mar de nominalismo ético. Se não existe relação necessária entre a ideia de justiça e um padrão de conduta que é consistente em diferentes situações, seria possível dizer que qualquer padrão de conduta, inclusive a decapitação de todos os indivíduos com mais de 60 anos, é conforme a ela. Por outro lado, uma ética que parecesse deixar inteiramente de lado alguns contextos específicos dificilmente seria digna desse nome. Tornaremos a examinar esse dilema dentro em pouco, quando considerarmos as ideias de Shakespeare a respeito dele.

Na visão de Kant, a ética é um assunto individual e universal e, nessa medida, assemelha-se aos juízos estéticos. O ato ético é aquele que é pura e totalmente meu; no entanto, o ponto em que sou eu mesmo da maneira mais ímpar é, ao mesmo tempo, aquele em que passo a não ser mais do que o portador de uma lei universal. É da essência do sujeito individual ser um animal universal e mostramo-nos no que temos de melhor ao agir dessa maneira. Há algo de não humano ou impessoal no âmago do eu, algo que o transforma no que ele é — só que, enquanto o nome desse poder sublimemente insondável, para São Agostinho e Santo Tomás de Aquino, é Deus, e enquanto os freudianos o conhecem como desejo, Kant o chama de lei moral. Há para ele, portanto, uma passagem direta do individual para o universal, embora se trate de uma passagem para a qual só podemos encaminhar-nos à custa da particularidade concreta.

Portanto, o universalismo abstrato e a especificidade irredutível são dois lados da mesma moeda. Os sujeitos individuais são a força motriz dessa civilização, porém são despojados daquilo que são pelas forças abstratas que desencadeiam. Liberdade significa não endossar nenhum princípio que o indivíduo não legisle para si mesmo; entretanto, essa própria autodeterminação ameaça reduzir o sujeito a uma tautologia inútil. Cabe aos homens e às mulheres conferirem valor a eles mesmos, e não, à maneira do Imaginário, encontrarem seu valor assegurado pelo mundo ou pelo outro. A ordem simbólica em que Kant nos introduz é inteiramente autônoma: não se alicerça na natureza nem no sobrenatural. Até os mandamentos divinos têm de passar pela racionalidade humana, a fim de que sejam filtradas as falhas lógicas. Mas, com Kant, é como se nos posicio-

O PROBLEMA DOS DESCONHECIDOS

nássemos sobre nada além de nós mesmos e se esse é um traço de nossa maioridade ética, por despirmos nossa dependência imaginária infantil dos outros e do universo, ele é também a medida de nossa alienação de uma natureza que, uma vez reduzida a um punhado de dados brutos, não pode ter qualquer relação com algo tão enaltecido quanto o valor. Assim, a vanglória exultante dos modernos — "Só extraio valor de mim mesmo!" — fica apenas a uma ínfima distância de um grito vazio de angústia: "Estou completamente só neste universo!"

Agir moralmente, portanto, é ser guiado puramente pela razão e pelo dever que a razão propõe, e não pelo conjunto misturado de motivos (prazer, desejo, felicidade, utilidade, bem-estar e tudo o mais) que recebemos dos outros, do mundo que nos cerca ou de nossos apetites humanos e que por isso são indignos de animais racionais, cujo fim reside inteiramente neles mesmos. O verdadeiro ato moral independe do que ele realiza — o que é uma curiosa suposição ética, sem dúvida. Numa tautologia sublime, devemos ser morais porque é moral sê-lo. O que torna moral uma ação, tal como o que faz de um objeto material uma mercadoria, é algo que ela manifesta acima e além de qualquer propriedade distintiva que possua, a saber, sua conformidade voluntária a uma lei universalizável. A humanidade não tem acesso a entidades metafísicas portentosas como o Bem Supremo, que lhe são tão barradas quanto o Outro lacaniano; assim, o único substituto possível dessa Coisa perdida, considerando-se que tem de ser algo inteiramente incondicional, é a forma incondicional da lei moral. A lei surge, pois, para preencher um vazio — a falta do Bem Supremo ou do corpo materno — com suas injunções paternas e, nesse sentido, falamos de uma transição do Imaginário para o Simbólico.

Tal como a obra de arte, a moral ou razão prática é autônoma e fundamentada nela mesma. Contém seus fins em si, descarta qualquer utilidade, desdenha de todas as consequências e não admite discussão. Tal como em Espinosa, os principais termos do benevolentismo e do sentimentalismo setecentistas — prazer, emoção, intuição, sensação, realização, imaginação, representação — são relegados, em sua maioria, ao campo degradado do amoral. (Podemos assinalar que esses termos também pertencem à linguagem da estética.) Assim, estamos falando de uma ética que fica além do princípio do prazer. A ação moral nada tem a ver com oferecer representações vívidas à imaginação. A tese humiana de que precisaríamos dessas imagens animadas para despertar nossa entorpecida

KANT E A LEI MORAL

imaginação moral é prontamente rejeitada. Ao contrário, Kant vê essas "imagens e recursos infantis" não só como indignos de criaturas racionais como nós, mas também como algo que atenua a sublime majestade da lei moral e, com isso, diminui sua força portentosa. Não pode haver imagem da razão ou da liberdade humanas: a simples imperscrutabilidade da liberdade, afirma o iconoclástico Kant na *Crítica da faculdade do juízo*, impede qualquer representação positiva. Trata-se de um fenômeno puramente numenal, que só pode ser conhecido na prática, não captado numa imagem sensorial. Sabemos ser livres porque, pelo canto do olho, nós nos apanhamos agindo dessa maneira, mas, tal como o outro espectral que caminha a nosso lado em *The Waste Land* [*A terra devastada*],[18] essa entidade esquiva desaparece como uma aparição quando tentamos olhá-la de frente.

Isso, é claro, cria um certo problema para uma ordem social de classe média cujo próprio esteio é a liberdade. O mais inestimável de todos os valores escapa por entre a rede de representações, deixando nela uma espécie de cifra sugestiva ou mero vestígio de transcendência. O sujeito, princípio fundador de toda a empreitada, escapole de nossas categorias e passa a figurar nelas como não mais do que uma epifania muda ou um silêncio pregnante, uma presença que banha como ondas silenciosas as fronteiras de nosso pensamento. Só pode ser sentido como uma espécie de excesso vazio ou transcendência de qualquer particularidade. Bem no auge de seu poder, portanto, o Homem burguês cega a si mesmo, visto que sua liberdade — a própria essência de seu eu — é, por definição, indeterminável. Tudo que podemos afirmar da subjetividade, esse estranho vazio de que somos feitos, é que, seja ela o que for, não se parece nada com um objeto e, por isso, aturde a cognição. Conhecedor e conhecido deixam de compartilhar o mesmo terreno. A empreitada da ciência é eminentemente possível, mas o cientista como sujeito fica fora do âmbito daquilo que investiga. Mesmo as coisas com que ele lida, só lhe é possível conhecê-las em sua aparência fenomênica. Portanto, só é viável uma teologia negativa do Homem, por assim dizer.

Portanto, é como se o sujeito fosse espremido para fora do próprio sistema que ele costura, simultaneamente como fonte e complemento. Ele é a base de todo o sistema e é um buraco escuro em seu centro. Seu poder insondável é, ao mesmo tempo, pura negatividade. Tentar conferir uma forma determinada a esse espectro é como tentar pular sobre a pró-

O PROBLEMA DOS DESCONHECIDOS

pria sombra. Ele não pode estar *no* mundo, não mais do que o olho faz parte do campo da visão. Para Kant, o sujeito não é um fenômeno na realidade, mas um ponto de vista transcendental voltado para ela. Foi através do sujeito que, em sua célebre revolução copernicana, ele procurou devolver-nos o mundo objetivo, mas, nesse processo, o sujeito "em si" resvala para as bordas do conhecimento e desaparece na cripta de entidades sepultas que se conhece como númeno, sobre o qual não é possível dizer absolutamente nada. O sujeito simplesmente não é um objeto viável de cognição, não mais do que anjos da guarda ou triângulos quadrados. No ponto alto de seu poder, a classe burguesa descobriu-se expropriada pela própria ordem social que ela havia moldado, imprensada entre um sujeito impenetrável, de um lado, e um objeto incognoscível, de outro.

Rigorosamente determinado de fora para dentro, mas autodeterminante em seu interior, o sujeito humano é livre por toda parte e em toda parte está agrilhoado. Para Espinosa, esses dois aspectos de sua existência se coadunam: a liberdade reside em saber que se está acorrentado e é fruto da luta subsequente para o sujeito tornar-se autodeterminante. Ela significa passar a ver a si mesmo não como um ser isolado, mas como parte de um sistema de necessidade. Kant subscreve esse determinismo espinosista, despojado de seus suportes metafísicos, mas acrescenta às férreas causalidades da natureza um campo transcendental do espírito. Ao fazê-lo, resgata a liberdade à custa de sua inteligibilidade. Aos olhos de Espinosa, ela é uma questão imaginária ou mítica; na visão de Kant, é uma hipótese necessária. Para o filósofo holandês, a sabedoria consiste em refletir sobre nossa identidade com a natureza; para seu equivalente alemão, ela é uma questão de estabelecermos nossa autonomia da natureza.

E é assim que, num gesto audacioso, Kant transpõe toda a questão da moral do Imaginário para o Simbólico — o que também significa do conteúdo para a forma ou do substantivo para o protocolar. Isso envolve uma transição da possibilidade de respaldar a moral com algo que vai além dela — Deus, a natureza, a história — para os duvidosos benefícios de ficar eternamente isolado de qualquer fundamentação desse tipo. A filosofia moral, declara Kant em seus *Fundamentos da metafísica dos costumes*, deve ser expurgada de todo o conteúdo empírico e antropológico. Visto que qualquer ato de vontade, motivado por um objeto ou uma inclinação empíricos, é "patológico", decorre daí que o único bem supremo é o ato puro de querer o próprio bem. E querer o bem é querer não alguma coisa específica, e sim o fato puro de agir de acordo com a lei moral. Essa lei, portanto, não tem absolutamente nada a dizer senão para promulgar a si mesma. Como escreveu Kafka a seu amigo Gershom Scholem, ela tem "validade, mas não significação". O meio, por assim dizer, é a mensagem. Sua ordem é incondicional, mas ela não nos instrui sobre o que fazer. Tal como um diretor de escola de mentalidade liberal, que procura fomentar em seus alunos o espírito de iniciativa, ela nos recomenda a forma geral que nossos atos devem assumir, mas silencia propositalmente sobre o conteúdo deles. As pessoas esclarecidas não precisam receber das alturas uma lista de injunções morais. Na verdade, quem precisa dessas injunções está, por isso mesmo, mal preparado para cumpri-las, a exemplo de como hesitaríamos em aceitar a comida de um cozinheiro que precisasse de instruções detalhadas sobre como reconhecer uma couve-flor.

Em seu caráter vazio ou tautológico, dir-se-ia que a lei kantiana difere das exigências incondicionais do Deus cujo lugar ela ocupa — uma divindade que enuncia seus ditames em termos bem mais incomodamente exatos. Em outro sentido, porém, ela mal chega a diferir desse Deus, pois os chamados Dez Mandamentos são simplesmente a maneira de Javé dizer "É assim que devo ser amado". A demanda fundamental de Deus não é que nos abstenhamos do roubo ou do adultério, mas que O deixemos amar-nos, a fim de que, pelo poder dessa graça, possamos amá-Lo em retribuição. A tautologia da lei simbólica — "Tens de obedecer, já que, afinal, lei é lei e dever é dever" — transforma-se na tautologia de um amor inútil, na vacuidade da transcendência absoluta. Se a lei tivesse um conteúdo específico, talvez sempre fosse possível pechinchar com ela, bajulá-la, trocar um tiquinho de submissão respeitosa por uma recompensa generosa. Mas, por ser a lei mosaica a lei do amor, seu conteúdo tem sempre de ir além de sua forma. O que frustra os fariseus deste mundo é o silêncio desses espaços eternos.

Portanto, o imperativo divino, tal como o imperativo categórico de Kant, é desprovido de substância. É o "Ama e faze o que quiseres" de Santo Agostinho. Em seu caráter taciturno, sugere a transcendência de Deus em relação ao humano. Faz parte dessa transcendência Ele não impor exigências incapacitantes a Suas criaturas, à maneira do supereu sádico

O PROBLEMA DOS DESCONHECIDOS

e loucamente irrealista, uma vez que não necessita delas. Seu amor, em uma palavra, é isento de desejo. É essa, e não a lei moral kantiana, que constitui a verdadeira forma da incondicionalidade. O amor divino significa não contar com uma retribuição — razão por que participamos dele de maneira mais profunda quando nós mesmos conseguimos amar sem esperar reconhecimento, unilateralmente. Se Javé, na doutrina judaico-cristã, não é um autocrata superegoico que amarra fardos monstruosamente opressivos em nossas costas, é, entre outras coisas, por Ele estar livre do mundo — o que equivale a dizer que o criou gratuitamente, por amor, e não por necessidade. A criação foi o *acte gratuit* original. Foi uma questão de *jouissance* — ou seja, de um gozo que, em sua expressão lacaniana, "não serve para nada". O ser é uma dádiva, não é o destino. Não havia necessidade de Deus criar nem mesmo a mais diminuta partícula de matéria e, numa reflexão madura, é bem possível que Ele lamente amargamente tê-lo feito. Se o Outro lacaniano é desejante, o Deus judaico-cristão não o é. Uma vez que, por conseguinte, Ele está livre da necessidade neurótica, não exige que O bajulemos com oferendas sacrificiais, com normas dietéticas nem com uma conduta moralmente impecável, e sim que deixemos de lado essa barganha ordinária e aceitamos a verdade intolerável de que Ele sempre já nos perdoou. Não precisamos mergulhar na angústia protestante, no esforço de deslindar o que Ele exige de nós, visto que Ele não nos pede nada além de amor. Como o amor é prático e particular, deve ser legalmente codificável; no entanto, quem o identifica com essas formulações erra tanto quanto aqueles que o desmaterializam.

O valor moral, tanto para Kant quanto para Espinosa, não provém de contemplarmos uns aos outros em termos imaginários, de perscrutarmos os outros a partir do interior acalorado de nossa subjetividade. Antes, decorre de nos olharmos de fora para dentro, do ponto de vista desapaixonado da própria lei moral — ou seja, de nos vermos como sujeitos universais e, portanto, de tratarmos a nós mesmos como tratamos a todos os outros. Para Kant, não há distinção clara e exata entre os estranhos e os íntimos. Se lido com os outros como se eles fossem eu mesmo, também me relaciono comigo mesmo como se esse mim mesmo fosse uma espécie de desconhecido. Em termos éticos, nós somos nós mesmos, da maneira mais autêntica, ao nos portarmos como se fôssemos qualquer um ou todos. É somente quando me divido em dois e me olho do ponto de vista da própria ordem simbólica, perscrutando-me com o olhar imparcial de um

170

KANT E A LEI MORAL

estranho, que posso ser realmente idêntico a mim mesmo. Nada poderia estar mais longe da ética amistosa e afetuosa de um Hume ou um Smith, embora os dois campos sejam utopistas, cada qual a seu modo diferente. Se os benevolentistas vislumbram uma espécie de paraíso no pulsar e no brilho da compaixão, a qual, como um esplêndido banquete, afigura-se um antegozo da utopia, alguns de seus sucessores mais desiludidos, agora diante do espetáculo sem encanto de uma ordem social atomizada, nitidamente não sociável, são obrigados a lançar sua utopia num subsolo cada vez mais profundo, naquela sombria região numênica que é a república ideal dos sujeitos racionais e autodeterminados, bem como a totalidade harmoniosa de seus fins.

Na verdade, ela é secretada num ponto ainda mais fundo. Se Kant, que, no cômputo geral, é um pessimista em relação à humanidade, necessita da ideia de Deus, é até porque a virtude e a felicidade têm muito mais probabilidade de coincidir no outro mundo do que neste, a não ser que pensemos no então recém-surgido romance. O abismo entre o ideal e o real evidencia-se no comentário kantiano de que o imperativo categórico continuaria a se impor, mesmo que ninguém jamais conseguisse agir de acordo com ele. De fato, saber se alguém realmente conseguiria conformar-se a ele permanece uma questão em aberto. Como teríamos certeza, em algum momento, de haver agido sem o mais leve traço de motivação "patológica"? Porventura algum dia ficamos sem pecado diante do Todo-Poderoso? A lei moral, como sabe Kant, é uma impossibilidade — característica que, como veremos, ela tem em comum com o Real lacaniano.

Nos escritos de Hutcheson e Hume, prazer e valor moral, amor-próprio e compaixão, o empírico e o ideal, todos se entrelaçam estreitamente. Em Kant, a utopia tem de ser empurrada para cada vez mais longe de um mundo sensorial degradado e, por isso, seu modo de se encarnar nesse lugar — o modo como o numênico assume existência fenomênica — está fadado a se manter como um certo mistério. É como se o valor absoluto tivesse de ser preservado das devastações do real, sendo permanentemente sepultado. Assim, é irônico que a lei moral, que vê homens e mulheres como abstratamente intercambiáveis, modele-se, em larga medida, pela realidade empírica — pela própria sociedade de mercado da qual é também uma crítica poderosa. O ato verdadeiramente ético, assim como a mercadoria, é um modelo de troca; na esfera ética, porém, isso significa tratar a si mesmo e aos outros como fins em si, doutrina que des-

171

O PROBLEMA DOS DESCONHECIDOS

toa muito da lógica do mercado. Ao egoísmo das negociações comerciais os benevolentistas britânicos opõem os sentimentos e a afeição. O filósofo alemão, em contraste, volta a lógica do mercado contra ela mesma.

A ética incorpórea de Kant, a despeito de toda a sua intimidante austeridade, é, em certos aspectos, mais próxima da concepção cristã do amor do que o mundo simpático de Shaftesbury e Hutcheson. Ser benevolente onde é possível, insiste ele, é um dever, não uma opção. Kant tem razão em ver que o amor não é sobretudo uma questão de sentimento — em ver que, se dependermos dessas instigações fortuitas, provavelmente restringiremos nossa caridade a um círculo bem pequeno. Em vez disso, tendo em mente o Novo Testamento, ele fala no "amor que pode ser comandado" e o contrasta com a forma degradada de amar que é espontânea e "patológica". Søren Kierkegaard descarta similarmente o amor baseado nas contingências da ternura, em favor do que tem a coerência eterna de uma lei. "Só quando amar é um dever", escreve ele, "só então o amor fica eternamente garantido contra qualquer mudança (...)."[19] São Paulo contrasta a lei com a graça, em detrimento da primeira, mas também contrasta a graça como lei de Deus, com a qual se compraz, com a lei do pecado. O evangelho de São Marcos recorre à contribuição judaica geral da lei de Deus como consumada no amor aos semelhantes. Para São Mateus, que escreveu com São Marcos ao alcance da mão, todos os mandamentos enraízam-se no amor ao próximo. Para São João, escrevendo na tradição da sabedoria, o amor ao próximo é a totalidade da lei. Em *Medida por medida*, de Shakespeare, texto que examinaremos dentro em pouco, o preboste revela uma compreensão bíblica tradicional das relações entre a lei e o amor, quando se diz "compelido por minha caridade".

No que concerne ao amor como lei, Kant fornece a resposta correta e mais radical à pergunta que inquieta os benevolentistas britânicos — como devemos tratar os milhões de indivíduos anônimos que estão fora do alcance de nossas afeições? — ao negar que seja a afeição que está em jogo aí, para começar. O imperativo categórico, como vimos, não estabelece distinção entre o estranho e o próximo. Em certo sentido, o fato de Kant não dar a mínima para quem é o indivíduo, em matéria de moral, constitui uma falha em seu tipo abstrato de raciocínio; em outro sentido, é uma força admirável. Para o cristianismo, do mesmo modo, não são os laços locais nem a identidade cultural que importam para a maioria: a fé religiosa não é uma questão de parentesco, costumes provincianos,

KANT E A LEI MORAL

arranjos dietéticos peculiares, deuses domésticos, heranças nacionais ou identidades tradicionais. O evangelho cristão é uma crítica à política da identidade *avant la lettre*.

Isso não equivale a negar que, vez por outra, o Novo Testamento atribua um privilégio especial ao amor dos "irmãos" cristãos entre si. Mas, como isso só pode fortalecer a missão universal deles, não deve ser muito nitidamente contrastado com o amor dos estranhos. A linha que os separa é imprecisa — tal como acontece em função das máscaras carnavalescas, as quais, como diz Barbara Ehrenreich, "dissolvem a diferença entre o desconhecido e o conhecido, tornando o conhecido temporariamente desconhecido e o desconhecido não mais estranho do que qualquer outra pessoa".[20] De modo similar, os grupos políticos radicais cujos membros conseguem manter relações de camaradagem entre si e com outros grupos semelhantes, o que é uma proeza bem rara nos anais fissíparos da esquerda, têm maior probabilidade de eficácia política do que os que não o conseguem. Aristóteles afirmava que só se podia ser amigo das pessoas conhecidas e considerava mais repreensível enganar um amigo do que um estranho. Deixar de ajudar um irmão era uma falha mais grave, a seu ver, do que deixar de ajudar um outro ser humano anônimo. Entretanto, ele também discernia uma continuidade entre a amizade e as relações políticas e, na Ética, falou nos concidadãos como amigos. Nas diversas associações e comunidades que constituem a pólis, os deveres públicos e as afeições pessoais entrelaçam-se estreitamente. Os Estados políticos cujos cidadãos atingiram certo grau de concórdia mútua representam uma versão pública da amizade pessoal.

Kant, em contraste, valoriza pouco a amizade. Ninguém pode cuidar melhor da própria felicidade do que o sujeito e a reciprocidade completa dos eus, na qual o desejo que um sujeito tem do bem de outro apoia-se no desejo que esse tem do bem daquele, é não apenas improvável como propensa a nos endurecer o coração contra os que estão fora desse círculo encantador.[21] Nos assuntos morais, diz Kant, devemos "abstrair as diferenças pessoais dos seres racionais".[22] O que ele não capta é que a verdadeira universalidade não significa desconsiderar o caráter distintivo do outro, mas atentar para as necessidades peculiares de qualquer um que porventura apareça. É nesse sentido que identidade e diferença podem enfim reconciliar-se. Não se trata de amar todo o mundo, mas de amar qualquer um. É esse o sentido da parábola do bom samaritano, pois

O PROBLEMA DOS DESCONHECIDOS

os samaritanos eram vistos pela maioria dos judeus ortodoxos da época como uma forma particularmente inferior de vida, e é também, em linhas mais gerais, o sentido da ideia cristã de universalidade. Por isso representa uma conjunção autêntica do individual com o universal. Kierkegaard, que, de maneira puritana, considerava que o amor aos amigos era comodista, via o próximo como qualquer um com quem se topasse ao sair pela porta.

Nesse sentido, Kant está mais longe da concepção cristã do amor do que Hegel, em cuja visão laica da redenção homens e mulheres se reúnem, na universalidade do *Geist*, com toda a sua particularidade sensorial. Ele também difere do conceito cristão de amor, por presumir que o tipo de sacrifício que realmente importa é o de si mesmo à lei, e não o de servir abnegadamente ao outro. Kant também diverge do Novo Testamento por não ver que o amor, para a fé cristã, é uma questão de excesso, superfluidade, desconsideração do comedimento, e não das simetrias aburguesadas do valor de troca.[23] Ele é uma forma de despesa inútil — uma despesa que se recusa a buscar um retorno sobre seu investimento, até porque, sendo o mundo como é, torna-se extremamente improvável que o receba. O Novo Testamento é, entre outras coisas, uma polêmica contra a contabilidade. O amor rompe com as equivalências de exata calibragem da ordem simbólica, por sua recusa carnavalesca a fazer contas, a calcular o custo ou a pagar na mesma moeda.

Veremos adiante que o Real lacaniano tem algo desse mesmo efeito. Jacques Derrida comentou que Abraão encontra-se "numa posição de não troca com respeito a Deus",[24] situação que é verdadeira não apenas no caso dele. Indiferente à calculabilidade, o Novo Testamento recomenda que, se alguém lhe esbofetear o rosto, você deve dar-lhe a outra face; se lhe pedirem para caminhar um quilômetro, deve andar dois; e se precisarem de sua camisa, você deve entregar também a capa. Como os *Provérbios do Inferno*, de William Blake, essas são admoestações propositalmente exorbitantes, exageradas, que visam a escandalizar o pequeno-burguês de todas as épocas, com suas fixações anais. Mas essas injunções completamente escatológicas, que procuram fazer os cristãos se desligarem da lógica do *status quo*, à luz de sua conflagração iminente, não devem ser entendidas como algo que transforma em absurdo as reivindicações de justiça. Pessoalmente, Derrida contorna esse problema, também fazendo da justiça uma questão de obrigação infinita, em vez de

174

uma outorga do que é devido. Para o cristianismo, o excesso ou o gasto gratuito que é o amor reflete-se da maneira mais óbvia nas virtudes da clemência e do perdão, que perturbam inteiramente o previsível troco na mesma moeda dado pela justiça. Amar os inimigos é uma afronta ao valor de troca.

Tudo isso, na expressão paulina, é uma insensatez para os gentios — em suma, para aqueles que, como Kant, procuram manter uma economia moral ou simbólica bem administrada. Decerto existe um lado obscuro na inconsequência criativa conhecida como vingança, que pode ser exagerada e diruptiva de todas as maneiras erradas. É por isso que a represália da justiça, junto com a ordem simbólica a que pertence, não pode ser simplesmente posta de lado, como prefeririam alguns apologistas do Real. O Velho Testamento nos instrui a exigir olho por olho — uma injunção bastante esclarecida, em seu contexto. Isso não é (como pretende a sabedoria popular) uma carta branca para represálias atrozes, e sim uma tentativa de limitar a represália a uma punição proporcional ao crime. Devemos exigir um olho por um olho, não o corpo todo. Ir além da medida nem sempre é recomendável. É isso que a ética do Real deixa de reconhecer, predominantemente, como veremos mais adiante.

Kant não é legalista por sua devoção à legalidade. Só os anarquistas e os aristocratas recusam à lei esse reconhecimento intrínseco. Ele é legalista por acreditar que a lei deve ser amada e respeitada por ela mesma, e não por aquilo que ordena. A ação moral deve não apenas conformar-se à lei, mas ser praticada em nome dela. Aliás, para Kant, a lei não ordena nada senão que nossos atos manifestem uma certa forma. Mais se assemelha a um professor de postura do que a um pregador de dogmas. São Paulo, em contraste, vê a lei como uma disciplina apropriada para crianças ou aprendizes de moral, neófitos que precisam ser criados dentro dos preceitos dela, até amadurecerem o bastante para apreender seu verdadeiro significado. Eles são como crianças que têm de suportar a tarefa maçante de aprender de cor as tabuadas se quiserem acabar como matemáticos ilustres. A lei mais é propedêutica do que um fim em si. É, com certeza, um protótipo essencial da vida virtuosa, mas não é para os que alcançaram a maturidade moral — ou seja, para nenhum de nós. Quem necessita da lei como o equivalente a um manual de mecânico ainda está em sua infância moral, do mesmo modo que só o falante novato de árabe precisa ficar consultando o dicionário. Somente quando

O PROBLEMA DOS DESCONHECIDOS

conseguirem desfazer-se dessa muleta da lei é que esses indivíduos verão corretamente o mundo. Mas, como a infância moral é uma condição humana crônica, a lei, infelizmente para nós, é uma presença tão persistente quanto os pobres.

São Paulo vê a virtude como o hábito espontâneo de bondade que resulta de a lei ser inscrita no coração, em vez de codificada em tábuas de pedra. Ele parece considerar a lei moral, tal como o bode expiatório ou *pharmakos*, como bendita e amaldiçoada — em parte por ela nos alertar sem querer para a possibilidade do pecado, como um escândalo de tabloide sexual que envolve sua lascívia no papel fino da indignação moral, mas também por ela nos orientar para o bem sem constituir um bem em si. Ao nos pôr no caminho certo, portanto, ela sempre pode intervir entre nós e aquilo que defende, tornando-se, ela própria, o objeto fantasioso de nosso desejo; e é isso que torna a lei tão hipócrita em termos morais. Podemos sempre apaixonar-nos pela lei, e não pelo que ela decreta, assim como podemos descobrir-nos enamorados do treinador sem seus entusiastas do jogo. Entre os que se apaixonam pela lei por ela mesma, e que perdem o conteúdo em troca da forma, encontram-se os fetichistas ou fariseus, que acham insuportável a sublime negatividade de Deus e procuram preencher esse abismo intolerável de Alteridade com uma imagem definida d'Ele. É esse fetichismo que é proibido no iconoclasmo do primeiro mandamento, pois a única imagem autêntica de Javé são a carne e o osso humanos.

Em outras palavras, o mandamento volta-se contra o terreno do Imaginário — contra os que se orgulham de ter intimidade com o Todo-Poderoso, tratando-O pelo prenome, e que O veem não como o violento terrorista do amor que Ele é, mas como uma criatura civilizada, agradavelmente parecida com eles. Como observou Lacan, com sua lucidez característica, "o homem como imagem é interessante pelo oco que a imagem deixa vazio, pois não se vê na imagem, além da captura da imagem, o vazio de Deus a ser descoberto. Talvez essa seja a plenitude do homem, mas é também aí que Deus o deixa com o vazio".[25] Dizer que os homens e as mulheres foram feitos à imagem de Deus é dizer, entre outras coisas, que eles são inteiramente perpassados pelo não ser, posto que Deus não deve ser visto como nenhum tipo de entidade. É por isso que é no vazio do Real, e não na plenitude do Imaginário, é na desolação do Calvário, e não nas consolações da idolatria, que Ele prepara seu aparecimento vergonhosamente tardio entre os humanos.

KANT E A LEI MORAL

A maneira de nos libertarmos do poder opressivo da lei não é internalizando-a, o que só faz aprofundar sua compulsão patológica. Estarmos livres dessa ordem, ambiguamente amaldiçoada e bendita, é não a instalarmos dentro de nós sob a forma do supereu despótico, para podermos vir a obedecer a seus ditames com uma espontaneidade que se assemelhe superficialmente ao hábito da virtude. É essa, em linhas gerais, a resposta de Schiller a Kant: a lei continua soberana, mas seus rigores devem ser abrandados por sua implantação segura nos sentidos.[26] Tal como Burke, só lhe prestaremos obediência de verdade quando ela tiver sido estetizada. Trata-se, por assim dizer, de uma transição da monarquia absoluta para uma espécie de hegemonia. Também não se derruba a soberania da lei, à maneira de Gilles Deleuze, jogando fora todo esse aparato opressivo numa onda de libertarismo desafiador e optando, em vez dele, pela dinâmica intrinsecamente revolucionária do "desejo". Só nos libertamos da lei moral ao reconhecer que o que ela recomenda é o bem em si, não o bem simplesmente por ele ser recomendado. Assim, Kant permanece prisioneiro dessa lei, uma vez que, em sua opinião, como já vimos, ela não recomenda outra coisa senão ela mesma. É verdade que, em certo sentido, esse filósofo é mais iconoclasta do que fetichista no que concerne à lei, insistindo na sublime irrepresentabilidade dela; todavia, em sua convicção de que um ato só é ético ao manifestar uma certa forma de aparência legal, ele corre o risco, por assim dizer, de se apaixonar pelo treinador. Corre também o risco de um excesso de protestantismo radical. O cristianismo da corrente dominante ensina que as coisas são boas não porque Deus as ordena, o que faria do Todo-Poderoso apenas o tipo de autocrata caprichoso que Espinosa se propôs desacreditar, mas porque Ele quer o que é bom em si — e reconhecer isso é um sinal de maturidade moral. A partir da afirmação de que o bem é tudo o que uma lei caprichosa resolva ordenar, é pequeno o passo para sustentar, como Kant, que o bem será encontrado na própria forma da lei.

Acima de tudo, libertamo-nos da lei quando chegamos a reconhecê-la como a lei da justiça e da clemência, e não como um édito ameaçadoramente imperioso. É essa, de fato, a lição do Calvário, pois a morte de Jesus derruba a imagem satânica ou farisaica de Javé como Nobodaddy,[27] supereu ou déspota sangrento e desmascara a própria lei como uma demanda de amor e justiça — uma demanda que tende a levar à morte os que a ela aderem, nas mãos do Estado político. É por Jesus concordar

O PROBLEMA DOS DESCONHECIDOS

com essa lei libertária do Pai — por ser, como dizem, "Filho" do Pai — que Ele é torturado e assassinado. É a lei em si que é transgressora.

Apesar disso, a lei moral kantiana é radical, precisamente, em seu anonimato. Se partilha da lógica da forma mercadoria, ela o faz com um espírito esclarecido, bem como opressivo. Aos olhos de Marx, para quem a história avança por seu lado ruim, até a mercadoria tem seu aspecto afirmativo. Como linguagem universal, ela ajuda a superar formas de particularidade "ruim", a derrubar as barreiras erguidas pelo *ancien régime*, a atrair homens e mulheres para uma comunicação potencialmente universal uns com os outros e, com isso, a lançar as bases do socialismo internacional. "Esse formalismo [da lei kantiana]", escreve Theodor Adorno, "previne humanamente o abuso das diferenças qualitativas das coisas em favor do privilégio e da ideologia. Estipula a norma legal universal e, desse modo, apesar e por causa de seu caráter abstrato, nele sobrevive algo da substância: o ideal igualitário."[28]

É assim que Kant, o mais magnífico defensor do Iluminismo liberal, avança, digamos, pelo lado ruim. Agora você pode conquistar a liberdade, o respeito e a igualdade de direitos com seus semelhantes, não porque seu pai seja um nobre ou um senhor de terras, mas por você ser membro da espécie humana. A ousadia dessa afirmação é assombrosa. É essa, que nos perdoem os pós-modernistas, a força revolucionária da abstração e da universalidade. Ademais, uma vez estabelecida essa doutrina, a sociedade burguesa fica apta a tirar a medida do quanto permanecerá inevitavelmente aquém de seus ideais profundamente admiráveis. Uma ética simbólica pode ser alienada e atomística, mas também anuncia a chegada à maturidade do sujeito autodeterminante. Assim sendo, aponta um caminho para além dos aspectos menos palatáveis do que Hegel chama de *Sittlichkeit* [eticidade]: o conformismo cultural, o costume irrefletido, a coercitividade cega da tradição. Mas como, ao mesmo tempo, ela impele o indivíduo para além dos aspectos mais positivos da *Sittlichkeit* — parentesco, comunidade, virtude habitual, afeições locais — isso vem a se revelar sua glória e sua desgraça.

Kant não é o tipo de liberal que se contente em deixar os outros entregues a seus próprios recursos, desde que fiquem fora de sua área. Ao contrário, tanto quanto é possível a um liberal, aproxima-se da ideia de bem comunitário e de uma mutualidade de eus. Não basta simplesmente coexistir com os outros, num pacto de não interferência civilizada. Bus-

KANT E A LEI MORAL

car a sociedade justa é, antes, promover ativamente os objetivos morais de terceiros, assim como os nossos. Alan Wood fala da visão moral de Kant como sendo uma visão de fins "que se apoiam mutuamente".[29] No entanto, assim como há uma distinção entre a lei moral kantiana e a concepção cristã do amor, há uma diferença correlata entre o liberalismo de Kant e a política de Hegel e Marx. Os defensores britânicos da benevolência, como vimos, promovem uma mutualidade de sujeitos, mas esse trânsito bidirecional de eus permanece aprisionado nas armadilhas do Imaginário, predominantemente restrito a relações cara a cara com os semelhantes. *Grosso modo*, a doutrina comete o conhecido erro de confundir a humanidade global com um cavalheiro inglês.

Decorre daí, como já sugerimos, que os moralistas desse tipo têm um certo problema com os desconhecidos e com tipos antagônicos, que podem ser menos prontamente recomendados a seus afetos pela imaginação. Kant, ao contrário, acolhe o estranho de bom grado, por meio da lei moral, mas, ao fazê-lo, rebaixa a amizade e o sentimento senciente de fraternidade. Visto terem de se esforçar para promover os objetivos uns dos outros, homens e mulheres, na visão kantiana, estão longe de ser mônadas solitárias; contudo, na medida em que esses fins são postulados por cada indivíduo autônomo para si mesmo, em vez de se constituir mutuamente por uma prática comum, Kant se mantém dentro dos limites da doutrina liberal. É que amar é encontrar seus próprios fins no outro, e não apenas promover os fins que ele propõe a si mesmo. Como não é de admirar, Kant também não vê que promover os fins uns dos outros, em larga escala, só é possível para os indivíduos numa ordem social que não seja estruturalmente dividida.

O que tanto as teorias imaginárias quanto as simbólicas necessitam aqui é de um conceito do institucional. Para Hume, Hutcheson e seus colegas, as únicas instituições que parecem importar são a família e o clube. O direito e a propriedade, sem dúvida, são questões que prendem intensamente o interesse de Hume; contudo, na maioria dos casos, esse filósofo lida com elas sob uma forma desencarnada, mais como conceitos do que como realidades sociais. Para Kant e seus discípulos, a lei moral certamente é uma instituição no sentido lato, porém seu dado moral primário é o indivíduo, quase sempre tratado como desprovido de um contexto social. Então, poderia haver uma forma de reciprocidade humana que não fosse um simples assunto cara a cara — que, numa palavra, fosse

O PROBLEMA DOS DESCONHECIDOS

simbólica, e não imaginária? Hegel e Marx respondem na afirmativa a essa pergunta, como já fizera Rousseau anteriormente. Na visão desse, o Estado deveria ser moldado de forma a traduzir nosso interesse instintivo pelas necessidades alheias, numa consideração consciente para com o bem comum.

Para Hegel, o foco de Kant na liberdade e na universalidade é essencial, mas unilateral. Ele comprou sua autonomia radical ao preço de certa nulidade social e política. Só quando essa liberdade é praticada no contexto da *Sittlichkeit*, por meio da participação do sujeito numa forma concreta de vida social, é que pode realmente florescer. A abstração formal da moralidade kantiana, que recusa obstinadamente qualquer apelo a como é o mundo, deve ser devolvida ao campo empírico das relações sociais. A lei deve encarnar-se em nossas disposições e nossa cultura corriqueira. Isso poderia ser visto como representando, *grosso modo*, uma fusão do Imaginário com o Simbólico — de um contexto social em que nos vemos refletidos por nossos parentes com o campo universal da lei moral. Para Hegel, assim como para Aristóteles a quem ele se sente grato, a vida ética é uma questão de política — sobretudo do Estado, o qual, para Hegel, encarna uma forma específica de vida e o espírito da Razão universal. Nessa medida, o individual e o universal, a liberdade e a comunhão, o direito abstrato e a virtude concreta podem unir-se. Diversamente de Kant, Hegel e Marx reconhecem que o sujeito e seus fins são constituídos por suas relações com os outros. Para eles, não se trata de uma simples questão de indivíduos separadamente constituídos que atuem de maneira kantiana para harmonizar seus objetivos diversos, procurando tornar tais objetivos mutuamente coerentes e, ao mesmo tempo, promover sua capacidade recíproca de atingi-los. O que permite a Hegel e Marx esse estilo de pensamento é o conceito de institucionalidade. É Hegel, principalmente, quem reconhece que a moral deve ser uma questão de organização social, e não de simples vontades individuais isoladas. As instituições são a maneira de os outros serem constitutivos do eu, mesmo quando nos são desconhecidos. São uma forma de atar perfeitos estranhos num mesmo projeto. Nessa medida, representam uma espécie de solução do problema do Imaginário e do Simbólico — o primeiro, recíproco, mas restritivo, e o segundo, universal, porém atomístico.

Tomemos, por exemplo, a ideia de uma cooperativa autônoma do tipo que Marx imaginava ver florescer no socialismo. Os integrantes de uma iniciativa dessa natureza não promovem os objetivos uns dos outros por um ato de vontade; em vez disso, uma forma de reciprocidade embute-se na própria estrutura da instituição. Trata-se de algo que funciona igualmente bem quando os membros da cooperativa são estranhos entre si e quando porventura não o são. Ao contribuir com seus próprios esforços característicos para esse arranjo, a instituição garante que o membro individual se empenhe, ao mesmo tempo, em promover o desenvolvimento de seus colegas. A impessoalidade do Simbólico é atrelada a uma mutualidade de eus que tem um leve sabor de Imaginário. É isso, e não a ideia kantiana de virtude moral, própria das sociedades anônimas, que constitui a base ética do socialismo. A realização de cada um torna-se a condição da realização de todos. É difícil pensar numa forma mais preciosa de ética.

Nem mesmo Kant, austeramente abnegado, pôde abjurar por completo as seduções do Imaginário. O mundo não está contra nós, mas, até onde podemos julgar, tampouco está do nosso lado. Não temos a sensação de que a realidade nos incentive propriamente a prosseguir. Ainda assim, existe um modo de harmonizar a Razão e a Natureza, que é a esfera do estético. Embora nunca possamos responder a perguntas metafísicas abstrusas, do tipo "como é a realidade em si?", podemos permitir-nos imaginar que ela seja regida por objetivos intencionais, regulada por uma espécie de legalidade e, por conseguinte, da mesma natureza que nós. É esse tipo de ficção heurística que postulamos ao emitir juízos estéticos sobre a natureza, ao nos impressionar com a sensação de que as formas dela parecem obedecer a uma espécie de lei, embora sejamos incapazes de dizer qual seria essa. Para Kant, o objeto estético não envolve um ato de cognição; antes, parece dirigir-se ao que poderíamos chamar de nossa capacidade de cognição em geral, revelando-nos, numa espécie de "précompreensão" heideggeriana, que o mundo é o tipo de lugar que, em princípio, podemos compreender, visto que é maravilhosamente adaptado a nossa mente, antes mesmo de haver ocorrido algum ato específico de conhecimento.

Parte do prazer do estético, portanto, provém do sentimento de estarmos à vontade no mundo de um modo que parece contrariar as descobertas da razão. No ato do juízo estético, percebemos o objeto como se ele fosse uma espécie de sujeito que exibe o tipo de unidade, finalidade

O PROBLEMA DOS DESCONHECIDOS

e autodeterminação que nós mesmos exibimos. Com isso, sentimos uma prazerosa conformidade do mundo com nossas faculdades imaginativas e intelectuais, quase como se o lugar fosse misteriosamente projetado para se adequar a nossos fins. O objeto é retirado da rede de funções práticas em que costuma enredar-se e, em vez disso, dotado de algo da liberdade e da autonomia do semelhante humano. Em virtude dessa subjetividade enigmática, a coisa parece dizer coisas com sentido àqueles que a percebem, despertando neles a esperança devota de que a Natureza não seja inteiramente indiferente a seus fins.

Se a razão e a lei moral nos retiram do Imaginário, o estético nos faz mergulhar novamente nele. O eu e o outro se encaram afavelmente e a realidade parece ser entregue a nós de forma espontânea, qual um objeto que se insinuasse na palma de nossas mãos, como se, miraculosamente, tivesse sido concebido pensando em nossos poderes de preensão. No estético podemos distanciar-nos um pouco de nosso ponto de vista, voltar-nos para nós mesmos e nos deslumbrarmos com o encaixe aparentemente perfeito entre nossas faculdades cognitivas e o mundo em si. Assim, vemo-nos na companhia dos físicos atuais que consideram espantoso que nossa mente, produto da evolução cega, seja capaz de decifrar as estruturas subjacentes do universo e sem nenhum benefício prático evidente. O objeto de beleza, considera Kant, tem um *status* singular, porém universal; parece totalmente dado ao sujeito e orientado para suas faculdades; "alivia uma carência" e parece milagrosamente idêntico a si mesmo; e, embora nos traga um agudo sentimento de saciedade, não evoca em nós qualquer reação libidinosa. Talvez não seja fantasioso demais encontrar nessa forma material idealizada, despojada de todo o desejo e de toda a sensualidade, uma lembrança do corpo materno, tal como percebido no Imaginário.

Nesse contexto, a natureza parece conformar-se à compreensão humana e, para Kant, não é grande o passo que vai daí a fomentar a fantasia de que ela também foi concebida para a nossa compreensão. Assim sustentados pelo que nos cerca, podemos sonhar que não somos tão insignificantes quanto tememos, aos olhos do universo — que o próprio cosmos nos viu chegar e compartilha de alguns de nossos propósitos. Como escreveu um dos comentaristas de Kant, H. J. Paton,

É um grande estímulo para o esforço moral e um forte apoio para o espírito humano o homem poder acreditar que a vida moral é algo além de

KANT E A LEI MORAL

uma empreitada mortal, da qual ele pode participar com seus semelhantes, tendo por pano de fundo um universo cego e indiferente, até que ele e a raça humana sejam extintos para sempre. Não há como o homem ser indiferente à possibilidade de que seus débeis esforços de aperfeiçoamento moral, apesar das aparências, estejam de acordo com a finalidade do universo. (...)[30]

É como se Thomas Hardy, com sua obstinada recusa de um universo de benigna cumplicidade, enfim capitulasse diante do Vaticano. No final das contas, a visão de um mundo friamente desprovido de sentido revela-se por demais desanimadora para Kant em termos ideológicos e com certeza também para H. J. Paton, cujos comentários foram publicados na esteira da Segunda Guerra Mundial. Que possa haver um conluio intencional entre nós e o cosmos, uma harmonia previamente arranjada entre sujeito e objeto, continua a ser mera hipótese, porém uma hipótese que tende, no linguajar baden-powelliano de Paton, a nos dar "um grande estímulo para o esforço moral". Homens e mulheres têm dificuldade de aceitar o fato de seus valores morais não se fundamentarem em nada além deles mesmos e podem muito bem despencar no niilismo, em pânico, como resultado desse reconhecimento. O que a razão — ou o Simbólico — nos diz não é exatamente o que a ideologia — ou o Imaginário — gostaria de ouvir. O estético é uma lembrança esmaecida da unidade orgânica numa era racionalista, um tênue vestígio de transcendência religiosa. Mais do que nunca, a harmonia é essencial numa sociedade individualista, porém há de ser encontrada numa comunhão de sensibilidade ou numa estrutura compartilhada de sentimentos, e não em instituições políticas ou econômicas.

Quando a criança pequena do estádio do espelho contempla seu corpo, ela imputa a si mesma uma coesão que, na verdade, pertence à representação. É essa, aliás, a fonte de seu júbilo. Quando o observador kantiano encontra algo de belo, descobre nisso uma unidade e harmonia que, na verdade, são efeito de suas próprias faculdades mentais. Em ambos os casos dá-se um falso reconhecimento imaginário, se bem que com certa inversão entre sujeito e objeto de uma teoria para a outra. O sujeito kantiano do juízo estético é, entre outras coisas, o bebê jubilante e narcísico de Lacan.[31] Caso venhamos a nos aninhar muito comodamente em nosso narcisismo, entretanto, o sublime kantiano está à mão para nos

183

O PROBLEMA DOS DESCONHECIDOS

instigar a sair da inércia. Está aí para nos lembrar de nosso desabrigo, do imperscrutável infinito que é nosso único repouso verdadeiro. Tal como em Burke, devemos ser alternadamente punidos e bajulados, alternadamente expostos à beleza e à sublimidade, ao consenso e ao conflito, ao feminino e ao masculino. O mundo deve nos parecer hospitaleiro, se quisermos agir nele com propósito, mas também devemos submeter-nos a ser aterrorizados por ele de vez em quando, desalojados de um eu muito complacentemente autocentrado, se quisermos empenhar-nos até o limite de nossas forças.

NOTAS

1. Richard Sennett, *The Fall of Public Man* (Londres, 2002), p. 98 [*O declínio do homem público: as tiranias da intimidade*, trad. Lygia A. Watanabe, São Paulo: Companhia das Letras, 6ª ed., 1999].
2. Ib., p. 90.
3. Ib., p. 60.
4. T. M. Knox (org.), *Hegel's Philosophy of Right* (Oxford, 1942), parágrafo 21.
5. Ver Paul Davies, *The Goldilocks Enigma* (Londres, 2006), p. 263.
6. Ver Ernst Cassirer, *Kant's Life and Thought* (New Haven, 1981), p. 235.
7. Theodor Adorno, *Metaphysics: Concepts and Problems* (Cambridge, 2001), p. 116.
8. Immanuel Kant, *Groundwork of the Metaphysics of Morals* (Cambridge, 1997), p. 49 [*Fundamentos da metafísica dos costumes*, trad. Lourival Q. Henkel, pref. Afonso Bertagnoli, Rio de Janeiro: Ediouro, 1993].
9. Ib., p. 1.
10. Immanuel Kant, *Critique of Practical Reason* (Londres, 1879), p. 249 [*Crítica da razão prática*, trad. introdução e notas Valério Rohden, São Paulo: Martins Fontes, 2002].
11. Jacques Lacan, *The Ethics of Psychoanalysis* (Londres, 1999), p. 30 [*A ética da psicanálise*, *O Seminário*, livro 7, trad. Antonio Quinet, Rio de Janeiro: Jorge Zahar Editor, 1988].
12. O autor alude a uma frase famosa, que teria sido proferida por Wellington: "A batalha de Waterloo foi vencida nos campos esportivos de Eton." (*N. da T.*)
13. Discuto esse ponto mais detidamente em *Holy Terror* (Oxford, 2005), cap. 4.
14. Bernard Williams, *Ethics and the Limits of Philosophy* (Cambridge, 1985), p. 16.

KANT E A LEI MORAL

15. Ib., p. 107.
16. Ver Terry Eagleton, *Sweet Violence: The Idea of the Tragic* (Oxford, 2003), p. 258-259.
17. J. M. Bernstein, *Adorno: Disenchantment and Ethics* (Cambridge, 2001), p. 60-61.
18. De T. S. Eliot, 1922 (*N. da T.*).
19. Søren Kierkegaard, *Works of Love* (Princeton, 1995), p. 29 [*As obras do amor: algumas considerações cristãs em forma de discursos*, trad. Álvaro L. M. Valls, rev. Else Hagelund, Petrópolis: Vozes; Bragança Paulista: Edusf, 2005].
20. Barbara Ehrenreich, *Dancing in the Streets* (Nova York, 2007), p. 253.
21. Nesse trecho, apoiei-me em Mark Vernon, *The Philosophy of Friendship* (Londres, 2005).
22. Kant, *Groundwork of the Metaphysics of Morals*, p. 41 [*Fundamentos da metafísica dos costumes*, op. cit.].
23. Ver Terry Eagleton, *The New Left Church* (Londres, 1966), cap. 1.
24. Jacques Derrida, *The Gift of Death* (Chicago e Londres, 1996), p. 96.
25. Lacan, *Ethics of Psychoanalysis*, p. 196 [*A ética da psicanálise*, op. cit., p. 240].
26. Ver Terry Eagleton, *The Ideology of the Aesthetic* (Londres: Blackwell, 1990), cap. 4 [*A ideologia da estética*, trad. Mauro Sá Rego Costa, Rio de Janeiro: Jorge Zahar Ed., 1993].
27. Neologismo do poeta inglês William Blake que se poderia traduzir por "Pai de Ninguém". (*N. da T.*)
28. Theodor Adorno, *Negative Dialectics* (Londres, 1973), p. 236, tradução revisado [*Dialética Negativa*, trad. Marco Antonio Casanova, Rio de Janeiro: Jorge Zahar Editor, 2009].
29. Alan Wood, *Kant's Ethical Thought* (Cambridge, 1999), p. 166.
30. H. J. Paton, *The Categorical Imperative* (Londres, 1947), p. 256.
31. Escrevi mais detidamente sobre esse assunto em *The Ideology of the Aesthetic* (Oxford, 1990), cap. 3 [*A ideologia da estética*, op. cit.].

CAPÍTULO 6   Lei e desejo em *Medida por medida*

Com seu poder habitual de precognição, Shakespeare pesa os prós e contras da ética kantiana em *Medida por medida*.[1] A peça, como sugere seu título, é toda sobre o olho por olho, ou o valor de troca, mas também examina os problemas a que pode ficar sujeita essa lógica da equivalência. Quando se inicia o drama, a lei encontra-se em mau estado: o governante excessivamente liberal de Viena, duque Vicêncio, deixou-a cair em desgraça e nomeia o austero Ângelo para restabelecer a autoridade. O duque lhe havia "conferido nosso terror e revestido de nosso amor" (1.1.20) — ou seja, investira seu substituto daquilo que Burke veria como os aspectos sublime e belo da lei, seu poder de coagir e de bajular, alternadamente.

O "rigoroso" Ângelo, homem "intransigente e de sólida abstinência", "cujo sangue é como neve derretida" e cuja urina, segundo dizem, é feita de gelo, adere a uma separação rigorosa entre indivíduos de carne e osso e a ordem simbólica. É por isso que está apto a assumir o lugar do duque com visível facilidade, uma vez que o que está em jogo é uma substituição simbólica, não empírica. De fato, não parece haver qualquer hiato entre Ângelo como indivíduo e sua localização simbólica, entre a inclinação privada e a ação pública. "Sabei que o que não quero fazer não posso fazer", diz ele a Isabela (2.2.52). Ângelo se vê, do ponto de vista olímpico da própria ordem simbólica, como nada além de um portador impessoal de sua autoridade imparcial: "É a lei que condena vosso irmão, não eu", ele informa à abalada Isabela, quando o irmão da jovem é sentenciado à morte por fornicação. "Fora ele meu parente, meu irmão ou filho e assim lhe sucederia" (2.2.80-82).

Há algo de necessariamente desumano numa lei perfeitamente justa, indiferente como deve ser ao partidarismo e à particularidade. Seu caráter de aparência glacial é a marca de sua humanidade. Ângelo é, por assim dizer, um bom universalista kantiano, desdenhando como convém

O PROBLEMA DOS DESCONHECIDOS

da parcialidade favorecedora de amigos e parentes que distingue autores como David Hume. Para não se tornar propriedade de uma panelinha corrupta da classe dominante, a lei tem de ser escrupulosamente imparcial em seu tratamento de conhecidos e desconhecidos. O bondoso preboste, que nada tem da frieza de Ângelo, observa que o governante não se apiedaria de um assassino nem mesmo se esse fosse seu irmão. Ângelo argumenta de modo convincente que, ao agir sem favoritismos e se recusar a admitir exceções, ele demonstra compaixão por aqueles a quem tais gestos ofenderiam, justificadamente. Assinala também que, ao executar um criminoso, está protegendo outras vítimas em potencial de serem feridas. A justiça não é inimiga da compaixão, e sim uma precondição para que essa venha a ter um florescimento mais rico. Não há uma verdadeira contradição entre o simbólico e o afetivo. Se a lei fizesse concessões a favor de parentes, poria em risco a segurança de todos os parentes que buscam sua proteção.

Ao implorar pela vida do irmão a esse severo vice-rei, Isabela declara: "Fosse ele como vós, e vós como ele, como ele escorregaríeis" (2.2.64-65). Isso está longe de ser um argumento arrasador: tudo o que estabelece é que, se Ângelo fosse Cláudio, portar-se-ia como Cláudio. Levando essa ideia ao extremo, todo indivíduo se torna seu próprio critério — a seu modo, uma situação tão absolutista quanto a justiça inflexível de Ângelo. Ditar as próprias leis é paralelo aos completos disparates ("respeito" em lugar de "suspeito") do pequeno personagem cômico chamado Elbow. Os disparates verbais são uma espécie de língua particular na qual o próprio sujeito decide o que quer dizer — exatamente como "privilégio" significa, literalmente, "lei privada": uma situação anárquica em que cada indivíduo se torna seu próprio parâmetro.

A própria Isabela afirma, com seu jeito absolutista, que "a verdade é a verdade até o fim dos tempos" (5.1.45-46); a rigor, esse é apenas um de seus irônicos pontos de semelhança com o Ângelo cujo julgamento de seu irmão ela abomina. No auge da discussão, porém, Isabela é forçada a ter uma visão mais contextual da justiça, o que ela ilustra com um exemplo linguístico: "O que, no capitão, não passa de uma palavra colérica é, no soldado, uma completa blasfêmia" (2.2.130-131). A lei, pretende ela dizer, deveria ser tão receptiva aos diferentes contextos quanto é a linguagem. Talvez devesse, mas o perigo dessa colocação é que, levada ao extremo, todos poderíamos acabar como Elbow, legislando em caráter

LEI E DESEJO EM *MEDIDA POR MEDIDA*

privado o sentido de nossas palavras, à maneira de Humpty-Dumpty.[2] Para Shakespeare, a relação entre dois usos diferentes de um mesmo termo assemelha-se mais à relação simultânea de identidade e não identidade que prevalece entre o duque e seu substituto, Ângelo. Não se trata de uma simples questão de diferença pura, como argumenta sofisticamente Isabela. Algumas das imagens mais descartáveis da peça, escondidas em comentários ocasionais e metáforas secundárias, giram em torno da ideia de uma constância ou coerência que, no entanto, pode ser distinguida da identidade pessoal.

A tese em cuja defesa Isabela se atrapalha é que, em certo sentido, somos todos intercambiáveis, graças a nossa fragilidade moral comum — a tese de que existe uma igualdade de carne e osso, ou da humanidade pura, tal como uma igualdade da lei abstrata. Se todos condenam todos os demais, num círculo perpétuo, por que não anular essa inútil acusação recíproca através de um ato de perdão, rompendo o círculo e inaugurando um novo tipo de regime moral? Mas Ângelo rechaça esse gesto com parte da lógica do próprio gesto. Se ele fosse um pecador como Cláudio, diz a Isabela, esperaria ser julgado com idêntica severidade:

> Não deveis atenuar-lhe os delitos
> Por eu haver cometido erros iguais; dizei-me, antes,
> Que se porventura eu, que o censuro, cometer tais crimes,
> Seja o meu julgamento o parâmetro de minha própria morte,
> E que ninguém venha interferir. (2.1.27-31)

Aí está o corolário do tratar os outros como queremos ser tratados. O fato de eu ser moralmente covarde não me impede de julgar a torpeza de outrem, assim como o fato de eu não saber cantar uma só nota não significa que eu não possa reconhecer um excelente tenor ao ouvi-lo.

Aos olhos de Ângelo, a clemência, tal como o sentimentalismo, é perigosamente abstrata. Desconsidera os méritos ou deméritos intrínsecos dos atos, sacrificando esses juízos a um impulso puramente subjetivo. Nesse sentido, ironicamente, a clemência tem algo da indiferença à particularidade que caracteriza a própria lei que ela procura moderar. Mas Ângelo se engana ao imaginar que a clemência é uma espécie de ponto cego cognitivo. A frase "Se a todos tratásseis de acordo com seu merecimento, quem escaparia à chibata?", com a qual Hamlet repreende

O PROBLEMA DOS DESCONHECIDOS

Polônio, não significa que os erros não devam ser registrados, mas simplesmente que convém perdoá-los. Isabela também comete esse erro, ao indagar retoricamente a Ângelo: "Onde estaríeis se Ele, que é o Juiz supremo, vos julgasse apenas pelo que sois?" (2.2.75-77). Mas a questão é que Deus realmente vê os homens e as mulheres tais como são. Ele os vê em todo o seu temor e toda a sua fragilidade, o que é precisamente a razão de achar tão fácil perdoá-los. Amar e saber, como implica o duque, formam um par natural. O amor autêntico, na argumentação de Lacan, é o amor ao outro pelo que lhe falta. A clemência e o realismo estão intimamente ligados.

De modo similar, a lei justa não é simplesmente abstraída das situações concretas sobre as quais profere julgamentos, pondo altivamente de lado o que há nelas de distintivo. Ao contrário, ela aplica suas normas gerais a essas situações com certa dose de tato ou (como diria Aristóteles) *prhonesis*, sensível à sua forma e textura peculiares. Assim sendo, os julgamentos legais assemelham-se a enunciados verbais — aplicações irredutivelmente específicas de algumas convenções sumamente gerais. Se a lei não abstraísse e igualasse, acabaríamos com tantas leis quantas são as situações e cada uma dessas situações seria autônoma (literalmente, uma lei autossuficiente) e, por conseguinte, absoluta. Não há como discutir com o que é idêntico a si mesmo. Aquilo que é puramente ele mesmo não pode ser pesado nem medido, o que é uma das razões por que *Medida por medida* é um texto tão carregado de tautologias. Esse nominalismo legal, a despeito de toda a sua calorosa paixão pelo particular, decretaria a morte da justiça. No entanto, apesar de toda a sua conjuração da identidade a partir da diferença, a lei, tal como a linguagem, só vive em contextos humanos específicos, que nunca podem ser simplesmente lidos em seus dogmas formais. O que faz a mediação entre o geral e o particular, no caso da lei e da linguagem, é um ato de interpretação. Ao visitar um presídio, o duque pede: "...informai-me a natureza de seus crimes, para que eu possa socorrê-los consoantemente" (2.3.6-8). A caridade é indiscriminada e, ao contrário do evangelismo vitoriano, recusa-se a fazer distinção entre os que são e os que não são merecedores dela; mesmo assim, porém, é meticulosa ao discriminar os diferentes tipos de necessidade. Como qualquer lei eficaz, ela é universal e *ad hominem*.

Mas o problema está em como ser justo ou clemente sem resvalar para a empedernida indiferença de Lúcio, cuja arrogância, escolada na

LEI E DESEJO EM *MEDIDA POR MEDIDA*

malandragem, ameaça subverter a própria ideia de valor. Se Ângelo, como sugere seu nome, é angelical, Lúcio é demoníaco. Enquanto os angelicais, como sugere Milan Kundera, destacam-se por seu discurso peculiarmente "desprovido de merda", todo feito de retórica insípida e sentimentos edificantes, os demoníacos não veem nada a seu redor senão merda. Os vigários e os políticos são angelicais, enquanto os jornalistas sensacionalistas são demoníacos. Os demoníacos não são maus, visto que ser mau implica acreditar no valor, nem que seja para negá-lo. O Satanás de Milton não é demoníaco, mas o diabo do *Doutor Fausto*, de Thomas Mann, esse o é. Lúcio é um naturalista ético para quem apenas o desejo é real e para quem "carne e osso" mais é uma categoria descritiva do que normativa. Sua postura displicente perante a lei é captada na reação falsamente respeitosa de seu amigo Pompeu à notícia de que os bordéis serão banidos em Viena: "Vossa Excelência pretende castrar e torturar todos os jovens da cidade?" (2.1.136). "Um pouco mais de indulgência com a luxúria" (3.2.53): é essa a alternativa política que Lúcio, egoisticamente, recomenda a Ângelo. Sua largueza de horizontes é, na verdade, apenas uma forma de ceticismo: o único absoluto que ele reconhece é o apetite biológico. Leis, títulos, valores e emblemas, tudo isso é apenas um punhado de enfeites culturais vistosos.

O cético é aquele que só acredita no real do gozo e vê o Outro ou a ordem simbólica como um grande faz de conta a ser explorado para seus próprios fins. Nesse sentido, o ceticismo é uma paródia selvagem da comédia — um gênero que confia no valor moral, mas também o vê com ironia, ridicularizando-o, à luz de nossa inelutável incapacidade de ficar à sua altura. Ao se recusar a exigir demais de nós, ele é uma terapia para os que estão sob o domínio implacável do supereu. A comédia celebra o valor humano numa consciência zombeteira da arbitrariedade de nossas convenções e da falta de fundamento do nosso ser. É nesse sentido, e não apenas como uma antevisão de um futuro harmonioso, que ela é um gênero utópico. Seu brio e sua exuberância proporcionam uma transcendência momentânea do ossário da história.

Lúcio tem tão pouca possibilidade de fazer o discurso do valor moral quanto um caramujo poderia ser perito em topologia algébrica. Sua tolerância cortês do vício é uma paródia do perdão genuíno, até porque não lhe custa nada. É desprovida de valor, já que é comprada por uma pechincha. Nesse sentido, assim como pode haver um tipo selvagem

O PROBLEMA DOS DESCONHECIDOS

de justiça (a vingança), também pode haver um tipo de clemência sem valor. Como observa o duque, "Quando é clemente o vício, a tal ponto se alarga a clemência que por amor ao erro faz-se amizade com o criminoso" (4.2.88-89). Isabela distingue entre o que chama de "clemência da lei" e de "clemência diabólica", essa perdoando por todas as razões erradas ou por simples indolência moral. A natureza da clemência não comporta a compulsão, conforme a imortal declaração de Pórcia em *O mercador de Veneza*, mas também não é pura permissão nem gratuidade. Não se deve permitir que ela zombe da justiça nem dos valores de uso inerentes às coisas. O indivíduo pode ser escrupuloso demais, como Ângelo, mas também é possível exagerar a medida de um modo que solapa as discriminações exatas e funde promiscuamente todas as situações humanas numa só. *O Rei Lear* é outro drama shakespeariano que muito se preocupa com a linha perigosamente fina entre o demais e o muito pouco, o alguma coisa e o nada, as formas letais e as vivificadoras do excesso.[3]

A *apatheia* moral de Lúcio encontra um paralelo, em *Medida por medida*, na espantosa inércia espiritual do criminoso Bernardino, um psicopata à moda de Musil,[4] tão indiferente à vida e à morte que só objeta à própria execução porque ela interferirá em seu sono. Em certo sentido, Bernardino já está morto: antecipou e, portanto, desarmou seu desaparecimento iminente, vivenciando-o sob a forma de um torpor moral patológico. Afundado nessa preguiça espiritual, ele já vive no ponto de encerramento em que todas as probabilidades se igualam. A morte parece confirmar aquilo de que ele e Lúcio suspeitam: que, em última instância, todos os valores se nivelam. Os dois não veem que há um modo menos cético de igualar as probabilidades, que é o ato de perdoar. O perdão é uma ruptura gratuita do circuito das equivalências exatas, ou do olho por olho e dente por dente, e, portanto, é uma antecipação da morte dentro das simetrias reguladas do presente.

Tendo vencido a morte dessa maneira, Bernardino é invejavelmente invulnerável. Os que abraçam conscientemente seu destino transcendem-no nesse próprio ato, transformando-o numa espécie de liberdade. É essa ambiguidade que distingue classicamente o herói trágico. Cláudio declara que "Se eu tiver de morrer, buscarei como a uma noiva a noite eterna e a aconchegarei nos braços" (3.1.91-93). Nessa combinação de destino e decisão livre, o ato trágico proporciona uma espécie de solução para o

LEI E DESEJO EM *MEDIDA POR MEDIDA*

conflito entre o gratuito e o dado, a liberdade e a servidão, a anarquia e a coação, sobre o qual a peça medita. O Estado tem de adiar a morte de Bernardino até que ele seja levado a aceitá-la de bom grado: a menos que, de algum modo, ele "encene" sua morte, converta-a num autêntico ato pessoal, ela não constituirá um evento em sua vida e, por conseguinte, desacreditará a autoridade que a infligiu. A morte dele precisa ser uma prática consciente, e não uma simples ocorrência biológica. No momento mais intoleravelmente real de nossa vida, justamente à beira da extinção, devemos revelar-nos atores de talento. "Convencei esse bruto infeliz a aceitar a morte", diz o duque, instruindo o preboste (4.3.49). Há poucas maneiras mais eficazes de resistir ao poder do que sinceramente não lhe dar importância. À sua maneira, esse monstruoso representante dos mortos-vivos compreende que o poder só existe na reação que provoca naqueles que lhe estão submetidos. O mesmo, aliás, compreendeu David Hume, que comentou que, em matéria de soberania, os governados sempre dão as cartas.

Como se verifica, a anarquia e a autocracia, na peça, de modo algum são os opostos que parecem ser. Para começar, a libertinagem gera repressão; se, como o duque, o indivíduo permitir que a lei caia em desgraça, estará apenas preparando o terreno para um autoritarismo à moda de Ângelo, no futuro. A peça tem um bom sortimento de imagens de estratégias para o indivíduo frustrar a si mesmo e de atos contraproducentes. "Assim como a saciedade engendra um longo jejum", comenta Cláudio, "toda liberdade usada com intemperança transforma-se em restrição" (1.2.76-78). Como homem conduzido ao cárcere por ter mantido relações sexuais ilícitas, é de se presumir que ele saiba do que está falando. Além disso, tal como na proibição edipiana, é a lei que gera o desejo, para começo de conversa. E é por isso que Ângelo, confrontado com a casta e intocável Isabela, torna-se presa de uma concupiscência incontrolável e se oferece para lhe perdoar o irmão, se a jovem mantiver relações com ele. Ao representar pessoalmente um princípio abstrato para Ângelo, Isabela descobre, desolada, que o seduziu por sua pessoa, e não por esse princípio. A virtude do governador revela-se igual à descrição que Lúcio faz dos ossos de um cliente sifilítico de uma prostituta: "sólidos como um objeto oco" (1.2.57). Se Ângelo encarna a lei moral, representa também o seu obsceno lado oculto. Uma lei ou forma de razão que, como a de Ângelo, "nunca sente as ferroadas e o bulício lascivos dos sentidos"

O PROBLEMA DOS DESCONHECIDOS

(1.4.58-59) é uma estranha para o corpo e, por isso, tende a ser apanhada cochilando pelas insurgências repentinas do desejo.

Ângelo, em suma, não absorveu a lição que Schiller se propõe ensinar a Kant em seu livro *A educação estética do homem*[5] — a de que, se a razão quiser garantir sua soberania sobre o desejo, antes de mais nada terá de se infiltrar nos sentidos como uma espécie de quinta-coluna, a fim de instruí-los por dentro, em vez de se manter friamente distante dos apetites. O mesmo se aplica à questão da soberania política sobre as massas. Daí a temática de conto de fadas do rei que circula incógnito por entre os plebeus, da qual o duque de *Medida por medida* é meramente um exemplo shakespeariano. O poder político efetivo não é despótico nem frouxamente indulgente, porém hegemônico. O problema da lei é o que poderíamos chamar de dilema do príncipe Hal e de Falstaff: como é o sujeito estar tão familiarizado com a fragilidade humana que chega a compreendê-la por dentro e, ao mesmo tempo, introduzir entre sua pessoa e ela clareza suficiente para emitir juízos imparciais sobre essa fragilidade? Os duques Vicêncios deste mundo precisam frequentar a escola com os Lúcios, sem serem simplesmente feitos de bobos por eles. A lei deve executar o difícil truque de ser, ao mesmo tempo, imanente e transcendente — assim como, no subtexto cristão de *Medida por medida*, o Pai transcendental que perdoa o pecado é também o Filho encarnado que é condenado à morte por essa mácula. Contudo, se a clemência provém de uma afinidade interna com o pecado, ser a um tempo clemente e virtuoso começa a se afigurar meio contraditório. Em que ponto a afinidade se transforma em cumplicidade?

A conversa de Ângelo com Isabela de modo algum é o primeiro contato que ele tem com a força dilacerante do desejo, independentemente do que ele possa supor. Ao contrário, a serpente estava enroscada no jardim desde o princípio. Seu veneno mortífero já o infectara, sob a forma de sua vontade patológica de dominação, na qual Freud sem dúvida detectaria a sombra da pulsão de morte. Ângelo representa um puro culto ao supereu, com sua ânsia letalmente agressiva de ordem, seu medo neurótico de que, sem definições apuradas e fundamentos irrepreensíveis, o mundo desmorone no caos. Por serem secretamente alimentadas pela pulsão de morte, as próprias forças que se propõem subjugar o caos nutrem por ele uma paixão secreta. A ânsia de ordenar é, em si mesma, latentemente anárquica. Dispõe-se a subjugar o mundo até transformá-lo

LEI E DESEJO EM *MEDIDA POR MEDIDA*

em puro nada. O supereu, como ensinou Freud, toma emprestada do isso [id] rebelde a sua força assustadoramente vingativa.

Essa é a razão por que Ângelo pode resvalar quase sem luta da condição de asceta autoritário para a de transgressor libidinal. O mesmo se aplica à lei ou, na verdade, a qualquer sistema de troca simbólica. Como essas economias simbólicas são reguladas com precisão, elas tendem para a estabilidade, mas como as regras que as regem podem permutar qualquer item por outro, indiferentes à sua natureza específica, elas podem gerar um estado anárquico em que todos os elementos se misturam indiscriminadamente com todos os demais e o sistema parece empenhar-se em transações puramente por elas mesmas. Há na própria estrutura da estabilidade algo que ameaça subvertê-la. Isso ocorre da maneira mais óbvia no caso da ordem simbólica, a qual, para funcionar com eficácia, precisa permitir permutações flexíveis entre seus diversos papéis e, sendo assim, não tem como evitar a geração da possibilidade permanente do incesto. Sem esse horror monstruoso em seu âmago, o sistema não seria capaz de funcionar.

Medida por medida é um texto repleto de atos de substituição simbólica, conforme os corpos circulam sem cessar. Ângelo ocupa o lugar do duque, Isabela representa os pedidos de clemência de Cláudio feitos a ele e o duque substitui a si mesmo, ao circular disfarçado entre seu povo. Ângelo quer o corpo de Isabela em troca do de Cláudio, mas acaba fazendo amor com Mariana, que assume o lugar de Isabela em sua cama. A cabeça decapitada de Bernardino pretende substituir a de Cláudio, mas, como o criminoso é indolente demais para ser executado, ela é trocada no último minuto pela de Ragozine. Ângelo usa Cláudio como exemplo para outros vilões em potencial, assim o transformando num representante geral que, tal como Jesus Cristo, "faz-se pecado" em benefício dos outros.

A distribuição final dos corpos em seus lugares apropriados é o evento do matrimônio, com o qual a peça se encerra, como convém a uma comédia. Os corpos são uma espécie de linguagem, que pode falsificar (como no truque da cama com Mariana) ou servir, como as palavras, de formas fluentes de comunicação. A peça tanto concerne à verdade da fala quanto à verdade do corpo. O consórcio apropriado dos corpos no casamento é paralelo à ligação harmoniosa entre as palavras e as coisas. Nesse sentido, Ângelo é uma tradução estarrecedoramente ordinária do duque, enquanto Elbow exibe o desencontro aberto pela linguagem entre

197

O PROBLEMA DOS DESCONHECIDOS

significantes e significados. Assim como sentimos a força da lei por meio de sua violação, não poderia haver verdade sem a possibilidade perpétua da mentira ou do lapso de linguagem. Representar o outro envolve uma espécie de valor de troca e, com isso, implica a diferença e a identidade; aliás, a peça é repleta de imagens de um indivíduo que cunha outros, imprime neles sua marca, retrata-os ou os impregna. No entanto, assim como a justiça precisa ser modulada pela clemência, há sempre um deslizamento ou um hiato entre o ato de representar e o que é representado. No que poderíamos chamar de seu estado anterior ao pecado, Ângelo, como vimos, por pouco não preenche essa lacuna, ao se ver como não mais do que um portador da lei. Mas, no caso dele, o resvalo posterior entre o homem e o papel é grave. A única identidade perfeita entre representação e representado seria o representar a si mesmo, algo cujo equivalente político seria a democracia.

Essa é outra razão por que *Medida por medida* é tão fascinada pelas tautologias ("graça é graça", "verdade é verdade" e assim por diante), uma vez que elas escapam do valor de troca, se bem que de uma forma meio sem valor. É esse deslocamento ou resíduo de diferença entre os elementos de uma troca que abre espaço para a clemência. Embora Ângelo, a princípio, seja totalmente idêntico a seu papel público, o duque sabe que a subjetividade nunca coincide com sua significação. Há um abismo entre o papel simbólico de juiz e o indivíduo que é seu portador, uma não identidade criativa que permite que os rigores da lei sejam mitigados pela compaixão. O fato de não haver uma identidade verdadeira na troca fica bastante óbvio na conclusão notoriamente forçada da peça, na qual a distribuição dos corpos no casamento deixa muito a desejar. Shakespeare chega até a casar Isabela com o duque, no que mais se afigura uma fantasia autoral do que a lógica dramática.

É parte da doutrina lacaniana que os registros do Imaginário, do Simbólico e do Real se superpõem e se interpenetram. Algumas versões do estádio do espelho, por exemplo, veem a diferença simbólica como algo que já invade a identidade imaginária sob a forma da mãe, que a criança contempla no espelho a seu lado. Além disso, já vimos que no cerne do Simbólico há um horror traumático, que não é simplesmente o incesto, mas a presença ensombrecida do Real. Assim, não é de admirar que Kant, expoente por excelência de uma ética simbólica, também tenha sido rei-

LEI E DESEJO EM *MEDIDA POR MEDIDA*

vindicado como moralista do Real, como veremos na parte seguinte da discussão.

NOTAS

1. Ver Terry Eagleton, *William Shakespeare* (Oxford, 1986), cap. 3.
2. Célebre personagem da ficção inglesa, que figura com destaque em livros de Lewis Carroll, como *Através do espelho* e *Alice no País das Maravilhas*. (*N. da T.*)
3. Temos aí paralelos com a abordagem nietzschiana da misericórdia na *Genealogia da moral* [*Genealogia da moral: uma polêmica*, trad., notas e posfácio Paulo César de Souza, São Paulo: Companhia das Letras, 1999].
4. Robert Mathias Edler von Musil (1880-1942), escritor austríaco, uma de cujas obras-primas é o inacabado *O homem sem qualidades: romance*, trad. Lya Luft e Carlos Abbenseth, Rio de Janeiro: Nova Fronteira, 1989. (*N. da T.*)
5. Schiller, J. C. F., *A educação estética do homem*, trad. Roberto Schwarz e Márcio Suzuki, São Paulo: Iluminuras, 4ª ed., 2002. (*N. da T.*)

PARTE III O REINO DO REAL

INTRODUÇÃO: Desejo puro

Nas décadas de 1970 e 1980, pelo menos na teoria cultural britânica, o Real era, de longe, o membro mais desfavorecido da trindade lacaniana e, com certeza, o menos compreendido. Só nas últimas décadas, até por conta do trabalho do representante de Lacan na Terra, Slavoj Žižek, é que sua crescente centralidade no pensamento lacaniano tornou-se evidente.[1] Aliás, assim como se diz que o Real sempre retorna no mesmo lugar, também isso ele faz nos volumosos escritos de Žižek, os quais, apesar de toda a sua versatilidade brilhante e levemente maníaca, fazem retornos reiterados a essa entidade esquiva, de maneira autoparodística e compulsivamente repetitiva, girando constantemente em torno de uma ausência à qual esperam, mas não conseguem, emprestar uma fala. Os livros de Žižek, tal como na ideia freudiana de estranheza, são ao mesmo tempo familiares e estranhos, espetacularmente inovadores, mas *déjà lu*,[2] cheios de novos achados cativantes, mas também reciclando perpetuamente uns aos outros. Se ele lê Lacan como uma sucessão de tentativas de apreender o mesmo núcleo traumático persistente, o mesmo se pode dizer de seu próprio trabalho, que irrompe novamente, vez após outra, com Schelling ou Hitchcock ou tumultos raciais ou jogos de computador, mas nunca desvia o olhar da mesma cena assustadora e fascinante.[3]

O fato de esse dedicado discípulo de Lacan provir do antigo mundo comunista não é irrelevante nesse aspecto, provavelmente. Mal chega a surpreender que Žižek e seus colegas lacanianos de Liubliana tenham-se sentido atraídos, na era neostalinista, por uma teoria que subverte a falsa autoridade do chamado significante mestre. Sem dúvida ficaram igualmente entusiasmados com a insistência na opacidade do sujeito humano e na precariedade de sua identidade, numa ordem social em que uma falsa transparência e um culto à personalidade essencialista achavam-se na ordem do dia. Ao mesmo tempo, a efetiva falta de transparência do sistema iugoslavo, com suas mistificações bizantinas, parece ter desempenhado

O PROBLEMA DOS DESCONHECIDOS

um papel em tornar relevante o pensamento lacaniano. Além disso, nos Bálcãs nacionalistas e etnicamente divididos, terreno que durante muito tempo representou um dos Outros ameaçadores da Europa, a psicanálise — a ciência de como se constrói a subjetividade humana — pode assumir uma ressonância política que é bem menos óbvia em Roma ou em Nova York. Criação de bodes expiatórios, fetichismo, cisão, foraclusão, renegação, projeção, idealização: se esses são mecanismos psíquicos bastante conhecidos, são também a matéria de que se fazem as lutas étnicas e os conflitos militares.

O Lacan de Žižek e seus colegas é menos o pós-estruturalista parisiense da moda, para quem o mundo é solúvel no discurso (o "estruturalismo espaguete", como o chama Žižek com desdém), do que o defensor posterior do intransigente Real; e essa propensão faz certo sentido na situação política desses homens. Não é de admirar que quem escreve com conflitos mortíferos grassando à sua porta seja bem mais sensível àquilo que resiste à simbolização do que a maioria de seus colegas de Cornell ou Christ Church.[4] É a discrepância entre o campo profissional deles — em linhas gerais, a linguagem — e aquilo que o ultrapassa que tende a impressionar os intelectuais, nas situações politicamente turbulentas. Também não é de surpreender que o Real avulte com tanta imponência para quem tem um interesse político naquilo que derrota a totalidade, para não falar de como uma autoridade autocrática ordena sadicamente a suas vítimas que abracem seus grilhões. Tudo isso, sem dúvida, pode ser interpretado contra o pano de fundo do maciço bloqueio do desejo que foi o comunismo burocrático.

Há aqui um paralelo com outro herege do Leste da Europa, Milan Kundera. Já vimos que Kundera emprega os termos "angelical" e "demoníaco" de maneiras importantes para a ética, mas que são igualmente aplicáveis à política. Em *A insustentável leveza do ser*, ele vê os Estados totalitaristas como "angelicais" — temerosos da obscuridade, decididos a não permitir que nenhuma partícula da conduta humana escape à produção de sentido, arrastando tudo para a significação luminosa e a legibilidade instantânea. Numa anedota irônica, o romance relata que um bêbado tcheco, ao vomitar no centro de Praga durante o período neostalinista, foi abordado por um compatriota que abanou a cabeça e murmurou: "Sei exatamente o que você quer dizer." Nesse mundo paranoico de inteligibilidade expressa, até o vomitar tem de assumir uma significação portentosa. O que Kundera chama de "demoníaco", ao contrário, é marcado por um risinho cético que se revolta contra os esquemas arrumadinhos da tirania e se deleita com a obscena insignificância das coisas. Não é difícil avistar a ordem simbólica de Lacan no primeiro estado de coisas e seu Real no segundo — ou, a propósito, apreender por que a simples contingência crua do Real, seu hábito de fissurar economias simbólicas fechadas com um resto de desejo insatisfeito, teria uma certa atração contemplativa para os intelectuais do Leste da Europa na era da Guerra Fria. O que veremos dentro em pouco como o imperativo ético de Lacan — a injunção de não renunciar ao desejo, por mais impossível que isso se afigure — soa muito semelhante ao manifesto do Solidariedade polonês em sua hora mais sombria.

Aliás, a cura psicanalítica, do ponto de vista lacaniano, não difere muito da conquista da independência política, o que talvez seja mais uma razão de os Bálcãs terem-se revelado uma sementeira tão fértil para a psicanálise. O paciente que emerge "com sucesso" da análise lacaniana é alguém que aprendeu a estar eternamente insatisfeito — a reconhecer que seu desejo não tem respaldo no Outro, que é inteiramente autofundante e, portanto, exatamente tão absoluto e transcendente quanto um dia se afirmou que era o Todo-Poderoso. Se o desejo fosse transitivo — se tivesse em vista um objeto específico — poderíamos investigar os contextos que geram tais anseios e, por conseguinte, o desejo deixaria de ser fundacional. É o fato de ele não ter nenhum alvo real além de si mesmo que o transforma num terreno sobre o qual é impossível escavar. Assim como o Espírito Santo representa o eterno deleite do Pai com a imagem de Si mesmo que é o Filho, o desejo nunca deixa de contemplar seu próprio rosto e de perseguir sua cauda, desdenhoso das bagatelas vistosas que são exibidas, aqui e ali, para sua satisfação momentânea. Visto que o desejo, como o Todo-Poderoso, é um tipo de solo abissal e, portanto, em certo sentido, não é solo algum, o sujeito da psicanálise tem de assumir ativamente a contingência de seu ser, desistindo da busca inútil de tê-lo autenticado por um Outro cuja existência, de qualquer modo, é uma miragem. Se isso tem uma leve semelhança com a tarefa de livrar-se do jugo de um opressor político, tem também mais do que um toque do santo. Não há dúvida de que essa é uma das razões por que, em geral, o tratamento psicanalítico é tão demorado — demorado o bastante, na verdade, para que, nesse meio tempo, toda uma galáxia de pequenas nações conquiste sua autonomia.

O PROBLEMA DOS DESCONHECIDOS

Apesar das exposições admiravelmente lúcidas de Žižek, o Real continua a ser um conceito enigmático, bem como (no sentido de São Tomás de Aquino) analógico, trabalhando simultaneamente em vários níveis diferentes. Um sinal de seu caráter esquivo é que até um crítico agudamente inteligente, como é Fredric Jameson, confunde-o com a história material, que é a ultimíssima coisa que ele seria. "Não é terrivelmente difícil dizer o que significa o Real em Lacan", escreve Jameson. "Ele é simplesmente a própria História (...)."[5] Ao que só se pode retrucar que, na verdade, isso é extraordinariamente difícil e que o Real, seja ele o que mais for, é, na visão de Lacan, absolutamente a-histórico, sempre retornando exatamente no mesmo lugar, indissolúvel como uma pedra na correnteza. Essa é uma das razões de todo esse conceito ser uma espécie de escândalo para os pós-modernistas, que preferem que sua realidade seja bem mais maleável e de núcleo macio.

Não só o Real não é sinônimo da realidade corriqueira como é também quase o seu oposto.[6] É verdade que, nos primeiros escritos de Lacan, às vezes se podia entender o termo no sentido de uma recalcitrância do mundo material, ou das pulsões irrepresentáveis do corpo, ou de um gozo situado além da ordem fálica, ou do resto não verbal do desejo que escapa à ordem simbólica. Em seu trabalho posterior, o conceito é igualmente versátil: pode aludir à suposta impossibilidade da relação sexual, ou à fidelidade incondicional à lei do próprio ser, por mais imperscrutável para a razão que seja essa lei, a qual é a base de toda ética verdadeira. Nesse último caso, estamos falando do que Lacan chama de ética da pulsão, e não do desejo — uma ética que atravessa as fantasias sustentadoras do desejo, emergindo num lugar menos mistificado do outro lado. Alternativamente, o Real é o que Milan Kundera, em seu romance *A imortalidade*,[7] chama de "tema" singular da identidade do indivíduo — a irredutível morbidez do desejo que é peculiar a cada sujeito humano. Se Eros e Tânatos são universais, ainda assim eles deixam uma marca singular em cada indivíduo.

Apesar disso — voltando a Jameson — equiparar o Real à realidade histórica pura e simples é, com certeza, uma leitura equivocada. Para Lacan, a realidade é apenas um lugar inferior de fantasia cuja função é nos proteger do abismo do Real: é uma espécie de Soho da psique. A fantasia é aquilo que tampona o vazio em nosso ser, para que o conjunto de ficções surradas que conhecemos como realidade possa emergir. Para

DESEJO PURO

Lacan, é no sonho, e não nesse lugar especioso chamado realidade, que nos aproximamos do Real do nosso desejo. O Real é aquilo que perturba essas invenções agradáveis, distorcendo o sujeito e desalinhando a ordem simbólica. É o ponto de falha e impasse do sujeito, seu modo de não coincidir consigo mesmo, a ferida primordial que sofremos com nossa expulsão do Éden pré-edipiano. É o corte profundo em nosso ser, no ponto em que fomos arrancados do corpo materno e do qual o desejo flui de maneira inestancável.

É esse trauma originário — a aterrorizante proibição paterna, o gume castrador da lei, a angústia da separação, o objeto eternamente perdido do desejo, o obsceno imperativo do supereu de que chafurdemos em nossa culpa — que persiste como uma espécie de pavoroso núcleo duro no sujeito. No mortífero jogo de gato e rato entre a lei e o desejo, somos levados a praticar a autotortura mórbida e compulsiva dos mortos-vivos. Assim como Schopenhauer nos via a todos como permanentemente prenhes de monstros, constituídos como humanos pela força maligna que ele chamava de Vontade, o Real é uma espécie de corpo estranho alojado dentro de nós. É, no sujeito, aquilo que é mais do que o sujeito, um vírus letal que nos invade a carne, mas que, como dizia Santo Tomás de Aquino sobre o Todo-Poderoso, está mais perto de nós do que nós mesmos.

O desejo nada tem de pessoal. Como reconheceu Jean Racine, ele é uma aflição que nos espreita desde o começo, um cenário trágico que herdamos dos mais velhos, um meio deturpador no qual somos mergulhados ao nascer. É "o objeto dentro do sujeito" que faz de nós o que somos, uma cunha estranha no âmago de nosso ser. No entanto, como veremos dentro em pouco, ele é também um meio potencial de redenção. O Real tanto é o que há de mais permanentemente desconforme em nós como o que vem mais verdadeiramente de nossa essência; e, nessa condição ambígua, ele figura como uma espécie de *felix culpa*, ou Queda afortunada: a falha ou falta de identidade que nos assegura que nunca fazemos muito sentido, mas sem a qual seríamos incapazes de ser nós mesmos. Tal como o sublime, do qual ele é uma versão moderna, o Real é sedutor e repugnante ao mesmo tempo — uma fonte de horror indizível, mas (como veremos logo adiante) a fonte insondável de nosso ser à qual devemos manter-nos fiéis a qualquer custo.

O Real é traumático, impenetrável, cruel, obsceno, vazio, sem sentido e pavorosamente prazeroso. Em sua impenetrabilidade, é uma versão

O PROBLEMA DOS DESCONHECIDOS

da incognoscível coisa em si kantiana e o que fica além do nosso conhecimento, em última instância, é a própria humanidade. Adaptando a observação de Wittgenstein sobre a ética, diremos que o Real implica darmos com a cabeça nos limites da linguagem; e os machucados que arranjamos nesse processo são os sinais vívidos de nossa mortalidade. Só podemos apreender esse estranho fenômeno construindo-o de trás para frente, por assim dizer, a partir de seus efeitos — de seu modo de agir como um estorvo em nosso discurso — assim como os astrônomos às vezes só conseguem identificar um corpo celeste por seu efeito de distorção do espaço que o rodeia. Ver o Real assumir uma forma tangível, ver sua aparição na realidade em si, é esse o destino do psicótico, cuja capacidade de simbolizar se desarticulou. O Real é o pretexto para movimentar a trama, o curinga do baralho, o puro metassinal ou elemento vazio de qualquer sistema semiótico cuja função seja indicar a verdade de que ele não pode ser totalizado. Visto por um ângulo, esse sinal é o próprio sujeito humano, o vazio no cerne da ordem simbólica. Esse vazio é a precondição do funcionamento eficaz da ordem, mas nunca pode ser plenamente representado nela.

Como ponto de fratura interna da ordem simbólica, o Real é aquilo que resiste a ser simbolizado, uma espécie de sobra ou resto que fica depois que a realidade é totalmente formalizada. Ele é o ponto em que nossa criação de signos vai-se reduzindo à incoerência e nossos significados começam a se esgarçar nas bordas; e, como tal, ele não se registra diretamente, mas sim como o limite externo de nosso discurso ou como o silêncio inscrito nele. Representa um núcleo sólido ou um vazio hiante no cerne de nossos esquemas simbólicos (as metáforas contraditórias são apropriadas), o qual, ao impedir que algum dia eles venham a se harmonizar inteiramente, é a ruína de qualquer totalidade e a sabotagem de qualquer produção de sentido. Ele é o ronco surdo de pura falta de significação que ecoa em nossa fala articulada, é a imperfeição de nosso ser que não há esforço de trabalho espiritual que endireite. Na raiz do significado, como na da poesia, há sempre um resíduo permanente de contrassenso.

É essa sombra do Real que a pintora Lily Briscoe intui no fim do romance *Rumo ao farol*, de Virginia Woolf, quando tenta terminar um quadro e, ao mesmo tempo, dar sentido a um mundo despojado de seu radioso eixo central, a sua querida Sra. Ramsay. Com a retirada abrupta

DESEJO PURO

desse corpo materno que era um abrigo, Lily tem a sensação de que "é como se o laço que atava as coisas tivesse sido cortado e elas flutuassem em cima, embaixo, do lado de fora, de qualquer jeito. Como aquilo era despropositado, caótico, como era irreal!, pensou ela, olhando para sua xícara de café vazia". Enquanto o enlutado Sr. Ramsay resmunga seus lamentos desconexos, carregados de morte ("Sozinho", "Pereceu"), Lily sente que se ao menos pudesse reunir esses significantes abalados, "escrevê-los numa frase, ela chegaria à verdade das coisas (...) o que queria captar era justamente aquele impacto nos nervos, a coisa em si, antes que ela se transformasse em nada". O modernismo em geral é marcado por essa paixão pelo encontro olho no olho com o Real, só para descobrir, desolado, que ele já foi mediado pelo significante; e esse, poderíamos dizer, tanto é seu triunfo quanto sua desesperança. Mas o Real, no romance de Woolf, também é aquilo que atrapalha e distorce: o equipamento humano para pintar, bem como para sentir, "sempre escangalhava no momento crítico; heroicamente, era preciso forçá-lo a prosseguir". Lily fica à caça de palavras que expressem o buraco da morte que ela carrega no corpo, a sensação de um "centro de completo vazio" que menos parece encontrar sua origem na falecida Sra. Ramsay do que no simples ato em si de ansiar, na essência pura e desimpedida do desejo. Se Lily não consegue terminar seu quadro, é também porque, toda vez que aquele lúgubre arauto da morte, o Sr. Ramsay, avança em direção a ela, com sua ânsia ruidosa de compaixão, "a destruição se aproxima, o caos se aproxima" nessa "casa cheia de paixões não interligadas".

Apesar de toda a sua autocomiseração infantil, porém, Ramsay acaba por se mostrar capaz de ir além da esfera imaginária da piedade e da comiseração e passar para "uma região diferente (...) fora do alcance", ao pisar enfim triunfalmente no farol, como um herói cuja virilidade ferida foi milagrosamente recuperada. "O que é que ele buscava com tanta fixidez, tanta intensidade e silêncio?", Lily se pergunta. Entrementes, à medida que Ramsay viaja ao limite de seu desejo, encontrando o farol solitário, Lily se sente "puxada da conversa à toa, do convívio, da comunhão com as pessoas, para a presença desse seu temível e antigo inimigo — dessa outra coisa, dessa verdade, dessa realidade que de repente pôs as mãos nela, emergiu nua por trás das aparências e exigiu sua atenção. Sentiu-se meio sem vontade, meio relutante. Por que ser sempre arrancada, sempre puxada para longe?"

O PROBLEMA DOS DESCONHECIDOS

Mas essa momentosa intimação do Real é também um sentimento da desproporção intrínseca das coisas, de seu jeito de darem errado a todo instante ou de parecerem subitamente alheias, como um esgar ou uma sombra repentinos num belo rosto. "A pessoa esquecia as pequenas agitações, o rubor, a palidez, a distorção estranha, a luz ou sombra que tornava o rosto irreconhecível por um momento, mas que lhe acrescentava uma qualidade vista desde então para sempre." Há terror e êxtase nesse sentimento de risco e exposição extremos, para além dos hábitos protetores da ordem simbólica: "Será que não existia segurança? Nada de aprender de cor os caminhos do mundo? Nem guia nem abrigo, mas tudo milagre e um saltar do alto de uma torre no vazio? Seria possível, mesmo para gente idosa, que aquilo fosse a vida: assustadora, inesperada, desconhecida?" Veremos mais adiante como esse contraste entre o habitual e o milagroso impregna o trabalho de alguns eticistas contemporâneos do Real.

À medida que as "coisas externas" começam a se embotar na irrealidade, o quadro inacabado de Lily é perseguido pela sensação de uma presença a um tempo "tão leve que seria incapaz de perturbar a respiração, mas que não se conseguiria deslocar nem com uma parelha de cavalos". Ainda meditando sobre os mortos, Lily continua a "deparar com um obstáculo em seu desenho", até lhe ocorrer num lampejo que ela poderia deslocar um traço que representava uma árvore para o centro da tela e nesse momento ela experimenta uma enorme exultação. Tal como o Sr. Ramsay, Lily acaba de atravessar uma fronteira invisível, saltando para além da Lei da carne, amorosa, mas opressiva, que a Sra. Ramsay simboliza para ela e reconhecendo, numa delirante explosão de liberdade, que nunca precisará curvar-se a essa Lei pelo casamento. O Sr. Ramsay também é transformado no solteirão que fora um dia, pisando no farol com a leveza de um rapaz, "como quem saltasse no espaço", afigurando-se "ao mundo inteiro (...) como quem dissesse 'Deus não existe'". Se ele se torna um ateu inveterado, nesse momento luminoso e opaco de revelação, é porque o Real de seu desejo se mostra fundamentado em si mesmo, sem buscar nenhum respaldo fora dele. Ao mesmo tempo, impulsionada pela aventura perigosa de sua pintura até o limite extremo de seus recursos, de repente Lily desenha uma linha no centro da tela e o romance se encerra com uma citação de Cristo na cruz: "Está feito; está terminado."[8] À luz desse retrato artístico do Real, não é de admirar que a outra obra-prima de Woolf, *Mrs. Dalloway*, tenha tido em seu centro a morte, a psicose e a desintegração do sentido.[9]

DESEJO PURO

Visto por um prisma, o Real é a mancha de contingência material sem sentido que a ordem simbólica jamais consegue assimilar plenamente, a força que bloqueia o impulso artístico de Lily Briscoe para a ordem. Visto por outro, ele é um registro estreitamente aliado às pulsões corporais, que, em seu estado puro ou real, são-nos tão opacas quanto o númeno kantiano e precisam passar pelos desfiles do significante para penetrar na consciência humana. Como se tudo isso fosse pouco, o Real também pode ser identificado, como em *Rumo ao farol*, com a Coisa eternamente perdida — com o objeto barrado e impossível de nosso desejo que é o corpo materno, cuja busca febril é conhecida pela psicanálise como o curso da história humana. Se um dia esse paraíso perdido viesse a ser recuperado, a história — que não passa de nossa incapacidade reiterada de alcançá-lo — estancaria num tropeção. Na medida em que envolve o corpo materno, o Real é a sede de um gozo perdido — daquele gozo extasiado do Outro ao lado do qual os prazeres aburguesados do simbólico se afiguram decididamente precários.

Todavia, esse gozo ou delírio orgástico também traz a marca ameaçadora do supereu — da lei que nos ordena rastejarmos prazerosamente em nossa humilhação, extraindo uma espécie de vida febril da tarefa macabra de nos matar.[10] Trata-se de uma forma voraz e aterrorizante de gozo, da qual retiramos satisfação na maneira pela qual a lei ou supereu solta seu sadismo demente em cima de nós. É uma lei tão sem sentido quanto a injunção superficial e intransitiva dos garçons americanos: "Aprecie!"[11] Na presença do Real, estamos sempre à sombra da morte — mais exatamente, do que Freud nos ensinou a ver como a pulsão de morte, em função de cuja ordem sádica ansiamos por nossa própria aniquilação. É sobretudo nesse impasse fatídico entre lei e desejo, na dialética paralisada pela qual cada um reforça a potência mortífera do outro, que a presença do Real se faz sentir.

No entanto, há uma faceta redentora do Real, além da destrutiva. O que existe de mais real em nós, do ponto de vista psicanalítico, é o desejo; portanto, ser fiel ao próprio desejo é ser leal para consigo mesmo. Mas essa está fadada a ser, inevitavelmente, uma fidelidade ao fracasso, já que o desejo é inestancável por natureza. Os que têm a coragem de acolher esse fato são os verdadeiros heróis, do mesmo modo que o clássico protagonista trágico é aquele que arranca a vitória das garras da derrota. A própria coragem que lhe permite submeter-se a seu destino é também

O PROBLEMA DOS DESCONHECIDOS

uma força que o transcende. As figuras literárias que examinaremos no próximo capítulo, as quais prefeririam marchar orgulhosamente para a morte a recuar em sua exigência absoluta de honra, justiça, castidade ou reconhecimento, são aquelas para quem uma dada reivindicação humana tornou-se metonímica do desejo como tal — daquilo dentro delas que ultrapassa todas as demandas articuláveis. É por isso que elas investem de tão cruel intensidade os objetos de seu anseio.

Para Lacan, portanto, a moral está além do bom, do útil, do virtuoso e do prazeroso, situada no campo rigorosamente legítimo do desejo. Os altruístas que procuram com afinco ficar a serviço dos outros, satisfazendo as necessidades e promovendo o bem-estar alheios, fazem-no apenas porque a verdadeira forma de prazer que é a *jouissance* — um gozo que "não serve para nada" — faltou-lhes lamentavelmente. O reformista político ou utilitarista é aquele que é incapaz de gozar sem ter um fim em vista. Os que charlam sobre o bem, desconfiam os eticistas do Real, presumem, num estilo implicitamente autocrático, saber exatamente de que bem os outros necessitam, ao passo que o amor do analista por seu/sua paciente nunca se torna presa dessas pressuposições.

A política do bem, por conseguinte, envolve uma espécie de paternalismo burocrático — um paternalismo que define o bem num estilo partidarista, defende-o de certos concorrentes poderosos no mercado moral e determina sua distribuição e regulação. Ao que poderíamos retrucar que quem ama de verdade não é aquele que instrui o outro sobre a natureza do bem dele, mas o que é, ele próprio, a base desse bem. É justamente esse tipo de reciprocidade que um adepto do Real como John Rajchman faz questão de negar, escrevendo que a psicanálise "levanta a questão de um vínculo erótico que não se fundaria na comunhão, na reciprocidade ou na igualdade, mas no 'referenciamento' singular que cada um tem com o Real".[12] A psicanálise, em suma, é tão forma de despolitização quanto os marxistas vulgares suspeitavam sombriamente que fosse, só que, desta vez, por razões consideravelmente mais sofisticadas. A questão dos vínculos comuns ou recíprocos que se fundamentam no Real, eles próprios, é simplesmente posta de lado. Como veremos, essa é uma questão que a teologia — para a qual a única comunhão imperecível baseia-se no amor violento, sacrificial — procurou levantar, mas Rajchman, depois de assinalar em seu esplêndido estudo que o cristianismo foi uma das influências nos escritos de Lacan, nunca mais conseguiu tocar no assunto, no mais flagrantemente sinto-mático dos silêncios.

O desejo, portanto, como primeiro e único universal ético, deve ser contrastado com o bem, aos olhos de Lacan; já para um pensador como Santo Tomás de Aquino, para quem o bem é aquilo que não podemos deixar de desejar, os dois nada têm de opostos. Em termos tomistas, o desejo é, simplesmente, a inscrição do bem supremo dentro de nós, sua maneira de se inculcar em nosso corpo material e se apoderar de nós, independentemente da vontade abstrata. Em sua *Summa Theologiae*, Santo Tomás de Aquino se antecipa a Lacan em sua convicção de que é o desejo que faz de nós o que somos e esse desejo, que age como o princípio organizador de todos os nossos atos, é o anseio pelo que ele chama de *beatitudo*, ou felicidade. É natural desejarmos a felicidade, mas também é natural não a alcançarmos, como criaturas divididas, dilaceradas pelo tempo, incapazes de coincidir com elas mesmas. Para Santo Tomás de Aquino, o desejo é infinito, tal como o é para seus sucessores psicanalíticos. A insatisfação é nosso estado normal e a perfeição que buscamos assinalaria a morte de nossa humanidade. A visão tomista da condição humana é notavelmente parecida com a lacaniana, ainda que sem a dimensão trágica dessa última. É que o desejo que nos esvazia no não ser, na visão de Santo Tomás de Aquino, é consumado no amor a Deus, que tanto é sua causa quanto seu objeto.[13]

Na visão mais arisca de Lacan, o bem é um anteparo que nos defende de nosso próprio gozo mortífero e, sendo assim, figura como um vestígio da proibição paterna. Portanto, na visão lacaniana, a psicanálise, ciência do que não encontra satisfação, de nossa resistência perversa à própria possibilidade da felicidade, inaugura um rompimento revolucionário com todo o pensamento ético anterior. É por haver em nossa libido algo de fundamentalmente errado para nosso bem-estar (a versão freudiana do pecado original, por assim dizer) que já não podemos contentar-nos com uma ética da virtude ou da felicidade, mais adequada para políticos e assistentes sociais do que para os rebeldes seletos do espírito humano, como o próprio Lacan. "Para Freud", na formulação concisa de Rajchman, "nosso *eros* tem uma desavença com nosso *éthos*."[14] Existe a lei da justiça e do bem supremo da pólis, encarnada na pessoa de Creonte, na *Antígona* de Sófocles, e existe uma outra lei que se manifesta por inteiro na própria Antígona dissidente — um édito não escrito e incognoscível

O PROBLEMA DOS DESCONHECIDOS

que, em sua intransigência mortífera, está além do princípio do prazer e do princípio de realidade e é de uma indiferença implacável aos *mores* da cidade.

Se Lacan pode assumir sua postura tão resoluta a respeito desse último imperativo, é porque, entre outras coisas, ele está longe de se extasiar com a visão política da cidade justa. O próprio Freud, considera ele, não confiava no progresso social nem na política revolucionária e tinha toda a razão em rejeitar essas ilusões anódinas. O pensamento lacaniano, nesse sentido, pertence a uma época pós-revolucionária, de notável falta de entusiasmo pelas energias comunitárias ou pelas panaceias políticas. Deve ser entendido, entre outras coisas, à luz da corrupção do socialismo e da ascensão do fascismo. Contudo, o Sófocles que Lacan tanto admira está longe de concordar com seu ceticismo político. Passar de *Antígona* ou *Édipo Rei* para *Filoctetes* e *Édipo em Colono* é deparar com uma espécie muito diferente de política — uma política na qual a inflexibilidade de Antígona é finalmente superada, à medida que as forças sagradas do obstinado autoexílio são aproveitadas na tarefa de consertar a pólis. Tânatos, no linguajar do próprio Freud, é subjugado, em forma sublimada, ao projeto vivificante de Eros, tal como o é na conclusão da *Oresteia* de Ésquilo. Ao abraçar os símbolos da morte, da doença e da desordem, seja sob a forma das Fúrias vingadoras, do purulento Filoctetes ou do amaldiçoado Édipo, a cidade abre os olhos, por um ato de graça, para a monstruosidade que espreita em seu próprio cerne e, nesse terrível encontro com o Real, libera a força sublime para se proteger e se remodelar.[15] Afinal, não se trata da oposição entre o carrancudo rebelde antissocial e a cidade consensual e inerte, por mais que esse contraste *à la* Camus possa ser atraente para uma era politicamente derrotista. Creonte pode mostrar-se surdo ao desejo de Antígona, mas o mesmo não se aplica ao Teseu que tem a gentileza de acolher dentro de suas muralhas o protagonista assustadoramente corrupto de *Édipo em Colono*. Penteu, o governante de Tebas em *As bacantes*, de Eurípides, pode tratar Dioniso e os que o acompanham com uma repressão no estilo de Creonte, mas não lhe é necessário portar-se com tão temível impiedade para com essas figuras anárquicas, amantes da morte, que simbolizam o gozo obsceno do Real. Com efeito, é urgentemente aconselhado a não fazê-lo. A política e o desejo não precisam estar em eterna discordância. William Blake, nesse aspecto, foi mais sábio do que Jacques Lacan. Para esse último, os

DESEJO PURO

dois não conseguem realizar aquele encontro vital conhecido como a re-educação política do desejo, projeto que os adeptos do Real só parecem capazes de imaginar sob a forma de uma castração insidiosa.

A reivindicação lacaniana de ineditismo ético é precária, sem dúvida. O cristianismo, como vimos há pouco, situa o desejo (a ânsia humana de Deus) no foco de sua reflexão moral, e o mesmo fazem seus irmãos mais velhos, os judeus. Igualmente duvidosa é a tese de que o desejo e o bem-estar estão necessariamente em desacordo — tese que só se afigura plausível quando apagamos a mediação entre os dois conhecida como amor. Para o evangelho cristão, o desejo, sob a forma do amor ou anseio que é fé e esperança, menos constitui o oposto do bem supremo do que o obscuro significante dele na realidade. É somente pelo fato de o amor a Deus estar no cerne do eu, sustentando-o na existência, que somos capazes de buscar esse bem sob a forma de um desejá-lo. Nesse sentido, uma negatividade — a do Deus abissal, indizível, inimaginável — é superposta por outra: a de nosso perpétuo anseio por ele. É o desejo do Real que se apodera violentamente do eu pela raiz e destroça suas fundações. Ademais, esse bem que é Deus tem, para a fé cristã, todo o enigma do Real, e não a transparência de um desprezível ideal racional. Se Deus é o exemplo supremo do sujeito suposto saber lacaniano, dotado de um saber imperscrutável, não é recorrendo a essa onisciência que podemos reparar nosso estado moral. É pela fé, não pelo conhecimento, que reconhecemos a lei do nosso ser. Para o cristianismo e a psicanálise, a redenção é uma questão prática, relacional, e não um conjunto de proposições teóricas.

Igualmente infundada é a assertiva bastante insolente de Lacan de que todo o pensamento moral anterior centrara-se no prazer. Nem todos os moralistas antes de Freud foram hedonistas deslavados — embora seja verdade que toda ética de autorrealização, seja ela aristotélica, hegeliana ou marxista, tem de se haver com o excesso ou erro do alvo que é efeito do desejo e que atamanca, bloqueia e sai pela culatra. Na visão meio sentimental de Lacan, entretanto, Freud foi um pioneiro absoluto nesse aspecto. Seu gesto de vanguarda foi situar a lei moral não em relação à ordem simbólica, mas ao objeto perpetuamente faltoso de nosso desejo, que Lacan chama teatralmente de a Coisa e, vez por outra, traduz como o corpo materno. O desejo ao qual a psicanálise dá voz é o do Real, da força turbulenta que transgride os confins da ordem simbólica, e é nisso que ela é eticamente original.

217

O PROBLEMA DOS DESCONHECIDOS

Em certo sentido, sem dúvida, esse desejo se conforma à natureza universal da ordem simbólica, visto que é igual para todos. Mas ele também assume em todos uma forma diferente, aparecendo-lhes, "em sua especificidade íntima, com um caráter de *Wunsch* (anseio) imperioso".[16] É a lei do ser completamente peculiar do próprio sujeito e, por conseguinte, o mais irredutivelmente específico dos éditos — ainda que se trate de uma especificidade que se encontra em todos nós. O desejo tem a singularidade elusiva da "lei" da obra de arte, e não a uniformidade abstrata da lei moral. Assemelha-se mais ao juízo estético de Kant do que à sua razão prática. Diversamente da lei da ordem simbólica, esse desejo despótico, que "se conserva na profundeza do sujeito sob uma forma irredutível" (24/35), é incomensurável com qualquer outro e não pode ser julgado de fora para dentro. Apesar da notável indiferença de Lacan a Nietzsche, há nesse ponto um eco da visão nietzschiana de uma lei peculiar a cada indivíduo.

Aos olhos de Lacan, a ideia convencional de um bem supremo — pedra filosofal de grande parte da teoria moral tradicional — só pode ser uma espécie de falso idealismo e, portanto, um obstáculo a uma ética genuína. Como vanguardista ético, ele parece ver todo o discurso moral anterior — virtude, dever, utilidade e coisas similares — como pouco mais do que uma idealização ilusória de nossa insatisfação crônica. É como se não houvesse existido uma moral verdadeiramente materialista — nada de Hobbes, Marx nem Nietzsche, por exemplo — até Freud e sua personificação parisiense entrarem em cena. Em contraste com essas sublimações espúrias, sua própria ética, nas palavras de John Rajchman, "seria, antes, uma ética ou ensino das dificuldades que temos com o que é ideal em nós e com o que supomos ser nosso Bem e, portanto, com nossas relações apaixonadas com nós mesmos e uns com os outros".[17] Tanto a busca da vida boa quanto a questão do dever moral devem ser ressituadas em relação ao problema do desejo. Veremos dentro em pouco que há mais do que uma pitada de idealismo exaltado na alternativa lacaniana para o bom, o útil e o zeloso, a saber, o heroísmo do desejo; por ora, entretanto, podemos assinalar que, mesmo que exista um bem supremo, ele deve ser, para a teoria freudiana, um bem proibido. Assim como os que se apaixonam pela lei descobrem que ela bloqueia seu caminho para o bem, desejar a Coisa proibida — almejar diretamente um bem absoluto — é provocar o gume cortante de censura que há na lei, o que

DESEJO PURO

nos deixa no perene girar em círculos entre lei, desejo, agressão, culpa, autodepreciação mortífera e gozo autodestrutivo, que é, por assim dizer, nosso estado de pecado original.

Como diz o próprio Lacan, nosso desejo só eclode em relação a uma lei que é, em última instância, a lei da morte. Há na vida algo que prefere a morte e é aí, como observa Lacan acertadamente, que nos acercamos do eterno embaraço do liberal ou esquerdista bem-pensante que é o problema do mal.[18] O Real em seu sentido mais positivo, entretanto, como fidelidade eterna à lei de nosso próprio ser, situa-se num estranho terreno para além dessa lei simbólica, razão por que tem o poder de cortar o nó mortífero de desejo e proibição que é o segredo obscuro da ordem simbólica. Exatamente por ser o desejo do Real, digamos, um desejo puro, o desejo em seu estado mais bruto, desejo em e por si mesmo, e não desejo desse ou daquele bem supremo ou contingente, ele pode escapulir da lei que intervém para punir todos esses anseios por objetos particulares, uma vez que, à sua maneira paranoide, a lei discerne em qualquer desses anseios inocentes uma ímpia sede da Coisa proibida. A santa padroeira da ética lacaniana, portanto — o equivalente psicanalítico de Santa Teresa, digamos — é a Antígona de Sófocles, movida como é por um bem que ultrapassa todos os bens, que está além da própria moral, tal como o vigário ou o primeiro-ministro entendem esse termo, e que, portanto, para os moralistas que se prezam neste mundo, é difícil de distinguir do mal.

Todos os poderosos protagonistas de Sófocles, como assinala Lacan, desviaram-se da concha protetora da ordem simbólica e entraram num território inexplorado do espírito, impelidos por uma demanda implacável ou uma pureza sobrenatural do ser, fora da barreira da decência física, para um lugar de extrema solidão e exposição, no qual eles se destacam à maneira do sagrado. O sagrado significa os objetos ambiguamente benditos e malditos que estão marcados para morrer e que, uma vez marcados dessa maneira com os lívidos sinais de sua mortalidade, podem desencadear um assombroso poder de transformação. Todos esses acólitos do Real são criaturas fronteiriças, puras encarnações de Tânatos, a um tempo animadas e inanimadas, homens e mulheres que estão mortos, mas se recusam a se deitar. São personagens que se demoram no salão de embarque da vida, indivíduos que, tal como os protagonistas das grandes tragédias, deslocam-se, invisíveis, pelas fileiras dos mortos-vivos e em cuja agonia muda já se pode sentir a morte invadindo furtivamente o ter-

O PROBLEMA DOS DESCONHECIDOS

reno dos vivos. Como tais, são exemplos da verdade de que, na expressão de Lacan, "tudo o que existe não vive senão na falta a ser" (294/353). No fim das contas, o desejo é desejo de nada. Não passa da relação viva de homens e mulheres com sua falta a ser, do nada que os mantém em movimento. A psicanálise é o ressurgimento, sob uma roupagem laica e científica, do sentido trágico da vida. Nas mãos de Lacan, torna-se um estilo ateu de religião, agarrando-se, como os vagabundos de Beckett,[19] a uma redenção que jamais virá. A pedra angular da religião — Deus — é censurada, porém todo o complexo edifício permanece admiravelmente intacto. O que é o desejo do Real senão o que Santo Agostinho e Kierkegaard conheciam como fé?

Portanto, não existe bem supremo, ao que parece, senão o agarrar-se obstinadamente à ânsia dele. Reproduzindo um pouco do próprio e barroco jogo de palavras lacaniano, poderíamos resumir a ética do Real no imperativo "Falta!". Lançarei algumas dúvidas sobre essa tese mais adiante; por ora, entretanto, é importante compreendermos que realizar o desejo, "no final das contas", não é alcançar o objeto dele, uma vez que, no final das contas, ele não tem outro objeto senão ele mesmo. Tal como o Fausto de Goethe, o herói moral lacaniano "só encontrará [esse bem supremo] extraindo a todo instante de seu querer os falsos bens, esgotando não somente a vaidade de suas demandas, uma vez que todas elas não são para nós senão demandas regressivas, mas também a vaidade de seus dons" (300/360). Tal como na lei moral de Kant, o desejo do Real nada tem a ver com coisas corriqueiras como as necessidades, os apetites e interesses humanos. É tão monástico e abnegado quanto um cartuxo. A moral clássica não tem seu olhar prosaico voltado para nada mais exótico do que o campo do possível; a ética do Real, em contraste, "nada mais é do que o impossível em que reconhecemos a topologia de nosso desejo" (315/378). Avaliaremos os prós e contras dessa ética do fracasso heroico em nosso último capítulo.

NOTAS

1.   A maioria dos numerosos textos de Žižek contém alguma discussão sobre o Real, mas ver, em especial, *The Sublime Object of Ideology* (Londres, 1989),

For They Know Not What They Do (Londres, 1991) [*Eles não sabem o que fazem — O sublime objeto da ideologia*, trad. Vera Ribeiro, Rio de Janeiro: Jorge Zahar Editor, 1992, col. Transmissão da Psicanálise] e *The Indivisible Remainder* (Londres, 1996).

2. "Já lidos", em francês no original. (*N. da T.*)

3. Baseio-me aqui em alguns de meus próprios comentários anteriores sobre Žižek em *Figures of Dissent* (Londres, 2003), p. 196-206.

4. Eagleton se refere à Universidade Cornell, em Ithaca, NY, e à faculdade Christ Church, na Universidade de Oxford, Inglaterra. (*N. da T.*)

5. Ver Fredric Jameson, "Imaginary and Symbolic in Lacan", *Yale French Studies*, 55/56, p. 384.

6. Aspecto que Anika Lemaire deixou de apreciar em seu *Jacques Lacan* (Londres, 1977), estudo que equipara esse conceito à realidade ou à experiência vivida. [Ver Anika Lemaire, *Jacques Lacan: uma introdução*, trad. Durval Checchinato, colab. Oscar Rossin Sobrinho e Sergio J. de Almeida, Rio de Janeiro: Campus, 7ª ed., 1991.]

7. Ver Milan Kundera, *A imortalidade*, trad. Teresa B. C. Fonseca e Anna L. Moojen de Andrada, Rio de Janeiro: Nova Fronteira, 6ª ed., 1990.

8. Embora os trechos citados não tenham sido extraídos dela, existe uma edição brasileira desse romance de Virginia Woolf: *Rumo ao farol*, trad. Luiza Lobo, São Paulo: Folha de S. Paulo, 2003. Também com tradução de Luiza Lobo, há uma versão intitulada *Passeio ao farol*, São Paulo: Círculo do Livro, 1986. (*N. da T.*)

9. Virginia Woolf, *Mrs. Dalloway — A verdadeira história por trás de As Horas*, trad. Mário Quintana, Rio de Janeiro: Nova Fronteira, 2006. (*N. da T.*)

10. Discuti esse ponto mais integralmente, sobretudo em relação à ideia do mal, em *Sweet Violence: The Idea of the Tragic* (Oxford, 2003), em especial no Capítulo 9.

11. Esse "*enjoy!*" indiferente, mera formalidade impessoal que abrevia a frase "*enjoy your meal*" ("delicie-se/deleite-se com sua refeição" ou "aproveite/aprecie/curta sua refeição" etc.), vai aqui traduzido por "aprecie" para resgatar um pouco da estranheza de seu uso intransitivo em inglês, uma estranheza que o emprego reiterado vem atenuando nos Estados Unidos. Vale ainda lembrar que o "*enjoy!*" poderia traduzir-se pelo imperativo do supereu: "Goza!" (*N. da T.*)

12. John Rajchman, *Truth and Eros: Foucault, Lacan, and the Question of Ethics* (Nova York e Londres, 1991), p. 70 [*Eros e verdade: Lacan, Foucault e a questão da ética*, trad. Vera Ribeiro, Rio de Janeiro: Jorge Zahar Editor, col. Transmissão da psicanálise, 1994, p. 83].

13. Ver Stephen Wang, "Aquinas on Human Happiness and the Natural Desire for God", *New Blackfriars*, 88, maio de 2007, p. 1015.

14. Rajchman, *Truth and Eros*, op. cit., p. 47 [*Eros e verdade*, op. cit., p. 59].

O PROBLEMA DOS DESCONHECIDOS

15. Ver Terry Eagleton, *Holy Terror* (Oxford, 2005), Capítulo 1.
16. Jacques Lacan, *The Ethics of Psychoanalysis* (Londres, 1999), p. 24 [*A ética da psicanálise, O Seminário*, livro 7, trad. Antonio Quinet, Rio de Janeiro: Jorge Zahar Editor, 1988, p. 35]. As próximas referências a esse texto, nesta seção, serão fornecidas entre parênteses após as citações [e a página da edição brasileira é indicada depois da barra].
17. Rajchman, *Truth and Eros*, p. 17 [*Eros e verdade*, op. cit., p. 25].
18. Sobre as relações entre o mal e a pulsão de morte, ver Eagleton, *Sweet Violence*.
19. Ver Samuel Beckett, *Esperando Godot*, trad. e pref. Fábio de Souza Andrade, São Paulo: Cosac Naify, 2ª ed., 2010. (*N. da T.*)

CAPÍTULO 7   Schopenhauer, Kierkegaard e Nietzsche

Seria possível, sem dúvida, configurar os três registros lacanianos sob a forma de uma narrativa histórica, a qual, numa alegoria marxista bastante vulgar, descreveria a ascensão e queda da civilização burguesa. Hutcheson, Hume e o Imaginário marcariam um momento emergente de otimismo e autoconfiança, no qual uma classe média ainda esperançosa e despreocupada, sem ter-se apercebido plenamente dos efeitos alienantes de suas atividades, deleita-se com seus sentimentos humanos e ainda é capaz de contemplar a sociedade como uma espécie de *Gemeinschaft* [comunidade], com algumas ressalvas. O que vem a seguir, com Kant e Hegel, é a ordem mais abstrata, regulada e impessoal do Simbólico, uma ordem que, paradoxalmente, é rigorosamente civilizada e profundamente antissocial. É ela que representa o ponto alto da cultura de classe média, com seus credos grandiosos do liberalismo e do utilitarismo, seu fervor igualitário e seus projetos humanitários, e sua promoção corajosa dos direitos humanos e das liberdades individuais.

No que o século XIX avança, com as reflexões trágicas, céticas ou revolucionárias de Schopenhauer, Kierkegaard, Marx e Nietzsche, são agora os temas do bloqueio, do impasse e da contradição que vêm aos poucos para o primeiro plano, culminando, num *fin-de-siècle* de crise capitalista e selvagem conflito imperialista, nas meditações profundamente pessimistas de Sigmund Freud. É toda essa época que representa, por assim dizer, o reino do Real, à medida que o próprio desejo, antes tão animado e afirmativo, agora deixa transparecer algo incuravelmente adoecido em seu cerne, e que as concepções benevolentes da autoridade começam a dar lugar a ideias predatórias ou sádicas de poder. Com a carnificina da Primeira Guerra Mundial e suas turbulentas consequências políticas, a ordem simbólica da Europa entra numa longa crise — situação da qual o fascismo tem esperança de redimi-la, fazendo pressão para colocar os recursos do Imaginário (sangue, terra, *Volk*, maternidade) a

O PROBLEMA DOS DESCONHECIDOS

serviço do Simbólico. Numa fusão letal de registros lacanianos, o primitivista e o arcaico são atrelados aos objetivos de dominação e racionalização. A mitologia é posta a serviço de uma racionalidade selvagemente instrumental. E, no coração desse experimento bárbaro, nos campos de extermínio da Europa Central e no culto fascista de Tânatos, encontra-se o horror de um Real que escapa à representação.

Como a maioria das grandes fábulas, essa narrativa é perpassada por anomalias. Que dizer dos grandes racionalistas do século XVII, de Descartes, Leibniz e Espinosa? Será que a filosofia setecentista era uniformemente confiante e alerta? Será que tudo o que veio depois de Hegel foi um absoluto conto de terror? De qualquer modo, certamente não há dúvida de que, de Schopenhauer a Freud, o grande projeto do Iluminismo ruiu por terra num Real recalcitrante, num núcleo inflexível de Vontade ou desejo, fé religiosa ou história material, que o deixou num estado alarmante de confusão. O que se afigurava uma Razão benevolente em Hegel transformou-se, em Schopenhauer, na Vontade cega, insaciavelmente desejante, que viria a influenciar as reflexões de Freud sobre o inconsciente. Aliás, podemos ler todo o texto extravagantemente soturno de *O mundo como vontade e representação*, de Schopenhauer, como uma sinistra paródia do pensamento de seu colega acadêmico Hegel, na qual as formas universais de várias categorias hegelianas (liberdade, justiça, razão, progresso) são preservadas, porém esvaziadas de seu conteúdo enaltecido e preenchidas, em vez dele, com o material degradado da vida cotidiana da classe média: cobiça, rivalidade, ambição, conflito e similares. Com Schopenhauer, a filosofia ainda confia o bastante em suas formas para unificar e universalizar, mas seu conteúdo passa a ser nitidamente não edificante. É como se a voracidade grosseira do burguês médio tivesse sido elevada a um *status* cósmico, apreendida como o motor metafísico primordial de todo o universo.[1]

A Vontade, para Schopenhauer, tal como o desejo para Lacan, é movida pela falta: "Todo *querer* provém da falta, da deficiência, e portanto, do sofrimento."[2] Ela é o apetite que persiste cegamente na raiz de todos os fenômenos, a força que constrói a própria matéria de nossa corrente sanguínea e nossos intestinos, e que pode ser observada na elevação das ondas ou no murchar das folhas, tanto quanto nos movimentos mais altivos do espírito humano. Se ela inclui as reflexões de Schopenhauer a seu respeito é uma pergunta intrigante. Ao contrário da Razão hegeliana, entretanto, a Vontade é uma força implacavelmente maléfica, que se encontra bem no cerne do sujeito humano, mas que, apesar disso, é de uma indiferença inelutável ao florescimento dele. Essa Vontade que repousa na fonte da subjetividade, que posso vivenciar a partir do interior de meu corpo, com um imediatismo incomparavelmente maior do que sou capaz de conhecer qualquer outra coisa, é tão inexpressivamente insensível e anônima quanto um tornado ou um relâmpago. Tal como o desejo em seu sentido psicanalítico, é totalmente desprovida de sentido e de uma indiferença glacial a todos os objetos em que investe, os quais utiliza simplesmente para sua autorreprodução estéril.

Ao contrário do pensamento hegeliano, o de Schopenhauer é resolutamente antiteleológico, com toda a unidade e dinâmica de uma narrativa mestra, mas sem nada de seu senso de propósito. A Vontade é uma paródia maldosa da Ideia hegeliana. Os seres humanos são seus simples portadores efêmeros, a serem peremptoriamente postos de lado uma vez que tenham realizado os objetivos dela; esses objetivos, porém, encontram-se inteiramente na inútil autoperpetuação da Vontade, para a qual não existe fim. Somos as simples materializações ambulantes dos instintos copulativos de nossos pais, os quais, por sua vez, são meras manifestações da Vontade. Estamos, portanto, no campo de uma infinidade faustiana do desejo, enquanto o mundo inteiro é reformulado à imagem do mercado. Virulentamente misantrópico, Schopenhauer fala com mal refreada repugnância sobre "esse mundo de criaturas constantemente necessitadas, que duram algum tempo, meramente devorando umas às outras, passam a vida na angústia e na carência e, muitas vezes, suportam aflições terríveis, até finalmente caírem nos braços da morte".[3] Isso está muito longe da afabilidade de Hutcheson ou do reino de paz de Kant. Só um sentimentalismo míope, aos olhos de Schopenhauer, poderia imaginar que os reles prazeres da existência humana, essa farsa vil que não tem nem mesmo a *gravitas* da grande tragédia, seriam capazes de compensar sua absoluta miséria.

"Desejar", observa Schopenhauer, "demora muito tempo, tem exigências e solicitações que se prolongam até o infinito; a realização é breve e distribuída com parcimônia."[4] Ou, como diz Shakespeare de maneira muito mais generosa em *Troilo e Créssida*, "É essa a monstruosidade do amor, senhora: a vontade é infinita, mas a execução se restringe; o desejo é ilimitado, e o ato, escravo dos limites". Quando se entra no campo

O PROBLEMA DOS DESCONHECIDOS

do desejo, o mundo empírico é instantaneamente desvalorizado. "Em relação a tudo o que o sujeito persegue", observa Lacan, "o que pode produzir-se no âmbito da descarga motora tem sempre um caráter reduzido."[5] Quem diz "desejo" diz "batos". Foi Freud quem nos lembrou que, enquanto os antigos, em sua sabedoria, depositavam a ênfase no instinto, nós, modernos, tolamente a deslocamos para o objeto.

Mas Schopenhauer inverteria essas prioridades, com isso prefigurando o próprio Freud. Assim como a única finalidade da acumulação de capital é acumular de novo, também a Vontade, num colapso catastrófico da teleologia, vem a se afigurar independente de quaisquer objetos específicos de sua atenção. O desejo, portanto, parece investir-se inteiramente nele mesmo, ruminando sobre o seu ser como um espírito malignamente narcísico. Numa ordem social em que o individualismo possessivo está sempre em pauta, Schopenhauer talvez seja o primeiro grande pensador moderno a ser habilitado pela situação histórica a situar no centro de sua obra a categoria abstrata do *desejo em si*, em oposição a tal ou qual forma específica de anseio; e foi essa abstração admirável que Freud — que, num curioso lapso da inteligência, considerou Schopenhauer um dentre a meia dúzia de maiores indivíduos de todos os tempos — veio a herdar. Veremos num instante, porém, que é possível ler o pensamento moral de Kant mais ou menos do mesmo modo.

A Vontade, portanto, é uma força imperscrutável, uma espécie de finalidade sem fim (para adotar o célebre comentário de Kant sobre a arte). O que passa a se mostrar irreparavelmente falho não é nada menos do que toda a categoria da subjetividade, e não apenas um recalcamento ou alienação dela. A subjetividade humana é em si uma forma de alienação, pois carregamos dentro de nós um fardo intolerável de falta de sentido, vivendo confinados no corpo como condenados à prisão perpétua numa cela do cárcere. A subjetividade é o que menos podemos chamar de nosso. Quando não a recebemos, à moda de Schopenhauer, como uma dádiva envenenada da Vontade, há muitos outros doadores alternativos à mão: a Ideia, para Hegel, Deus, para Kierkegaard, a história, para Marx, a vontade de poder, para Nietzsche, e o Outro, para Lacan.

O que distingue a obra de Schopenhauer desses apóstolos rivais do Real é o fato de que o que ele joga contra os horrores do Real não é nada menos do que o Imaginário. Num extraordinário retorno ao culto da empatia, podemos tapear a ardilosa Vontade não pela ação, que é meramente outra manifestação de sua força odiosa, nem pelo suicídio, que simplesmente lhe permite ostentar sua imortalidade, em contraste com nossa finitude, mas pela extinção do eu atormentado pelo desejo, num momento de puro altruísmo. O intolerável tédio da existência está em que nunca podemos romper nossa pele e sair dela, enquanto arrastamos nosso eu miserável por aí, como uma bola de ferro numa corrente. O desejo significa nossa incapacidade de enxergar as coisas diretamente, o semicerrar subjetivo dos olhos mediante o qual remetemos compulsivamente todos os objetos a nossos interesses sumamente banais. Ser sujeito é desejar, e desejar é iludir-se. No campo do estético, entretanto, o desejo se afasta de nós, a Vontade é momentaneamente suspensa e, por um instante abençoado, podemos ver o mundo tal como ele é. O preço dessa preciosa epifania não é nada menos que a dissolução maciça do sujeito — a mais preciosa de todas as categorias burguesas —, sujeito este que, numa serena autoimolação, fica então em empática harmonia com seu objeto. O mundo só pode livrar-se das devastações do desejo ao se converter num espetáculo estético, em cujo processo o próprio sujeito reduz-se a um ponto de fuga de puro desinteresse. É como se nos apiedássemos das diversas coisas à nossa volta, contaminadas que estão por nosso anseio, e as redimíssemos desse contágio letal apagando-nos da cena, contemplando toda essa paisagem de carnificina humana com a equanimidade de um observador tão sumamente desapaixonado, que já nem sequer se faz presente.

Aos olhos de Schopenhauer, nada é mais árduo do que essa objetividade duramente conquistada, que é fruto da disciplina moral, e não de um objetivismo ingênuo ou de um inexperiente "olhar para ver". A objetividade, observa ele, é uma obra de talento. Tal como se dá no pensamento budista, que o marcou muito profundamente, ela é um "deixar em paz" pelo qual não se pode realmente lutar, já que essa trabalheira só poderia ser um esforço do eu e, por conseguinte, parte do problema para o qual proporia uma solução. Somente ao perfurar de algum modo o véu de Maia, ou a ilusão corriqueira, e reconhecer o *status* ficcional do eu é que podemos portar-nos em relação aos outros com verdadeira indiferença — ou seja, sem fazer qualquer distinção significativa entre nós e eles. É nesse sentido que o Imaginário volta à tona nos escritos de Schopenhauer. Uma vez desmascarado o *principium individuationis* como a fraude que é, os eus podem intercambiar-se empaticamente num ato de

O PROBLEMA DOS DESCONHECIDOS

compaixão amorosa. A fonte primária de toda ética, observa Schopenhauer, é o ato de compartilhar o sofrimento alheio, independentemente de todas as motivações egoístas. Agir eticamente não é agir a partir de um dado ponto de vista, mas agir sem ser de ponto de vista algum. O único sujeito bom é o sujeito morto, ou, pelo menos, em perene estado de animação suspensa. Visto que o sujeito é uma perspectiva específica sobre a realidade, tudo que resta depois que ele é superado é uma espécie de negatividade pura, ou nirvana. Nas mãos de Schopenhauer, a filosofia do sujeito destrói a si mesma, não deixando em sua esteira nada além de uma contemplação altruísta que não pode ligar-se a ninguém em particular.

Todavia, não é propriamente exato dizer que o Imaginário, para Schopenhauer, age como uma terapia para o Real. Antes, trata-se de que o Real é engenhosamente voltado contra ele mesmo, enredado em sua própria força e, desse modo, suplantado. É que a força que dissolve o sujeito numa cifra altruísta, e com isso lhe permite fundir-se compassivamente com os outros, é, ela própria, o que Freud mais tarde denominaria de pulsão de morte. Ao encararmos o mundo dos gritos e uivos humanos como um grande espetáculo ocioso, alcançamos um desapego dele e um apagamento da subjetividade que muito se assemelham ao estado da morte; ao mesmo tempo, no entanto, isso nos permite alimentar uma fantasia de imortalidade, tranquilos por saber que esse teatro da crueldade não mais poderá nos fazer mal. Por já estarmos mortos, em certo sentido, ficamos tão encantadoramente invulneráveis quanto o Bernardino de Shakespeare; e, ao atingirmos esse ponto de observação olímpico, impomos uma deliciosa vingança às forças que gostariam de nos perseguir até a extinção. É exatamente esse estado de nos entregarmos à alegria vicária de destruir, enquanto nos regozijamos com nossa imortalidade de desenho animado, que distingue a sublimidade setecentista.[6]

A estetização da realidade feita por Schopenhauer, na qual extraímos vida do processo de nossa própria aniquilação, envolve um jogo de gato e rato entre Eros e Tânatos, a pulsão de vida e o desejo de morte, e é, nessa medida, uma questão do Real. Contudo, como a forma assumida pela morte do sujeito é a da empatia, trata-se também, como vimos, de uma questão do Imaginário. Toda a deplorável ilusão de individualidade é abandonada ao passarmos a nos compadecer do sofrimento alheio num nível incomparavelmente mais profundo que o do eu. Com efeito, acabamos com uma transcendência sem sujeito: o lugar do saber absoluto

SCHOPENHAUER, KIERKEGAARD E NIETZSCHE

é preservado, mas não resta ninguém para ocupá-lo. O desinteresse nos ensina a nos desfazermos de nossas paixões diruptivas e a vivermos com humildade, sem ganância, com a simplicidade de um santo. Sofro com as aflições do outro por saber que a matéria interna dele, a cruel Vontade, é também a minha. Tal como Hume e Hutcheson, sei disso em virtude de um acesso imediato ao outro e a mim mesmo, e não pelas cansativas circunspecções da razão. "Todo ser vivo", comenta Schopenhauer numa notável formulação do Imaginário, "é nosso ser em si interno, tanto quanto nossa própria pessoa."[7] Todavia, podemos juntar-nos numa união solidária, não apenas como num espelho, mas no terreno do Real, o qual, como núcleo do sujeito, é o que temos em comum da maneira mais profunda. Inscrever o Imaginário no Real é fomentar um companheirismo que vai até o fim. Somente ao convergirmos num terceiro terreno, que é, para nós dois, ao mesmo tempo estranho e tão próximo quanto respirar, é que nossas relações pessoais ou políticas se revelarão duradouras.

É assim que Lacan entende a injunção das Sagradas Escrituras do amar ao próximo como a si mesmo — um mandamento que não deve ser apreendido no Imaginário, como o amor por um *alter ego*, e sim na dimensão muito menos transparente do Real. Quanto ao primeiro, Lacan o descarta com sarcasmo: "O que quero", escreve, "é o bem dos outros, contanto que permaneça à imagem do meu."[8] Como ele assinala, "É uma questão muito diferente saber o que significa num encontro a resposta não da beneficência, mas do amor".[9] Amar um outro é reconhecer que aquilo que o torna tão pavorosamente incapaz de inspirar amor — o que Lacan chama de seu gozo nocivo, malévolo, ou o que Freud via como puro rancor, maldade e agressão em seu âmago — também se encontra no cerne do próprio sujeito. Quando me afasto, amedrontado, desse outro maléfico, fujo do Real mortífero dentro de mim, que se avoluma e ameaça inundar-me quando o semelhante se aproxima. É isso, sem dúvida, que Lacan pretende dizer com seu enigmático comentário de que "não há lei do bem senão no mal e pelo mal"[10] — ou, como o cristianismo talvez traduzisse essa afirmação, não há ressurreição que não passe pela negatividade infernal do sofrimento e da perda de si mesmo.

Assim, o amor é situado no lado oposto da lei, acessível apenas por nosso trânsito pelo gozo obsceno do Real, vestígio da pulsão de morte em nós, na frágil esperança de emergirmos em algum lugar do outro lado. Nossa resistência à escandalosa ordem de amarmos a nós mesmos é, na visão de Lacan, uma resistência a nos confrontarmos com nosso gozo aterrador, pois intuímos no horizonte "não sei qual crueldade intolerável". Nesse sentido, adverte Lacan, "amar o próximo pode ser a via mais cruel".[11] O próximo é sempre um estranho e, aos olhos de Freud, o estranho é sempre uma espécie de inimigo. Assim, o mandamento cristão de amar aos inimigos mal chega a ser tão ultrajante quanto poderia parecer, pois o que mais são aqueles com quem deparamos senão inimigos potenciais? Mas também não é fácil amar a si mesmo, se com isso se faz referência ao Real, e não a uma autoaceitação imaginária. Não gostaríamos de ser amados por algumas pessoas do modo que elas amam a si mesmas. Kenneth Reinhard, num ensaio esclarecedor em outros aspectos, equivoca-se ao dizer que o amor-próprio é necessariamente imaginário — "o reflexo especular em mim que constitui o eu narcísico do estádio do espelho".[12] O arrependimento é a autoaceitação que brota do reconhecimento da desfiguração do eu, que envolve um amor-próprio verdadeiro, e não narcísico.

Se o Real e o Imaginário estão ambos em ação na ética da empatia formulada por Schopenhauer, o mesmo se dá com o Simbólico, que é exatamente o que envolve a visão schopenhaueriana de lugar nenhum. Ver o mundo tal como de fato é, independentemente de nossas necessidades e apetites, e registrar a verdade atordoante de que as coisas são eternamente como são, seja o que for que queiramos pleitear impropriamente delas, isso, que Schopenhauer chama de desprendimento estético ou supremo, é também o momento do Simbólico em seus escritos — a situação em que renunciamos ao clamor infantil do eu, extraindo um prazer perverso do fato de a realidade não ter nenhuma necessidade de nós e, sem dúvida, ficar ainda melhor por isso.

Há um paralelo entre os registros lacanianos do Imaginário, do Simbólico e do Real e as três categorias de Søren Kierkegaard — o estético, o ético e o religioso. O paralelo entre o Imaginário e o estético talvez seja o menos exato. O indivíduo estético, para Kierkegaard, leva uma vida sem propósito nem direção, passando sem sossego de um estado de espírito ou uma persona para outro, paralisado pela perspectiva de uma miríade de possibilidades, caprichoso e difuso demais para ser um sujeito autodeterminante. Ele habita uma zona de imediatismo sensorial que não conhece coerência temporal nem histórica, uma esfera em que seus atos

SCHOPENHAUER, KIERKEGAARD E NIETZSCHE

só podem ser dubiamente chamados de seus. Desprovido de um projeto resoluto de vida, identificando-se com o momento ou a impressão passageiros, o sujeito do estético é todo superfície, sem profundidade. As aparências são sua única realidade. Mera presa das circunstâncias, ele é uma criatura autoiludida, a quem falta qualquer autonomia ou responsabilidade. A maior parte da vida social, para o censório Kierkegaard, não passa de uma versão "superior" dessa passividade sensorial: o "imediato acrescido de um pouco de reflexão sobre si próprio", observa ele em tom sarcástico em *O desespero humano*.[13] Todavia, há uma versão ainda mais elevada dessa autodescentração, que leva o nome de fé religiosa. Para os habitantes do Imaginário ou do estético, assim como para Oscar Wilde, a verdade é, simplesmente, o estado de ânimo mais recente. Para os fiéis religiosos, ela está além do eu, em Deus, que nos vira pelo avesso em nossa busca para encontrá-la.

Nessa medida, o estético e o Imaginário têm vários traços em comum. Onde diferem mais nitidamente é em que, para Kierkegaard, o estético também é uma espécie de "mau infinito" hegeliano, bem como de "imediato ruim" em que o sujeito, carecendo de um centro determinado do eu, é mergulhado num abismo de reflexos dele mesmo, no qual uma autoironia tropeça em outra, numa orgia de possibilidades não realizadas. Visto por esse ângulo, o sujeito estético preenche seu próprio vazio, não por captar a sensação fugidia, mas por se reinventar *ex nihilo* de um momento para outro, procurando preservar um sentimento de liberdade irrestrita que, na verdade, é pura negatividade autodestrutiva. Inebriado com seu excesso vazio, o ironista estético vive subjuntivamente, não indicativamente, e esconde seu niilismo sob a ostentação dessa vistosa moldagem de si mesmo. Enquanto o sujeito da fé religiosa une o finito e o infinito no paradoxo impensável da encarnação, o sujeito estético oscila de um para outro. Ou foge para a finitude dos sentidos, achatando-se numa conformidade covarde à ordem social, ou é monstruosamente inflado e volatilizado, fugindo da necessidade de se tornar ele mesmo numa espiral interminável de ironias autoanuladoras.

O Imaginário lacaniano já se descobre obscurecido pelo Simbólico — de tal modo que, por exemplo, a alienação que ele envolve proporciona um gosto antecipado das alienações bem diferentes que caracterizam o Simbólico —, ou a presença da mãe no espelho antecipa a triangulação posterior do arranjo familiar; ou então, a rivalidade com o outro ima-

O PROBLEMA DOS DESCONHECIDOS

ginário prefigura o conflito edipiano. De modo similar, o estético, para Kierkegaard, é invadido por uma forma ameaçadora de negatividade, à qual ele dá o nome de pavor. O pavor é o encontro do eu com seu próprio nada, o *néant* que assombra até mesmo o campo da instantaneidade sensorial. O pavor ou angústia é uma espécie de pressentimento sombrio da ordem simbólica que ainda virá, uma ameaçadora antecipação da liberdade, da diferença, da autonomia e da alteridade. A própria plenitude do estado estético torna-se sugestiva, de algum modo, da falta — ainda que não, é claro, de uma falta a que se possa dar nome. Toda instantaneidade abriga um pavor do nada. Poderíamos até encontrar nessa ideia kierkegaardiana a ressonância de um conceito de Julia Kristeva: o conceito do "abjeto", o sentimento originário de horror e náusea envolvido em nossos primeiros esforços de nos separarmos da mãe pré-edipiana.[14] A Queda, em suma, sempre já aconteceu. Se Adão já não fosse propenso ao pecado, como poderia ter desprezado a ordem de Deus, para começar? É a transgressão de Adão, argumenta Kierkegaard, que abre pela primeira vez a possibilidade da diferença, e portanto (em termos lacanianos) inaugura a ordem simbólica; no entanto, Adão não teria podido pecar se nele já não estivesse em ação um obscuro sentimento da possibilidade de liberdade, uma tênue apreensão primordial da possibilidade da diferença, antes ainda de haver ocorrido a diferença. Não estamos falando da emergência da possibilidade, mas, por assim dizer, do despontar da possibilidade dessa emergência. No princípio, portanto, não era a inocência, mas a possibilidade estrutural de transgressão que o cristianismo conhece como pecado original.

Se o encaixe entre o Imaginário de Lacan e o estético de Kierkegaard está longe de ser impecável, a relação entre a esfera ética kierkegaardiana e o Simbólico lacaniano mostra-se mais direta. O ético, tal como Kierkegaard o retrata em *Ou isso, ou aquilo*, gira em torno do indivíduo autônomo e autodeterminante cujos atos, à maneira kantiana, expressam o universal. O Homem ético é o burguês social, responsável por si e seguro em seu casamento, profissão, propriedade, dever e obrigações cívicas. Ao contrário da criatura caprichosa do estético, ele orienta arduamente a si mesmo, com estoica indiferença às vicissitudes do acaso. Em sua cumplicidade com as normas e os padrões públicos, sua vida ética é um exemplo louvável da *Sittlichkeit* hegeliana. Em contraste com o sujeito estético, os mundos interno e externo equilibram-se de forma harmoniosa em sua

SCHOPENHAUER, KIERKEGAARD E NIETZSCHE

personalidade. O sujeito ético de Kierkegaard fica comodamente à vontade com as ideias de decisão, compromisso, universalidade, objetividade, reflexão sobre si mesmo, identidade centrada e coerência temporal.

Todavia, esse sujeito não é tão enfadonhamente respeitável quanto pode parecer. Para começar, a convicção kierkegaardiana de que o sujeito ético deve "escolher" radicalmente a si mesmo — embora, no sentido forte da palavra, o sujeito não exista propriamente antes desse ato de escolha — vai além da autonomia kantiana e pressiona por uma ideia existencialista de autenticidade. Envolve também um conceito de automodelação mais próximo de Nietzsche do que de Kant — embora o sujeito kierkegaardiano que escolhe a si mesmo, longe de encarnar uma fantasia de autoinvenção estética livre, tem de assumir sua realidade pessoal, com toda a sua irregenerabilidade incorrigível, confrontando o eu como uma forma de necessidade e uma forma de liberdade. Para Kierkegaard, o eu é um dado a ser descoberto e um projeto a ser realizado. Uma vez tomada uma decisão ética, como opção fundamental do ser do sujeito, e não como uma opção por esse ou aquele particular, ela tem de ser incessantemente reconstituída, num processo que vincula a história do sujeito numa empreitada dotada de coerência interna. Encontraremos um eco dessa doutrina da repetição mais adiante, nos escritos de Alain Badiou. Viver no ético é estar infinitamente interessado em existir — e existir, para Kierkegaard, mais significa uma tarefa do que um dado, é algo a ser conquistado, e não recebido; e nessa dimensão de infinitude, o ético prenuncia o religioso, assim como o estético traz em si um traço prefigurativo do ético.

Na medida em que o ético concerne ao que é público, universal e comunitário, Kierkegaard, como individualista protestante, pouco encontra nele que valha a pena salvar. Em si, o ético não passa da falsa consciência coletiva. No entanto, na medida em que significa uma preocupação com a interioridade, ele alude de uma forma obscura à fé religiosa que o transcende. Essa fé destrói as simetrias do ético, subverte o eu complacentemente autônomo e representa um escândalo para toda a virtude cívica. Sua intensa interioridade individual rechaça o social e vira as costas com desdém para a civilização em massa. Como veremos mais adiante, com os defensores franceses de uma ética do Real, a fé nunca pode ser aburguesada, assimilada aos costumes e ao bom senso de uma ordem social. Está permanentemente desalinhada do consenso e é uma afronta à ortodoxia social. A fé é por demais uma questão de perpétua crise interna para ser capaz de azeitar as rodas da vida social, à maneira de uma ética mais cívica ou sociável. Ela é mais *kairos* do que costume, mais temor e tremor do que ideologia cultural. Nunca pode cristalizar-se no hábito, na tradição ou na instituição, e por isso é radicalmente anti-histórica. A condição humana, observa Kierkegaard em *O desespero humano*, é sempre crítica.

Esse subjetivismo ardoroso é obstinadamente particularista, avesso a qualquer razão, teoria, universalidade e objetividade. "A realidade é inconcebível", escreve Kierkegaard, e "o particular é impensável".[15] A existência é radicalmente heterogênea ao pensamento, numa tradição de reflexão da qual Theodor Adorno viria a ser o grande herdeiro no século XX. Ela significa a separação angustiada entre sujeito e objeto, e não sua aliança harmoniosa. Nesse aspecto, o bicho-papão filosófico é Hegel, que não capta que todas as metanarrativas e totalidades racionais naufragam na rocha da fé. Esse idealismo complacente é incapaz de reconhecer as realidades do pecado e da culpa — o fato de que estamos sempre errados perante Deus, de que o eu traz em si um fardo incapacitante de dor e sofrimento que não há como anular com brandura. Ele é também incapaz de engolir a verdade de que a história é pura contingência. O pecado — a desconformidade absoluta da humanidade — é o obstáculo em que toda ética ou todo esquema histórico puramente racional está fadado a se esboroar. O ponto crucial do cristianismo, a Encarnação, é a ruína de toda a razão, pois como pode o infinito habitar os confins do finito? A verdade não é teórica, e sim passionalmente subjetiva. É "a aventura que escolhe uma incerteza objetiva com a paixão do infinito".[16] Crer é ser.

"O cristianismo é espírito", escreve Kierkegaard, "o espírito é interioridade, a interioridade é subjetividade, a subjetividade é essencialmente paixão e, em seu auge, é um interesse infinito, pessoal e apaixonado pela felicidade eterna."[17] Enquanto a ordem simbólica ou ética é marcada pela equidade e pelo cáráter desinteressado da lei, a fé é apaixonadamente partidarista; enquanto o Simbólico é abstrato, universal e igualitário, a fé é existencial, absoluta e incomensurável. O eu da ordem ética, o eu coerente, transparente para si mesmo e luminosamente legível da existência burguesa cotidiana, portanto, é cindido por um golfo intransponível do sujeito da fé ou do Real, que é falho, instável, contraditório e opaco para si mesmo. Esse último será sempre um escândalo e um enigma para o primeiro, atormentado que é por conflitos que está apto a resolver não na

SCHOPENHAUER, KIERKEGAARD E NIETZSCHE

teoria, mas existencialmente, atando-os uns aos outros, em caráter provisório, na aventura da vida real, que se faz de momento em momento, em vez de resolvê-los na tranquilidade do conceito. O sujeito da fé une as contradições no ato de vivê-las. Tal como o desejo lacaniano, a fé fundamenta a si mesma, confere-se validade e é eternamente inacabada. O Real está do outro lado da linguagem, a marca viva da ordem simbólica, tal como Abraão vai além das fronteiras do articulável em sua fidelidade à louca exigência divina de que ele mate seu filho. É uma forma de singularidade pura, lançada além do universal, a vitória de um absurdo sensato sobre uma racionalidade tola. Confrontado com o ético, a despeito de toda a dignidade humana, Abraão se recusa a ceder no desejo imperscrutável que é a fé.

Mas há uma versão positiva e uma negativa do Real em Kierkegaard, tal como as encontramos em Lacan, poderíamos dizer. O Real a ser afirmado é Deus, o abismo infinito no âmago do eu; no entanto, há um tipo mais sinistro de negatividade no cerne do humano, ao qual Kierkegaard dá o nome de desespero em *O desespero humano*, e que é, na verdade, uma versão da pulsão de morte freudiana. Em termos mais exatos, trata-se do sentimento abissal do nada naqueles que, incapazes de se tornarem os eus que desejam ser, querem livrar-se deles próprios, mas ficam firmemente aprisionados na condição demoníaca de não poderem morrer. Afirmei em outro texto que esse reino dos mortos-vivos, que só conseguem provar para si mesmos que ainda estão vivos através do gozo que extraem da destruição dos outros, é muito próximo do que se conhece classicamente como o mal;[18] e, embora os desesperados de Kierkegaard estejam longe de ser assim, dado que aquilo de que se alimentam não são os outros, mas eles próprios, eles manifestam o que o filósofo chama de "demência demoníaca": enfurecem-se rancorosamente contra a vida e amam a aniquilação, mas se mantêm perversamente aquém da extinção, em virtude desse mesmo rancor taciturno. Tradicionalmente, esse é o estado do ser que conhecemos como satânico. Em linguagem lacaniana, trata-se de homens e mulheres irremediavelmente presos no impasse entre lei e desejo e, por conseguinte, vítimas primárias do Real. Esse é um estado que, aos olhos de Kierkegaard, só pode ser desfeito pela forma vivificadora do Real que é a graça de Deus. Para o filósofo, somente ao ser atingido por uma ou outra forma desse desespero — um desespero que constitui "o corredor para a fé" — é que se pode chegar à vida eterna.

O PROBLEMA DOS DESCONHECIDOS

Na medida em que isso demanda que a pessoa perca a vida para salvá-la, a visão de Kierkegaard é trágica. Aproxima-se da convicção lacaniana de que só agarrando-se tenazmente à negatividade do Real é que se pode despontar como um ser plenamente ético. Assim como o Real lacaniano, a fé kierkegaardiana introduz a crise e a dirupção permanentes nas insípidas certezas do ético.

Os escritos de Kierkegaard remontam, ultrapassando a vida ética coletiva da *Sittlichkeit* hegeliana, ao divórcio severamente protestante de Kant entre o dever e a felicidade. A fé nada tem a ver com o bem-estar humano ou a realização sensorial; o verdadeiro cristão "nos chama para longe do prazer, da vida e da alegria do homem físico".[19] O Real é militantemente antiestético, ainda que compartilhe a distância do universal que é própria do estético. A fé também não é uma questão de sentimento. "Não é a inclinação imediata do coração, mas o paradoxo da vida."[20] Não há estrada real, à maneira de Shaftesbury ou Hutcheson, das afeições do coração para os absolutos éticos. Contudo, ao retornar dessa maneira a Kant, Kierkegaard não faz apenas rejeitar a aburguesante assimilação kantiana da religião à moral. Ele também desmantela o sujeito moral autônomo e autodeterminante que encontramos em Kant, bem como a visão que esse tem do sujeito como harmonizado com outros no reino do universal. O eu como senhor de si mesmo, escreve Kierkegaard em *O desespero humano*, é como um rei sem país. É, na verdade, uma forma de governo de coisa alguma, uma sonora tautologia. Quanto à dependência, Kierkegaard percebe com acerto que ela é radicalmente anterior à autonomia — embora, no seu caso, a dependência em questão seja de Deus, supremo doador de subjetividade, e não de outros seres humanos. Ao clássico estilo protestante, o sujeito da fé é aprisionado numa dependência abjeta de um Deus cuja lógica lhe escapa por completo; e é unicamente sobre esse alicerce que ele pode moldar para si alguma forma de personalidade livre. O indivíduo é objeto de um chamamento ou vocação singular, de um decreto divino endereçado unicamente a ele, que não pode acomodar-se a questões provincianas como princípios universais e obrigações civis. Posteriormente, encontraremos mais uma versão dessa ordem singular na inimitável "lei do próprio ser" que é o desejo do Real.

O Real, portanto, vence o Simbólico, visto que a postura do eu para com o absoluto tem precedência sobre sua relação com o universal. Essa ética, como se viu entre seus apologistas franceses posteriores, tem impli-

SCHOPENHAUER, KIERKEGAARD E NIETZSCHE

cações políticas. Não há possibilidade do que seria viável chamarmos de imaginário social, no qual homens e mulheres atingiriam uma realização comunitária ao se constatarem refletidos no espelho uns dos outros. Todas as formas do comunal devem agora ser condenadas por má-fé e falsa consciência, como costumam ser condenadas, no cômputo geral, por Emmanuel Lévinas e pelo Jacques Derrida da maturidade. Quanto mais se despe a identidade social, mais se fica nu e trêmulo como uma alma solitária diante de Deus. O verdadeiro heroísmo está em nos arriscarmos a ser nós mesmos sem nenhuma reserva — uma condição que, como Lévinas e Derrida viriam a concordar tempos depois, envolve o que Kierkegaard chama de uma "enorme responsabilidade". Os indivíduos são átomos solitários, ilegíveis para eles mesmos e uns para os outros. A particularidade só pode ser preservada à custa da sociabilidade. "A experiência finita", escreve Kierkegaard, "vive ao desabrigo."[21] A realidade do outro nunca é um fato para mim, apenas uma "possibilidade". Não pode haver comunicação direta entre indivíduos irredutivelmente específicos, nenhuma empatia imaginária ou sentimento espontâneo de solidariedade entre eles. Tal crença envolve a ideologia perniciosa da identidade — a heresia de que o sujeito pode ser igual a si mesmo ou a outrem, em vez de radicalmente incomensurável com tudo o mais que há no mundo. A ideia de virtude — o hábito espontâneo da bondade — é repudiada como uma doutrina pagã. É muito pouco trabalhosa para o gosto severamente puritano de Kierkegaard, ainda que, como observou um comentarista, "toda a sua preocupação seja com a autorrealização, com a busca de realização do indivíduo".[22] A imitação, essa pedra angular da ordem imaginária, é prontamente rejeitada: nenhum indivíduo é capaz de imitar ou se apropriar da realidade íntima de outro. Todos os homens e mulheres são "incógnitos". Quando muito, a sociedade pode aspirar à "união negativa da reciprocidade mútua dos indivíduos", uma mutualidade que em nenhum sentido é constitutiva do ser deles.[23]

Assim, Kierkegaard desponta como um expoente precoce da linhagem de aristocratismo espiritual conhecida como *Kulturkritik*, legado que examinaremos brevemente mais adiante. Ele é um elitista mal-humorado que vocifera sem moderação contra a "turba", sustentando que pouquíssimos homens e mulheres são capazes de se tornarem eles mesmos. A democracia é o inverso da autenticidade. A demanda de igualdade humana é uma forma odiosa de nivelamento, que solapa os laços huma-

O PROBLEMA DOS DESCONHECIDOS

nos concretos e anula a diferença pura do indivíduo. O sujeito universal abstrato da civilização burguesa deve ser desdenhosamente evitado. O progresso social, a ordem pública, a opinião pública e a reforma humanitária são assuntos subalternos, próprios para ao registro subsidiário do simbólico, abaixo da alçada altaneira do paladino da fé. Kierkegaard tem pelo humanitário um desdém que encontraremos depois nos lacanianos. A "profunda humanidade" do paladino da fé, observa ele, "vale mais do que essa preocupação tola com as cicatrizes e aflições dos outros que é homenageada sob o nome de solidariedade, mas que realmente não passa de vaidade".[24] Esse sentimento é puro Lacan.

Os homens e as mulheres modernos, incapazes de "existir" verdadeiramente, sucumbiram sem luta à esfera do anônimo e do desumanizante, a universais sem sangue e coletividades sem alma, numa era em que os conhecimentos crescentes fazem diminuir proporcionalmente a sabedoria espiritual. É o domínio exangue do *das Man* heideggeriano, a vitória do quantificado e do genérico sobre o *sui generis* e o ímpar. Num acesso de má-fé, homens e mulheres fogem da espinhosa questão da autenticidade pessoal e se desperdiçam num ou noutro sonho com totalidades: o bem público, o espírito da época, a marcha da história, o progresso da humanidade. Ao fazê-lo, identificam-se imaginariamente com uma ordem social que o sujeito da fé sempre olha ceticamente de esguelha. Depois de Hegel, a história já não é o lugar em que o sujeito pode encontrar sua imagem especular ou sua realização. Ao contrário, agora os homens e as mulheres têm de resgatar sua fé tirando-a de uma razão pública mais e mais reificada e se retraindo de um mundo degradado para suas próprias profundezas íntimas. O mesmo destino viria a afligir a arte na era do modernismo. A proeza de Kierkegaard foi converter a própria ofensa e o absurdo da fé, durante uma época racionalista, numa espécie perversa de propaganda dela.

Kierkegaard pode não ser, de modo geral, um apóstolo do Imaginário, mas há um lugar em que o abraça sem restrições: no próprio ato de escrever. O leitor, como ele argumenta em *Meu ponto de vista como autor*, não deve ser insolentemente confrontado com uma verdade absoluta, a qual ele só faria rejeitar; em vez disso, deve ser indiretamente abordado, submetido a uma espécie de ironia socrática, a fim de que sua falsa consciência possa desfazer-se por dentro, em vez de ser frontalmente atacada. Ao adotar uma sucessão de argumentos parciais e personas pseudônimas,

SCHOPENHAUER, KIERKEGAARD E NIETZSCHE

o autor pode lançar uma série de ataques de guerrilha contra o leitor e, por meio da ficção, da ironia e do subterfúgio, atraí-lo para um momento de decisão que, no fim das contas, só poderá ser dele. Como diria Sartre, um século depois, a escrita, para ser moralmente fecunda, deve engajar a liberdade do leitor. Trata-se, como diz Kierkegaard, de "acompanhar a ilusão do outro" — de penetrar pela empatia imaginativa em sua esfera de valor, à maneira de um romancista com seus personagens. E isso, confessa Kierkegaard, tem um componente inescapável de duplicidade, como o tem o Imaginário. Escrever, nesse sentido, é uma questão dialógica, um entreouvir-se continuamente nos ouvidos do destinatário e um consoante revisar-se. A verdade é a verdade, com certeza, mas no mundo decaído do discurso humano, ela tem de trabalhar por uma sabedoria tortuosa, enquanto o autor se aproxima furtivamente da terra incógnita do leitor, como um quinta-coluna no campo do inimigo.

Há superposições complexas entre as três categorias de Kierkegaard, como ocorre com as de Lacan. O religioso tem de se curvar ao estético — o que equivale a dizer que a matéria-prima do evangelista é a matéria irregenerada da fantasia e do apetite. A fé, observa Kierkegaard, deve capturar o eterno, mas também se ater com firmeza ao finito: "Ter a vida cotidiana na dialética decisiva do infinito, mas continuar a viver: essa é tanto a arte quanto a dificuldade da vida."[25] Há algo dessa ironia — de estar no mundo, mas não ser dele, desprendido, mas não indiferente — no pensamento dos lacanianos. Quando Kierkegaard observa, em *Temor e tremor*, que "é ótimo desistir do desejo, mas é ainda melhor ater-se a ele depois de haver desistido",[26] está pensando no amor de Abraão por Isaac e na esperança da segurança dele, um amor e uma esperança a que ele se apega com força, mesmo ao renunciar a ambos em nome de sua fé em Javé. Também Lacan acredita num desejo impossível, mas ao qual se deve aderir a todo custo.

Existem outras relações entre as três dimensões. A fé e o estético podem discordar, mas também compartilham uma instantaneidade que falta ao ético. Escolher a si mesmo é o supremo ato ético, prenunciando o sujeito resoluto da fé; entretanto, como significa optar por si mesmo em toda a melancólica degeneração "estética" pessoal, não deixa para trás aquela esfera. Similarmente, o religioso "suspende" o ético, em vez de liquidá-lo. Apesar disso, Kierkegaard não compreende a relação entre a ética e o Real num estilo cristão tradicional. Para o Novo Testamento, a

O PROBLEMA DOS DESCONHECIDOS

fé menos é um salto além do ético do que a revelação de seu fundamento último. É a verdade de que aqueles que amam sem reservas serão mortos. É nesse sentido que Jesus é a consumação da lei moral, por revelar sua temível lógica interna, e não sua aniquilação. A fé não discorda da ética por ser fé num Deus de justiça, liberdade, amizade e igualdade. O que distingue a fé cristã do compromisso humanista com esses valores é o fato de que ela se apega à absurda proposição de que, a despeito de todas as aparências históricas, tais valores estão fadados a vencer. E isso porque, segundo afirma essa fé, ainda mais tolamente, em certo sentido eles já venceram.

Nietzsche é um pensador espantosamente radical e sua visão da moral não constitui exceção. Em vez de intervir no debate ético, pesando um valor contra outro, ele foi um dos primeiros pensadores modernos a questionar toda a concepção de moralidade como tal. Outro desses céticos foi um contemporâneo seu, Karl Marx, para quem a moral era essencialmente ideologia. E assim é também para Nietzsche, ainda que ele não utilize esse termo. Para esses dois filósofos, a moral menos é uma questão de problemas do que um problema, ela própria. Ambos cunharam ligações admiravelmente originais entre a ética e o poder. Se o discurso moral, na visão de Marx, faz parte de uma superestrutura que, entre outras coisas, obstrui o desenvolvimento das forças de produção, sua função primordial, na visão de Nietzsche, é bloquear o florescimento da vontade de poder. A moral, tal como a conhecemos, é uma moral "de rebanho", suficientemente adequada para as massas medrosas e espiritualmente medíocres, mas criadora de obstáculos fatais para as almas excepcionais e nobres que exibem mais do que uma semelhança passageira com o próprio Nietzsche. A moral é uma conspiração contra a vida, por parte dos que têm medo da alegria, do risco, do entusiasmo, da dificuldade, da solidão, do sofrimento e da autossuperação. É tão quimérica quanto a alquimia. Todo esse aparato decadente precisa desmoronar, uma vez que suas escoras metafísicas ficam cada vez mais enfraquecidas.

Se Kierkegaard vilipendia as massas, Nietzsche o supera sem dificuldade em puro veneno. Os dois pensadores veem nos costumes sociais uma covarde evitação da perigosa aventura do tornar-se pessoa. Aos olhos de Nietzsche, a moral é uma questão de tirania, idiotice, conformismo servil e ressentimento sadomasoquista. É o instinto de rebanho

SCHOPENHAUER, KIERKEGAARD E NIETZSCHE

em cada indivíduo, disciplinando-o a não ser mais do que a função de uma coletividade sem rosto. Inteiramente sem verdade ou fundamento, sinal da vitória desprezível do comunal sobre o individual, ela existe meramente para o crescimento, a preservação e a proteção das comunidades, e não para o aprimoramento essencial da vida em si. Sendo assim, na visão resolutamente naturalista de Nietzsche, a moral é uma função da biologia, da psicologia, da fisiologia, da antropologia e da luta incessante pela dominação. Suas raízes não se encontram no espírito, mas no corpo. Ela não pode ser apreendida, à maneira kantiana, como um fenômeno em si, só podendo ser explicada de um ponto de vista que lhe é externo, como uma função da "vida, da natureza e da história". Tal como Marx, Nietzsche interessa-se pela história natural ou pelas condições materiais da moral, das quais a própria coisa nada mais é do que um sintoma. As normas morais não representam nada mais edificante do que uma obediência irrefletida aos costumes, ao hábito e ao que se poderia chamar de inconsciente social. Os valores morais absolutos provêm de uma submissão servil a tradições e sentimentos que são inteiramente contingentes. Toda a história do juízo moral tem sido um longo erro — ainda que, como veremos dentro em pouco, um erro produtivo, em certos aspectos. Deve-se destruir a moral, caso se pretenda libertar a vida, insiste Nietzsche em *A vontade de poder*.[27]

Com efeito, não há praticamente nenhum aspecto da ética convencional que Nietzsche não repudie com arrogância. Os valores morais se enraízam, invariavelmente, numa história de sofrimento, conflito e exploração: "quanto sangue e quanta crueldade há no fundo de todas as 'coisas boas'", comenta ele, em tom benjaminiano, na *Genealogia da moral*.[28] Toda moral, portanto, é imoral, quando julgada pelos altivos padrões nietzschianos. A vitória de uma ideia moral, observa Nietzsche em *A vontade de poder*, é obtida exatamente pelos mesmos meios que qualquer outra vitória: força, mentiras, calúnias e injustiça. Não existem fatos, motivos, intenções nem qualidades morais, tampouco, a rigor, nenhum tipo de fenômeno especificamente moral.

Se não existem atos morais nem imorais, é porque toda essa ideologia do comportamento humano apoia-se numa falsa concepção da vontade. Não existe nada que se possa chamar de livre-arbítrio, embora dizer que a vontade não é livre venha a ser meramente o inverso da mesma concepção equivocada. A ideia de livre-arbítrio resulta do desejo doentio de

243

O PROBLEMA DOS DESCONHECIDOS

punir e condenar. Se só são morais os atos praticados pela vontade livre, comenta Nietzsche ironicamente em *Aurora*,[29] não existe nenhum ato moral. É um ponto cego da ética "simbólica" imaginar que os homens e as mulheres são totalmente autônomos e autodeterminados e, por isso, inteiramente responsáveis por suas ações. Ao contrário, tudo de consciente, cognoscível, visível e intencional que existe num ato, escreve Nietzsche em estilo freudiano em *Além do bem e do mal*,[30] pertence meramente à sua superfície e sua pele. O chamado sujeito humano livre é, simplesmente, alguém que internalizou uma lei bárbara e, por conseguinte, toma a si mesmo pela mão como um cidadão submisso e, desse modo, já não necessita de coerção externa. Uma vez que a lei precisa implantar-se em algum lugar, ela abre em nós o espaço interno de culpa, doença e consciência pesada que alguns gostam de chamar de subjetividade. Esses aspectos de Nietzsche, entre outros, é que viriam a ser herdados por Michel Foucault. O mundo interno se adensa e se expande, à medida que instintos sadios, orientados para fora, se introvertem sob o poder repressor da lei e dão origem à "alma" e à consciência moral, o agente policial dentro de todos nós. Enquanto isso, o sujeito extrai um prazer masoquista da lei punitiva ou supereu instalado em seu íntimo. A liberdade é uma questão de afagar os próprios grilhões.

Isso não quer dizer que Nietzsche seja um completo determinista. Trata-se, antes, de que ele se dispõe a desenvolver uma psicologia mais sutil do que os dogmas grosseiramente simplistas que encontra disponíveis, uma psicologia que desmantele toda a oposição clássica entre liberdade e necessidade. Ele o faz até pela investigação do processo da criatividade artística, o qual, em certo sentido, é seu tema do começo ao fim e não é uma questão de atos de vontade nem de necessidade férrea. A maioria dos homens e das mulheres, de qualquer modo, não está à altura de ideais majestosos como autonomia e responsabilidade, sendo meros reflexos condicionados de sua natureza, de modo que o louvor ou a censura morais, no caso deles, são totalmente descabidos. A gentalha é tão pouco passível quanto um tigre de ser responsabilizada pela rede complexa de forças invisíveis que molda seu caráter.

Se Nietzsche se opõe à ordem simbólica, também descarta sumariamente o Imaginário. Assim como Espinosa afirma que a moral das massas consiste em tratar o mundo como um espelho de seus próprios preconceitos e predileções, Nietzsche considera que os juízos morais provêm da

SCHOPENHAUER, KIERKEGAARD E NIETZSCHE

tendência a achar que tudo que prejudica o eu é mau e tudo que o beneficia é bom. Esse egocentrismo também assume uma forma coletiva na própria sociedade. A ideia de uma faculdade moral intuitiva afigura-se a Nietzsche o cúmulo da ingenuidade. Quando os ingleses imaginam saber intuitivamente o que é o bem e o que é o mal, zomba ele no *Crepúsculo dos ídolos*,[31] são vítimas de seu autoengano. A virtude convencional pouco mais é do que uma "mímica", ele declara no mesmo texto, com isso repudiando toda uma visão burkiana da mutualidade moral. Na verdade, um de seus raros pontos de concordância com moralistas como Hume é seu antirrealismo resoluto. Os valores morais não estão gravados no mundo, assim como não tinham estado para seu predecessor setecentista. São peças do mobiliário do mundo que nós mesmos fabricamos e não que encontramos por aí.

Nietzsche é igualmente desdenhoso com os sentimentos e a sensibilidade. Os primeiros são meros sintomas afetivos daquilo em que fomos treinados a crer. Se parecem naturais e espontâneos como se afiguram a Hume e Hutcheson, é simplesmente por havermos internalizado com sucesso uma lei moral infundada. Por trás da suposição magnânima de que os atos morais são atos de solidariedade com os outros, afirma Nietzsche em *Aurora*, está o pavor primevo da ameaça que o outro representa para nós. O amor ao próximo, observa o filósofo em *Além do bem e do mal*, é fundamentalmente inspirado pelo medo do semelhante. É uma injunção puramente secundária, arbitrária e convencional. O medo é "a mãe da moralidade", mas costuma ser disfarçado de amor. Essa tese não está muito distante da de Freud, que herdou diversas doutrinas de Nietzsche.

Assim, o altruísmo dos benevolentistas é rechaçado como inteiramente mítico. As ideias de sacrifício, desprendimento, abnegação e desinteresse são totalmente falsas. O sujeito compassivo é um sujeito castrado. Não existe capacidade intrínseca de benevolência. Os seres humanos são animais naturalmente competitivos e egoístas e as inclinações a beneficiar o outro sempre derivam de nossos próprios interesses. Se os atos morais tiverem de ser caracterizados como praticados puramente em benefício alheio, veremos que eles não existem. O valor da compaixão humana é absurdamente exagerado. Ela é um pacto com os que tendem a nos corromper. O sentimentalista deleita-se com o sofrimento humano, fenômeno que Nietzsche também considera exagerado em sua importância. O Super-homem não se deixa perturbar pela adversidade e nela encon-

245

O PROBLEMA DOS DESCONHECIDOS

tra uma aprendizagem vital para as realizações criativas. Ele certamente pode auxiliar os desafortunados, porém mais à maneira do austero aristocrata do que à do zeloso humanitário de classe média. São os fracotes espirituais, cegos para a moral como autodomínio e autossuperação, que "enaltecem os sentimentos bondosos, compassivos e benevolentes dessa moral instintiva que não tem cabeça, mas parece ser simplesmente toda feita de coração e mãos auxiliadoras".[32]

Por sua parte, o Nietzsche da *Genealogia da moral* preferiria celebrar "tudo o que é altivo, másculo, conquistador, dominador".[33] A vontade do perigo, da conquista, da dor e da "sublime maldade" foi insidiosamente solapada por um humanismo moral sem brio. A solidariedade e a compaixão, tais como as temos, são as virtudes doentias da religião da ralé, o judaico-cristianismo, sintomas de um ódio por si mesmo e uma aversão à vida que as ordens inferiores, em seu ressentimento rancoroso, persuadiram ardilosamente os seus senhores a internalizarem. Num perverso golpe de mestre, os fracos contagiaram os fortes com seu niilismo purulento e deram a esse estado catastrófico o nome de moral. Reagindo a isso, o Super-homem precisa endurecer o coração para o sofrimento alheio, passando com sua carruagem por cima dos mórbidos e enfraquecidos.

Se a piedade e a solidariedade são estritamente para os plebeus, o mesmo se dá com os ideais de felicidade, utilidade, bem-estar e do bem comum. "E como poderia haver um 'bem comum'?", zomba Nietzsche em *Além do bem e do mal*. "Esse termo se contradiz: tudo o que pode ser comum tem sempre pouco valor."[34] O conceito de bem-estar geral, observa ele no mesmo texto, menos é um ideal do que um vomitório, ao passo que o princípio da utilidade não reflete nada além das aspirações distorcidas dos ultrajados e oprimidos. Quanto a essa história insignificante de felicidade, só os ingleses, ironiza Nietzsche, pensando nos benthamistas, quebram a cabeça com isso. Os códigos morais, assim como os conceitos, são intrinsecamente supersimplificadores, reduzindo o inefavelmente particular à lógica degradada do genérico ou do universal. Esse nominalismo militante é uma das muitas posições de Nietzsche que passaram para o pensamento pós-moderno, de uma de cujas correntes, aliás, ele é o principal gerador. Em sua convicção de que o geral é intrinsecamente insípido e falseador, ele compartilha muitas coisas com Kierkegaard. Na verdade, chega até a superar esse dinamarquês furiosamente individualista em sua convicção de que a própria consciência é uma vulgarização do

246

SCHOPENHAUER, KIERKEGAARD E NIETZSCHE

mundo, que reduz o rico matagal da realidade a uma pálida sombra dele mesmo. Há algo de necessariamente obtuso e obscurante no pensar. O corpo é um fenômeno mais rico, mais claro e mais confiável.

Não obstante, Nietzsche fica longe de simplesmente descartar a ordem simbólica ou o império da moralidade de massa. Para começar, isso é o melhor que a maioria dos homens e das mulheres jamais conseguirá fazer. Falando em termos evolutivos, a ordem simbólica é uma esfera admiravelmente adaptada à condição espiritualmente troglodita desses seres. A humanidade não consegue suportar muita realidade e pereceria diante da verdade se tivesse o infortúnio de confrontá-la diretamente. Por isso, o nascimento do sujeito humanista não deve ser simplesmente lamentado. Nesse ponto, Nietzsche difere significativamente de muitos de seus discípulos menos cautelosos. Além disso, a ordem simbólica, com suas normas abstratas e seus padrões niveladores, sua apoteose do medíocre e seu tolhimento do excepcional, tem uma consequência que acaba sendo produtiva e que com certeza está ausente da visão horrorizada que Kierkegaard tem dela. É que Nietzsche, ao contrário da maioria de seus defensores modernos, é um vigoroso teleologista, para quem a moral se move em três etapas históricas. Essas não são propriamente o Imaginário, o Simbólico e o Real, pois seria mais exato descrevê-las como o Animalesco, o Simbólico e o Real.

A fase animalesca, muitas vezes, é erroneamente vista como o ideal moral de Nietzsche. É a era primitiva dos "homens livres, selvagens, que rondam o terreno", guerreiros despóticos que não conhecem a culpa, vivem até o fim os seus belos instintos bárbaros, com esplêndida descontração, e ferem e se aproveitam sem a menor preocupação. São criaturas mais atraentes do que o Homem Moral, só que também menos fascinantes e complexas. O Homem Moral emerge quando a dominação brutal dessas feras louras força os instintos de liberdade daqueles a quem elas subjugam a se ocultarem, com isso gerando o estado morbidamente autodestrutivo de culpa e má-fé que constitui a "moralidade servil" da sociedade convencional. Apanhadas nesse conluio autodestrutivo entre a lei e o desejo, as criaturas morais convencionais definham nas garras do Real, no sentido negativo desse termo, enquanto o Super-homem, como veremos, desloca-se nessa região sombria de maneira muito mais afirmativa, mais próxima, em certo sentido, da Antígona idealizada de Lacan (embora despojado do ressentimento e da

O PROBLEMA DOS DESCONHECIDOS

intratabilidade dela) do que dos acólitos autodestrutivos de um judaico-cristianismo castrador.

Contudo, a autodisciplina sadomasoquista do animal moral também é, a seu modo, uma criação maravilhosa. Há algo de belo na consciência pesada. A humanidade extrai uma estimulação erótica do torturar a si mesma, tal como o perverso e malicioso Nietzsche a extrai da visão disso. Ademais, embora a corrupção sistemática dos instintos torne a vida humana mais vulnerável e precária, ela também abre novas possibilidades de experimentação e aventura. Essa repressão dos impulsos é a base de todas as formas grandiosas de arte e civilização. Se nossas paixões são enfraquecidas, são também refinadas e sutilizadas; e a autodisciplina punitiva que isso exige de nós prepara o terreno para o jovial autodomínio do Super-homem. Nossa perigosa dependência da razão calculista é, ao mesmo tempo, um amolecimento insidioso do caráter e o advento de uma vida incomparavelmente enriquecida. Nietzsche não é, em absoluto, um simples irracionalista, por mais profundo que seja o seu ódio ao Iluminismo. Ao menos nesse aspecto, ele é tão dialético quanto Marx. A Queda, como em muitas teleologias, vem a se revelar afortunada. Só depois de as antigas paixões selvagens serem temperadas e sublimadas pela imposição da moral "de rebanho" é que se abre o caminho para a entrada majestosa do Super-homem, que tomará essas propensões na mão e as curvará a sua vontade autônoma. O sujeito humano nasce na doença e na sujeição, mas isso vem a se revelar uma oficina essencial para canalizar forças que, de outro modo, seriam destrutivas.

"Cabe a mais profunda gratidão ao que a moral alcançou", escreve Nietzsche em *A vontade de poder*, "mas agora ela é apenas um fardo que pode tornar-se uma fatalidade!"[35] "Muitos grilhões foram postos no homem", comenta o filósofo em *O caminhante e sua sombra*, "para que ele desaprendesse a se portar como um animal: e, com efeito, ele se tornou mais brando, mais espiritual, mais alegre e mais circunspecto do que qualquer animal. Agora ainda sofre, contudo, por ter suportado seus grilhões por um tempo demasiadamente longo (...)."[36] Isso faz lembrar a atitude paulina perante a lei mosaica, cuja finalidade, como todas as normas eficazes, é levar a um lugar em que o indivíduo já não necessite dela. Tal como o Novo Testamento, Nietzsche acredita, à sua maneira ateia, que a lei deve servir a uma abundância de vida, em vez de servir a si mesma. Uma vez que tenha realizado seu objetivo, pode ser descar-

SCHOPENHAUER, KIERKEGAARD E NIETZSCHE

tada. O indivíduo soberano, para Nietzsche, se não para Kierkegaard, é produto do costume cerceador, mesmo que também o transcenda. A fera loura tem de ser estripada e enfraquecida, a fim de se adequar a uma vida civilizada. Sem se tornarem calculáveis e abstratamente intercambiáveis, os seres humanos continuariam a ser animais selvagens, à mercê de seus instintos, e nunca se prepararia o terreno para o advento do Super-homem sumamente civilizado. A ordem simbólica tem sua serventia, afinal. Somente ao ser disciplinado para internalizar uma lei enganosamente universal é que o indivíduo pode chegar ao governo autônomo dessa esplêndida nova criação, que não vive segundo uma moral provinciana e sem rosto, mas de acordo com a lei ímpar de seu próprio ser. O aristocrata não compartilha seus valores morais com seus inferiores, do mesmo modo que não compartilha com eles sua ceia. Poucas opiniões deixam Nietzsche mais enfurecido do que a sugestão de que, em algum sentido, os indivíduos seriam comensuráveis. Nesse aspecto, ele é um verdadeiro companheiro filosófico de Kierkegaard. Na condição de autossuficiente, o Super-homem move-se na dimensão do Real "positivo" — orgulhoso, decidido, totalmente singular, fora do alcance das normas morais coletivas, destemido diante da morte e do nada —, mas só pode fazê-lo por ter sido formado na árdua escola do simbólico. A civilização é produto do barbarismo moral. Só ao perder o próprio eu é que se pode ganhá-lo.

Há, pois, um caráter trágico na teleologia de Nietzsche. No fim, a vida humana só pode florescer apoiada numa dose aterradora de violência, miséria e nojo de si mesma. Todavia, não há nada de minimamente trágico no Super-homem, que irradia um excesso de cortesia, serenidade, bom humor e o que Nietzsche chama, de modo bastante curioso, de "nobreza da alma". Longe de se afigurar um bárbaro predatório, ele é um virtuose do entusiasmo, da autodisciplina e da magnanimidade, dedicado com tanto afinco a seu florescimento quanto um pintor a sua tela. Lançado na interminável aventura da criação de si mesmo e da autoexperimentação, o Super-homem ou Meta-homem é artista e artefato num mesmo corpo. É, por assim dizer, barro em suas próprias mãos, livre para dar a si mesmo a forma da imagem magnífica que mais homenageie a vida, o crescimento e o poder. Devemos ser "poetas de nossas vidas" até os mais ínfimos detalhes. Tem que haver moral, com certeza, mas ela deve ser feita sob medida para a personalidade inimitável de cada um, e não pronta para usar.

O PROBLEMA DOS DESCONHECIDOS

Esse não é um individualismo errante. O Super-homem aprimora e enriquece suas forças não para seu próprio bem, mas em favor de um maior florescimento da espécie. Ele é uma oferenda nesse altar, tanto quanto os organismos que tiveram de perecer em nome do progresso evolutivo. Nesse aspecto, Nietzsche é um eminente vitoriano. Assim, o altruísmo retorna num nível superior. Em certo sentido, o Super-homem está tão sujeito a uma lei exigente quanto o mais mansamente conformista dos cidadãos, porém essa é uma lei que ele cria para si e, portanto, uma versão singular e incomparável da lei universal diante da qual Kant (um velho eunuco medroso, na visão sarcástica de Nietzsche) insiste em que nos curvemos. E é assim que a coerção brutal dá lugar à auto-hegemonia. Assim como Nietzsche toma emprestada de Kant a ideia de dever, embora negue que este jamais possa significar um dever para com todos, também surrupia do filósofo anterior a visão de uma apropriação livre da lei; ao fazê-lo, porém, despoja essa lei de sua uniformidade e seu universalismo. A lei do futuro é de um tipo curiosamente antinomiano, inteiramente peculiar a cada indivíduo. O Super-homem é um perfeito decisionista, guiando-se por sua própria alegre superfluidade de poderes, e não por este ou aquele princípio ou código geral *a priori*. Como uma obra de arte, ele gera suas próprias leis e normas. O que os filósofos autênticos decretam é uma plenitude de vida, não um estilo específico de conduta. Não se sabe ao certo que critérios devem determinar o que figura como um "aprimoramento" da vida. Nietzsche não pode apelar para a intuição nesse ponto, assim como não pode apelar para os costumes vigentes. Além disso, se a vontade de poder abarca todos os fenômenos, de tal sorte que não pode haver critérios morais fora do seu alcance pelos quais se possa julgá-la, não há como sabermos se ela é benéfica; sendo assim, que há de tão admirável em aprimorá-la?

Nietzsche tem pouca paciência com a ideia de virtude, que flui da tradição moral aristotélica que examinaremos mais adiante. Em *Humano, demasiado humano*,[37] ele nos diz que a moralidade começa como uma compulsão, depois transforma-se em costume, em seguida transmuda-se em instinto e, por fim, liga-se à satisfação sob o título de virtude. A virtude é apenas uma forma sublimada de compulsão cega, como às vezes parece ser para Jacques Lacan. Mesmo assim, há elementos da chamada ética da virtude na vida do Super-homem. Como Aristóteles, o Super-homem tem por meta suprema a autorrealização — se bem que

SCHOPENHAUER, KIERKEGAARD E NIETZSCHE

Nietzsche, diversamente de seu antigo precursor, tem sérias dúvidas a respeito de realmente existir algo que se assemelhe a um eu autônomo e, de qualquer modo, essa autorrealização existe, na opinião dele, não por si mesma, como em Aristóteles, mas em prol do aumento da "vida" como um todo. Apesar disso, há momentos em que Nietzsche fala em termos que fazem lembrar o Aristóteles do "supremo bem-estar" da "pessoa inteira", e redige trechos como "o livre desenvolvimento ulterior de si mesmo", que são bastante comuns no Marx disfarçadamente aristotélico. Tal como o indivíduo virtuoso, o Super-homem é uma criatura de hábitos arraigados, que vive de acordo com instintos que incorporaram os melhores valores da cultura e da civilização. Nesse sentido, ele combina a energia instintiva da fase "animalesca" da humanidade com sua própria escolha idiossincrática dos valores de sua época "moral".

Há um outro ponto de contato entre Nietzsche e a ética da virtude. Esta última tradição, como veremos mais adiante, não se opõe às leis e preceitos morais; trata-se apenas de que, ao contrário da moral kantiana, não é aí que ela começa. Antes, ela começa por certas concepções de virtude, excelência, bem-estar, autorrealização e coisas similares, e avalia a função das normas e prescrições nesse contexto mais amplo. As injunções e proibições não devem ser vistas como fins em si. Nietzsche acompanha esse raciocínio: ainda haverá leis no futuro reino da liberdade, mas elas existirão para maior enriquecimento da vida. Se ele houvesse assimilado Aristóteles inteiramente, porém, teria reconhecido que nem mesmo a moral do presente degenerado precisa ser primordialmente uma questão de leis e obrigações. Essa é uma das implicações mais afirmativas da doutrina do antigo filósofo. Ironicamente, Nietzsche subscreve a duvidosa proposição kantiana de que a ética é uma questão de deveres e prescrições, depois rejeita toda essa concepção superegoica em prol de sua própria visão, muito diferente. Ele vê a moral, antes de mais nada, como sendo uma questão de receitar certos cursos de ação e censurar determinados tipos de atos e indivíduos e, naturalmente, rejeita tudo isso. Mas, se não tivesse definido a moral em termos tão empobrecidos, para começo de conversa, talvez não houvesse precisado repudiá-la com tanto espalhafato. Nessa medida, ele foi vítima da moral de rebanho no ato de denunciá-la. Há uma ironia semelhante em Marx, que às vezes parece reduzir a moralidade ao moralismo e, com isso, deixa de perceber que seu

O PROBLEMA DOS DESCONHECIDOS

próprio trabalho constitui uma investigação moral, no sentido clássico e não moralista do termo.[38]

O Super-homem é um ser sumamente positivo, transbordante de saúde bruta e *joie de vivre*. Mas difere da maneira mais fundamental do homem de grande alma de Aristóteles, em termos do preço terrível que tem de pagar por seu eterno dizer sim. Trata-se do preço de um encontro apavorante com o Real — do reconhecimento de que não existem verdades, essências, identidades, fundamentos, fins ou valores intrínsecos no mundo. O sujeito humano é uma ficção, e o mesmo são os objetos que tanto lhe parecem robustos. Reconhecer tudo isso é fitar o imperscrutável abismo dionisíaco retratado em *O nascimento da tragédia*,[39] ao mesmo tempo rejeitando qualquer anódina ilusão apolínea. É converter até mesmo esse terrível conhecimento da pulsão de morte num hábito finamente instintivo, dançando sem certezas à beira do abismo. O Super-homem é aquele que colhe virtude da necessidade aterradora, convertendo a falta de fundamento da realidade numa oportunidade de deleite estético e numa fonte de incessante autoinvenção. Como os heróis éticos do Real no pensamento lacaniano, ele atravessou e foi além do batismo de fogo que é a tragédia, e chegou a um lugar inteiramente além dessa aflição prazerosa. Para atingir essa condição invejável, entretanto, a espécie humana tem que se empenhar nas duras lições da ordem simbólica.

Há portanto um sentido em que, para Nietzsche, a criatura humana autêntica avança da *felix culpa* da ordem simbólica, passando por um encontro disciplinador com o Real, para um estado de virtude que converte a razão discursiva em instinto espontâneo. O Super-homem é farto e de espírito generoso, mas tem a despreocupada desenvoltura do fidalgo. Nessas condições, o impulso corporal e o afeto são preponderantes, o que o torna, em certos aspectos, uma versão superior do Imaginário. Veremos mais adiante que, para Jacques Lacan e Alain Badiou, a moral consiste numa ferrenha fidelidade ao Real, à qual o sujeito precisa agarrar-se, a despeito das armadilhas e ilusões da ordem simbólica. O ato verdadeiramente ético, para a vanguarda parisiense, é um ato que desdenha dos engodos e dos aborrecimentos enfadonhos do cotidiano, em prol de um compromisso contínuo com essa verdade sublime. Não é o que se dá com Nietzsche. É verdade que só através de um encontro contundente com o Real é que se pode perceber que o mundo não tem alicerces morais, que Deus não apenas está morto, como nunca esteve vivo, para começo de

SCHOPENHAUER, KIERKEGAARD E NIETZSCHE

conversa, e que as morais ortodoxas, em sua maioria, são detestáveis e degradantes. Todavia, depois que o sujeito se torna seu mestre espiritual dessa maneira, o resultado é uma vida de virtude, no sentido em que Edmund Burke poderia entendê-la. Seja como for, algumas das virtudes favoritas de Nietzsche coincidem de perto com virtudes convencionais: coragem, alegria, simpatia, magnanimidade e similares. Uma das críticas a Nietzsche, portanto, não é a de seus escritos representarem o fim da civilização como a conhecemos, mas a de que o Super-homem exibe uma decepcionante semelhança com um conhecido tipo de aristocrata à moda antiga. Menos é uma figura demoníaca do que um personagem de Disraeli.

NOTAS

1. Parte do material que se segue a respeito de Schopenhauer foi adaptado de meu livro *The Ideology of the Aesthetic* (Oxford, 1990), Capítulo 6 [*A ideologia da estética*, trad. Mauro Sá Rego Costa, Rio de Janeiro: Jorge Zahar Ed., 1993].

2. Arthur Schopenhauer, *The World as Will and Representation* (Nova York, 1969), vol. 1, p. 196 [*O mundo como vontade e representação*, trad. M. F. Sá Correia, Rio de Janeiro: Contraponto, 2001].

3. Ib., vol. 2, p. 349.

4. Ib., vol. 1, p. 196.

5. Jacques Lacan, *The Ethics of Psychoanalysis* (Londres, 1999), p. 42 [*A ética da psicanálise*, op. cit., p. 56].

6. Para uma discussão mais completa, ver Terry Eagleton, *Holy Terror* (Oxford, 2005), Capítulo 2.

7. Schopenhauer, *The World as Will and Representation*, vol. 1, p. 231 [*O mundo como vontade e representação*, op. cit.].

8. Lacan, *Ethics of Psychoanalysis*, p. 187 [*A ética...*, op. cit., p. 229].

9. Ib., p. 186 [*A ética...*, op. cit., p. 228].

10. Ib., p. 190 [*A ética...*, op. cit., p. 232].

11. Ib., p. 194 [*A ética...*, op. cit., p. 237].

12. Kenneth Reinhard, "Towards a Political Theology of the Neighbor", in S. Žižek, E. Santner e K. Reinhard (orgs.), *The Neighbor* (Chicago e Londres, 2005), p. 71.

13. Søren Kierkegaard, *Fear and Trembling and The Sickness Unto Death*, org. Walter Lowrie (Nova York, 1954), p. 191 [*Temor e tremor*, trad. e prefácio Torrie-

O PROBLEMA DOS DESCONHECIDOS

ri Guimarães, Rio de Janeiro: Ediouro, 1993; e *O desespero humano*, trad. Adolfo Casais Monteiro, in *Kierkegaard*, col. Os Pensadores, São Paulo: Abril Cultural, 1979].

14. Ver Julia Kristeva, *Histoires d'amour* (Paris, 1983), p. 27-58 [*Histórias de amor*, trad. e intr. Leda Tenório da Motta, Rio de Janeiro: Paz e Terra, 1988]

15. Søren Kierkegaard, *Journals* (Londres, 1938), p. 151, e *Concluding Unscientific Postscript* (Princeton, Nova Jersey, 1941), p. 290.

16. Kierkegaard, *Concluding Unscientific Postscript*, p. 182.

17. Ib., p. 33.

18. Ver Terry Eagleton, *Sweet Violence: The Idea of the Tragic* (Oxford, 2003), Capítulo 9.

19. Kierkegaard, *Journals*, especialmente p. 363.

20. Kierkegaard, *Concluding Unscientific Postscript*, p. 390.

21. Citado em Mark C. Taylor, *Journeys to Selfhood: Hegel and Kierkegaard* (Berkeley e Los Angeles, 1980), p. 64.

22. Anthony Rudd, *Kierkegaard and the Limits of the Ethical* (Oxford, 1993), p. 135.

23. Citado em Taylor, *Journeys to Selfhood*, p. 57.

24. Kierkegaard, *Fear and Trembling*, p. 107 [*Temor e tremor*, op. cit.].

25. Kierkegaard, *Concluding Unscientific Postscript*, p. 78-80.

26. Kierkegaard, *Fear and Trembling*, p. 52 [*Temor e tremor*, op. cit.].

27. F. W. Nietzsche, *A vontade de poder*, trad. do original alemão e notas: Marcos Sinésio P. Fernandes, Francisco J. D. Moraes; apres. Gilvan Fogel, Rio de Janeiro: Contraponto, 2008. (*N. da T.*)

28. Walter Kaufmann (org.), *Basic Writings of Nietzsche* (Nova York, 1968), p. 498. [Ver também F. W. Nietzsche, *Genealogia da moral: uma polêmica*, trad., notas e posfácio: Paulo César de Souza, São Paulo: Companhia das Letras, 1999].

29. F. W. Nietzsche, *Aurora*, trad. Antônio Carlos Braga, col. Grandes Obras do Pensamento Universal, São Paulo: Escala, 2007. (*N. da T.*)

30. F. W. Nietzsche, *Além do bem e do mal: prelúdio a uma filosofia do futuro*, trad., notas e posfácio: Paulo César de Souza, São Paulo: Companhia das Letras, 2ª ed. 2001, 7ª reimpr. 2002. (*N. da T.*)

31. F. W. Nietzsche, *Crepúsculo dos ídolos, ou Como filosofar com o martelo*, trad. M. A. Casa Nova, Rio de Janeiro: Relume Dumará, 2000. (*N. da T.*)

32. Citado por Richard Schacht, *Nietzsche* (Londres, 1985), p. 468.

33. Kaufmann, *Basic Writings of Nietzsche*, p. 265.

34. Ib., p. 330.

35. *The Will to Power* (Nova York, 1968), p. 404 [*A vontade de poder*, op. cit.].

36. Citado por Schacht, *Nietzsche*, p. 370.

SCHOPENHAUER, KIERKEGAARD E NIETZSCHE

37. F. W. Nietzsche, *Humano, demasiado humano: um livro para espíritos livres*, trad., notas e posfácio: Paulo César de Souza, São Paulo: Companhia das Letras, 2000. (*N. da T.*)

38. Para uma excelente discussão do pensamento ético de Marx, ver R. G. Peffer, *Marxism, Morality, and Social Justice* (Princeton, Nova Jersey, 1990).

39. F. W. Nietzsche, O *nascimento da tragédia, ou, Helenismo e pessimismo*, trad., notas e posfácio de J. Guinsburg, São Paulo: Companhia das Letras, 2ª reimpr., 1996. (*N. da T.*)

CAPÍTULO 8 Ficções do real

Em *Medida por medida*, há um momento em que o duque procura persuadir o condenado Cláudio a aceitar seu destino:

> Contai certo com a morte; desse modo, tanto ela como a vida
> se tornarão mais doces. Dialogai com a vida deste modo:
> em te perdendo, perderei
> o que os tolos, tão somente, cuidam de preservar. (...)
> Feliz também não és, pois só cuidas de obter o que te falta,
> olvidando o que tens.
>
> (3.1.6-8, 21-3)[1]

Convencido por essa eloquente apologia da morte, Cláudio aquiesce ao apelo do duque:

> De todo o coração vos agradeço.
> Desejando viver, agora o vejo, só procurava a morte,
> e, nesse empenho, afinal, acho a vida. Pois que venha!
>
> (3.1.41-43)

Ao contar com a morte como certa, nessa opção resoluta pela morte, e desviar o rosto das insatisfações perpétuas dos vivos, Cláudio descobrirá um tipo mais profundo e doce de vida. Não se trata de um contraste entre a morte e o desejo, mas de um reconhecimento de que o desejo em si, em sua feição mundana, é uma mera sucessão banal de *petites morts* e, como tal, antecipa sua própria cessação. Enamorar-se da morte, em vez da vida — abraçar sua escuridão como um noivo estreita a amada — não é rejeitar o desejo, e sim optar por ele em sua mais pura forma. É recusar-se a fazer concessões quanto ao desejo, reconhecendo-lhe a natureza transcendental, em vez de tamponar seu doloroso vazio com tal ou qual

O PROBLEMA DOS DESCONHECIDOS

ídolo ou fetiche. A lei do desejo é iconoclasta, descarta falsos deuses e ídolos. Fazer uma opção resoluta pela morte não é uma necrofilia mórbida, mas uma fidelidade amorosa à essência da própria identidade — uma essência que ultrapassa todos os objetos particulares do desejo e nada mais é que uma espécie de excesso vazio para além deles. Ao contrário dos pós-modernistas, Lacan é mesmo um essencialista devoto, só que a essência da humanidade — o desejo — é uma espécie de nada. São os que investem demasiadamente a fundo em viver, emboscados por esse ou aquele objeto de amor perecível, que são infiéis ao que neles existe de mais vivo.

O preço que se paga por essa veracidade, entretanto, é alto. Como escreve Slavoj Žižek, esses homens e mulheres, dos quais o Édipo de Sófocles é um dos grandes protótipos, "viveram 'a condição humana' até o fim, realizando sua possibilidade mais fundamental, e por isso, de certo modo, 'já não são humanos' e se transformam em monstros desumanos, não vinculados por leis nem considerações humanas".[2] Em sua destituição radical, eles encarnam um horror indizível — o tipo de humanidade nua e sem adornos para a qual, tal como para as pavorosas vítimas dos campos de concentração nazistas, é preciso uma coragem suprema para olhar, bem como para conviver com ela. É ali onde somos mais puramente humanos, despojados de todas as insígnias culturais, que somos também mais desumanos, mais monstruosos e desfigurados. Os que confrontam o Real se movem, como vimos, numa zona crepuscular suspensa entre a vida e a morte, na qual o ser humano "depara com a pulsão de morte como o limite extremo da experiência humana e paga o preço por isso, passando por uma 'destituição subjetiva' radical, reduzido a um resto excrementício".[3] Em termos cristãos, estamos falando da descida de Cristo ao inferno, sinal de sua solidariedade com o tormento e o desespero humanos, sem a qual não poderia haver ressurreição dos mortos.

Tal como o sublime em Kant, o desejo reprova nossos investimentos na realidade comum e vulgar, lembrando-nos com severidade que nossa verdadeira casa é no infinito. Não se trata, como na fé cristã, de um infinito que enfim possamos alcançar, mas antes, como no Fausto de Goethe, da infinitude do processo de buscá-lo. O desejo perpétuo é a versão laica da vida eterna. É um infinito que paira sob uma feição negativa em nossa incapacidade persistente de nos satisfazermos, como se a própria realidade dessa frustração apontasse, além dela mesma, para uma reali-

FICÇÕES DO REAL

zação atualmente inimaginável e fosse o máximo que jamais saberemos dela. Sermos leais à falta a ser que somos nós mesmos não é buscarmos uma forma de viver bem (a busca clássica da ética), mas aprendermos a conviver com nosso desencanto radical. Numa palavra, é uma espécie de teologia negativa, na qual permanecemos fiéis a um Deus que falhou. Também nesse aspecto há uma certa ressonância da fé cristã ortodoxa, para a qual o único Deus bom é um Deus morto e a única vitória é aquela que se arranca do fracasso.

Não ceder quanto ao próprio desejo é viver na alegre expectativa de um Messias que nunca fará nada tão definitivo quanto chegar e que deverá ser esperado de maneira ainda mais apaixonada precisamente por isso. Como devotos obedientes do Real, continuamos a fazer tanta questão de nossa não realização radical quanto Santo Agostinho perdia-se de amores por uma divindade que era a única em que todo o desejo cessava. À sua maneira, o desejo do Real é uma versão do perverso "creio porque é impossível" de Santo Anselmo. Devemos lutar por nos aperfeiçoarmos em nossa incompletude, perpetuamente confirmada na trágica ausência de ser que somos. É a intransitividade do desejo que devemos recusar-nos a pôr em risco. Almejar um bem supremo — a benevolência universal, digamos, ou o amor ao próximo — seria, de acordo com essa visão, promover um curto-circuito na cadeia potencialmente infinita de significações que é o desejo, procurar confrontar olho no olho a Coisa perdida e caçada e, com isso, na linguagem de Lacan, correr o risco da psicose: o encontro direto e traumático com o Real por parte daqueles cuja capacidade de simbolizar desintegrou-se.

Não é de surpreender, portanto, que o Cláudio e a Isabela de Shakespeare sejam irmãos, visto que ela, tal como ele, está disposta a preferir a vida à morte. Confrontada com a escolha entre a morte e a honra, ela opta sem hesitação pela primeira:

> Morre, irmão! Isabel, sê sempre pura!
> Os irmãos passam, a pureza dura.
> (2.4.184-185)

Esse não é propriamente o mais filial dos sentimentos; aliás, Cláudio, prontamente recuperado de sua aceitação momentânea da execução, repreende-a acaloradamente por isso. Isabela está disposta a morrer (no

O PROBLEMA DOS DESCONHECIDOS

linguajar lacaniano) por aquilo nela que é mais do que ela — esse "objeto no sujeito" conhecido como castidade, honra, integridade, autenticidade ou, simplesmente, subjetividade, a respeito do qual não há realmente nenhuma escolha, para começo de conversa, uma vez que, sem ele, na verdade já se está morto e, por conseguinte, a questão da escolha é irrelevante. A única coisa à qual a vida deve ser logicamente sacrificada é àquilo, seja o que for, que a torna digna de ser vivida. O mesmo se dá com o mártir e sua causa. Em certo sentido, ele não pode deixar de morrer por essa, uma vez que enfrenta uma espécie de escolha forçada: se não morrer, ele se tornará um nada sem sentido, em vez de um nada significante. O mártir opta pela morte porque, em certas condições extremas, ela é a única maneira de atestar uma causa que sustente os vivos. Ele rejeita o mundo por amor ao mundo e é isso que o distingue do suicida. O suicida definha nas garras da pulsão de morte, voltando-a contra a própria carne num espasmo de gozo obsceno; já o mártir descobre um modo de utilizar essa pulsão para a realização alheia, forçando Tânatos a ficar a serviço de Eros ou ágape.

Para o suicida, a vida tornou-se sem valor e insuportável. Podemos contrastar essa situação com a da Antígona de Sófocles, que, apesar de declarar desde o início "estou morta e desejo a morte", é autorizada, no último instante, a lamentar a perda da vida plena, com o casamento e os filhos, da qual está abrindo mão, a fim de marcar sua diferença do suicida. Nenhuma morte para a qual a vida não tenha valor pode ter valor. O mártir opta por significar em vez de ser, permitindo que esse significante brilhe contra o tenebroso pano de fundo de sua própria mortalidade. Optar firmemente pela morte não é uma rejeição da vida, mas um estilo de vida em si, um estilo enriquecido e transfigurado por ser audaciosamente arrancado da morte. Os que agem como se fossem viver para sempre são uma ameaça para a sociedade civilizada. O indolente Bernardino não se importa com a morte e é por isso que também não se importa com a vida. Não ver a morte como momentosa é desvalorizar os que vivem. Somente um ser ético, que é a última coisa que Bernardino seria, é capaz de extrair de sua mortalidade algo significativo. A falta fatal de ação que o impede de se apropriar pessoalmente de sua morte é também o que o impede de levar uma vida menos empobrecida do que a de um porco.

Esse "heroísmo da falta", como o chama Slavoj Žižek,[4] é, em síntese, uma ética do Real e para Lacan, surpreendentemente, um de seus grandes

FICÇÕES DO REAL

progenitores é Kant. Num ensaio seminal, intitulado "Kant com Sade",[5] Lacan diz que o filósofo alemão foi o primeiro a plantar a semente da psicanálise em sua concepção da lei moral, a qual, na visão lacaniana, é realmente um retrato do desejo em seu estado mais puro. Trata-se do tipo de desejo que fica inteiramente além do princípio do prazer, como a busca sadiana de uma forma impossível e imortal de gozo que ultrapasse todo mero gozo empírico. Como observa Lacan em outro texto, essa espécie de desejo "termina no sacrifício, propriamente falando, de tudo que é objeto do amor em sua ternura humana — digo mesmo, não somente na relação do objeto patológico, mas também em seu sacrifício e em seu assassínio".[6] Isso é muito distante do mundo empático de um Hutcheson ou da afabilidade de um David Hume. O desejo, em suma, é a mais moderna forma de transcendência — uma forma que, com a vigilância ascética de uma carmelita, deve resguardar sua intransitividade de todos os objetos "patológicos" (ou seja, de todos os objetos de amor, apetite e afeição), apoiando-se apenas em si mesmo e em sua falta de um télos. Também é assim, aliás, que o Fausto de Goethe pode ter a esperança de conquistar a salvação. Uma vez que a lei moral de Kant evita similarmente todos os fins e bens específicos, em seu formalismo rigoroso, sacrificando o eu e seus prazeres à sua própria soberania e se alicerçando unicamente em seu imperativo portentosamente vazio, a afinidade entre os dois fenômenos torna-se clara. Ambos são vazios de conteúdo; ambos despistam o significante e por isso são sublimes.

Além disso, tanto a lei quanto o desejo têm uma necessidade férrea. Nossos atos mais livres são aqueles que não podemos deixar de praticar, se quisermos continuar a ser nós mesmos. Não são produto de "atos de vontade", mas de uma aquiescência à lei não negociável do nosso ser, de uma submissão àquilo dentro de nós que é mais tenazmente nós do que qualquer mero ato de reflexão. Em relação ao desejo, tal como em relação à lei, o sujeito é o mero portador de um poder que não tolera negação. O desejo é um soberano absolutista. Também fica claro que, assim como o imperativo categórico de Kant é impossível, em certo sentido, já que nunca se pode ter certeza de estar agindo "não patologicamente", igualmente impossível é o absoluto ético lacaniano — a ordem de não ceder quanto ao próprio desejo. Só o santo ou o mártir poderiam viver assim. Não se trata de uma ética para a gentinha. O que Kant não vê, na opinião de Lacan, é que o próprio desejo, em sua desconsideração pelos

O PROBLEMA DOS DESCONHECIDOS

motivos, objetos e efeitos empíricos, é uma lei absoluta, tão rigorosa e peremptória quanto qualquer Ângelo. A distinção entre lei e desejo se desarticula, portanto: cumprir a lei do desejo, que é a essência da subjetividade, não é nada menos do que o dever obrigatório de cada um.

Agir de acordo com esse desejo é também conciliar liberdade e dependência. Se o sujeito do Imaginário é excessivamente dependente, cativado por uma imagem externa a ele, o sujeito do Simbólico também é autônomo demais. Se falta ao sujeito do Imaginário o senso de iniciativa, seu equivalente simbólico sonha ser puramente indeterminado. O sujeito do Real, porém, firma-se como agente precisamente por atentar para aquilo nele mesmo que é mais do que ele. Trair esse poder determinante seria trair a si próprio. Nesse sentido, como em diversos outros, a psicanálise é, de fato, uma teologia deslocada. O sujeito do Real pauta-se pelo sujeito do judaico-cristianismo, cuja liberdade consiste em ele reconhecer sua dependência desse alicerce do ser que é Deus. Tal ato de reconhecimento é conhecido como fé. Para as duas doutrinas, a dependência infantil e a falsa autonomia devem ser ambas rejeitadas em nome de uma forma de determinação mais profunda, que constitua a própria fonte da liberdade pessoal.

A lei moral pode assumir uma atitude altiva em relação ao prazer, mas ela mesma é maculada por aquele gozo obsceno que "não serve para nada", o qual se situa mais além de todo prazer corriqueiro, na região da pulsão de morte, e ao qual Lacan dá o nome de *jouissance*. Essa face oculta e sombria da lei é o gozo sádico do supereu, que, tal como a lei moral, é de uma indiferença cruel ao bem-estar do sujeito, e não apenas lhe ordena submeter-se a preceitos aos quais é absurdamente impossível obedecer, como também fomenta nele uma cultura letal de culpa por não realizar o impossível. Como se isso tudo não bastasse, o supereu também decreta que o sujeito obtenha prazer do drama mórbido de permitir que essa culpa o persiga até a morte. Para a ética do Real, entretanto, o ato de se permanecer fiel ao desejo não é um ato coagido pelo supereu, já que o sujeito do desejo puro, representado com extrema eloquência, para Lacan, pela Antígona de Sófocles, não sente a menor mácula de culpa ao cumprir a obrigação de sustentar seu desejo. A verdadeira ética leva-nos para além do supereu, pois os sujeitos leais do Real se mostram dispostos a arriscar a morte em nome de um renascimento simbólico. Essa é a diferença, em *Medida por medida*, entre Ângelo e Isabela; mas o que inspira

FICÇOES DO REAL

Isabela a optar pela morte é também, como veremos mais adiante, o que move uma das figuras mais perturbadoramente enigmáticas de Shakespeare: o Shylock de O *mercador de Veneza*.

Não raro, manter-se fiel ao desejo pareceria envolver uma espécie de obstinação ou monomania sobrenatural, como pode sugerir o caso exemplar de Lacan — a Antígona de Sófocles — se bem que o próprio Lacan, relutando em ouvir uma palavra ríspida a respeito de sua amada ficcional, rejeita de pronto a visão eminentemente sensata de que ela é realmente intransigente e, ao fazê-lo, supersimplifica o intricado fluxo e refluxo das simpatias dramáticas. Ele é de uma parcialidade similar a respeito de Édipo, a quem vê caminhando para a morte à maneira da ética do Real — "irredutível até o fim, exigindo tudo, não tendo renunciado a nada, absolutamente irreconciliado".[7] Isso soa bem mais como uma prima-dona filosófica parisiense, talvez não a mil anos-luz de distância do próprio Lacan, do que como o *pharmakos* que, em *Édipo em Colono*, transforma-se na pedra angular de uma nova ordem política. O corpo poluído de Édipo significa, entre outras coisas, o monstruoso terror nos portões, no qual, se quiser ter uma chance de renascer, a pólis precisará reconhecer sua própria deformidade medonha. Essa dimensão profundamente política da tragédia é tratada com extremo descaso nas meditações de Lacan.

Contudo, não há dúvida de que o Real e o recalcitrante têm uma estreita ligação. Tomemos, por exemplo, a extraordinária história de terrorismo político de Heinrich von Kleist, *Michael Kohlhaas*. O conto foi originalmente publicado em 1810, um ano antes de Kleist fazer um pacto suicida com uma jovem que sofria de um câncer incurável, matá-la com um tiro e estourar os próprios miolos. Sua morte foi tão teatral e extravagante quanto sua arte. O casal preparou-se para a morte hospedando-se numa pousada e tomando várias garrafas de vinho e rum, somadas a umas dezesseis xícaras de café, enquanto cantava e rezava. "O público", relatou um jornal em tom severo, se bem que irrelevante, "está longe de admirar ou sequer aprovar esse ato de insanidade."[8]

Algum tempo antes, Kleist se alistara no exército napoleônico, na esperança de ser morto, mas, para sua intensa desolação, tinha conseguido permanecer vivo. Talvez também tenha sido o único indivíduo na história humana a ser aniquilado por Immanuel Kant. Kleist interpretou a episte-

265

O PROBLEMA DOS DESCONHECIDOS

mologia kantiana no sentido de que a verdade é eternamente esquiva, a razão, falha e infundada, a aparência e a realidade, indistinguíveis e toda a realidade, desnorteantemente ambígua e opaca. Visto que, em consequência disso, faltava à vida um propósito discernível, estourar os miolos afigurou-se um ato tão válido quanto qualquer outro e ligeiramente mais gratificante do que a maioria.

Michael Kohlhaas é um negociante de cavalos decente e dotado de espírito público, na Brandenberg do século XVI, e dois de seus cavalos negros são maltratados enquanto estão em poder do arrogante *Junker* [fidalgo] von Tronka. Pacientemente, Kohlhaas busca justiça por esse abuso no sistema judicial, suportando evasivas e adiamentos que se sucedem, uns após outros; mas sua mulher, Lisbeth, é morta por um dos guarda-costas do Eleitor ao defender a causa do marido. Fica evidente que o tribunal está mancomunado com von Tronka e destruiu a petição de Kohlhaas de que seu caso fosse ouvido em audiência. Então, Kohlhaas reúne um bando armado e incendeia o castelo do *Junker*, assim como várias partes de Wittenberg. Sua milícia contratada passa a espada mulheres e crianças, de forma implacável. Não demora muito, ele se metamorfoseia numa imagem de Robin Hood, espalhando o caos militar e travando uma guerra total com o Estado — uma guerra que desperta o apoio fervoroso das pessoas comuns. Num acesso transitório de megalomania, Kohlhaas declara haver formado um novo governo mundial e exige que von Tronka lhe seja entregue, para receber sua punição. Ele incendeia Wittenberg três vezes, toma Leipzig de assalto e derrota algumas portentosas expedições militares lançadas contra suas forças.

A exigência de recompensa de Kohlhaas por seus dois cavalos esfaimados segue então numa escalada surreal, a ponto de despertar o interesse de Martinho Lutero, do Eleitor da Saxônia e do sacro imperador romano, o primeiro dos quais concorda com que o negociante de cavalos realmente foi injustiçado. A conselho de Lutero, o Eleitor assina uma anistia para Kohlhaas e seu bando de paramilitares e esse então faz seus homens debandarem e retoma sua busca de justiça por meios legais. Todavia, os atos selvagens de um bando de saqueadores formado por dissidentes do grupo de Kohlhaas favorecem a postura do tribunal, que revoga a anistia a pretexto desses acontecimentos e leva o negociante de cavalos ao banco dos réus. Ele não apresenta nenhuma defesa de seus atos e é sentenciado à morte na fogueira e ao esquartejamento. Por inter-

266

venção política do Eleitor de Brandenberg, a pena é alterada para a decapitação, veredicto que Kohlhaas acolhe serenamente, ao saber que todas as suas reivindicações ao *Junker* von Tronka serão plenamente atendidas. No local da execução, seus dois cavalos, agora saltitantes e luzidios, são apresentados a ele, com a saúde plenamente recuperada, junto com a informação de que o *Junker* foi condenado a dois anos de prisão. O eleitor de Brandenberg entrega-lhe solenemente o cachecol, os florins, a trouxa de roupa e outros pequenos objetos que seu cavalariço fora obrigado a deixar no castelo do *Junker*. Kohlhaas se declara inteiramente satisfeito com essa decisão e, por sua vez, dispõe-se a reparar com a morte o seu descumprimento da lei. O conto termina com sua decapitação.

Não se trata propriamente do material do realismo social. À medida que os atos de Kohlhaas se tornam cada vez mais extravagantes e bizarros e que as frenéticas intrigas políticas do Estado em torno de um par de cavalos estropiados se aprofundam a cada página, a discrepância grotesca entre a obstinada exigência de justiça do negociante de cavalos e sua causa banal revela com bastante clareza que essa não é uma narrativa do realismo, porém do Real. À medida que os crimes do negociante e as maquinações do Estado se acumulam em escala épica, a uma velocidade absurdamente acelerada, é evidente que estamos diante de uma mistura descarada de tragédia, farsa e grotesco. Aliás, quando os pobres animais de Kohlhaas são vistos em público, pela primeira vez, por uma multidão que sabe da perturbação extraordinária que eles causaram, há uma risadaria estrondosa, ante a visão dos "cavalos em razão dos quais o Estado foi abalado em seus alicerces — um par de cavalos já nas mãos do abatedor!" Há algo de patético no desejo, algo que, aliado ao que o narrador chama de "teimosia lunática", desencadeia o mais extraordinário rebuliço em torno de quase nada. Mas isso, como veremos, é porque o "quase nada" é o que lhe dá ensejo, e não seu objeto.

Afora o fato de ser um brutal assassino em massa, que vende a própria família e a deixa na miséria a fim de levantar fundos para sua causa, Kohlhaas é, a rigor, um personagem bastante racional. É tido por todos como "um modelo de virtudes cívicas" até o *Junker* maltratar seus animais e, em certo sentido, continua assim por todo o conto. Afinal, ele está numa busca admiravelmente incansável dessa virtude cívica exemplar que se conhece como justiça, ainda que os meios que utiliza para obtê-la sejam um tantinho heterodoxos. Em nome da justiça universal, ele está disposto a se tornar a encarnação viva de seu oposto diametral. Ao trucidar e destruir um número incontável de homens, mulheres e crianças inocentes, ele consegue demonstrar como é absoluta a virtude da justiça — o único fenômeno, no dizer de Jacques Derrida, que não pode ser desconstruído.

O senso de justiça de Kohlhaas, somos informados pelo narrador, "era apurado como uma balança de ouro". Sua primeira reação à indignidade do *Junker* é perfeitamente racional, quase compadecida, a rigor; e ele cuida do assunto através dos canais judiciais apropriados, com um escrúpulo exemplar. Não o faz primordialmente por motivações pessoais, mas em nome daqueles de seus concidadãos que o prepotente von Tronka também oprimiu. O negociante de cavalos não é apenas um cidadão, uma pessoa física, mas um reformador político autonomeado, disposto a "punir (...) a corrupção que hoje engolfa o mundo inteiro" e que apela para que o povo se una a ele na criação de uma "ordem melhor das coisas". Em suma, ele consegue universalizar sua queixa pessoal, transformando-a numa visão de mundo baseada na classe. Somente quando sua aspiração à justiça por meio do sistema judicial é frustrada, em decorrência do apadrinhamento e da corrupção, é que ele recorre às armas.

Mesmo então, apesar do excesso enlouquecido de seus atos militares, ele é meticuloso na restrição de sua demanda de reparação precisamente àquilo de que foi ilicitamente privado — uma combinação de excesso e exatidão que também observaremos no caso do Shylock de Shakespeare. Fica perfeitamente claro, apesar dos resmungos tendenciosos do narrador sobre "o tormento infernal da vingança insatisfeita", que o que Kohlhaas busca não é vingança, mas justiça. Já aprendemos o bastante com o terrorismo de nossa época para saber que a busca distorcida da justiça tem o poder de gerar monstros. Esse "homem insano, incompreensível, terrível", como Lutero o chama, compõe friamente uma lista da meia dúzia de pertences que seu principal cavalariço deixou junto com os cavalos, além do valor deles, mas se recusa a pedir indenização pela perda de toda a sua fortuna e de suas propriedades, ou sequer pelo custo do funeral de sua mulher. Seu único desejo é que o *Junker* engorde pessoalmente os cavalos que deixou passarem fome e os devolva a ele. Só quando von Tronka se recusa altivamente a realizar esse desejo é que Kohlhaas incendeia o castelo do nobre e embarca em sua carreira de terrorista e líder guerrilheiro. É a campanha contra o aristocrata detestável que recebe pleno apoio da gente comum: foi von Tronka, e não Kohlhaas,

FICÇÕES DO REAL

creem eles, que moveu o fogo e a espada contra o povo. Até os azarados habitantes de Wittenberg, expulsos nada menos do que três vezes de suas casas incendiadas pelos soldados de Kohlhaas, continuam entre seus mais ardorosos discípulos.

Como veremos no caso do Heathcliff de Emily Brontë, é só por ter sido atirado fora das fronteiras da sociedade humana como um pária que Kohlhaas julga-se no direito de travar uma guerra contra essa sociedade. Aliás, o próprio Estado, no desespero de conter a violência dele, considera redenominá-lo de "potência invasora estrangeira", em vez de rebelde interno. O líder guerrilheiro trata Lutero com o mais profundo respeito, apesar dos insultos terríveis que o clérigo lhe atira e do fato de ele se recusar a lhe ouvir a confissão; e é Kohlhaas quem propõe a Lutero a ideia de uma anistia, prometendo depor as armas em troca de uma audiência imparcial na justiça. Kohlhaas pode ser um fora da lei, uma figura empurrada para fora da ordem simbólica, mas há uma violência desproporcional bem no cerne dessa ordem, um traço de rancor vingativo e exagero maligno dentro da própria lei, e o papel político do negociante de cavalos é denunciá-lo tal como é. As autoridades do Estado é que são deturpadoras e traiçoeiras, não o protagonista; e a narrativa insiste não apenas no conhecimento que elas têm de que a acusação de Kohlhaas a von Tronka é perfeitamente justa, mas também no senso constrangido que elas têm de que foram elas mesmas, por sua cumplicidade com a opressão, que puseram nas mãos do negociante a espada que ele brande contra o Estado. Não são muitos os poderes governantes atuais que se mostram igualmente perspicazes.

Michael Kohlhaas termina com o protagonista anunciando, exultante, a realização de seu mais profundo desejo na terra, ao ver seus cavalos baterem os cascos no chão diante dele, com todo o vigor de antes. Ninguém poria fogo em Wittenberg apenas por alguém ter negligenciado seus pangarés. Talvez mais convenha ver os cavalos como um exemplo do *objet petit a* lacaniano — aquele resto modesto e contingente de matéria que é investido de todo o admirável poder do Real. Se Kohlhaas perece numa alegria trágica, arrancando a vitória de sua morte, no ato de dobrar o joelho obedientemente diante dela, não é por um bem-vindo acréscimo à sua criação de animais, e sim por ter conseguido não abrir mão de seu desejo. (No drama de Kleist intitulado *O príncipe Friedrich von Homberg*, o herói epônimo, similarmente, faz uma opção tão reso-

269

O PROBLEMA DOS DESCONHECIDOS

luta pela morte que, como Abraão prestes a sacrificar Isaac, sua própria resolução lhe conquista a graça de um adiamento de última hora.) É verdade que a exigência imediata de Kohlhaas — a devolução de seus bens — é cumprida; mas ele estava preparado para viver sem satisfação e para enfrentar a morte com o mesmo espírito, enquanto isso lhe fosse negado. Os cavalos tornam-se aquilo em seu dono que é mais do que o próprio dono, sendo, como são, os significantes de uma demanda de justiça e reconhecimento que é, a um só tempo, eminentemente sensata e insanamente exorbitante e que é ardilosa o bastante para forçar a pôr a seu serviço o desvario assustador da pulsão de morte. A paixão de Kohlhaas é intransigente como é porque, tal como a pulsão freudiana, não é definida, no final das contas, por seu objeto. A justiça é absoluta e sua negação impele homens e mulheres a uma ira quase ingovernável; no entanto, embora seja verdade que a negação da justiça num único caso também solapa as reivindicações de justiça de todos, como é possível que as reivindicações desses outros sejam sacrificadas, como no caso de Kohlhaas, ao clamor de justiça de um só, o qual (como o próprio Kohlhaas sabe) nunca pode ser simplesmente do próprio indivíduo? Se a clemência e o perdão são formas criativas de superfluidade, a sede insaciável de justiça pode revelar-se autoanuladora. É possível ser pródigo na busca do exato. Mas o perdão também pode ser excessivo: como vimos no caso de *Medida por medida*, não se pode permitir que ele supere por completo as demandas de justiça. Os iníquos devem ser levados a prestar contas de seus atos, o que não quer dizer que não devam ser perdoados. O próprio Kohlhaas não parece captar esse ponto, pois implora a Lutero que lhe permita perdoar todas as outras figuras de autoridade corruptas envolvidas no caso, mas que obrigue o *Junker* até mesmo a engordar os cavalos para ele. No entanto, forçar seu inimigo a fazer isso não seria mais do que a justiça, e não necessariamente (com ele mesmo parece crer) uma recusa do perdão.

Sempre que deparamos, nas obras literárias, com um desejo que isola nitidamente um protagonista, que o torna estranho perante ele mesmo, que expressa uma necessidade interna inelutável, que manifesta uma recusa inabalável a transigir, que se investe num objeto mais precioso do que a própria vida, que deixa o personagem ilhado entre a vida e a morte e que, por último, leva-o inexoravelmente ao túmulo, podemos ter razoável certeza de estar na presença do Real. O lorde Jim de Joseph Conrad

FICÇÕES DO REAL

é um bom exemplo, como o são alguns protagonistas de Ibsen. A tragédia admiravelmente primorosa de Kleist intitulada *Pentesileia*, uma peça com um toque de êxtase ou *jouissance* [gozo] dionisíaco, que um comentário retrata como movida por "um inexorável impulso elementar em que a ternura e a ânsia de destruir e devorar se fundem profundamente",[9] representa um teatro bem mais óbvio de Tânatos, já que a rainha das amazonas enunciada no título da peça fala em dilacerar seus amantes com os dentes. Kohlhaas também é tomado por esse tipo de paixão furiosa: é capaz de trucidar sem consciência moral, pois, à luz do Real implacável, todo objeto puramente sublunar é radicalmente desvalorizado.

Há uma trama secundária na fábula de Kleist, que trata o realismo literário de maneira ainda mais arrogante do que a narrativa central. Alguns estudiosos a desconsideraram por causa disso, mas nenhuma desconsideração poderia ser mais míope. Essa fantástica trama secundária, que não se digna fazer nem mesmo uma tentativa superficial de plausibilidade, gira em torno de um pedaço de papel que chegou às mãos de Kohlhaas e no qual está escrita uma profecia referente ao futuro destino do Eleitor da Saxônia, o homem que tapeou o negociante de cavalos ao lhe oferecer uma anistia e, mais tarde, descumpriu a promessa. O Eleitor sabe da existência do pedaço de papel, mas não do que está escrito nele, e tenta freneticamente apossar-se desse objeto, o qual, conforme sua observação, é mais valioso para ele do que sua própria vida. O governante é atormentado pela ideia de que todo o conhecimento sobre o conteúdo do papel perecerá com seu dono, que está à beira de ser despachado para a eternidade, e aguarda a execução de Kohlhaas para recuperar o texto do cadáver do condenado. Avisado desse estratagema, Kohlhaas, no exato momento da morte, aproxima-se do Eleitor, que aguarda com ansiedade, olha-o fixamente, tira o papel do medalhão que leva no pescoço, lê o que está escrito e engole o papel.

Não é difícil ver essa mensagem profética como uma versão da instrução que condena o escravo à morte, mas que, tatuada no crânio dele durante seu sono, fica-lhe eternamente inacessível. Lacan, como vimos, usa essa imagem marcante para ilustrar de que maneira somos dependentes, no que tange a nossa identidade, de um lugar de significação (o Outro) que nos é necessariamente imperscrutável. Por esse ponto de vista, o próprio Kohlhaas, um personagem que caminhou pelo sangue em sua demanda de reconhecimento do Outro, passa agora a figurar, ele próprio,

O PROBLEMA DOS DESCONHECIDOS

como o Outro misteriosamente impenetrável para o Eleitor, carregando em si um significante que representa o segredo do destino do príncipe, mas que lhe será eternamente inacessível. É como se o condenado usasse sua própria morte para privar o Eleitor de certo grau de domínio sobre a dele. Numa extraordinária inversão do poder, o oprimido se vinga do opressor ao se inteirar de um saber portentoso, pelo qual o próprio Eleitor se disporia a morrer. Trata-se do saber impossível, e que não pode ser possuído, de como ele é visto pelo Outro — o segredo do que ele é, verdadeiramente, fica para sempre fora do seu alcance. Mas Kohlhaas nega essa revelação, destruindo o significante e o retirando de circulação por toda a eternidade. O vazio da morte do negociante de cavalos torna-se a não presença de seu inimigo para ele mesmo, barrando o acesso do Eleitor ao Real de seu desejo. Kohlhaas, como convém a um herói trágico alemão, marcha triunfalmente para a morte, mas, depois do trauma de seu ato final, o Eleitor passa a viver como um homem alquebrado. As duas figuras, em sentidos diferentes, são exemplos dos mortos-vivos. No gesto satírico do morto que se alimenta, Kohlhaas absorve em seu corpo agonizante o significante letal que representa a chave da identidade do outro, com isso matando o Eleitor pelo resto de seus dias. É como se o negociante de cavalos se tornasse, literalmente, a encarnação do Real para seu adversário, ao absorver friamente o *objeto pequeno a* da profecia no próprio corpo. Ele devora a identidade do Eleitor como um canibal, não lhe deixando um frangalho de sobra, e ao fazê-lo adquire a força suprema do nada completo, que nem mesmo o *Junker* mais predatório é capaz de lhe roubar. Na redação de sua narrativa, Kleist nos traz à mente a observação lacaniana de que "ter levado uma análise a seu termo nada mais é do que ter encontrado esse limite onde toda a problemática do desejo se coloca".[10]

Se um pedaço de papel representa o *objeto pequeno a* que o Eleitor preza mais do que sua vida, outro tipo de documento escrito — a letra comercial de Shylock — desempenha uma função paralela em *O mercador de Veneza*. Num célebre toma lá dá cá, Shylock fecha uma transação comercial com Antônio pela qual esse lhe entregará uma libra [450g] de sua própria carne se não devolver o dinheiro que lhe foi emprestado. Quando os navios de Antônio naufragam, Shylock move seu processo judicial contra ele com implacável persistência:

272

FICÇÕES DO REAL

ele que cuide da sua letra: tinha o costume de me chamar de usurário;
ele que cuide da sua letra: sempre emprestou dinheiro por cortesia
cristã; ele que cuide da sua letra.

(3.1.50-54)

Mais tarde, a repetição de "letra" torna-se ainda mais estranhamente
insistente, soando para Antônio, em perigo, como o dobre agourento de
um sino:

Terei o pagamento da minha letra; nada digas contra minha letra;
Fiz um juramento de que recuperaria minha letra.
Chamaste-me de cão quando inda não tinhas causa,
Mas, já que sou cão, toma cuidado com minhas presas:
O doge me fará justiça. (...)
Recuperarei minha letra; recuso-me a te ouvir falar:
Recuperarei minha letra; e, assim, não digas mais nada.
De mim não farão um desses tolos frouxos, de olhar baço,
Que abanam a cabeça, abrandam-se, suspiram e cedem
Aos intercessores cristãos. Não me sigas,
Não quero palavras: recuperarei minha letra.

(3.3.4-8, 12-18)

A letra de Shylock, como qualquer outro documento legal, é enunciada numa linguagem, mas o que quer que ela signifique parece estar
além das palavras, fazendo deter-se a boca ("Não quero palavras"). No
contexto dramático, esse comentário significa, entre outras coisas, que
o agiota não aceitará nada da retórica aduladora e das lisonjas ideoló-
gicas com que os cristãos que no passado lhe cuspiram no rosto agora
lhe imploram que exiba clemência, uma clemência da qual eles mesmos
se mostraram notavelmente deficientes. É um significante do desejo que
impulsiona Shylock — um desejo que, como o de Michael Kohlhaas,
é de justiça ("Aguardo o julgamento; respondei-me: haverei de tê-lo?",
pergunta Shylock em tom de desafio num tribunal repleto de antissemitas
preconceituosos), mas é também, como o do herói de Kleist, uma demanda de reconhecimento que os espoliados fazem a um bando inescrupulo-
so de governantes. Shylock, como Kohlhaas, queria o que lhe era devido,

273

O PROBLEMA DOS DESCONHECIDOS

e nada mais; no entanto, essa troca calculada com exatidão é também monstruosamente desproporcional:

Se todos os ducados desses seis mil ducados
Em seis partes fossem divididos, e se cada parte fora um ducado,
Neles eu não tocaria; quereria recuperar minha letra.

(4.1.89-91)

A carne por que Shylock anseia não tem preço — tanto no sentido de não ter valor, de ser inútil, um naco imprestável de carne crua, como também no de ser inestimável, impossível de mercantilizar, transcendente à corriqueira circulação de mercadorias. Para Shylock, ela funciona na ordem simbólica como uma contrapartida judicial ou um substituto da riqueza material; no entanto, esse retalho de tecido humano, banal, mas incalculavelmente precioso, também significa uma forma de negatividade no cerne dessa ordem, uma ruptura de suas trocas escrupulosamente calibradas, que não pode ser representada em si mesma. A implacável intensidade com que esse judeu exige sua libra de carne assemelha-se à cruel exatidão com que o tribunal cristão o instrui a não tirar mais do que o peso de um fio de cabelo acima ou abaixo do que lhe é devido; mas essas duas exigências pertencem a ordens muito diferentes, a primeira ao Real e a segunda ao Simbólico. O comportamento de Shylock pode ser esclarecido por um comentário de Lacan sobre a prática da psicanálise: "Se a análise tem um sentido, o desejo nada mais é do que aquilo que suporta o tema inconsciente, a articulação própria do que faz com que nos enraizemos num destino particular, o qual exige com insistência que a dívida seja paga, e ele torna a voltar, retorna e nos traz sempre de volta para uma certa trilha, para a trilha do que é propriamente nosso afazer."[11]

Shylock recusa o ouro em lugar da carne, por perceber com acerto que essa última não pode ser quantificada. Apesar da referência tipicamente grosseira de Graciano a uma "virgem que não se vende", os corpos e as bolsas de ducados são incomensuráveis. Mas as raspas de um esterno humano também são piores do que nada, como observa Bassânio sobre sua própria situação de endividamento quando o navio de Antônio se perde, já que os outros tipos de carne animal, como assinala Shylock, são eminentemente vendáveis. O que Shylock deseja é o Real do corpo humano como tal, que é o que significa a sua libra de carne ou *objeto pequeno a*.

FICÇÕES DO REAL

Mais exatamente, ele demanda desses corpos cristãos bem-alimentados o reconhecimento de que também é feito de carne e osso — de que até um judeu vilipendiado ri quando lhe fazem cócegas e sangra quando é espetado. É à matéria comum do corpo material, não às afinidades culturais, que Shylock apela em sua memorável polêmica contra o antissemitismo.

O desejo de Shylock, portanto, é de reciprocidade humana, da qual sua exigência de uma libra de carne cristã é uma paródia macabra. É como se ele tentasse converter diretamente o Simbólico no Real, substituindo a troca de mercadorias pela mutualidade dos corpos. Sua barganha corpórea com o desdenhoso Antônio é uma espécie de missa negra ou travesti grotesco da solidariedade eucarística, na qual a única maneira de Shylock poder possuir o corpo de Antônio é por meio de um signo ou resíduo metonímico dele. O conflito mortal entre judeu e cristão é uma inversão satírica da verdadeira camaradagem que parte de Shylock deseja. Somente nessa forma negativa, movida por uma agressão ou pulsão de morte feroz da qual Antônio é o infausto alvo, é que uma reciprocidade autêntica fica a seu alcance. Nessas condições, o amor só pode se expressar como o ódio ao qual se alia de maneira tão exasperante. Como Kohlhaas em seu ultimo suspiro, Shylock é um canibal simbólico, que é o que também são aqueles que participam do banquete amoroso da Eucaristia. Mas se nesse sentido seu ato pertence à ordem simbólica, ele almeja também um encontro não mediado com o Real do corpo e da morte; e como o que Shylock deseja não é nada menos do que uma fusão de corpos, isso tem também sua dimensão imaginária. Sua rivalidade letal com Antônio pertence tanto a essa relação imaginária quanto a ideia que ele faz do mercador como um colega negociante e um *alter ego*.

Portanto, há uma questão de carne e osso entre os dois homens, em todos os sentidos. Até o ódio de Shylock por Antônio é enunciado em termos de abraçá-lo e assimilá-lo: "Se um dia eu puder pegá-lo numa falta,[12]/Saciarei à larga o antigo ódio que lhe tenho" (1.3.47-48). Mais adiante, ele fala em se "alimentar/o pródigo cristão" (2.5.14-15). Recusar a Shylock sua libra de carne é negá-lo e, com isso, negar *sua* carne e *seu* osso, sua demanda faminta de reconhecimento. O Real a que Shylock se recusa a renunciar é o corpo de outro homem — ou seja, a humanidade comum que Antônio e seus amigos da classe dominante devem ao judeu intocável, mas se recusam arrogantemente a conceder. Shylock diz querer ser amigo de Antônio e conquistar sua afeição, e embora essa afirmação

O PROBLEMA DOS DESCONHECIDOS

possa ser parcialmente falsa, não mais do que um matreiro jogar a isca, não deve ser totalmente desconsiderada.

Shylock reivindica a carne de Antônio como sua, o que, em certo sentido, ela é, de qualquer modo; e sua letra avulta com o peso que tem na peça por ser o significante dessa afinidade fundamental. "Letra" [*bond*], no sentido do acordo legal que impõe uma obrigação, é também "vínculo" ou "laço" [*bond*], no sentido da relação humana, razão por que Shylock investe uma quantidade tão assustadora de energia libidinal em seu malfadado processo na justiça. A impessoalidade da linguagem jurídica reflete a impessoalidade dos laços de nossa humanidade comum, ou do ser da espécie, que não há mero preconceito cultural ou capricho subjetivo que consiga pôr de lado. Para as escrituras hebraicas em que Shylock confia, o corpo humano não é primeiramente um objeto material, e sim um princípio de união com os outros. É da comunicação autêntica com Antônio e os de sua classe que ele está atrás, em contraste com as negociações pragmáticas, os insultos racistas, a persuasão enganosa e os significantes insípidos. Shylock engaja-se numa luta hegeliana de vida ou morte pelo reconhecimento por parte da casta governante veneziana. Quer tanto Antônio, que está disposto a comê-lo, descarregando sobre ele sua violência letal, no ato de se fundir com seu corpo. Se essa é a única maneira de ele conseguir arrancar um vislumbre de reconhecimento de seus opressores cristãos, tanto pior. Talvez seja apenas como inimigo — como um homem ameaçado — que Antônio possa ser amigo de Shylock, no sentido de que é com Shylock que o destino do mercador está irremediavelmente atado.

É característico da ética do Real que, por mais traumático que seja seu encontro com a verdade, ela libera a insólita capacidade de inaugurar uma nova ordem humana. Somente ao passar por um sacrifício ou uma morte simbólica, despojando-se das identidades imaginárias e simbólicas, é que se pode lutar para chegar a essa transformação, para a qual o termo do Novo Testamento é *metanoia*. A Eucaristia cristã é uma celebração da camaradagem — de uma nova maneira de as pessoas pertencerem umas às outras, a qual proporciona uma antevisão da sociedade justa ou reino de Deus do futuro; mas essa forma revolucionária de vida só é possível mediante o compartilhar simbólico da sangrenta passagem do próprio Cristo pela morte, para chegar à ressurreição. Nesse sentido, o Simbólico e o Real fundem-se num único ato. O pão e o vinho que constituem a

FICÇÕES DO REAL

linguagem da solidariedade na Eucaristia são também significantes de um corpo mutilado, que está presente neles do mesmo modo que o significado está presente na palavra. É por isso que o sacramento (a palavra teológica equivalente a "signo") envolve comer e beber — não só porque essas coisas são uma expressão costumeira da amizade, mas porque o alimento que elas proporcionam é inseparável da destruição. Se Antônio, Bassânio e seus colegas antissemitas fossem capazes de captar o verdadeiro sentido da demanda que Shylock faz de uma libra da carne de Antônio (o que não equivale a supor que o próprio Shylock reconheça seu verdadeiro significado, muito menos que queira conscientemente devorar um pedaço de Antônio), esse reconhecimento poderia fundar um novo tipo de regime moral e político, um regime baseado no companheirismo pacífico, e não na rivalidade e na cisão.

Pode ser, é claro, que a libra de carne tenha tanto a ver com a castração quanto com o canibalismo. Afinal, Shylock está autorizado a cortá-la da parte que quiser do corpo de Antônio e é bem possível que aponte jocosamente para a virilha do mercador ao enunciar sua exigência. Se é assim, Shylock aparece como a lei patriarcal punitiva, ou o Nome do Pai castrador; mas talvez haja mais do que isso na questão. Escrevendo sobre *Hamlet*, Jacques Lacan fala do objeto do desejo como aquilo, seja o que for, que preenche o lugar de uma perda primordial, a qual ele caracteriza como "aquele sacrifício pessoal, aquela libra de carne que é empenhada (na) relação com o significante".[13] Entrar na ordem simbólica ou estabelecer uma relação com o Outro é trocar a carne pelo signo — é renunciar à reivindicação do corpo materno como preço para ganhar acesso à linguagem, à sexualidade e à vida social. A promessa utópica da Eucaristia, em contraste, reside no fato de que a carne e o signo são um só. Somente aquele que abandona a fantasia do incesto, afirma Lacan, pode falar. Somente em virtude dessa passagem do Imaginário para o Simbólico é que se pode aceder à condição de sujeito e, por conseguinte, ao próprio desejo. Shylock, portanto, talvez esteja convidando Antônio a fazer justamente essa transição — a sacrificar parte de sua identidade, renunciar a uma parcela de seu gozo corporal, a fim de estabelecer uma relação com o Outro, que é o que Shylock representa para ele em mais de um sentido. A libra de carne é o "bom objeto", nos termos de Lacan, que é preciso ceder em prol da realização do desejo. É o significante, sob a forma da letra de Shylock, da qual Antônio é completamente dependente; no entanto, embora a letra mate, também pode gerar vida. Agora os dois venezianos estão presos um ao outro por um pedaço de texto que é, ao mesmo tempo, potencialmente letal e (na expressão de Shylock) uma "alegre brincadeira", uma diversão inofensiva, uma paródia lúdica de um contrato comercial perfeitamente correto. A arbitrariedade disparatada do pedido de Shylock destoa tanto das simetrias da ordem simbólica quanto do Real que ela invoca.

Em suas reflexões sobre o conceito freudiano de sublimação, Lacan ilustra esse desvio de um desejo vil para um objeto superior com uma referência ao *Apocalipse* (10:9), no qual um anjo instrui o narrador a comer um texto escrito. "Come este livro!" é um resumo bastante lapidar do processo descrito por Freud. É como se Shylock desejasse comer Antônio simbolicamente, no nível do significante de sua letra [comercial]. Os signos da letra, à maneira da Eucaristia, encarnam um corpo desmembrado. Seu texto é uma sublimação semiótica da fome com que Shylock quer comer a carne de Antônio, assimilando o corpo dele num ato que sugere as afinidades e as agressões do Imaginário. Todos os três registros lacanianos do ser, portanto, estão envolvidos nessa transação complexa. Aliás, o próprio Lacan afirma que a palavra usada por Sófocles para descrever a obstinação de Antígona também pode referir-se aos comedores de carne crua.

Shylock entende sua negociação com Antonio como amistosa ("É amiga a minha oferta") — uma avaliação que não é inteiramente irônica. "Amiga" [*kind*], nesse ponto, significa aquilo que é da ordem do parentesco, da humanidade comum, além de generoso. De maneira espantosa, o famigerado usurário judeu deixa de lado seus cálculos habituais de crédito e débito, em nome de um bizarro ato gratuito ou exemplo de *comédie noire*, exigindo mais e menos do que em geral exigiria nessas questões. É verdade que Antônio é solicitado a flertar com a morte, como costuma acontecer quando há um confronto com o Real; mas as probabilidades de que ele não possa quitar sua dívida são suficientemente pequenas para tornar a oferta atipicamente generosa. Aliás, é o que pensa o próprio Antônio, embora, com seu jeito arrogante, ele faça questão de concordar com a negociação como inimigo, não como amigo. Aquilo que tem para Shylock um jeito de Real é tratado por seu devedor como uma transação puramente simbólica ou empírica e esse recusa altivamente o espírito da negociação, do mesmo modo que, mais tarde, a retórica traiçoeira de

FICÇÕES DO REAL

Pórcia no tribunal rejeitará o significado espiritual da letra de Shylock, ou o que lhe é atribuído pelo senso comum.

A afirmação de Pórcia de que a letra não faz alusão à retirada de sangue é um sofisma ultrajantemente oportunista, uma manobra judicial mediante a qual os cristãos tiram um de seus pares do aperto, ao mesmo tempo em que pilham os bens de Shylock, sob o disfarce do palavrório referente à misericórdia. Sem dúvida, a letra não declara efetivamente que o agiota poderá derramar o sangue de Antônio ao cortá-lo, mas essa é uma inferência racional do texto, como qualquer tribunal de verdade reconheceria. É absurdo declarar que, para ter validade legal, um documento tem de explicitar todas as circunstâncias concebíveis da situação a que se refere. Como a própria Pórcia admite, a letra não estipula que haja um cirurgião presente, ainda que isso, como ela mesma assinala, viesse a ser uma cláusula caridosa. Ao interpretar a letra de Shylock de maneira exageradamente literal, ela falseia de maneira flagrante o significado do documento. Pode haver um tipo exagerado de exatidão (a obstinação do próprio Shylock é outra ilustração disso), assim como pode haver uma prodigalidade que (a exemplo da generosidade neurótica de Timão de Atenas) ultrapassa as medidas de maneira destrutiva. O escrúpulo de Shylock, ao se restringir a não mais de uma libra da carne do rival, é um tipo supérfluo de precisão, uma vez que, ao lhe tirar uma libra, é quase certo que lhe tire tudo.

Shylock não tem como sair ganhando, visto que sua verdadeira demanda é de reconhecimento, não de vingança. Mas também não pode sair perdendo inteiramente, uma vez que seu processo judicial implica o risco de obrigar o Estado veneziano a desacreditar sua própria autoridade. Ao penalizá-lo por sua impertinência judaica, o Estado se revela tão voluntarioso quanto ele, ultrapassando seu próprio legalismo "desumano". No fim, por ter-se atrevido a exigir o pagamento de uma dívida legalmente válida, Shylock tem seus bens confiscados pelas autoridades e é obrigado a se tornar cristão. Em vez disso, sua resposta desesperada é pedir ao tribunal que lhe tire a vida. Entrementes, porém, o judeu desmascarou a justiça dos cristãos como um embuste. Flagrá-los numa determinada chicanice jurídica é desacreditar sua lei em geral, tal como emprestar dinheiro grátis, à moda de Antônio, é afetar a taxa de juros geral da cidade. O próprio Shylock não tarda a reconhecer esse fato:

279

O PROBLEMA DOS DESCONHECIDOS

A libra de carne que dele exijo
Muito cara foi comprada; é minha e hei de tê-la.
Se ma negardes, uma vergonha será vossa lei!
Não há força nos decretos de Veneza.

(4.1.99-102)

É um argumento vigoroso, suficientemente irrefutável para convencer o próprio condenado. Antônio percebe que a coisa será malvista pelos parceiros comerciais de Veneza e, por isso, poderia provocar um desastre econômico. Então, manterá o Estado sua indiferença apropriada aos indivíduos, punindo um de seus próprios adeptos respeitáveis a pedido de um forasteiro odioso? Se não o fizer, correrá o risco de desarticular seus protocolos, permitindo a Pórcia utilizar justamente o tipo de prevaricação subjetiva que se espera que a lei rejeite. A consequência final dessa licença hermenêutica poderia ser a anarquia política — dois tipos de tumulto que, na mente de Shakespeare, estão intimamente ligados.

O ato de Shylock, ao contrário, não é anárquico, mas desconstrutivo. Como cidadão rejeitado — figura central na economia da cidade, mas que é socialmente inassimilável — ele entra na simetria do toma lá dá cá da ordem simbólica para induzi-la a implodir num absurdo. "A vilania que me ensinais", observa a um dos amigos de Antônio, "hei de pô-la em prática e será difícil eu não fazer melhor do que a encomenda." A imitação é a mais sincera forma de agressão. Os cristãos, ele assinala, compram corpos (os escravos) dos quais relutam em se separar; então, por que deveria ele abrir mão do pedaço de Antônio que está agora legalmente em seu poder? Ao forçar a lógica da troca a um extremo que é uma paródia dela mesma, Shylock revela o vazio do Real que há em seu âmago.

Isso não quer dizer que ele descreia de uma ética simbólica, embora a abale até a raiz. Ao contrário, é sua fidelidade fanática à ordem simbólica que por pouco não a faz desatar-se. O próprio laço que marca sua participação nessa ordem ultrapassa essa economia simbólica, significando, entre outras coisas, o "Real" da carne e osso. Shylock expõe às claras a verdade de que essa ordem simbólica específica, que, como qualquer regime dessa natureza, existe oficialmente para proteger a carne e o osso, oculta a verdadeira opressão que impõe a essa; mas nem por isso ele conclui que a lei, o dever, o mérito, a justiça, a obrigação, o merecimento, a recompensa rigorosa e coisas similares são um punhado de questões se-

FICÇÕES DO REAL

cundárias, ou uma douração ideológica da pílula. Ele não é um dos "não tapeados" de Jacques Lacan, que imaginam haver desmascarado a ordem simbólica como nada além de uma ficção bem trabalhada e que, justamente por essa razão, ficam presos no mais profundo delírio. Ao contrário, ele cultiva uma exatidão que de modo algum ficaria ao gosto dos atuais defensores da ética do Real, bem mais hiperbólicos. Ele não crê, à maneira de Emmanuel Lévinas e Jacques Derrida, que a obrigação seja infinita. Em vez disso, como Kohlhaas, exige apenas o que lhe é devido. A justiça que esses dois personagens procuram obter não ultrapassa o cálculo escrupuloso; o que há de excessivo é a firmeza absoluta com que eles aderem a essa exatidão. Shylock e Kohlhaas estão longe de ser libertários ingênuos: ambos respeitam os protocolos da ordem simbólica e apreciam o valor da lei e da autoridade. "Reclamo a aplicação da lei": é esse o grito de Shylock, a um tempo respeitoso e rebelde. Só quando a lei discorda da justiça que deveria cultuar é que esses homens a denunciam em todas as suas falhas. Nesse ponto, a própria demanda de justiça torna-se uma sabotagem, um escândalo e um obstáculo para a sociedade civilizada. Por levar demasiadamente a sério a retórica ideológica dessa sociedade, tal demanda consegue denunciar seu barbarismo oculto. Shylock e Kohlhaas são impelidos para além da ética em nome do ético.

Derrida e seus colegas, como veremos um pouco mais adiante, adotam uma visão meio prepotente de uma ética simbólica, ou ética da equivalência. A calculabilidade, que na maioria dos casos Derrida só consegue ver como vulgarmente utilitária, junta-se a uma série de ideias implicitamente demonizadas em seu léxico: lei, fechamento, identidade, equidade, economia, lógica, estabilidade, normatividade, consenso, teoria, conhecimento, ortodoxia, decidibilidade, comensurabilidade, o genérico, universalidade, conceptualidade e similares. Jogar esses termos contra seus opostos (não identidade, indecidibilidade e o restante), portanto, é acabar justamente com o tipo de oposição binária que os praticantes da desconstrução deveriam desfazer, em geral. O pensamento derridiano deixa transparecer uma aversão quase patológica ao determinado, assim como a obra de Michel Foucault abriga uma aversão quase patológica à subjetividade. A identidade, a determinação e coisas semelhantes, confessa prudentemente o desconstrucionismo, são ideias inteiramente inescapáveis — um reconhecimento que, entre outras coisas, procura protegê-lo da acusação de não passar de um libertarismo romântico moderno.

281

O PROBLEMA DOS DESCONHECIDOS

No entanto, a despeito de todas essas concessões cautelosas, o coração desconstrucionista reside, sem dúvida, no deslizamento, no excesso, na infinitude, na indeterminação e na impossibilidade. Ele é, portanto, um libertarismo envergonhado, em vez de confesso.

Como membro de um grupo ultrajado, porém, Shylock não pode se permitir esse luxo. São os liberais venezianos da classe alta que veem as demandas exatas, do tipo gravado na letra de Shylock, como insensíveis e desumanas. Para eles, esse rigor é simplesmente mais um exemplo do inflexível legalismo judaico, a mentalidade de quem não leu o bastante em sua Bíblia para ter encontrado a virtude do perdão. Até o clamor de misericórdia dos venezianos é antissemita. Shylock, ao contrário, entende que os oprimidos necessitam da proteção do texto escrito. Para Pórcia e os de sua laia, o humano é aquilo que elude a letra morta do texto. Manifesta-se na eloquência apaixonada de seu discurso no tribunal, e não na exatidão despótica do texto escrito. Em oposição ao meticuloso formalismo da justiça, ela oferece a prodigalidade da misericórdia. Segundo essa visão, uma pessoa como Shylock, que passa a vida em vis regateios, certamente não pode ter ideia do gratuito — o que é, sem dúvida, uma suposição irônica, dada a arbitrariedade da negociação dele e a tenacidade estranhamente imotivada com que ele a persegue quase até a morte.

Mas Shylock precisa de seu pedaço de pergaminho porque seria tolo se, no tocante a seu merecimento, confiasse na generosidade de seus superiores sociais. A ordem simbólica tanto pode trabalhar para proteger os fracos quanto para explorá-los, razão por que só um tipo cerebral privilegiado de esquerdismo a impugna como tal. Os sindicalistas seriam imprudentes se apostassem na generosidade caprichosa de seus patrões para obter aumentos de salário. Os vitimados necessitam de um contrato inequívoco, por mais aridamente determinado que isso se afigure à intelectualidade de ideias liberais, porque eles nunca têm como saber quando seus opressores tenderão a ser tomados por um acesso espontâneo de bom humor ou mesquinhez. Escrever não é "desumano", e sim uma questão de carne e osso. Aliás, Bassânio fala da carta que traz a notícia da perda dos bens de Antônio como semelhante ao "corpo do meu amigo,/E cada palavra dela é uma ferida de onde jorra sangue vivo" (3.2.267-269). Certamente, as palavras não devem ser confundidas com corpos, muito embora Shakespeare nunca pare de permutar os dois em seus escritos, mas uma forma autêntica de significação, inclusive de natureza legal, é

282

FICÇÕES DO REAL

aquela que se conforma ao corpo, moldada pela compreensão das necessidades materiais dele. Se a escrita é impessoal, ela só o é à maneira
de uma lei adequadamente imparcial. Os contratos escritos protegem o
indivíduo da leviandade e da traição alheias. A lei não é intrinsecamente
discordante do amor e da misericórdia. A ordem simbólica dos documen-
tos judiciais e dos escritos não pode ser simplesmente desdenhada em
nome de um contato cara a cara com o Real. Em termos psicanalíticos, a
consequência provável desse curto-circuito é a psicose; no plano político,
é o distúrbio infantil do ultraesquerdismo, uma espécie de libertarismo
de olhos arregalados.

Por isso, o célebre pedido de misericórdia de Pórcia é mais suspeito,
para não dizer mais politicamente egoísta, do que os críticos tendem a
supor:

A natureza da clemência não se deixa forçar;
Do céu cai como a chuva suave
Sobre a terra abaixo (...)

(4.1.184-186)

Pórcia pretende contrastar o caráter não cerceado da misericórdia
com a compulsão, palavra que acabara de sair da boca de Shylock. Mas
a clemência, para o evangelho cristão, não é imprevisível como a chuva.
O fato de a meteorologia ser uma ciência inexata não chega a vir ao caso
aqui. As imagens sedutoras de Pórcia procuram convencer-nos de que o
perdão é esporádico e espontâneo, ao contrário da visão cristã dominante de que ele mais é uma obrigação do que uma opção. Se cada homem
for julgado por seu merecimento, como indaga Hamlet, quem escapará
ao açoite? Ser misericordioso, para a doutrina judaico-cristã, é compartilhar a vida de Deus; e a clemência não é uma questão de capricho para
Ele, seja o que for para algumas de Suas criaturas. Paralelamente, o acréscimo de juros é parte obrigatória das transações comerciais, o que é uma
das razões fornecidas por Shylock para detestar um rival que o dispensa.

O que *existe* de gratuito na peça não é a misericórdia, que os cristãos
são obrigados a praticar, mas não praticam, e sim a assustadora tenacidade de Shylock. No decorrer do drama, ele oferece um número extraordinário de razões para se recusar a abrir mão de seu desejo: diz que Antônio
é um cristão odioso; que é pessoalmente detestável; que é antissemita;

O PROBLEMA DOS DESCONHECIDOS

que faz baixar a taxa de juros em Veneza, por distribuir empréstimos gratuitos; que a vingança é costume dos próprios cristãos, logo, por que não deveria ele vingar-se?; que Antônio é um rival comercial perigoso a ser eliminado; que ele mesmo, Shylock, não se deixará fazer de bobo e assim por diante. Mas ele é tão incapaz quanto seus antagonistas de captar a verdadeira natureza dessa coisa dentro dele que é maior do que ele. Trata-se, como é forçado a admitir perante o tribunal, de uma paixão tão inexplicável quanto a aversão a porcos ou a gaitas de fole. Antônio, por sua vez, percebe desde o começo que o obscuro objeto do desejo de seu rival é tão inegociável quanto o mar ou o vento e pede a seus correligionários cristãos que abandonem a tentativa de lhe abrandar o coração "intransigente". Shylock, como observa um personagem, é uma figura "impenetrável", que representa um enigma indecifrável no coração do texto. O que está em jogo no drama é uma fome do Real que não admite concessões e que chega perigosamente perto de destinar Shylock à morte. Ele se recusa a absolver Antônio, não tanto por estar tomado de repugnância, mas por estar sob a égide da necessidade.

Na trama secundária da peça, Bassânio, um assecla de Antônio, depois de desperdiçar seu dinheiro sem a menor previdência, almeja conquistar a endinheirada Pórcia. Seu amor por ela tem de ser posto à prova na célebre cena dos porta-joias, quando esse pretendente mercenário é solicitado a escolher entre caixinhas de ouro, prata e chumbo. A caixa de ouro, que traz a inscrição "Quem me escolher ganhará o que muitos homens desejam" (2.7.5), convida Bassânio a identificar seu desejo com o desejo do outro. Com isso, expressa a esfera da rivalidade e da mimese que conhecemos como Imaginário. A caixinha de prata, que exibe a inscrição "Quem me escolher receberá exatamente o que merece" (2.7.7), alude ao campo simbólico da equivalência e da troca. A prata, comenta Bassânio, é o "intermediário pálido e vulgar/entre os homens" (3.2.103-104), a mercadoria universal que nos liga pelo tipo de laços anônimos que parecem ser o oposto diametral do amor. Ela é, com certeza, a substância em torno da qual gira a Veneza da peça, mercantilista, ávida de lucros, obcecada com a riqueza. A caixinha de chumbo, em contraste, é feita do material de que são revestidos os caixões (trata-se de uma caixinha[14] nos sentidos norte-americano e inglês da palavra) e, como conviria a tal *memento mori*, traz a inscrição "Quem me escolher deverá dar e arriscar tudo o que tem" (2.7.9). É do campo do Real que se deve

FICÇÕES DO REAL

arriscar a própria vida em nome do desejo. Ao optar pela caixinha de chumbo, portanto, Bassânio opta por uma espécie de nada, um material tão vil e sem valor quanto a libra de carne de Shylock; no entanto, assim como aos olhos de Shylock há uma infinidade de sentidos acumulada nessa substância reles, Bassânio também consegue converter o nada em tudo, alquimiando um naco de chumbo na prodigiosa fortuna da esposa recém-conquistada. Tendo descrito Pórcia, em sua primeira alusão a ela, como "ricamente deixada" (ou seja, uma rica herdeira), esse aventureiro arruinado é ladino o bastante para lhe conquistar o coração, ao desdenhar puritanamente dos atrativos do ouro e da prata. Se o chumbo é inestimável no sentido de não ter valor, o amor é inestimável, para os tipos românticos, no sentido de ultrapassar todas as medidas. ("É miserável o amor que pode ser calculado", gaba-se o imprevidente Antônio em *Antônio e Cleópatra*.) Bassânio vê o amor como algo que transcende o campo degenerado da mercadoria, no momento mesmo em que compra uma mulher. É por isso que, nas palavras de Marx, o "ponto de vista romântico (...) acompanhará (o utilitarista) como sua antítese legítima, até seu bendito fim".[15] Um desejo que supostamente empobrece qualquer cálculo e utilidade está atrelado aos cálculos meticulosos do mercado matrimonial, lugar em que carne e signo convergem sob a forma de corpos e do dinheiro com que comprá-los.

É com uma troca de corpos que se encerra O *mercador de Veneza*, como a maioria das comédias de Shakespeare. O momento final desse tipo de comédia é distribuir os corpos em seus lugares apropriados, sob a forma do casamento. Mas se o casamento é uma questão de lei, contrato e troca simbólica, ele é também uma questão de desejo e o desejo tem em si um caráter caprichoso, que ameaça continuamente pôr essas simetrias de pernas para o ar. O desejo que reproduz a sociedade humana é coisa difícil de regular. O que sustenta a ordem simbólica é também aquilo que ameaça rompê-la, do mesmo modo que a obstinada fidelidade de Shylock ao que lhe é devido por lei estraga tudo. Daí as brigas entre casais com que a peça termina, com sua sugestão de infidelidade sexual. Do ponto de vista da ordem simbólica, o casamento é uma questão do que é justo e adequado; mas, como a verdade subversiva é que qualquer pessoa pode desejar qualquer outra, como sugeririam as intrigas de amor que giram de forma estonteante em *Sonho de uma noite de verão*, há sempre um toque de contingência ou um cheiro de Real nessas combinações supostamente

O PROBLEMA DOS DESCONHECIDOS

simétricas de casais. O Real é o ponto em que os planos simbólicos mais bem elaborados degringolam. O próprio Shylock, um viúvo que perde a filha para um cristão e perde os bens domésticos para o Estado no decorrer da peça, é uma espécie de pária sexual e social da ordem simbólica.

Ao longo de todo o seu drama, Shakespeare retorna repetidamente à questão do excesso *versus* a equidade — ou, como se poderia dizer, do Real contra o Simbólico. Ao contrário da maioria dos atuais prosélitos da ética do Real, porém, ele não deixa que o excessivo e o desproporcional desvalorizem a tarefa essencial da ordem simbólica. Ele vê perfeitamente que a paixão pelo Real tanto pode ser a insígnia do monomaníaco quanto a do mártir e que, vez por outra, a distinção entre os dois é impossível de fazer. Há uma diferença, às vezes imperceptível a olho nu, entre os que morrem em nome de uma abundância de vida e os que perecem por estar morbidamente enamorados da morte. Há também uma distinção entre um desejo absoluto de justiça e um desejo que tem seu fim absoluto em nada senão ele mesmo. Há formas apropriadamente desumanas da troca exata, assim como as há cruelmente desumanas. Há formas vivificantes da imprudência, como o perdão, e outras injuriosas, como a vingança. A demanda honrada de nada além daquilo que nos é devido pode revelar-se mortalmente exagerada. O Real, assim como o sagrado ou o sublime, é um lugar tanto de terror quanto de transcendência.[16] E uma ética baseada nele só vê a necessidade da transformação revolucionária ao risco de cortejar um extremismo brutalmente elitista. Examinaremos mais de perto esse elitismo posteriormente.

Bassânio zomba de que seu amigo Graciano "fala uma infinidade de nadas", porém o mesmo faz, num sentido diferente, seu colega Antônio. Desde suas primeiras palavras ("Verdade, não sei por que estou tão triste"), que são também as palavras de abertura da peça, o mercador de Veneza se revela definhando nas garras da melancolia — um sentimento que Freud descreve como "um luto sem objeto" e que, portanto, é uma espécie de muito barulho por nada. Os críticos, por conseguinte, apressaram-se a desvendar a causa não descrita do estado afetivo de Antônio, especulando que a raiz de sua infelicidade estaria em seu amor homossexual por Bassânio, esse ferrenhamente heterossexual. Pode ser; mas é lógico que um mercador fique melancólico — que falte a seu desejo um objeto determinado — já que, afinal, é assim que ele ganha a vida. É o valor de troca das coisas que lhe interessa, não suas propriedades específicas nem

FICÇÕES DO REAL

uma imaginária finalidade de sua acumulação. A melancolia tem um jeito instrumental com os objetos, pilhando-os para se alimentar. Em *Como lhe aprouver*, Jacques é capaz de "sugar melancolia de uma canção como uma fuinha chupa ovos" (2.5.9-11).[17] Quanto mais esse estado se infla, mais seus objetos parecem esvaziados. Nesse sentido, a melancolia é uma imagem oportuna para o próprio desejo.

Shakespeare, portanto, está atento às afinidades entre o comércio e o desejo. Ambos tratam as coisas de forma abstrata, como meros ensejos para seu próprio aumento. O mesmo se pode dizer da melancolia. Tal como os comerciantes acumulam bens em prol de uma acumulação maior, Antônio parece ficar desanimado pelo desânimo. Não são inquietações financeiras que constituem a causa do seu abatimento, como ele mesmo garante aos amigos. O drama se inicia, portanto, com uma infinidade de nadas — com um vazio que parece tão desprovido de causa ou objeto que às vezes Antônio parece quase satisfeito ante a perspectiva da faca de Shylock. Com certeza, toma um número admiravelmente pequeno de providências para evitar sua própria morte.

O nome shakespeariano mais conhecido para essa *Weltschmertz* [dor do mundo] não é Antônio, mas Hamlet. Se Graciano diz uma infinidade de nadas, Hamlet é a encarnação do nada. Tal como a melancolia de Antônio, seu tédio desvaloriza o mundo inteiro, reduzindo-o a uma sombra dessa negatividade apática que é o sujeito humano:

> Oh, se esta carne sólida, tão sólida,
> se esfizesse, fundindo-se em orvalho!
> Ou se ao menos o Eterno não houvesse
> condenado o suicídio! Ó Deus! Ó Deus!
> Como se me afiguram fastidiosas,
> fúteis e vãs as coisas deste mundo!

$$(1.2.129\text{-}134)^{18}$$

O rosto de Hamlet volta-se para a morte desde o começo — uma morte prefigurada no vazio que ele é. Uma vez rompida a relação imaginária entre ele e sua mãe, Gertrudes, pela entrada de Cláudio, ele vagueia, indeciso, nas margens da ordem simbólica, sem querer assumir nela uma posição determinada. Hamlet, que é puro não ser, recusa-se a fazer concessões quanto ao Real de seu desejo, investindo-o em algo tão

287

O PROBLEMA DOS DESCONHECIDOS

banal quanto um objeto específico. Não quer portar-se como herdeiro do trono, amante cavalheiresco, respeitador dos mais velhos, dócil súdito do rei, filho compadecido, enteado reconciliado nem filho obedientemente vingador. Sua interioridade, zelosamente guardada, representa um excesso em relação a todos esses papéis, uma negatividade pura que rejeita a marca do significante. Como resultado, ele resvala pelas frestas entre as diversas identidades públicas que lhe são oferecidas, nenhuma das quais, na expressão de T. S. Eliot, é capaz de proporcionar um correlato objetivo satisfatório do seu eu. Tendo "no íntimo aquilo que ultrapassa a aparência", ele repele os que gostariam de arrancar o coração de seu mistério. Como um ator inepto que não consegue identificar-se com seu papel, adequando a ação à palavra e a palavra à ação, o príncipe figura como a destruição de qualquer identidade e troca simbólicas, desprezando a falsa equivalência da vingança, rejeitando desdenhosamente a reprodução sexual e se recusando a se curvar ao desejo do Outro. Fluido como o fantasma do pai e cheio de lábia como qualquer bufão shakespeariano, ele propõe enigmas, ironiza e atordoa, para escapar de ser definitivamente significado. Assim sendo, mantém-se fiel ao objeto enigmático e impossível de seu desejo, cultivando uma falta de ser que permanece não realizada inclusive na morte. Como observou Lacan, "Ele prepara tudo para que o objeto de seu desejo se torne o significante dessa impossibilidade".[19]

Na visão de Lacan, é a Antígona de Sófocles que encarna mais admiravelmente uma ética do Real; mas ela tem uma equivalente inglesa nesse aspecto. Clarissa Harlowe, a heroína da obra-prima setecentista de Samuel Richardson, *Clarissa*, é outra notável figura feminina da literatura mundial que morre por se recusar a renunciar a seu desejo.[20] Após o trauma de ser estuprada por Lovelace, Clarissa passa, de um modo meticulosamente ritualizado, a retirar seu corpo da ordem simbólica, falando em si mesma como "nada" e declarando que "não sou de ninguém". Optando resolutamente pela morte, ela se recusa a figurar como um objeto de troca na economia simbólica de sua cultura. Em vez disso, num ato surreal de resignação em relação a um sistema de poder que já desmascarou, ela se transforma em nada, errante, esquizoide, um não lugar e uma não pessoa. Roteirizando e executando sua morte com muita meticulosidade, faz dessa o significado de sua vida. Diversamente do que se dá com o Bernardino de Shakespeare, a morte de Clarissa é um evento em sua vida — *o* evento, na verdade — e não um simples ponto final bio-

FICÇÕES DO REAL

lógico. Não admira que tantos críticos tenham censurado severamente o romance como sendo de uma morbidez intolerável. Ao entregar o corpo aos prazeres obscenos da pulsão de morte, a heroína de Richardson volta contra sua própria carne e osso a agressão mortal que predadores como Lovelace impõem injuriosamente a terceiros. Assim sendo, Clarissa preside um ritual de sacrifício montado em público, no qual ela tanto é a sacerdotisa que o oficia quanto a vítima mutilada e com isso, tal como a oferenda sacrificial da Antiguidade, passa da fraqueza à força, da morte à glorificação. Ela tem ciência de que em sua sociedade, marcada por um pecado original que é simbolizado em sua própria condição de "inocente culpada", essa renovação só é acessível mediante uma passagem sacrificial pela morte.[21] Como uma versão do *pharmakos*, o bode expiatório que arca com os pecados coletivos da comunidade, seu corpo poluído encarna os crimes e as contradições de uma ordem simbólica mais moderna. Sua carne violada simboliza o Real monstruoso que precisa ser enfrentado, caso essa sociedade obcecada com a posse pretenda se reformular. É essa metanoia ou transformação espiritual que receberá, mais tarde, o nome de revolução política.[22]

Cônscia de que essa não é uma civilização em que a mulher possa viver, Clarissa transporta seu corpo saqueado para longe do perigo, convertendo sua agonia num espetáculo cerimonial público e rejeitando com firmeza todos os apelos à contemporização vindos de seus amigos e parentes aflitos. Como todos os devotos do Real, ela se torna um dos mortos-vivos. Sua morte física meramente consumará a espiritual. Nessa situação extrema, a única maneira de salvaguardar o eu é abrir mão dele. A heroína de Richardson entrega-se friamente à sedução erótica de Tânatos, transformando o corpo numa negação silenciosa do regime que a perseguiu até a morte e deixando seus torturadores humilhados, com sangue nas mãos. Antes da ficção de Henry James, raras vezes o masoquismo se revelou uma arma política tão potente, na medida em que Clarissa, dentro do espírito dos clássicos protagonistas trágicos, arranca de sua fragilidade um poder assombroso. Uma ordem social justa só poderia fundamentar-se nessa fidelidade solitária e insociável à verdade. O masoquismo de Clarissa é extremo, porém esse extremismo é exatamente o que seria preciso, nessas condições, para nascerem a verdade e a justiça.

O mártir extrai sua postura diretamente do Real, contornando o Simbólico e atestando uma verdade alternativa, mediante o repúdio do

289

O PROBLEMA DOS DESCONHECIDOS

funcionamento do mundo até a morte. Os mártires dão o que Walter Benjamin chamaria de um salto de tigre para o futuro, contemplando o presente como se já estivessem mortos e como se o presente já fosse passado. O mártir atrela a pulsão de morte a uma causa que possa significar uma vida mais abundante para outros — uma abundância de vida que brota da cessação da dele próprio. Isso está fadado a parecer uma loucura ultraesquerdista para muitos dos que trabalham pragmaticamente por uma ordem social mais justa e que, por conseguinte, têm de seguir, até certo ponto, as regras do jogo. Mas há uma diferença entre trabalhar pela justiça e encarná-la, por mais negativamente que se possa exercer essa última tarefa; e nas sociedades em que as mulheres são excluídas da vida política, são elas que, como Clarissa Harlowe, mais tendem a se revelar exemplos dessa segunda forma de dissidência política. Clarissa atesta a vida virtuosa, não por fazer protestos a favor dela nem pregações em seu nome, porém convertendo sua própria carne num significante político, revelando a lamentável falta de justiça que a cerca, através do ato de colocar em exposição pública o seu corpo violentado. Como observou David Wood, "Ser um sacrifício é transformar a vida individual em algo cuja importância transcenda essa individualidade".[23]

Há um sentido em que todos passamos por essa conversão da carne em signo, no processo de entrarmos na ordem simbólica, porém o mártir é alguém que o eleva, por assim dizer, à segunda potência. Tal como o bode expiatório, Clarissa "transforma-se em pecado", na descrição de Cristo feita por São Paulo. Quanto mais o faz — quanto mais manifesta a violência criminosa da ordem social em seu próprio corpo — mais ela atesta sua santidade. Quanto mais maculado é o bode expiatório, mais imaculado ele se torna. Nessa situação, o veneno e a cura são uma coisa só. Ao destilar a essência de uma sociedade injusta, o bode expiatório aponta para além dela. O que Lacan escreve sobre Édipo aplica-se também à heroína de Richardson: "Não é da morte de todos que ele morre, ou seja, de uma morte acidental, mas da morte verdadeira, na qual ele mesmo risca seu ser. É uma maldição consentida, dessa verdadeira subsistência que é a do ser humano, subsistência na subtração dele mesmo da ordem do mundo. Essa atitude é bela (...)."[24] Isso nos faz lembrar a distinção de Rilke entre *der kleine Tod*, que significa a morte como puro evento biológico, e *der eigne Tod*, a morte ativamente capturada e pessoalmente autenticada que brota com uma certa lógica moral da vida do indivíduo.

290

FICÇÕES DO REAL

Lacan escreve sobre Antígona que ela leva até o limite um puro desejo de morte como tal e também esse é o caso da amaldiçoada e santa Clarissa.

Ela morre por dar menos valor a sua existência biológica do que àquilo dentro dela que é mais do que ela, aquilo a que o próprio romance dá o nome de honra ou castidade. O Real de que Clarissa se recusa a abrir mão, a essência inegável do seu ser, recebe de seu autor devotamente protestante o nome de Deus. A espiritualidade da heroína não provém de ela rejeitar o desejo, mas de se manter fiel a ele. Clarissa passou a reconhecer que nenhum objeto dessa cultura de exploração é digno do seu anseio, razão por que se desinveste em silêncio de todos eles. Foi essa figura revolucionária, impecavelmente conformista, triunfante como uma heroína de James pela proba abstenção da ação, que os críticos rotularam de maçante, puritana, melindrosa, mórbida, perversa, narcisista, masoquista, santarrona e inflexível. O que eles não assinalaram é o quanto algumas dessas qualidades eram recomendáveis para uma mulher desprotegida na Inglaterra patriarcal.

Durante a maior parte dos últimos dois séculos, os comentários críticos sobre William Wordsworth viram sua obra por uma óptica imaginária. Foi a união simbiótica e cerrada entre uma natureza generosa e uma humanidade benevolente que captou a atenção dos críticos, no que poderíamos chamar de leitura angelical da poesia dele. Só com o aparecimento, em 1964, do livro de Geoffrey Hartman a que esse deu o título pouco inspirado de *Wordsworth's Poetry 1787-1814*, e que talvez ainda seja a melhor monografia sobre o poeta, é que essa versão otimista do mundo wordsworthiano deu lugar a uma interpretação mais cética e demoníaca. A imaginação (a capacidade humana mais acriticamente reverenciada pela crítica literária ortodoxa) nos escritos de Wordsworth é escandalosamente denunciada, no estudo de Hartman, como uma forma mortífera, obsessiva, aniquiladora. Ela é, em suma, uma emanação do Real, e não um princípio unificador do Imaginário.

Há um cenário recorrente na poesia de Wordsworth, retratado por Hartman com esplêndida acuidade, que traz todas as marcas de um encontro traumático com o Real. Num momento de dissociação apocalíptica, que traz instantaneamente ideias de morte e julgamento, o eu passa por um momento insólito de suspensão ou dirupção, no qual a continuidade cotidiana da vida é abruptamente despedaçada, a luz dos

O PROBLEMA DOS DESCONHECIDOS

sentidos é obscurecida e o abismo da imaginação se abre sob os pés do sujeito. A imaginação é uma força autogerada, "sem pai", tão excessiva (nos comentários de Wordsworth) quanto o transbordamento do Nilo, e sua consequência é arrancar violentamente o eu da natureza, de seu *habitat* familiar e de uma existência seguramente centrada, lançando-o num agudo sentimento de solidão e de estar perdido. Nessa "experiência terminal", como Hartman a descreve, a alma sente-se alienada do mundo, separada de uma vida cotidiana que agora parece de uma banalidade irreal. Mas o avesso desse sentimento de autodissolução, tal como na experiência do sublime, é uma vitória da autoafirmação, à medida que o sujeito humano, distanciado de tudo aquilo de que antes dependia, exulta em sua força interna, sente sua consciência elevar-se a um tom apocalíptico e se sabe autônomo em relação a qualquer mera circunstância. Em particular, sabe estar eternamente separado do companheirismo humano. Em Wordsworth, a imaginação não é, na raiz, uma força sociável, e sim isoladora. É, como observa Hartman, essencialmente apocalíptica e precisa profanar o mundo dos objetos e das relações comuns. Associa-se ao assassinato, às ruínas, ao sacrifício, ao desumano e a uma espécie de "contundência apocalíptica", e não (como o próprio poeta preferiria acreditar) à alegre união do eu com os outros e com o que o cerca. A poesia de Wordsworth é repleta de figuras austeras, fixas, solitárias, todas as quais têm um estranho poder de esfacelar e transformar a consciência cotidiana. Quando o poeta vê um mendigo cego em Londres, em *O prelúdio*, sua "mente girou/como que pela força das águas" à visão desse hieróglifo obsedante.

O que é vislumbrado nessas epifanias apavorantes e inspiradoras é uma força da imaginação que não poderia ser satisfeita por coisa alguma na natureza, não importa quão sublime; e esse talvez seja o equivalente wordsworthiano do desejo psicanalítico. Como escreve o poeta no Livro 6 de *O prelúdio*,

> *Our destiny, our being's heart and home,*
> *Is with infinitude, and only there;*
> *With hope it is, hope that can never die,*
> *Effort, and expectation, and desire,*
> *And something evermore about to be.*[25]

FICÇÕES DO REAL

Não há dúvida de que tais sentimentos tinham um ar bastante reverente para os leitores cristãos de Wordsworth, mas as implicações de tais passagens são muito mais subversivas do que essas almas respeitáveis reconheceriam. O poderoso profeta da natureza, com sua mensagem de benevolência e tranquilidade, adverte-nos que a natureza é um punhado de refugo, em contraste com uma força inominável cujo efeito é obscurecer nossa visão, romper nossa saciação com nós mesmos e deixar-nos eternamente insatisfeitos. É verdade, insiste Hartman, que muito do esforço de Wordsworth consiste em resistir a essa verdade traumática, reabsorver a ruptura na continuidade e procurar tornar naturais ou domesticar os pavores da imaginação. Ele viria a suspeitar de que a Revolução Francesa era uma obra da imaginação apocalíptica, a ser repelida por um organicismo muito inglês. A tarefa da natureza seria seduzir o sujeito humano para o esquecimento de sua infinitude secreta, ancorando-o, em vez disso, no mundo terreno. Mas essa não é uma conquista simples. A faculdade da imaginação, observa Hartman, é profundamente conservadora: esforça-se por alimentar, nos homens e nas mulheres, memórias e lembranças de uma vida imortal anterior, como na célebre ode "Intimations of Immortality" ["Indícios de imortalidade"]. Nessa medida, ela não está inteiramente afastada da pulsão de morte freudiana, outra força conservadora que procura nos devolver a nossas origens imortais. O poeta quer acreditar que a natureza e a subjetividade são parceiras, não eternas antagonistas. Mas se Wordsworth se empenha nesse sentido para ser um poeta do Imaginário ou do Simbólico, é por ser, fundamentalmente, um apóstolo do Real.

O momento de estase ou suspensão apocalíptica é também de conversão espiritual. O sujeito se desfaz de tudo que possa intervir entre ele e o infinito, seja qual for o risco mortal para ele mesmo. No que Hartman retrata como uma "guinada catastrófica para a beleza pavorosa", morre um mundo antigo e nasce uma nova forma de consciência. Há uma iniciação "ofuscante", na qual o poeta ultrapassa uma paisagem conhecida e entra (novamente nas palavras de Hartman) num "desfiladeiro entre estados do ser". Tomado pela imaginação, o eu torna-se um dos mortos-vivos, perambulando num purgatório ou numa região fronteiriça entre a finitude e a infinitude. "Eu parecia um ser que houvesse passado sozinho/ Para uma região do futuro", observa Oswald, um personagem demoníaco de Wordsworth, a respeito de si mesmo em *The Borderers* ["Os

O PROBLEMA DOS DESCONHECIDOS

fronteiriços"]. Oswald comete um dos muitos atos de traição na poesia de Wordsworth, termo que Lacan emprega a propósito da situação do Real. Ele rompe de forma blasfema com os costumes, a tradição e a lei natural — um sacrilégio que seu criador censura formalmente, mas pelo qual nutre todas as simpatias secretas. Com efeito, na época em que escreveu *The Borderers*, Wordsworth suspeitava que a vida, a consciência e a civilização baseavam-se, elas mesmas, em algum assassinato ou crime primevos contra a natureza.

Separado por um golfo imperscrutável da natureza e do dia a dia, o sujeito procura debelar seu sentimento de alienação agarrando-se obsessivamente a um único objeto ou ideia, com uma perseverança que Hartman considera a um tempo patética e alarmante. O livro *Lyrical Ballads* é repleto desses fragmentos acalentados, nos quais não é difícil discernir a sombra do *objeto pequeno a* de Lacan. Mesmo quando os personagens de Wordsworth sofrem uma perda perfeitamente corriqueira, a paixão com que a vivenciam é extraordinária, tal é a intensidade com que eles tinham investido seu desejo nessas coisas comuns. A tenacidade e a resolução, assinala Hartman, são as tônicas da poesia, assim como são indicadores do desejo do Real. Há uma espécie de persistência enlouquecida, perversa e desumana em muitas figuras de Wordsworth, do tipo que observamos nos casos de Kohlhaas e Shylock.

No sonho assustadoramente apocalíptico narrado no Livro 5 de *O prelúdio*, o poeta se descobre num deserto sem pegadas nem limites, "todo negro e vazio" — um signo bastante comum, em Wordsworth, da solidão e da perda de referenciais associadas ao advento do Real. Surge um guia segurando símbolos do que une um ser humano a outro: uma pedra, que denota a geometria e, portanto, na expressão de Hartman, as relações eternas e desapaixonadas; e uma concha, para significar a poesia ou as relações humanas apaixonadas. Os objetos emblemáticos do guia, poderíamos dizer, enaltecem as dimensões simbólicas e imaginárias da existência humana: as relações abstratas, de um lado, e as afetivas, de outro. Mas o sonho é perpassado por imagens da destruição iminente da natureza e da humanidade — de um confronto cruel com o Real que o poeta teme e deseja, enquanto o guia que poderia salvá-lo dessa catástrofe segue adiante, apressado. Sem conseguir alcançá-lo, o sonhador acorda, aterrorizado. O maior poeta inglês da natureza, do sentimento humanitário e da continuidade orgânica é impelido a escrever por uma força que nega todos os três.

294

FICÇÕES DO REAL

Se *Clarissa* é um dos raros romances trágicos da Inglaterra antes da obra de Thomas Hardy, ele o é até porque a finalidade da arte da classe média nessa época era edificar, e não desanimar. Outra dessas raridades literárias é *O morro dos ventos uivantes*, de Emily Brontë.[26] O fato de os livros de Richardson e Brontë serem ficções do Real é, sem dúvida, uma das razões desse *status* trágico peculiar, numa sociedade que preferia que suas narrativas terminassem com uma nota animadora sobre o casamento, acordos sobre a posse de bens, o sucesso dos virtuosos e a punição dos maus. Ou, como disse Henry James, "com uma distribuição final dos prêmios, pensões, maridos, esposas, filhos, milhões, parágrafos acrescentados e observações alegres".[27] *O morro dos ventos uivantes* faz soar provisoriamente, de fato, uma nota otimista desse tipo em sua conclusão, porém se trata de um fio notavelmente frágil de esperança, espreitando na sombra lançada pela tragédia tempestuosa de Catherine e Heathcliff.

É difícil descrever o laço entre os dois como um relacionamento, já que lhe parece faltar qualquer senso de alteridade. Trata-se também de uma relação estranhamente assexuada. Se é ainda mais difícil aplicar-lhe um discurso moral convencional sobre o amor ou a afeição, é por haver nessa violenta simbiose de eus algo de curiosamente desumano, que se mostra refratário a uma ética simbólica. Movidos por uma fome elementar alheia à ternura, Catherine e Heathcliff mais tendem a despedaçar um ao outro do que a terminar lado a lado diante de um clérigo e, ao longo de toda a narrativa, desenham um curso inexorável para a morte. O que os impulsiona é menos Eros do que Tânatos, como quando Catherine, irritadiça, procura acabar consigo mesma, ou quando Heathcliff, uma imagem do morto-vivo, posta-se diante da janela dela, petrificado como uma estátua. A necessidade frenética que eles têm um do outro é uma paixão pelo Real, uma paixão que os transporta para além das civilidades da ordem simbólica, para aquele deserto sem trilhas que o romance chama de natureza.

As ficções da irmã de Emily, Charlotte Brontë, são estratégias para conciliar o desejo e as convenções sociais. Jane Eyre teria permissão para realizar seu desejo em relação a Rochester, glamorosamente byroniano, mas apenas de um modo que não transgredisse a etiqueta social, ficando, portanto, perigosamente exposta. Nada dessa conciliação judiciosa entre o desejo e a convenção é possível em *O morro dos ventos uivantes*. Ao contrário, Catherine é obrigada a escolher sexualmente entre Hea-

295

O PROBLEMA DOS DESCONHECIDOS

thcliff e Edgar Linton e, ao optar por Linton, o mais próspero senhor de terras da região, espera pagar o que deve à ordem simbólica e, ao mesmo tempo, preservar um vínculo imaginário com sua alma gêmea da infância. Mediante esse recurso, ela sustenta simultaneamente dois eus, o fenomênico e o numênico, por assim dizer. Sua célebre exclamação, "Eu sou Heathcliff!", expressa uma simbiose imaginária com o amado, uma simbiose igualmente marcada pela agressão homicida e pela necessidade mútua. Catherine escolhe Linton, e não Heathcliff, num ato de prudência social — mas também porque, quando se trata de Heathcliff, um companheiro tão necessário ao ser dela quanto a respiração, a escolha, de qualquer modo, não é um conceito relevante. É possível que os enamorados sejam meios-irmãos, o que esclareceria o sentimento que eles têm um pelo outro como *alter egos*, bem como sua assexualidade. Mas, se for esse o caso, haverá uma sugestão de incesto pairando sobre seu relacionamento; e uma vez que o incesto é um sinal do horror traumático que está no cerne da ordem simbólica, como seu campo de possibilidade rigorosamente excluído, ele tem uma estreita relação com o Real. Nesse caso amoroso impulsionado pela morte, a ordem simbólica é contornada pelo Imaginário e pelo Real.

É por isso que a luta de Catherine por uma conciliação ao estilo de Charlotte está fadada ao fracasso, porque o Real não admite essas trocas compensatórias ou meias medidas. Heathcliff é um visitante dessa região longínqua, assim como um complemento imaginário de sua amada, um brutamontes grosseiro que figura como o curinga no baralho da ordem simbólica. Não tem um lugar natural na economia restrita das terras altas e sua presença ali desordena violentamente o mercado matrimonial e patrimonial. Para Catherine, ele representa a rocha eterna entre os bosques, o núcleo sólido do Real na matéria maleável da cultura. Como um pária adotado pela mansão dos Ventos Uivantes, mas um exilado interno entre suas paredes, esse selvagem bem-falante tem o ambíguo *status* de íntimo/forasteiro da própria natureza, que figura no romance como uma propriedade cultivada (logo, como uma dimensão da cultura humana) e como uma região inculta, mas fértil, para além dos limites da vida civilizada.

Heathcliff tem o caráter janusiano do Real, a um tempo mortífero e doador de vida. Quando menino, ele é uma figura semelhante ao *pharmakos* e, nas palavras do velho Earnshaw, é uma dádiva do Senhor, porém negro como o diabo. Quando adulto, leva vida e morte a Catherine, como agente de uma pulsão que ao mesmo tempo destrói e regenera. Como muitas figuras do Real, ele é um brutal monomaníaco que prefere chafurdar no sangue a abrir mão de seu desejo. A intensidade sobrenatural desse desejo é um antegozo do caráter absoluto da morte pela qual ele passa a ansiar. No entanto, o romance não se apressa a endossar o que Heathcliff representa. Não compartilha inteiramente seu desprezo machista pelo educadíssimo Edgar Linton, que bem pode ser meio banana, mas cujo amor por Catherine é terno e firme. Em contraposição à interpretação dada a Heathcliff pelo "Alto" como uma fonte de energia transcendental, o texto indica a visão que a "Granja" tem dele como um explorador voraz, um impiedoso senhor de terras para quem nenhum vínculo ou tradição é coisa sagrada. Heathcliff é desumano porque o que ele significa transcende o campo do pessoal; mas é também desumano num sentido bem menos enaltecido da palavra, como um homem que é impelido pela rejeição de Catherine a superar seus opressores nas maquinações matrimoniais/patrimoniais deles.

Mesmo assim, apesar de toda a sua malevolência, Heathcliff porta-se como um zumbi. Sua alma é sepultada com Catherine morta e o capital cultural que ele acumula durante seu misterioso desaparecimento do Alto é gasto puramente para fazer com que se prostrem de joelhos os que a tiraram dele. Quanto mais Heathcliff investe como um capitalista insensível, menor é o seu investimento espiritual nesses planos, puramente movidos pela vingança contra aqueles que o afastaram de sua amada. Suas espertezas mundanas estão totalmente a serviço do não mundano. O Real a que Heathcliff se apega com tanta persistência patológica reduz seu meio efetivo à irrealidade, no que ele é tomado por um impulso que não admite limites terrenos. O desejo que esse virtuose obstinado tem da lei, das finanças e das posses é tão extramundano quanto a fé professada por um ermitão e é por isso que a morte lhe surge como um amigo, e não um estranho.

Mas o romance enxerga tanto o que há de estéril quanto o que há de esplêndido nessa ética do Real. Do ponto de vista da Granja, com suas afeições civilizadas e seus costumes refinados, Catherine e Heathcliff são um par de pirralhos brigões cuja rejeição da ordem simbólica é uma insígnia de sua eterna imaturidade. Incapazes de renunciar a uma infância idealizada, eles se transformam, respectivamente, numa adolescente pe-

O PROBLEMA DOS DESCONHECIDOS

tulantemente autodestrutiva e num predador monstruoso. Visto por esse ângulo, o amor entre os membros do casal é regressivo e narcisista, atolado num mundo mitológico perdido, do qual nunca poderia ter evoluído para a história propriamente dita. É difícil imaginar Heathcliff pondo a louça na lavadora ou dando banho no bebê.

A visão do Alto, entretanto, ou, pelo menos, dos apologistas críticos do local, é bem diferente. Se a relação dos protagonistas orienta-se para a autodestruição, é por não haver lugar para essa mutualidade pura de eus na sociedade convencional. A comunhão intensa entre o casal é desajustada não por ser regressiva, mas por ser utópica. Se a relação deles é pré-social ou antissocial, natural em vez de cultural, é por ser essa a única forma autêntica de vida que lhes é acessível numa ordem social exploradora. Visto que as novas possibilidades que eles apontam ainda não podem materializar-se, eles têm de ser relegados ao campo da natureza, do mito e da imaginação. Como "dádiva do Senhor", a presença de Heathcliff no Alto é radicalmente gratuita: ele é recebido nessa unidade doméstico-econômica como um forasteiro, sem que nenhum papel lhe seja destinado nessa magra estrutura centrada na família. Como excedente na economia dela, um estranho num mundo em que a história é de fato a genealogia, Heathcliff será acolhido ou rechaçado simplesmente pelo que é, sem reivindicar qualquer *status* senão o humano. O *pharmakos* temivelmente poluído representa o refugo e a escória da humanidade, mas, se puder ser olhado sem medo e acolhido de bom grado dentro dos muros, esse estranho no portão será capaz de liberar uma força insondável para o bem.[28]

Catherine, similarmente, é supérflua para a economia de fazendeiros dos Earnshaw; como mera filha, não é esperável que ela seja herdeira. Mas o Alto não consegue encontrar outra serventia para esses curingas senão a de abusar deles e negligenciá-los e abandona o par a seus próprios recursos. O amor é muito bom para quem tem tempo e recursos para esbanjar com ele. A região sovina e cabeça-dura das terras altas não vê sentido numa relação desprovida de bases sociais, familiares ou econômicas — uma relação que, ainda por cima, envolve uma profunda igualdade dos seres dentro do que o romance retrata sistematicamente como um regime estratificado e brutalmente dominador. Uma das proezas mais audaciosas de *O morro dos ventos uivantes* é desmascarar o lar da família vitoriana como um rinhadeiro de violência grotesca e de lutas mesquinhas pelo poder. É nesse sentido que a relação entre Catherine e Heathcliff pode ser entendida como utópica. O Real envolve a possibilidade de inaugurar um novo estilo de ser que rompa com o passado opressor, bem como com a realidade do desencadeamento de um caos pavoroso no presente.

Assim como, no centro do romance de Emily Brontë, existe um desejo que resiste à significação, a própria forma do texto dela, com seus narradores flagrantemente tendenciosos, suas vozes desarmônicas e suas inserções de um relato dentro do outro, como matrioscas, é o bastante para deixar intrigada qualquer leitura direta da história. O recurso de encaixar uma narrativa potencialmente indigna de confiança dentro de outra que não é inteiramente confiável também envolve uma desarticulação da cronologia, visto que, no texto, a história se curva sobre si mesma, num movimento para frente e para trás. Também isso tem um contraste acentuado com o desenrolar unilinear dos romances de Charlotte, com sua confiança implícita na evolução moral e histórica. Há algo no Real que rompe o histórico, à medida que uma multiplicidade de personagens, episódios e acontecimentos gira em seu turbilhão, numa espécie de carrossel do tempo.

Nos romances de Charlotte Brontë, nunca ficamos muito em dúvida quanto ao que pensar, pois a voz da narradora onisciente orienta nossas reações de leitura com a enérgica autoridade de uma professora primária. *O morro dos ventos uivantes*, ao contrário, carece de uma metanarrativa, como se a opacidade que há em seu cerne não pudesse ser abordada diretamente, mas em perspectiva, vislumbrada no hiato entre um relato tendencioso e outro. Assim, o romance impede qualquer escolha simplista entre o Simbólico e o Real, Heathcliff como um obsessivo intratável e Heathcliff como um novo horizonte revolucionário. A ideia é entendermos que o homem é um patife sádico, não um pilantra cativante ou um diamante bruto; no entanto, também somos convidados a reconhecer que foram os maus-tratos nas mãos dos Earnshaw que o fizeram passar de menino destemido a trapaceiro insensível. Ao ser rejeitado por Catherine, seu desejo se distorce num impulso patológico para a morte, na autonegação e na violência contra si mesmo; no entanto, o desejo em si é perfeitamente razoável, frustrado apenas pelos rigores da estrutura de classes. A Heathcliff são negados o respeito e o reconhecimento, primeiro pelos Earnshaw, depois por sua amada; e já vimos como essa rejeição é capaz de transformar um Shylock, um Kohlhaas ou uma Clarissa, levan-

O PROBLEMA DOS DESCONHECIDOS

do-os de cidadãos pacíficos a metamorfoses da morte e da destruição. Há na realidade da injustiça, mais do que na da inveja, do ressentimento ou até do ódio, algo capaz de levar os homens e mulheres à loucura.

De maneira similarmente imparcial, o romance pretende fazer-nos ver que a cultura não vai até o fim — que há na existência humana uma materialidade que se mostra resistente a ela. Contudo, também se pretende que reconheçamos que a cultura nada tem de superficial e que o desprezo heathcliffiano por ela como frágil e impotente não passa de um preconceito machista. Em matéria de ambiguidade, chega a ser difícil para o leitor situar com clareza a ação. Será essa uma história de trágico heroísmo ou de moleques briguentos? Será que a verdade, afinal, está na desdenhosa e prosaica Nelly Dean? O desejo é desmascarado como uma força profundamente subversiva, perigosamente indiferente às distinções sociais; no entanto, nem todo desejo deve ser afirmado e nem toda convenção social é uma falácia. A ordem simbólica tanto é protetora quanto repressora, assim como o Real é transformador e traumatizante.

Quatro anos depois da publicação do romance de Emily Brontë, uma fábula ainda mais magnífica sobre o Real irrompeu no cenário da literatura. A baleia branca que o demoníaco Ahab de *Moby Dick* persegue até a morte é "imperscrutável", tão impenetrável ao conhecimento quanto o númeno kantiano: "Por mais que eu a disseque", lamenta-se o narrador Ismael, "não passo da superfície da pele; não a conheço, jamais a conhecerei." A brancura de Moby Dick é sinal de santidade, ou de algo "doce e honroso e sublime", porém "algo de esquivo espreita na ideia mais íntima dessa tonalidade, que atinge com mais pânico a alma.do que a vermelhidão assustadora do sangue". O branco é puro, mas é também pura negação; e Moby Dick, tal como a sublimidade de Deus ou a força do Real, tanto é apavorante quanto fascinante, maldita e sagrada, um nada estranho e abissal que só se pode contemplar correndo o risco da cegueira. Tal como o Real, a baleia é pura negatividade e é também força positiva — um enigma que escapa à cognição, mas também uma violenta força aniquiladora pela qual Ahab, perseguido pela morte, apaixona-se catastroficamente. A monstruosa indeterminação de Moby Dick, uma indefinição que desordena todas as categorias zoológicas, lembra ao narrador a aniquilação, "os vazios e imensidões atrozes do universo". O espaço fora da terra firme, comenta Ismael, é tão infinito quanto Deus.

Se a baleia desordena a arrumação zoológica, também perturba o trágico protagonista do romance, que a vê como a encarnação viva de "tudo o que mais enlouquece e atormenta, tudo o que mexe com a estabilidade das coisas, toda verdade maléfica, tudo que destrói a energia e embota o cérebro, todos os demonismos sutis da vida e do pensamento, toda a maldade (...)" Para o irregenerado Ahab, Moby Dick significa o caráter enviesado e problemático do Real, a falha sutil na simetria da natureza. Assim como o Real derrota o significante em sua presentificação bruta, mas elusiva, até as mais elevadas formas de felicidade terrena, reflete Ahab, têm "latente em si uma certa mesquinhez insignificante". O que ele discerne na tábula rasa da baleia é a pura maldade da pulsão de morte, a casquinada da demoníaca falta de sentido que ressoa por todo o universo. Mas isso é porque a visão que o capitão tem de Moby Dick se assemelha à visão satânica de Deus — ou seja, Deus visto como opressor, como juiz e patriarca, não como amigo e amoroso. Moby Dick, na visão de Ahab, é "uma coisa amaldiçoada", embora, vista por olhos menos malevolentes, reluza com um esplendor transcendental. A pessoa pode ver a baleia como o diabo ou como um arcanjo, somos informados, dependendo do seu estado de ânimo.

Como todas as coisas sagradas, o animal é abençoado e amaldiçoado e o desejo monomaníaco que Ahab tem dele tanto é amor quanto agressão letal, Eros e Tânatos entrelaçados. Tal como a imagem classicamente demoníaca, Ahab só é capaz de extrair uma espécie de vitalidade substituta da dor que seu ódio autodestrutivo pela baleia lhe proporciona. É esse estado autotorturante que é tradicionalmente visto como o inferno e o capitão é um integrante de uma venerável linhagem literária de transgressores diabólicos. Faz parte dos eleitos satânicos, "abençoado", como ele mesmo observa, "com a mais elevada percepção (...), amaldiçoado da maneira mais sutil e maligna!" Somente o diabo — um anjo decaído — se entende com o Criador, valorizando a destruição pela destruição, tal como Deus cria pelo puro prazer de criar. Ahab se perde para além das fronteiras da humanidade, entrando numa desolada terra de ninguém na qual, como ele exclama, à maneira do Satanás de Milton, "todo encanto é angústia para mim". Ele é um dos mortos-vivos e toda a sua existência autoaniquiladora é apanhada num fanático ser para a morte. Até sua perna de marfim, cada um de cujos ecos no convés soa como uma batida num caixão, é um pedaço de matéria morta literalmente incorporado a

O PROBLEMA DOS DESCONHECIDOS

sua carne e seu osso. O capitão fez o que é solicitado a Antônio no *Mercador*: sacrificou um pedaço de seu corpo ao Outro, mas ainda não obteve nenhum reconhecimento do espectro monstruoso ao qual em vão persegue. Como é comum com esses desejos intratáveis, a realidade cotidiana se apequena, virando uma fachada vulgar, esvaziada de sua substância ontológica: "todos os objetos visíveis", considera Ahab, "não passam de máscaras de papelão." Os acólitos do Real são platônicos natos.

"Teus pensamentos criaram em ti uma criatura", reflete Ismael, contemplando o estado lastimável de seu capitão. É a cunha estranha do Real dentro dele que dilacera o ser de Ahab, impelindo-o a alcançar um objeto impossível, mas é também esse desejo desvairado e inflexível que constitui sua grandeza. Como todos os protagonistas do Real, ele é tomado por um anseio apaixonado pela infinitude: "A verdade não tem fronteiras", protesta. Ahab está disposto a arriscar a vida na busca de seu desejo e, nesse sentido, leva a um trágico extremo a conduta habitual de seus colegas marinheiros, que colhem vida na morte, ao tirar do oceano o seu sustento. Também eles são *pharmakoi* como Ahab, enjeitados da humanidade cujo ofício é marcado pela "imundície"; mas, embora o mundo rechace esses traficantes do desumano, também lhes rende homenagem como portadores prometeicos do fogo, fornecedores de óleo para as lamparinas de suas casas e seus locais de trabalho. A própria civilização humana é uma questão de dragar a vida na morte, de forçar uma natureza intratável a ficar a serviço da cultura; e, nessa medida, a dualidade de Ahab reflete a norma civilizada, e não o desvio insociável. É a humanidade, constituída pelo Real impossível e janusiano de seu desejo, que é o verdadeiro *pharmakos*, capaz de redenção e danação de um modo que ultrapassa até a mais magnífica das criaturas marinhas. Se Ahab é um aberração na face da Terra, é por forçar a lógica do humano até um limite impensável — um limite no qual a humanidade se revela, de um só golpe, desumana e mais autenticamente ela mesma. Essa é a região do Real, onde, por mal ou por bem, nem os apologistas do Imaginário nem os defensores do Simbólico são capazes de se aventurar.

Um romance muito menos esplendoroso do que o de Melville, *The Old Wives' Tale*, de Arnold Bennett, contém um momento extraordinário, no qual Harold Povey, um comerciante de tecidos sem maior distinção, oriundo de North Midlands e de impecáveis costumes pequeno-burgueses, é transfigurado pela execução injusta de seu primo e se torna

302

uma figura assustadoramente irreconhecível. Arrasado pela pneumonia, Harold deixa seu leito de enfermo, aos trancos e barrancos, para visitar na prisão o parente condenado e, em seguida, fazer uma consulta ao pároco do lugar sobre uma manifestação política para protestar contra a sentença. O resultado de seus esforços extraordinários pela causa da justiça é que ocorrem duas mortes em vez de uma, pois Povey morre de toxemia. "Faltava-lhe individualidade", comenta o autor; "Ele era pequeno (...) Mas eu lhe tinha amizade e respeito (...) Sempre me alegrou pensar que, no fim da vida, o destino se apossou dele e mostrou a quem o observasse o veio de grandeza que perpassa todas as almas, sem exceção. Ele abraçou uma causa, perdeu-a e morreu por isso." "Em cada um de nós", escreve Lacan, "há a via traçada para um herói, e é justamente como homem comum que ele a efetiva."[29]

No fim da peça de Arthur Miller intitulada *Panorama visto da ponte*, o advogado Alfieri entra para prestar uma homenagem córica ao protagonista morto, Eddie Carbone:

> Agora, quase sempre nos contentamos com a metade, e eu gosto mais disso. Mas a verdade é sagrada e, mesmo sabendo o quanto ele (Eddie) errou e o quanto sua morte foi inútil, fico trêmulo, porque confesso que alguma coisa de uma pureza perversa apela para mim em sua lembrança — não puramente boa, mas puramente ele, porque ele se deu a conhecer por inteiro, e por isso acho que gostarei mais dele do que de todos os meus clientes sensatos. E, no entanto, é melhor nos contentarmos com a metade — deve ser. E assim, eu choro por ele, admito, com certo... sobressalto.

O tom não fica longe do comentário elegíaco de *The Old Wives' Tale* sobre Harold Povey, vencido, mas desafiador. A reação intrigada de Alfieri a Carbone reflete uma ambivalência apropriada em relação ao Real. O herói do drama precipitou-se irracionalmente para a morte, em nome de sua reputação maculada; e a peça admira a persistência com que ele adere a seu desejo, ainda que esse o mostre tragicamente iludido. O mesmo se aplica à visão que *A morte do caixeiro-viajante* tem de seu protagonista, Willy Loman, personagem que morre atolado na falsa consciência, mas cuja trágica dignidade consiste em ele ser incapaz de se distanciar do

O PROBLEMA DOS DESCONHECIDOS

problema de sua identidade. Poderíamos dizer que esse prototípico herói moderno conserva "o lugar autêntico do (seu) gozo, mesmo que ele fique vazio", como observa Lacan num outro contexto.[30] Loman é mais uma figura literária que se desloca nas fileiras dos mortos-vivos, marchando inexoravelmente para o encontro com a morte que o título da peça, já em si um dado do destino, lhe reserva desde o começo. O que o próprio Miller admira em seu herói é "a intensidade, a paixão humana de superar os limites, a insistência fanática no papel que ele inventou para si". Como muitos protagonistas do Real, Willy é atormentado pela banalidade do dia a dia, desolado com o contraste entre sua exigência sublimemente inflexível e, nas palavras do autor, "a vacuidade de tudo em que ele depositou sua fé". "Entendo", prossegue Miller, "(...) que quanto menos o homem é capaz de se afastar do conflito central da peça, mais ele se aproxima de uma existência trágica. Por sua vez, isso implica que quanto mais um homem se aproxima da tragédia, mais intensa é a concentração de suas emoções no ponto fixo do seu compromisso, ou seja, mais ele se aproxima daquilo que, na vida, chamamos de fanatismo".[31]

É fácil, portanto, compreender o pesar com que Alfieri coça a cabeça diante de seu cliente assassinado, em *Panorama visto da ponte*, até porque o advogado é produto da pena que também criou *As bruxas de Salém*. Numa era desprovida de ideais heroicos, a única nobreza ao alcance do sujeito não está na natureza do seu desejo, mas na intensidade com que ele se mantém fiel a esse. No entanto, essa intensidade é sempre potencialmente patológica. Assim, estamos lidando com uma ética puramente formalista — uma ética que tem um toque de glamour, mas também cheira a inconsequência. De fato, o "não ceder em seu desejo" formulado por Lacan corresponde a uma dentre as componentes dessa linhagem de doutrinas formalistas, das quais o "aja com autenticidade!" dos existencialistas foi um precursor remoto. "O que faz com que Filoctetes seja um herói?", pergunta Lacan, e responde: "Nada mais do que isto — que ele adere aferradamente a seu ódio até o fim."[32] Se um homem que se mantém ferrenhamente comprometido com sua pedofilia, até o fim, também se qualifica para a estatura moralmente heroica, isso não fica claro. É justamente esse tipo de ética formalista que Lacan admira em Antígona, postada numa fronteira tão dilatada da ordem simbólica que é capaz de afirmar o valor singular de seu irmão morto, sem referência à qualidade moral ou aos efeitos sociais dos atos que ele

FICÇÕES DO REAL

praticou. Numa tradição que vai de Heidegger a Sartre e Lacan, a distinção que importa não é entre o bem e o mal, porém entre o autêntico e o inautêntico, por mais impreciso que possa ser esse último adjetivo no caso de Lacan. Somos convidados a admirar a forma bela ou sublime de um ato, ou a enaltecer seu extremismo indômito, independentemente de seu conteúdo perigoso ou prosaico.

As ficções do Real, contudo, tendem a ser mais matizadas nesse aspecto do que tal ou qual teoria sobre ele. Loman e Carbone agem erradamente pela razão certa, mas os dramas em que eles aparecem, em vez de simplesmente afirmar a persistência ferrenha de seu desejo, cotejam-na com seu objeto indigno. O fato de esses personagens não poderem se afastar deles mesmos é visto como uma sandice e uma vitória e essa visão dual faz parte da herança ibseniana de Miller. Quem chega perto demais do Real tende a perecer em decorrência da verdade — mas, assim mesmo, perecer pela verdade talvez seja preferível a nunca pôr os olhos nela. Em certo sentido, os protagonistas de Miller são apanhados entre os dois campos, fixados em vários objetos ilusórios do desejo, mas investindo uma verdade apaixonada nesses ídolos falsos. Nesse sentido, Loman não vai, na expressão lacaniana, "até o fim do seu desejo" — ponto em que, como Lacan observa em tom coloquial, o sujeito vê que a vida não é um mar de rosas, mas, assim mesmo, abre os olhos para "o valor inteiramente relativo das razões benéficas, dos vínculos, dos interesses patológicos".[33] Willy tem razão em sua demanda de reconhecimento, mas se ilude ao imaginar que vale a pena ter as formas desse reconhecimento que estão ao seu alcance no meio social. Carbone está certo em reivindicar a restituição do seu "nome" ou de sua honra pública, mas não reconhece que ele foi perdido por justa razão. Numa sociedade em que os bens morais tradicionais tornaram-se cada vez mais maculados, e em que a disputa entre essa ou aquela concepção da vida virtuosa agudizou-se, a ética está fadada a se tornar predominantemente uma questão de forma. A ética do Real é a versão mais recente desse formalismo.

Numa passagem de *A ética da psicanálise*, Jacques Lacan assim escreve sobre a traição envolvida no abandono do próprio desejo:

O que chamo *ceder em seu desejo* acompanha-se sempre, no destino do sujeito — vocês observarão isso em cada caso, reparem em sua dimensão — de alguma traição. Ou o sujeito trai sua via, trai a si mesmo, e é sensível a si mesmo, ou, mais simplesmente, tolera que alguém com quem se dedicou mais ou menos a alguma coisa tenha traído sua expectativa, não tenha feito com respeito a ele o que o pacto comportava, qualquer que fosse o pacto, fausto ou nefasto, precário, de pouco alcance ou até mesmo de revolta, ou mesmo de fuga, pouco importa.

Algo se desenrola na traição quando ela é tolerada, quando é movida pela ideia do bem — e com isso me refiro ao bem daquele que acabou de cometer o ato de traição: cede-se terreno a ponto de renunciar à própria reivindicação e dizer a si mesmo: "Pois bem, já que é assim, renunciemos à nossa perspectiva; nenhum de nós é melhor do que o outro, especialmente não eu; portanto, voltemos à via costumeira."[34]

O sujeito que trai a si mesmo é Eddie Carbone, ao passo que Shylock e Kohlhaas enfrentam inimigos que descumprem seus pactos solenes. Quanto aos que procuram abandonar suas reivindicações e se contentar com a metade, a frase final do parágrafo de Lacan quase poderia ser uma paráfrase do apelo desesperado de Biff Loman a seu pai, para que ele recue de seu destino: "Papai, eu sou um zero à esquerda e você também!" A visão que Willy tem do assunto, ao contrário, cristaliza-se num diálogo lacônico com seu sobrinho Bernard:

BERNARD: Mas às vezes, Willy, é melhor o homem simplesmente deixar pra lá.
WILLY: Deixar pra lá?
BERNARD: É.
WILLY: Mas e quando ele não consegue deixar pra lá?
BERNARD: Acho que aí é que deve ser duro.

NOTAS

1. William Shakespeare, *Medida por medida*, in *Shakespeare — Teatro completo — Comédias*, trad. Carlos Alberto Nunes, Rio de Janeiro: Ediouro, s/d. Os números dos atos e das cenas correspondem aos citados no texto entre parênteses, é claro, ainda que as linhas não coincidam. (*N. da T.*)
2. Slavoj Žižek, *The Ticklish Subject* (Londres, 1999), p. 156.
3. Ib., p. 161.

FICÇÕES DO REAL

4. Slavoj Žižek, *The Indivisible Remainder* (Londres, 1996), p. 96.
5. O ensaio encontra-se em Jacques Lacan, *Écrits* (Paris, 1966), e foi traduzido para o inglês na revista *October*, 51 (primeiro trimestre de 1989) ["Kant com Sade", *Escritos*, trad. Vera Ribeiro, Rio de Janeiro: Jorge Zahar Editor, 1998].
6. Jacques Lacan, *The Four Fundamental Principles of Psychoanalysis* (Londres, 1977), p. 275-276 [*O Seminário*, livro 11, *Os quatro conceitos fundamentais da psicanálise*, trad. M. D. Magno, Rio de Janeiro: Jorge Zahar Editor, 1979, p. 260].
7. Jacques Lacan, *The Ethics of Psychoanalysis* (Londres, 1999), p. 310 [*O Seminário*, livro 7, *A ética da psicanálise*, trad. Antônio Quinet, Rio de Janeiro: Jorge Zahar Editor, 1988, p. 371].
8. Citado em D. Luke e N. Reeves (orgs.), Heinrich von Kleist, *The Marquise of O — And Other Stories* (Londres, 1978), p. 8.
9. Ib., p. 1.
10. Lacan, *The Ethics of Psychoanalysis*, p. 300 [*A ética da psicanálise...*, op. cit., p. 359].
11. Ib., p. 319 [*A ética...*, p. 383].
12. O idiomatismo usado por Shakespeare nesse ponto, *"to catch (someone) upon the hip"*, com o sentido de apanhar em desvantagem, flagrar num erro etc., vem originalmente do campo da luta corpo a corpo e se traduz, ao pé da letra, por "agarrar (alguém) pelo quadril", o que se reencontra entre nós em expressões como "apanhar de jeito", "pegar no pulo", "pegar pelo pé" e outras similares. (*N. da T.*)
13. Jacques Lacan, "Desire and the Interpretation of Desire in *Hamlet*", *Yale French Studies*, 55/56 (New Haven, 1977), p. 28.
14. *Casket*, o termo empregado por Shakespeare e citado por Eagleton, tem na Inglaterra as acepções de porta-joias, cofrinho, caixa ou caixinha (de joias), guarda-joias ou escrínio e é usado nos Estados Unidos também como sinônimo de *coffin* (caixão). (*N. da T.*)
15. Karl Marx, *Grundrisse* (Londres, 1973), p. 163.
16. Ver Terry Eagleton, *Holy Terror* (Oxford, 2005), cap. 2.
17. William Shakespeare, *Como lhe aprouver*, trad. Henrique Braga, Porto: Lello e Irmão — Editores, 1955. (*N. da T.*)
18. *Hamlet*, in *Shakespeare, Teatro Completo — Tragédias*, trad. Carlos Alberto Nunes, Rio de Janeiro: Ediouro, s/d. (*N. da T.*)
19. Lacan, "Desire and the Interpretation of Desire in *Hamlet*", p. 36.
20. Ver Terry Eagleton, *The Rape of Clarissa* (Oxford, 1982).
21. A expressão "inocente culpada" é de Paul Ricoeur, em seu livro *The Symbolism of Evil* (Boston, 1969), p. 225.
22. Sobre as implicações políticas do sacrifício, ver Terry Eagleton, *Sweet Violence: The Idea of the Tragic* (Oxford, 2003), cap. 10.

O PROBLEMA DOS DESCONHECIDOS

23. David Wood, *The Step Back: Ethics and Politics after Deconstruction* (Albany, 2005), p. 89.
24. Lacan, *Ethics of Psychoanalysis*, p. 303 [*A ética...*, op. cit., p. 367].
25. Tradução livre: "Nosso destino, coração e morada do nosso ser,/Está no infinito, e apenas lá;/Está na esperança, uma esperança imorredoura,/No esforço e expectativa e no desejo,/E em algo eternamente prestes a existir." (*N. da T.*)
26. Ver Terry Eagleton, *Myths of Power: A Marxist Study of the Brontës* (Londres, 1975), cap. 6 [Emily Brontë, *O morro dos ventos uivantes*, trad. Rachel de Queiroz, Rio de Janeiro: Record, 3ª ed., 2004].
27. Henry James, "The Art of Fiction", in *Henry James: Selected Literary Criticism* (Londres, 1963), p. 82.
28. Ver Eagleton, *Sweet Violence*, cap. 9.
29. Lacan, *Ethics of Psychoanalysis*, p. 319 [*A ética...*, op. cit., p. 383].
30. Ib., p. 190 [ib., p. 232].
31. Arthur Miller, *Collected Works* (Londres, 1961), p. 33, 37.
32. Lacan, *Ethics of Psychoanalysis*, p. 320 [*A ética...*, op. cit., p. 384].
33. Ib., p. 323 [ib., p. 387].
34. Ib., p. 321 [ib., p. 385].

CAPÍTULO 9   Lévinas, Derrida e Badiou

Não há duas teorias sobre a ética que se afigurem menos parecidas do que o benevolentismo britânico do século XVIII e a filosofia de Emmanuel Lévinas.[1] Mas o pensamento levinasiano representa, entre outras coisas, um retorno a uma ética baseada na senciência e na sensibilidade, emergindo da gélida sombra projetada por Immanuel Kant para situar os valores morais, mais uma vez, no contexto do corpo carente, aflito e compassivo. Poderíamos acrescentar que houve um importante projeto anterior desse tipo: a tentativa do jovem Marx de argumentar a partir do corpo sensível para chegar a uma ética comunista, em seus *Manuscritos econômico-filosóficos*.[2] O próprio Lévinas, para quem (como para Alain Badiou) o ético é contrário à natureza, fecha uma carranca severa contra qualquer teoria naturalista desse tipo, ou, a rigor, contra qualquer teoria ética como tal. A seu ver, esse discurso sobre as espécies biológicas tem ressonâncias inescapáveis do Terceiro Reich. A ética, para ele, enraíza-se no corpo, mas é também uma transcendência desse. E essa modalidade de transcendência é conhecida como o pessoal.

Ser sujeito, para Lévinas, é ser subjugado — ou seja, exposto à demanda contundente do Outro, uma demanda que se registra não na mente, mas "na superfície da pele, na borda dos nervos".[3] "A subjetividade", no comentário de Simon Critchley, "baseia-se na sensibilidade." Lévinas tem muito em comum com Kant, mas não partilha com esse a desconfiança da sensibilidade. A vida, para Lévinas, nas palavras de Critchley, é "senciência, fruição e nutrição. É *jouissance* e *joie de vivre*"[4] — embora, dada a extrema austeridade desses textos propositalmente esotéricos, possamos ser perdoados por deixar passar despercebido esse fato. A nutrição e a fruição formam, aos olhos de Lévinas, uma espécie de estrutura pré-histórica em que se alimenta a vida da consciência, mas são sempre radicalmente anteriores a ela. Tal como no imaginário setecentista, a vontade,

O PROBLEMA DOS DESCONHECIDOS

a reflexão e a cognição entram tardiamente no cenário ético, pálidos derivados de algo consideravelmente mais primitivo. Critchley tem razão ao dizer que o sujeito ético de Lévinas é uma criatura de carne e osso, como em seus célebres comentários de que "somente um ser que come pode ser para o outro" e (um tapa em Heidegger) "o *Dasein* não come". A ética, declara ele, "não é um dom do coração, mas do pão da boca".[5] O outro, segundo seu comentário, é alguém que se traz na pele — uma imagem que mais pretende sugerir uma irritante do que uma agradável fusão de egos. O ético deve ser abordado pela sensibilidade, não pela cognição. Existimos na medida em que somos afetados. Como abertura infinita para uma "exterioridade", a sensibilidade em si é uma forma de transcendência. O sublime se inscreve em nossas sensações.

Numa reação majestosamente hiperbólica ao pensamento iluminista, portanto, abandonamos o mundo dos agentes livres, voluntaristas e autodeterminados por uma esfera ética de vitimação e dependência, obrigações em lugar de opções, na qual o que impera soberano não é a liberdade da vontade, mas uma susceptibilidade temerosa. A morte, escreve Lévinas, é a impossibilidade de ter um projeto. A pergunta ética tradicional, "O que devo fazer?", transforma-se em "O que o Outro quer de mim?". A ética já não é uma questão de ponderar sobre como agir, ou do que constitui a vida virtuosa. Lévinas tem uma antipatia lacaniana por ideias como o bem supremo, as quais, em sua opinião, só levam à frustração e ao fracasso. A ética é momentosa demais para ser reduzida a considerações terrenas como felicidade, realização ou bem-estar. O filósofo também tem pouca paciência com a concepção clássica da ética como reflexão sobre determinadas situações, a fim de descobrir como agir nelas da maneira mais fecunda. A ideia de fornecer razões sólidas para chegar a fins racionais não o encanta particularmente. O ético mais é uma questão de ser escolhido do que de escolher. Vimos o quanto esse mesmo veio de sábia passividade pode ser encontrado no mundo empático dos sentimentalistas, para quem a piedade ou a repulsa estão fora do controle consciente. A ética de Lévinas é de colapso e vulnerabilidade, não de realizações robustas, e, como tal, não pertence ao mundo da política e da tecnologia, mas aos correligionários judeus que foram mortos por coisas como essas. Lévinas se propõe resgatar a finitude da existência humana da arrogância da vontade ilimitada; mas, mesmo assim, como veremos, a infinitude é clandestinamente reintroduzida na responsabilidade inesgotável que temos uns para com os outros. Ela é, escreve Lévinas numa linguagem que faz lembrar o Real lacaniano, "mais em mim do que posso conter".

No centro do pensamento moral levinasiano acha-se uma relação com o Outro que — já que o Outro é *inteiramente* outro, enigmático e inacessível — é também uma não relação. Tal como o D. H. Lawrence de *O arco-íris* e *Mulheres apaixonadas*, Lévinas sai em busca de uma relação além da relação — uma relação que, no estilo lawrenciano, deixa para trás todo o desgastado discurso convencional sobre coisas como vontade, consciência, psicologia, emoção, costumes sociais, leis morais, simpatias humanitárias etc., em troca de um campo situado além do próprio ser, uma terra do espírito que vai muito além da ontologia. Os perigos da dominação humana são hoje tão insistentes que é quase como se a própria relação, que nunca pode ser totalmente desprovida de poder, devesse ser renegada. É no fato de estar aberta para uma alteridade impossível de dominar, para uma transcendência encontrada no próprio cerne da subjetividade, com a qual (assim como com o Deus transcendental) nenhum regateio, astúcia, troca ou reciprocidade são concebíveis, que se fundamenta minha existência carregada de culpa. Em outras palavras, estamos falando não de encontros empíricos com tal ou qual pessoa, mas de um encontro primordial ou transcendental que é a condição de todo e qualquer relacionamento empírico e que constitui a matriz na qual se movem todas essas relações. O eu nada mais é do que um eco de algo que o ultrapassa. Não é nem mesmo o Outro que evoca meu senso de responsabilidade, mas a Lei ou Infinito que, à sua maneira imperiosa, destina o Outro à minha responsabilidade. Se não há aí nenhuma questão de simetria, igualdade ou reciprocidade — ou seja, nenhuma questão de uma ética simbólica — é porque o Outro, na vulnerabilidade pura e palpitante que é expressa pelo "rosto", rouba-me a minha autonomia e me lança numa espécie de abjeção traumatizada. Sou feito refém por esse Outro infinitamente acusador, convocado por ele, em minha completa nudez, para um sentido que vai além do ser. Como sinal do absolutamente incognoscível que rompe com meu autodomínio, essa epifania do infinito é também prenunciadora da minha morte.

É no trauma, portanto — na exposição do sujeito a uma alteridade absoluta, quase insuportável, que para Lacan seria a própria marca da psicose — que o ético tem sua origem desumana. O ser é exterioridade.

O PROBLEMA DOS DESCONHECIDOS

O que dilacera o eu na subjetividade é a natureza chocantemente não mediada dessa exposição ao Outro, a intensidade quase intolerável do afeto que ela ocasiona, que elude as trocas impessoais da ordem simbólica e não passa pelos desfiladeiros do significante. Visto que é esse confronto que me faz nascer como sujeito, minha "eleição" é também minha sujeição. O bem é anterior ao ser, uma vez que é por meio de um compromisso com o Outro que nós mesmos somos trazidos à existência subjetiva. Visto que nunca posso captar, conhecer, tematizar nem conceituar o Outro, pois tudo isso seria reduzi-lo a uma identidade imaginária comigo mesmo, ele significa para mim uma alteridade absoluta — estranha, exorbitante, incondicional, não representável, escandalosa, incomensurável, totalmente singular, impenetrável para meu desejo — e é, portanto, tão transcendente a minha pessoalidade quanto o Deus que vive em nós dois. De fato, Lévinas efetivamente transporta essa última (não)relação para a primeira. Uma corrente da ética moderna, cuja visão cética é que o Todo-Poderoso já não está entre nós, simplesmente desloca Sua transcendência para a pessoa do Outro. Ao fazê-lo, ele próprio, Lévinas leva a um limite extremo o conhecido paradoxo de que toda relação humana requer uma mescla indefinível de afinidade e autonomia e o faz a tal ponto que as duas situações são solapadas. Não só não há o menor retalho de identidade ou terreno comum entre mim e o Outro como seu apelo plangente confisca a minha independência, reduzindo-me a uma espécie de escravo espiritual em sua presença numinosa.

Contudo, embora o Outro seja remoto e incompreensível, vivenciado, à maneira do supereu, como uma demanda impossível, um fardo esmagador ou uma acusação irrefutável, ele é, ao mesmo tempo, opressivamente íntimo, uma espécie de alteridade em meu próprio corpo, e, como tal, manifesta algo da natureza dupla do Real. O Outro é, a um tempo, íntimo e impossível de possuir, próximo demais para evitar, mas distante demais para apreender. Ele é, digamos, espontaneamente dado a mim em sua insuponibilidade, sem prejuízo de sua transcendência absoluta em relação a mim, e sua pele torna visível a sua profunda invisibilidade. Ao me confrontar com uma reivindicação absoluta ao meu ser, uma reivindicação que, como a lei moral kantiana, não posso adequar nem evitar, o Outro perturba minha localização estabelecida na ordem simbólica, irrompendo violentamente na totalidade narcísica do meu mundo, lançando-me à deriva, expulsando-me de minha casa e me intimando a arcar com o ônus de uma responsabilidade infinita em benefício dele. Nunca ficamos quites em relação ao Outro, que, nesse sentido, tem por modelo um Deus inaplacável. Lévinas não considera, nesse aspecto, o paradoxo do Novo Testamento — o de que essa exigência terrível é uma forma de amor, um amor que, a despeito de todo o seu absolutismo cruel, compreende inteiramente a nossa fragilidade e se regozija conosco, tais como somos. Assim como Jesus não pede explicitamente aos pecadores que se arrependam para usufruir de Sua companhia, Deus ama Suas criaturas de modo incondicional — ou seja, em toda a sua impenitência. É isso que os santarrões morais, superados em seus programas de aprimoramento pessoal, acham escandaloso demais para aceitar.

Enredado nesse encontro contundente, o sujeito se sente "inseguro na própria pele", "exilado de si mesmo", investido numa culpa irremível, como se usasse uma túnica de Nessus. Tal como vimos nos benevolentistas, o Outro inaugura uma descentração do eu, embora muito mais aterradora e vertiginosa para Lévinas do que aos olhos do eminentemente civilizado século XVIII. A obrigação para com ele estende-se muito além da sensatez cívica de um Hume ou um Burke, chegando à incomensurável doação de si mesmo ordenada pelo judaico-cristianismo. É a posição absoluta do Outro, junto com a infinitude de sua demanda, que se revela muito traumática. Diante dessa presença intratável, o sujeito fraciona-se na não identidade, mais abjeto do que autônomo, perpetuamente incapaz de coincidir consigo mesmo. Tudo isso, como a ética do sentimentalismo, ocorre nas profundezas pré-reflexivas e pré-históricas do eu, antes do conhecimento, da intenção, do compromisso, da consciência ou da decisão livre. Esse Outro é inquietantemente eterno, existindo fora de qualquer contexto social ou histórico, despido de todo e qualquer marcador cultural definitivo, transcendendo todos os fatores morais ou psicológicos. O que seu rosto descortina para mim é a humanidade em seu estado mais puro. Lévinas não parece reconhecer que despojar o sujeito de seu contexto social é torná-lo mais abstrato, em vez de mais imediato, e, portanto, mais semelhante ao exangue sujeito iluminista que ele detesta.

É a arqueologia do ético que Lévinas se propõe investigar, essa epifania de alteridade originária que vai tão fundo em nossa constituição préconsciente que não se consegue nem mesmo falar dela como um evento ou uma experiência e que certamente escapole de qualquer coisa tão lamentavelmente prosaica quanto uma representação mental. (Ao mes-

O PROBLEMA DOS DESCONHECIDOS

mo tempo, ele não quer conversa com a suposta ciência dessa alteridade originária, a psicanálise.) Esse encontro ético primevo é a fonte de todo o conhecimento e toda a reflexão e, sendo assim, avulta como a origem da própria subjetividade. Acha-se no gênese da verdade, pois a verdade é o evento da imprudente exposição do eu ao Outro antes de qualquer discurso especulativo. Ele é também a fonte da epistemologia, visto que é através de nosso trato com os outros que estabelecemos um mundo objetivo em comum. A objetividade do Outro, sua pura insistência fenomenológica em meu horizonte, é o paradigma da objetividade em geral.

Além disso, é o Outro que se acha na origem do eu e ser para o Outro é a precondição do ser para si. O eu é o Outro no mesmo e sua singularidade é constituída quando ele assume o fardo de pecado e culpa do Outro, da maneira inimitável que só você ou eu podemos fazer. Minha responsabilidade por esse Outro hipnotizante é primordial, anterior a quaisquer obrigações sociais ou morais particulares, anterior a todos os códigos ou preceitos universais, a todo e qualquer discurso, aliás. Com efeito, é o Outro que faz nascer a linguagem, pois a origem da fala está numa resposta articulada a sua presença inquietante. O Outro também é anterior à liberdade, já que a liberdade não é uma questão de escolha individual, mas de ser "compelido pelo Outro", comandado por seu apelo aflito, coagido nas profundezas do ser por seu grito impossível de ignorar. Num encontro com o Outro, a liberdade do eu ganha sentido por meio de sua responsabilidade. Somente o ser livre pode ser responsável — ou seja, sem liberdade alguma, em qualquer sentido da palavra "livre" que seja familiar à herança liberal moderna da qual Lévinas está interessado em se distanciar. Na presença do Outro, não se pode praticar um ato irrestrito de vontade nem tomar uma decisão imparcial. Estamos falando de compulsão, mais do que de escolha.

A demanda do Outro, tal como a da lei moral kantiana ou a do supereu freudiano, é infinita, excessiva, inarticulável, impossível de satisfazer, além de qualquer compreensão; e o mesmo se dá com a resposta que ela evoca em mim. Devo considerar-me infinitamente responsável por todos os Outros — responsável até por sua própria responsabilidade, responsável por sua morte (e não, como em Heidegger, preocupado, em primeiro lugar, com a minha), bem como responsável pelos crimes infligidos contra eles por criminosos. Sou responsável até mesmo pela perseguição que eles movem contra mim. Poderíamos nos indagar se não há um certo traço de megalomania às avessas nessa abnegação suprema. Ser responsável por todos mais parece uma neurose do que uma ética. Sou denunciado, perseguido, fico até obcecado com a demanda implacável do Outro, "virado pelo avesso", oprimido e atormentado, empurrado por ele para o vazio mudo do meu próprio ser. Ao ouvir seu apelo silencioso, sou forçado a questionar o valor da minha existência reles, movido a autoabominação e despojado de meus escassos recursos, no exato momento em que a reivindicação do outro me intima a um ato decisivo em favor dele. O próprio ato que me constitui como sujeito também me situa longe do meu próprio ser. Diante do outro, estou sempre errado, sou sempre um inocente culpado. É como bode expiatório que o sujeito vem a existir.

Todavia, a responsabilidade pelo Outro não se fundamenta em nada além dela mesma. Não é validada por nenhum código, norma ou conjunto de valores, pois é anterior a eles. Ela é, em termos simples, um imperativo sublimemente incognoscível — "Sê responsável!" — que ressoa não se sabe de onde e ao qual se é compelido a dar ouvidos sem saber por quê. Como muitos pensadores franceses modernos, Lévinas faz da ignorância uma virtude. Mas esse imperativo misterioso é também a base do indicativo — da lei, do saber, da justiça, da moral, da ontologia, da política e coisas similares. O "rosto", a pura e dolorosa vulnerabilidade do Outro, vem antes de qualquer discurso moral e político; e, embora descortine essas questões para nós, elas nunca devem se afastar demais de sua pátria no encontro cara a cara. A ordem simbólica, em suma, tem sua base no Real — porque o ético é a versão levinasiana dessa concepção de Lacan, uma concepção em que a "relação" com o outro tem toda a força traumática, o absolutismo, a autoalienação, a fixidez, a diruptividade, a anistoricidade, a infinitude, a singularidade, a não relação, a impossibilidade, a obsessividade e a força transformadora da ética além da ética de Jacques Lacan. Como veremos mais adiante com o "evento" de Alain Badiou, o Outro é, para Lévinas, uma revelação imprevisível, que rompe violentamente o conhecido e o cognoscível e, ao fazê-lo, dá origem a uma nova espécie de verdade, num terreno muito distante da cognição comum. Se o Real também envolve jogar com a morte, esses extremos de risco e exposição pessoal acham-se presentes, em Lévinas, na forma do abandono de nós mesmos ao outro "odioso", que, como o vizinho hostil de Freud, ameaça a todo momento aniquilar-nos com sua animosidade.

O PROBLEMA DOS DESCONHECIDOS

De fato, todos os três registros lacanianos entrelaçam-se na obra de Lévinas. No centro de seu pensamento acha-se a relação cara a cara singular e irredutível de piedade, compaixão e responsabilidade — uma clara alusão, no nosso esquema, ao Imaginário. É verdade que o lugar do outro como objeto da benevolência passa a ser ocupado pelo temido próximo como estranho, por uma pavorosa epifania do Real; mas o *status* privilegiado da relação cara a cara permanece predominantemente inalterado. O rosto do Outro é uma epifania ou revelação que "diz o meu nome", que me "chama" ou interpela, exatamente como na imaginária versão althusseriana da ideologia, ainda que o resultado dessa interpelação, no caso de Lévinas, seja deixar-me desvalido, em vez de comodamente aninhado numa paisagem social conhecida. Junto com os benevolentistas, Lévinas está disposto a minar a ética do egoísmo — ainda que se o bicho-papão no caso deles tinha sido Hobbes, no levinasiano ele é Husserl. É a proximidade dos sujeitos que está em jogo aí, a "carícia", o "afago" ou o "contato" semierótico que ocorre entre eles. O encontro por que eles passam não é mediado pelo conteúdo; ao contrário, é o que Lévinas descreve, portentosamente, como "pura comunicação, como a comunicação da comunicação".[6] Nada tão prosaico ou "simbólico" quanto uma conversa ocorre nessa esfera sagrada.

"A imediaticidade do sensível", afirma Lévinas, "é um evento de proximidade, e não de conhecimento."[7] Não devemos confundir o sensível, ou a "passividade", como às vezes Lévinas o chama, com alguma reles matéria da experiência empírica, à moda de Hume ou Smith. A "proximidade" é uma forma de contato entre sujeitos humanos que é mais interior e íntima do que qualquer tipo de cognição, bem como do que qualquer sensação ou intuição concebíveis. A presença do outro me é dada de maneira tão rápida e pré-reflexiva quanto para Hutcheson ou Hume; não depende de nenhum ato, intenção ou iniciativa de minha parte. Não estamos falando das mediações da ordem simbólica, nas quais a consciência é constituída como uma perda da imediaticidade, nascida do hiato entre o ato de sentir do sujeito e aquilo que é sentido. Sujeitos e objetos, no sentido familiar desses termos, não estão absolutamente em questão. Se o Outro fosse um objeto de conhecimento, seria do *meu* conhecimento e assim, não conseguindo escapar do ego que tudo consome, não seria Outro algum.

Mas esse é um Imaginário transformado a ponto de se tornar quase irreconhecível, no qual o Outro me dilacera, em vez de me sustentar. A

318

relação privilegiada entre o eu e o Outro é transposta do campo imaginário, porém sem nada da sua complacência nem sua reciprocidade irrefletida. O espelhamento potencialmente interminável dos eus dos filósofos setecentistas é sustado pelo ônus insuportável da minha responsabilidade. "O vórtice", escreve Lévinas, "... [do] sofrimento do outro, minha pena de seu sofrimento, sua dor por minha pena, minha dor por sua dor etc., isso para em mim."[8] A reciprocidade pende para a assimetria. A esfera do cara a cara preserva sua intimidade claustrofóbica, pré-reflexiva, mas os laços afetivos fluidos entre o eu e o outro são cortados, de modo que o Outro se retira com a aura majestosa do Real para uma região além de toda a humanidade natural, ou de relações reconhecíveis. Se o Imaginário é um campo de espontaneidade, o encontro levinasiano desloca e transtorna o sujeito, pondo violentamente em questão a espontaneidade do eu. O Outro, insiste Lévinas, de modo algum sou eu e não partilhamos uma vida em comum. O que nos liga, por assim dizer, é nossa diferença: é o abismo intransponível entre mim e o Outro, o desequilíbrio incomensurável de nossa (não)relação, que faz de mim quem sou. O desejo é desejo do absolutamente Outro.

Todavia, não importa o que mais seja esse Outro, ele não é gratificante nem desejável no sentido corriqueiro. O que está em questão aqui é a pura e contundente estranheza e alteridade, e não o *alter ego* prazeroso do Imaginário. Estamos no campo da transcendência judaica, e não da presença determinável grega. Em seu estilo costumeiramente anti-iluminista, Lévinas detesta a ideia de identificação, donde a empatia com os sentimentos do Outro absolutamente não está em questão. Nesse sentido, aliás, sua ética é a própria antítese do Imaginário. Enquanto, para Francis Hutcheson, o rosto do outro fala dessa ou daquela emoção, é do infinito que ele fala para Lévinas. Em *Totalidade e infinito*, o Imaginário é quando estamos prazerosamente em casa, recuperando o não eu na soberania da mesmice e da pessoalidade. Nessas condições, o mundo é entregue ao meu desejo e o outro é incorporado ao eu como fonte de *jouissance*, donde a alteridade torna-se não uma ameaça, mas um prazer. Aí está, portanto, o equivalente levinasiano do estádio do espelho, o qual, a seu ver, está muito distante de uma ética autêntica.

Há algo de opressivamente desumano no Outro de Lévinas, cuja presença corpórea mais é uma lei intimidante do que uma base para a amizade. É como se a linguagem da afetividade fosse usada a respeito de um domínio situado incomensuravelmente além dela. Se esse é um mundo carnal, é de um tipo irritantemente rebuscado, distante das simpatias comuns de Hutcheson e Hume. Aí não há nada de simpático nem *gemütlich* [aconchegante], nada de nobre deleite com o ser de outrem. Isso nos faz lembrar o comentário de Bruce Robbins sobre uma passagem de Zygmunt Bauman: "O outro lado da sacralização baumaniana do morrer pelo Outro é um desdém pretensioso pela vida comum, uma incompreensão apática do que mais poderia fazer com que viver valesse a pena."[9] Não estamos falando de harmonia, comunhão, simpatia e coisas similares, mas de uma "relação" ou epifania muda que parece transcender por completo esse discurso moral do tipo corriqueiro. Estamos, em suma, do lado de lá do princípio do prazer. Em *The Step Back*, David Wood sugere que a relação assimétrica de obrigação pode ser combinada com relações de amizade e cooperação. Mas não fundamentalmente, ao que parece, para Lévinas.

Em sua faceta repreensiva, acusatória, o Outro tem um jeito de lei simbólica, bem como do áspero Real — uma lei que, como a de Kant, não tem um conteúdo moral palpável. Isso resolve uma certa dificuldade para Lévinas, a qual, como veremos, ele tem em comum com vários de seus *confrères* franceses. É que sua imaginação mal chega a ser captada pela ideia da ordem simbólica, que representa grande parte daquilo que o encontro com o Outro se destina a repelir: liberdade, identidade, autonomia, igualdade, reciprocidade, representação, legalidade, comunhão, normatividade, conceitualização, calculabilidade, comensurabilidade, substituibilidade e assim por diante. Lévinas quase sempre tem o jeito arrogante de Kierkegaard com todos esses fenômenos triviais. Mas quando a ordem simbólica é reduzida a não mais do que um comando imperioso, porém vazio — quando o imperativo kantiano é mantido, mas a visão concomitante de sujeitos humanos livres, iguais, intercambiáveis é descartada — o que há de mais impalatável no domínio simbólico pode ser destinado à lixeira da história filosófica. Dir-se-ia que o Kant de Lévinas, como o de Jacques Derrida, é uma questão de obrigação sem economia. Uma das consequências dessa mudança é que o imperativo simbólico, nesse caso, começa a se fundir com o misterioso comando do Real. Uma vez privado da base racional que Kant lhe dá, ele avulta como enigmático e infundado, ainda absoluto em sua força, mas — precisamente por ser o absoluto inarticulável — fora de qualquer razão ou regulação. Assim, é justamente o tipo de imperativo exigido pelos pensadores pós-estruturalistas que querem falar de obrigações éticas, mas, ao mesmo tempo, aferrar-se a suas noções de ambiguidade e indeterminação, além de preservar uma certa aura de infinitude.

Lévinas tem sua própria concepção da substituibilidade, é claro. Devo estar preparado para substituir todos os outros, inclusive a ponto de morrer por eles. Na verdade, é essa ocupação do lugar dos outros que constitui o nascimento do sujeito. É ao me colocar no lugar do outro que venho a ser quem sou. Liberdade é a substituição da minha vontade pela sua. Mas essa relação de responsabilidade pelos outros não é reversível, como seria numa economia simbólica: esses outros nunca podem me substituir, por sua vez, já que sou sempre mais responsável do que eles. Entra em ação aí uma curiosa vitória na abnegação, como duas pessoas lutando para suplantar uma a outra na tarefa de se curvarem mais e mais baixo. Apreender a própria morte e vivenciar a absoluta insubstituibilidade pessoal equivalem exatamente à mesma coisa. Assim, o outro nunca pode morrer por mim, mas tampouco posso assumir a morte dele, mesmo que morra em seu lugar; e também esse é um indicador da minha singularidade irredutível. Na verdade, não fica claro que a lógica do "não posso morrer por outro" difira substancialmente da do "não posso dormir por outro", ou "não posso tocar flauta por ele", mas a morte, aos olhos de Lévinas, marca a solidão suprema do sujeito. Em *O dom da morte*, Jacques Derrida observa, similarmente, que é possível morrer por alguém no sentido de tomar o lugar dele, mas não no de livrar o outro de sua mortalidade. Fazê-lo, como na doutrina cristã da ressurreição, seria o dom supremo. Assim, a troca simbólica cede à singularidade do Real. Minha morte, nas palavras de Derrida, não pode ser tirada, emprestada, transferida, entregue, prometida nem transmitida. A infungibilidade absoluta da morte é, para esses dois pensadores, a refutação final da ordem simbólica. Não parece ocorrer-lhes que se poderia dizer o mesmo do jeito de andar ou do padrão da fala de alguém. Talvez seja porque, desde os primeiros escritos de Heidegger, o tema da morte tornou-se um indicador da profundidade filosófica do indivíduo.

Para os moralistas do século XVIII, o princípio da substituição funciona no nível do eu. Para Lévinas, ele age num nível muito mais profundo, num lugar em que o sujeito é um estranho para si mesmo, não fica à vontade em seu ser, é mais inquilino do que proprietário, "caçado

O PROBLEMA DOS DESCONHECIDOS

em sua própria casa", segundo a expressão que ele usa em *Autrement qu'être* ["Diferentemente de ser"]. A verdade é que não sou apenas um ser entre outros, nem os outros o são. Não faço parte da totalidade a que os outros pertencem e, do ponto de vista deles, os outros tampouco. O eu é, antes, uma desigualdade de si mesmo. É uma parte que não é parte, é a destruição de qualquer gênero, esquema ou metanarrativa. A ética, nesse sentido, é o fim da ontologia. Os sujeitos humanos não podem ser totalizados e as ontologias que procuram totalizá-los podem facilmente servir de suporte para o totalitarismo político. Nesse sentido, Lévinas é um dos primeiros pensadores pós-modernos. Sua extrema desconfiança da identidade e da generalidade enraíza-se numa história de barbarismo fascista e stalinista. Para ele, assim como para alguns de seus descendentes pós-modernos, há um caminho discernível que vai do genérico ao Gulag. É por isso que, como Derrida, ele vê a ideia de comunidade como algo intrinsecamente imaginário — um reflexo especular de cada um no outro, num todo organicista funestamente transparente. Nenhuma ideia mais sofisticada de companheirismo humano é permitida. Quando pensa em solidariedade, Lévinas pensa no fascismo, não nos movimentos de resistência que lutaram para derrotá-lo. Tal como ocorre em Derrida, seu pensamento ético é, entre outras coisas, o sintoma de uma época em que todo o conceito de comunhão humana foi quase irremediavelmente danificado, tanto por seus defensores quanto por seus antagonistas. No que tem de mais negativo, ele é sinal da atrofia gradativa do sentimento de sociedade. Agora a política é o problema, não a solução.

Contudo, não foi uma singularidade zelosa que pôs fim ao stalinismo e os exércitos que acabaram com Hitler não foram inundados por uma experiência de alteridade transcendente. O que poderíamos chamar, sem muita precisão, de ética pós-estruturalista ou pós-moderna reflete, entre outras coisas, uma falta maciça de coragem política, por parte de uma intelectualidade europeia não apenas confrontada com o assombroso poder do capitalismo empresarial global, mas que também ainda se consome, cheia de culpa, à sombra extensa dos gulags e das câmaras de gás. Essa falta de coragem não deve ser simplesmente descartada como a má-fé dos vira-casacas ex-trotskistas, num floreio de triunfalismo esquerdista. A fé pode ser realmente perigosa, como nem é preciso lembrarmos, para uma época saturada de vários fundamentalismos enlouquecidos. Precisamos de certo grau de certeza para florescer, porém um excesso de convicção pode revelar-se fatal. Assim, um pragmatismo liberal cauteloso, aliado a um ceticismo salutar em relação às narrativas grandiosas, pode se afigurar na ordem do dia. Contudo, embora esse pragmatismo possa contestar de maneira valiosa o irracionalismo dogmático, ele é impotente para transformar as condições que lhe dão origem. Além disso, se o conflito do século XXI entre o capitalismo e o Alcorão (ou uma leitura tendenciosa desse texto) não constitui uma metanarrativa, é difícil saber o que o faz.

Assim, se transpusermos a lei moral para a invocação do Outro sublimemente inacessível, um Outro que é peculiar e único, em vez de remoto e anônimo, poderemos ater-nos ao misterioso imperativo kantiano, resgatando-o da ordem simbólica que ele regula. Lévinas emprega a linguagem deontológica do simbólico, com seu léxico de obrigação, ordem, dever, culpa, responsabilidade e similares, mas o faz num estilo que solapa os aprestos conhecidos da ordem simbólica, tais como lei, discurso moral, relações sociais e prática política coletiva. Ao mesmo tempo, ele adota o linguajar do Imaginário — condição de criatura, corporeidade, vida, fruição, sensibilidade, sofrimento, dor, passividade etc. — de um modo que também põe o Simbólico a uma pequena distância. Tal como Lacan, Lévinas parece presumir (erroneamente, como veremos) que a ética tem a ver sobretudo com a obrigação; todavia, apresentar essa obrigação como uma questão de carne e presença viva, de eu e Outro inimitável, é resgatar a ideia daquilo que podemos ver como os aspectos menos palatáveis e mais aridamente racionalistas da tradição kantiana.

Em certo sentido, a lei é não idêntica ao Outro, já que é legada de um lugar infinitamente além dele e de mim mesmo. Em outro sentido, ela é nada menos do que esse Outro em pessoa. A deontologia transforma-se em fenomenologia, enquanto a intolerável mó da lei moral encarna-se no fardo quase insuportável da inelutável demanda do outro. O rigor da lei moral kantiana continua firmemente instalado, mas sua brutal falta de realismo é temperada por um vocabulário fenomenológico (abertura, alteração, corporalidade e assim por diante) que é mais acolhedor para a era moderna ou pós-moderna. A sensibilidade converte-se no meio para a obrigação. A lei conserva toda a sua transcendência; é um imperativo tão incondicional quanto o de Kant, mas agora é consubstanciada na forma corporal de uma criatura semelhante, sensível e aflita. Nesse sentido, podemos dizer, a lei moral é devolvida ao Imaginário e convertida no Real. É como se o conhecido *alter ego* do Imaginário, uma vez investido do te-

O PROBLEMA DOS DESCONHECIDOS

meroso imperativo da lei simbólica, se transformasse no sujeito singular e enigmático do Real.

Dessa maneira, a angustiante relação entre a lei e o amor também pode ser resolvida — pois o Outro, como objeto de amor, é imbuído da força absoluta de um édito, assim como a resposta do sujeito a ele tem um caráter necessário, como que por lei. À sua maneira judaica, Lévinas rompe o laço sentimental entre ágape e afeição — o que também equivale, para ele, a cortar o vínculo entre a afeição e o afetivo. Sentimos o Outro afetivamente, em nossas pulsações ou no formigamento da pele, mas isso precisa ser distinguido da afeição comum. O amor de que Lévinas fala situa-se no Real, muito longe da empatia cordial de um Adam Smith. A ética é aquilo que machuca. Se a relação com o Outro tem a proximidade do Imaginário, o Outro em questão não é o companheiro querido de Smith ou Hume. É, na expressão do próprio Lévinas, qualquer um que porventura nos "sobrevenha" e que por isso é sempre um estranho potencialmente hostil. Tal como para os moralistas do século XVIII, porém, é preciso dar um rosto a esse Outro, seja ele estranho ou não. Ao falar do Outro, Lévinas não promove uma ética do anonimato, expressão que sem dúvida lhe pareceria um oximoro. São os estranhos *próximos*, não os distantes nem os abstratamente apreendidos, que comandam nossa resposta. Nossas relações anônimas com os outros, em sua maioria, são tratadas não pela ética, mas pela política.

Há consequências negativas e positivas desse rompimento com o Imaginário. Falando em termos negativos, ele é também uma ruptura com virtudes corriqueiras como a afeição, a benevolência, o companheirismo, a igualdade, a reciprocidade, a intimidade presumida e — anátema para Lévinas e para a sensibilidade pós-moderna que ele ajudou a moldar — o prazer com a mesmice, bem como com a diferença. Faz parte da vida virtuosa desfrutar da companhia dos que se parecem conosco, desde que isso não seja lesivo aos excluídos. Somente os estoicos ou os racionalistas adeptos da linha-dura insistem em que nossos sentimentos pelos que nos são íntimos não devem diferir minimamente de nossa reação aos estranhos. Mas Lévinas é temeroso demais de converter o Outro num *alter ego* imaginário para endossar essas afinidades ordinárias. A filosofia ortodoxa, declara ele, é, do começo ao fim, a redução da alteridade à igualdade — uma afirmação tão extravagantemente homogeneizadora quanto se poderia fazer. O sujeito levinasiano sem dúvida iria para a forca no lugar do outro, mas é improvável que se revelasse o mais animado dos companheiros de bar. Também não seria o consultor mais confiável, digamos, sobre a legislação da imigração ou os direitos dos animais, questões empíricas das quais seu pensamento está altivamente distante. Esses são meros assuntos morais, matéria adequada para o pastor, não para o filósofo. Não fica claro como se vai da receptividade infinita ao outro para a tarefa de lidar com a sonegação fiscal. E, para um bom número de outros tangíveis (os asiáticos, por exemplo, ou os árabes), esse pensador robustamente eurocêntrico deixa transparecer uma mescla de aversão e antipatia.

A ética é geralmente vista como a ciência da moral, razão por que já está meio afastada do comportamento efetivo, mas a filosofia moral de Lévinas pretende ser uma espécie de metaética, uma reflexão sobre a condição de possibilidade da ética em si, e por isso está duplamente distante da conduta empírica. Poderíamos até arriscar-nos a chamá-la de uma questão do inconsciente ético, apesar da desconfiança de Lévinas a respeito do Freud anti-humanista. A moral do dia a dia não deve ser confundida com a sublimidade da vida ética, que é consoantemente esvaziada de um conteúdo específico. Todavia, quanto mais portentosamente vazio é o imperativo ético ("Sê infinitamente responsável!"), mais fascinante é o mistério que ele irradia e, portanto, mais vaziamente impositivo ele se torna. Quando Lévinas se digna descer à esfera da moral mundana, seus julgamentos nem sempre são inteiramente confiáveis. "Não me mates!" é, a seu ver, o apelo do rosto do Outro; porém matar, tal como o entendia São Tomás de Aquino, pode ser não apenas permissível, mas obrigatório. E se o "rosto" com que você depara for o de um psicopata com uma metralhadora apontada para uma turma de crianças na escola? Lévinas tem uma visão imanente da ética, ouvindo o apelo do infinito nos desvalidos e nos esbulhados, mas o estilo de pensamento em que ele estrutura essa visão só faz desencarná-la. Para esse defensor do sionismo, por exemplo, os esbulhados certamente não são os palestinos. Se ele convoca o sujeito humano a despir suas pretensões imperiais, não dirige a mesma demanda ao Estado de Israel. Há um sentido em que dar feições empíricas ao rosto, ou conferir um grau de determinação a sua demanda, seria diminuir sua autoridade absoluta. Assim como Heidegger, Lévinas investe o corriqueiro de uma profundidade que a um tempo o aumenta e o diminui. Ele é, digamos, um pensador profundo demais.

O PROBLEMA DOS DESCONHECIDOS

De qualquer modo, está longe de ficar claro que todas as questões éticas podem reduzir-se à elevação da alteridade em relação à identidade. Esse antirreducionismo é reducionista em si mesmo. A proteção do planeta, as campanhas contra a corrupção política, a proibição do mercado negro ou da propaganda enganosa, nada disso é fácil de reduzir a uma reverência pelo Outro. Lévinas decerto objetaria à mentira como uma violação da confiança do Outro; SantoTomás de Aquino objeta a ela como uma desvalorização da moeda da ordem simbólica. Se os homens respeitassem a alteridade das mulheres, porventura não haveria necessidade de salários iguais? E de que modo essa última afirmação é uma decorrência da primeira? E se o Outro for miserável porque nós não o somos? E se for isso — a condição da exploração — que constitui a relação ética mais vital entre nós? Será que só a fenomenologia nos informará desse fato?

Afinal, a receptividade à alteridade não é uma condição da ética, em vez da coisa em si? E isso não ficaria mais evidente se, à maneira aristotélica, partíssemos da premissa de que a ética é uma prática, e não um estado do ser, para não falar num estado além do ser? O que significaria ser receptivo à alteridade de Joseph Stalin ou Rupert Murdoch? Será que a ideia de receptividade absoluta, assim como as de alteridade absoluta e responsabilidade absoluta, não é um absurdo lógico? Jacques Derrida afirma que, sempre que existe alteridade absoluta, existe Deus, o que parece um modo bastante conveniente de demonstrar a inexistência d'Ele. A alteridade não é um dado: constitui-se do nosso trato uns com os outros e, por conseguinte, está ligada à identidade e à reciprocidade. A interação humana envolve identidade e diferença. A ideia de comunicação é a ruína da identidade absoluta e da alteridade absoluta. Certas formas de alteridade, como a chaleira, que só podem entrar em diálogo com seres humanos nos contos de fadas, de modo algum são da mesma ordem da alteridade de outros seres humanos. Os pêssegos não são únicos da maneira como o são as pessoas. Para respeitar a alteridade do outro, preciso estar ciente de que me encontro na presença de uma autonomia de tipo especificamente humano, e não, digamos, de tipo semelhante a uma folha ou a um computador, e não posso saber disso sem uma referência implícita a uma humanidade comum.

A responsabilidade absoluta, do mesmo modo, é realmente um exemplo do "mau infinito" de Hegel. É ridículo afirmar que sou absolutamente responsável pelos homens da polícia secreta que me torturam. Quan-

326

to à receptividade, será que ela já não deve ser secretamente instruída por critérios morais de tipo codificável, se quisermos distinguir entre ser receptivos aos famintos que nos imploram um pedaço de pão e ser receptivos aos que traficam heroína para crianças em idade escolar? Não há dúvida de que devemos respeitar o ser autônomo desses traficantes, sentindo-nos adequadamente traumatizados e abjetos por sua presença transcendente, mas a ética tem a ver com detê-los em seu curso, não com um sentimento numinoso da sua diferença. Iago é receptivo a Otelo, só que a modalidade dessa supersensibilidade é conhecida como ódio implacável. Tal como a sinceridade, a receptividade é uma condição *sine qua non* que não significa nada em si. Tomada por si só, ela é tão portentosamente oca quanto o imperativo categórico kantiano. O mandamento cristão é que se ame o próximo *em* sua alteridade, ou seja, "no Real", e não que se ame sua alteridade.

Às vezes, o pensamento ético levinasiano consegue obscurecer essa verdade, visto que atenta para a relação abnegada do sujeito com o Outro e o faz porque pensar no Outro em termos do eu pareceria repetir um vício ocidental costumeiro. O eu e o Outro, como vimos, são supostamente incomensuráveis, no sentido de que, embora eu possa me colocar no seu lugar, você não pode fazer o mesmo por mim. Mas isso, é claro, só é verdade no plano fenomenológico. Do ponto de vista do que Lévinas chama de "o terceiro", ou a ordem simbólica, está bastante claro que o Outro tem a mesma responsabilidade por mim que tenho por ele, fato do qual, naturalmente, Lévinas tem conhecimento. Assim, ele nos apresenta uma espécie de espinosismo modificado. Para Espinosa, como vimos, nós existimos, fenomenologicamente falando, como se o mundo fosse centrado em nós, ao mesmo tempo em que estamos teoricamente cônscios de que esse egocentrismo, por se aplicar a todos os homens e a todas as mulheres, nega a si mesmo. Para Lévinas, viver eticamente é viver de maneira não egocêntrica, consciente de que, dentre todos os seres humanos, eu sou o mais abjeto e descentrado, embora tenha consciência de que, do ponto de vista teórico, isso é uma ficção necessária. É uma ficção porque, se universalizada para todos os homens e todas as mulheres, como tem de ser, ela se anula por completo. O que se aplica a mim fenomenologicamente é verdade, mas é como que uma sandice para os gregos, e não é a verdade tal como essa se apresenta à filosofia. O que a ética revela não é a que a ontologia poderia algum dia ter a esperança de reconhecer.

Essa última versa sobre o que temos em comum, ao passo que a primeira lida com a singularidade. Mas, e se a ética e a ontologia não se opusessem dessa maneira? E se uma abjeção incomensurável fosse aquilo que temos em comum? Se o Outro se relaciona comigo (como abjeto, traumatizado, feito refém e coisas similares) tal como me relaciono com ele, a não relação entre nós, por assim dizer, torna-se simétrica. A igualdade e a comensurabilidade, portanto, não são tão prontamente banidas pelo exigentíssimo Outro. É no campo de nosso trauma comum — ou seja, no terreno comum do Real — que se torna possível um encontro livre, igual e satisfatório entre nós.

O paradoxo fenomenológico é que só posso registrar a densidade da alteridade tal como a sinto em minhas pulsações, com isso correndo o risco de confiscá-la nesse mesmo ato. Nessa medida, existe o perigo de que o método fenomenológico de Lévinas vá de encontro a sua doutrina moral. Ele mesmo, contudo, afirma que isso não precisa lançar-nos no atoleiro egológico de um Husserl — não só porque o Outro se faz presente para mim num nível incomparavelmente mais profundo do que o egoico (a rigor, incomparavelmente mais profundo do que a mera "presença"), mas também porque o que a fenomenologia do Outro revela é que minha preciosa pessoalidade não passa de uma relação tensa com a alteridade. O ego ensimesmado é consoantemente punido, libertado pelo Outro de suas ilusões narcisistas. Mas tudo isso permanece dentro do contexto de uma certa relação fenomenológica com o Outro e as reflexões morais levinasianas são cerceadas por esse fato. É que, ao sair desse arcabouço fenomenológico, dentro do qual o Outro é sempre percebido como meu superior, posso perceber que, na verdade, ele nada mais é do que uma forma cheia de culpa de sujeição a mim, tal como o sou para ele; e, sendo assim, esse serviço ou doação recíprocos, devidamente transfigurados, podem preparar o terreno para uma forma completamente diferente de relação — uma forma em que a dependência recíproca se torne a condição da liberdade mútua e em que a doação de si converta-se em fonte de autorrealização. Esse seria, entre outras coisas, um modo de transpor a passagem do ético para o político, como o próprio Lévinas caracteriza essas esferas. Visto que a "lei" que se confronta nessa situação já não é um supereu imperioso, e sim a lei da realização da pessoa na e através da realização do outro, o resultado é uma diminuição da culpa que se acha, na visão levinasiana, bem no cerne do ético. Poderíamos dizer que a verdadeira moral é mais ou menos o oposto da culpa; assim, uma teoria ética como as de Lévinas ou Derrida, na qual a culpa desempenha um papel tão proeminente, sem falar numa teoria em que a ideia do desabrochar humano é basicamente estranha, revela-se gravemente falha. Lévinas sente culpa não apenas na presença do Outro, mas diante de ideias como felicidade, liberdade, satisfação e autorrealização. É difícil entender como sua culpa por essas ideias, para não falar em seu desprezo ocasional por elas, pode realmente ser útil ao Outro. A melhor maneira de servir ao Outro não é a autodilaceração.

Os moralistas do século XVIII que examinamos defendem uma troca de simpatias com os outros, mas talvez uma troca com certa facilidade suspeita. Esse tipo de simpatia parece ter uma espontaneidade calorosa demais para ser inteiramente ético. Kant e Lévinas, em contraste, empenham-se na subjugação de homens e mulheres à lei moral ou ao Outro. Do ponto de vista judaico-cristão, esses dois estilos de pensamento ético, o simpático e o sacrificial, são deturpados por sua separação um do outro. Em geral, os defensores da autorrealização não captam o doloroso abandono de si mesmo que ela de fato acarretaria, inclusive se tivesse de ser politicamente acessível a todos. Por sua vez, os adeptos da ética sacrificial não parecem perceber que se essa abnegação não se der em nome de uma abundância mais pródiga de vida em geral, não será nada além de uma compulsão mórbida. O sacrifício é uma passagem revolucionária da vitimação ao poder, uma turbulenta transição da miséria para a riqueza. Não é um fim em si. Tragicamente, porém, pode revelar-se a precondição essencial do que, à primeira vista, parece ser seu oposto: uma ética do prazer, do bem-estar e da autorrealização a serviço dos outros. É muito lamentável que seja assim.

Para Lévinas, o infinito está vivo nas pessoas, pois ser uma pessoa é manifestar uma alteridade absoluta, tão impossível de pesar ou medir quanto o próprio infinito. Há aí um tipo peculiar de paradoxo. Ser mortal é ser finito, mas é também estar cônscio da finitude expressa pela própria morte e, portanto (já que ninguém pode morrer em meu lugar), da inimitável singularidade de cada um. Essa singularidade, entretanto, exatamente por ser insubstituível, incomensurável e irreprodutível, pode ser vista como uma espécie de infinito. Como Kierkegaard, Lévinas é cativado pelo fato atordoante, a um tempo momentoso e banal, de que a pessoa é ela mesma, e não outra, por toda a eternidade. Assim, ironica-

O PROBLEMA DOS DESCONHECIDOS

mente, a finitude gera a consciência de seu inverso, como faz na estética do sublime em Kant. Mas não se trata de um infinito que, na visão de Lévinas, se encarne na história, na política, na natureza, na biologia ou em questões morais corriqueiras — em suma, na vida cotidiana, pela qual, como vários de seus colegas filosóficos gauleses, ele nutre um certo desdém refinado. A transcendência não deve ser comprometida pela imanência: é irredutível à presença e, portanto, exceto no rosto não apresentável do Outro, é desencarnada. O Outro, que é pura transcendência, pode proporcionar um meio de redenção, mas a pólis, com suas formas de vida abstratas e anônimas, não fica à altura dessa tarefa. Não pode haver redenção institucional, nenhuma política radicalmente transformadora. Deixada por sua conta, anuncia Lévinas, a política traz o risco da tirania. Em outras palavras, há um problema a respeito dos que não têm rosto, tal como ele existe para Hume e Smith. Após nossa caminhada pela ordem simbólica, parecemos ter fechado o circuito completo — embora o nome do que resiste ao anonimato do Simbólico já não seja Imaginário, e sim Real. É como se Lévinas voltasse as costas ao Imaginário, do qual conserva apenas o mais leve esboço; ao fazê-lo, porém, ele ultrapassa o Simbólico e se desloca diretamente para o Real. Sem dúvida, ele é capaz de lidar com o estranho mais próximo — ou seja, com qualquer membro da ordem simbólica que porventura ocupe momentaneamente o lugar do semelhante. A relação com essa figura mescla elementos do Imaginário e do Real: do Imaginário porque o que está em jogo é uma compaixão corporal por alguém que está bem à mão; e do Real porque esse próximo, mesmo que porventura seja uma filha ou uma irmã, é uma metamorfose imperscrutável do infinito e só pode ser adequadamente abordado se for visto contra esse pano de fundo luminoso. Para uma ética tão íntima, o mais difícil de apreender é o campo do Simbólico como tal, que corre o risco, num movimento de pinça dos outros dois, de ser espremido e expelido por eles. Veremos dentro em pouco, todavia, que Lévinas tem pleno conhecimento dessa dificuldade, que nada mais é do que o problema da política, e procura abordá-la sem abrir mão de seu tipo sumamente idiossincrático de pensamento moral.

Apesar de toda a sua sedutora carnalidade, há algo de altivo e portentoso demais no estilo de discurso moral levinasiano. Um cristão ou um judeu sem dúvida quereria insistir em que tem uma ideia magnífica da transcendência de Deus, mas, justamente por essa razão, não consegue captar como esse inefável enigma encarna-se não só na alteridade do Outro, mas também em sua disponibilidade rotineira, na camaradagem e familiaridade do dia a dia. O outro levinasiano, nos termos de Burke, é mais sublime do que belo. Tal ética está longe da ideia cristã de que os homens e as mulheres foram convidados, através da humanidade de Cristo, a partilhar da amizade de Deus, e não simplesmente a sentir Sua numinosa presença no Outro, como uma ferida angustiante ou um susto de culpa que nos tira da modorra. A responsabilidade ética, para Lévinas, não faz realmente parte do mundo fenomênico, embora seja nele que tem de se manifestar. Por conseguinte, esse filósofo tem um pouco da dificuldade kantiana para explicar como o espírito da ética deve tornar-se carne. Existe uma totalidade de objetos determináveis e existe, como no pensamento de Alain Badiou, uma esfera bem separada de infinitude que a atravessa com um gesto violentamente desarranjador; mas é difícil saber como seria possível conciliar as duas.

Então, como abordar o problema dos que não têm rosto, dos que ficam fora do circuito numinoso do eu e do Outro? Se essa questão é vital, como é para os benevolentistas, é por não levantar nada menos do que a questão da política — de como a ética afeta todos os problemas que são mais do que interpessoais. O problema de Lévinas a esse respeito é ter formulado o ético em termos tão vigorosamente não sociais, numa linguagem tão altivamente indiferente a coisas como comunidade, consenso, igualdade, direitos civis, legalidade, universalidade, reciprocidade, qualidades naturais, o genérico etc., que tornou quase impossível para si mesmo invocar uma política a partir dele, indo além da variedade mais banal de pluralismo liberal. Essa, com efeito, é uma verdade quase universalmente reconhecida por seus comentaristas. Como Derrida, Lévinas reconhece a inevitabilidade do político, mas às vezes tem-se a sensação de que ele preferiria vê-lo desaparecer. No cômputo geral, a ordem simbólica se revela um obstáculo para seu admirável amálgama do Imaginário com o Real. Há um contraste batético nos escritos de Lévinas e Derrida entre o cativante tom vanguardista da teoria e o tipo tediosamente conhecido de multiculturalismo que ela parece envolver na prática. Tal como David Hume, Lévinas tem dificuldade com os estranhos — não, é claro, com os que são "próximos", porém com as massas anônimas que num dado momento não o são. (A situação é ainda pior quando as massas em questão não são europeias: basta observarmos seu profundo

O PROBLEMA DOS DESCONHECIDOS

desagrado com o que denomina de "perigo amarelo" em *Les Imprévus de l'histoire* ["Os imprevistos da história"].) Se os defensores do Imaginário acham difícil lidar com os que estão fora do seu círculo encantado, o mesmo ocorre, de maneira diferente, com os adeptos do Real.

Mesmo assim, Lévinas tem várias tentativas de solução.[10] No contato com o Outro privilegiado, a presença potencial de inúmeros outros é implicitamente revelada. Nesse sentido, o que Lévinas chama de *le tiers*, ou o terceiro, já faz uma aparição nessa cena primária, no que se poderia chamar de momento edipiano levinasiano, rompendo a relação entre o eu e o outro. Por vezes, nos escritos desse filósofo, o terceiro parece entrar em cena depois da relação face a face, situação que difere nitidamente da de Lacan. Se Lacan escreve o outro como Outro, é para insistir em que não pode haver relação não mediada com ele — não há ligação com o outro "único" que não passe pela refração da ordem simbólica como um todo. Assim, o que Lévinas chamaria de "terceiro" inscreve-se em qualquer encontro cara a cara desde o começo, como uma dimensão alienante dessa relação.

Em outros momentos, porém, a presença do terceiro, para Lévinas, perpassa a relação com o Outro desde o início. Quando isso acontece, a epifania do rosto descortina para mim toda a humanidade desvalida, juntamente com o discurso da razão e da justiça universais. O próprio rosto do Outro coloca o sujeito em relação com o terceiro, o que, por sua vez, descortina o continente da lei, do Estado e das instituições políticas. Numa formulação alternativa, o rosto revela o "Outro do Outro" — ou seja, mais uma relação assimétrica entre o meu Outro e o Outro *dele*, o que sugere que a sociedade nada mais é do que uma multiplicidade de eus singulares. O Outro, agora, é um rosto inesquecível em meio a todo um leque de rostos inesquecíveis. Mas a relação cara a cara continua a ser originária — não apenas no sentido de que, sendo anterior à liberdade, à autonomia, à decisão e assim por diante, ela antecede todas as questões de política ou de justiça, mas também porque ela é o lugar onde pela primeira vez nos voltamos para fora, para a ordem simbólica, ao nos conscientizarmos de uma rede de responsabilidades que vai além do Outro insubstituível. Através da presença do terceiro emergem a justiça, o conhecimento objetivo, a igualdade, a estabilidade ontológica, a reciprocidade e o restante dessa bagagem simbólica.

LÉVINAS, DERRIDA E BADIOU

Nesse sentido, a passagem da ética para a política é imanente no que se poderia chamar de cena primária, mesmo que essa cena também sirva de crítica permanente ao político. O Outro de *Totalidade e infinito* é uma epifania da igualdade (sob a forma do terceiro) e da assimetria. O Outro singular implica a possibilidade de outros, que também sempre podem tornar-se Outros. Os outros, portanto, podem interessar ao eu sem entrar em conjunção com ele — situação que faz parte do que Lévinas chama de ileidade, o que é, entre outras coisas, seu termo idiossincrático para a ordem simbólica. A relação privilegiada com o Outro único deve ser "moderada", a fim de que a lei, a justiça, a igualdade e a consciência social possam emergir. O amor ao próximo já implica justiça, visto que tem de acontecer no contexto das relações desse próximo com terceiros. Devo considerar não apenas minha relação com o Outro, mas também minha relação com as relações entre os outros. A justiça, nessa medida, é "necessária" — termo que, poderíamos supor, mal chega a captar a tradicional sede que o judaísmo tem dela.

Portanto, existem vias da ética para a política. Ainda assim, as questões de justiça, libertação, igualdade etc. derivam do encontro primordial com o Outro (um confronto que é vedado ao conhecimento externo) e precisam encontrar o caminho de volta para ele, tal como o viajante no deserto deve regressar periodicamente a uma fonte para se reabastecer. A ética é o campo fenomenológico da política e o profeta é aquela figura incômoda que nos reconvoca das concessões reles dessa última para a pureza de coração da primeira. "A justiça", escreve Lévinas, "é impossível sem que aquele que a exerce se encontre próximo."[11] Isso, entenda-se, não significa que devamos conhecer pessoalmente aqueles a quem fazemos justiça, mas que a responsabilidade infinita do próximo deve ser a fonte de que fluem nossas transações morais menos próximas. Contudo, a relação entre essas duas esferas continua elusiva. A ética deve governar a conduta rotineira, mas não pode reduzir-se a ela. Como obrigação infinita para com o Outro, ela é a fonte da moral do cotidiano, mas também aparece como um campo bem distinto dessa. O ético não deve ser confundido com o mundo quantificador cotidiano de regras, códigos, obrigações, convenções e injunções específicas. Entretanto, os códigos gerais e as instituições (a política) devem derivar de algum modo de uma relação irredutivelmente singular (a ética). O incomensurável deve dar origem ao comensurável.

333

O PROBLEMA DOS DESCONHECIDOS

Vimos, porém, que Lévinas é profundamente cético em relação ao que é genérico, universal, normativo, convencional, comensurável, recíproco e assim por diante, o que pareceria trazer o risco de subverter a própria base ética da qual eles brotariam. O ético vive em perpétuo risco de ser negado por um sistema de leis universais que, no entanto, ele requer. Ele resiste à lógica identificatória de uma pólis da qual, não obstante, é dependente. A demanda de justiça germina na esfera ética, mas também é controvertida e até traída pela natureza não recíproca desse campo. Abre-se um abismo entre a província desinteressada do ético e o mundo consideravelmente menos glamoroso dos interesses morais mundanos. Eu seu estilo tipicamente rústico e anti-iluminista, Lévinas teme o que chama, em *Totalidade e infinito*, de "tirania do universal e do impessoal"; apesar disso, porém, tem de reconhecer que uma "comparação de incomparáveis" é essencial para que a justiça floresça. Por sua vez, ele confessa, isso exige uma forma de razão que faça sínteses e sincronias — operações pelas quais suspeitamos que ele tem quase tão pouco entusiasmo quanto pelo nacionalismo árabe. Não seria demais dizer que a ordem simbólica é inimiga implacável de seus mais diletos valores, embora, como moralista, ele deva obviamente abordá-la.

O ético, para Lévinas, é uma relação entre uma singularidade absoluta e outra — é, com efeito, o amor do estranho pelo estranho, mesmo que as duas pessoas envolvidas sejam amigas íntimas, um amor que ocorre fora de qualquer comunidade política. Se a ética é definida como a absoluta irredutibilidade do outro ao mesmo (uma proposição profundamente questionável, sem dúvida), ela é descentrada em relação às comparações e equivalências da esfera pública. O sujeito ético é distinto do cidadão, ainda que (como os reinos numenal e fenomênico de Kant) ambos habitem o mesmo corpo. Apesar de as duas esferas deverem se afirmar, parece haver um estado crônico de conflito entre elas. O ético "interrompe" o político — tese que implica que a diferença, a alteridade e o senso do infinito têm de ser levados de fora para o campo político. A política, ao que parece, não é imanentemente capaz de gerar esses valores, a despeito da curiosa prevalência do multiculturalismo, das culturas do respeito, dos cultos da diferença social etc. que nos cercam por todos os lados. Assim, a ética irrompe na arena política, mas não a transforma de maneira fundamental. O político tende naturalmente para o uniforme e o degenerado e o máximo que a ética parece capaz de fazer é dar-lhe

334

uma chacoalhada de vez em quando. Poderíamos contrastar isso com uma moral socialista ou feminista, para a qual a mudança política é a base para a transformação das relações éticas entre os indivíduos. Tal política envolve uma transformação do próprio significado do político. A ética, segundo essa visão, não é um acréscimo extra às modalidades já existentes de vida política. Longe de ser uma intervenção externa na pólis, é um modo específico de descrevê-la.

No que tem de menos inspirador, Lévinas retrata a sociedade política como dilacerada por um estado de guerra permanente, uma luta hobbesiana pelo poder entre competidores lupinos. Quando muito, a pólis é retratada como uma esfera basicamente neutra, uma província indispensável, mas nada edificante, de normas e trocas. Enquanto o ético tem toda a paixão turbulenta dos grandes dramas, o político é um documentário de segunda classe. A visão da pólis como lugar de alienação reflete uma visão alienada da política. Numa entrevista, Lévinas falou da "ordem sociopolítica de organizar e melhorar a sobrevivência humana" — uma formulação em "burocratês" que dificilmente serviria de descrição satisfatória da política para Rousseau, Burke ou Marx. Se a política parece ter sido drenada de grande parte de seu valor, reduzida a uma esfera de decisões arbitrárias e recursos administrativos, podemos ver por que a ética precisa cair de paraquedas de um espaço sideral espiritual num conjunto de valores que fundamentam a si mesmos. Assim, a questão de como esses dois campos se juntam está fadada a se revelar tortuosa. Mas não precisaria ser assim, caso se partisse de uma visão menos preconceituosa do político. Isso nos faz lembrar aqueles marxistas neokantianos do fim do século XIX que foram impelidos para a ética de Kant para conferir valor a uma história que, por seu próprio determinismo, eles tinham esvaziado de um objetivo moral. Sem o ético para questioná-la, perturbá-la e renová-la, a sociedade política não consegue gerar nenhum valor profundo em si. A ética é essencial, em parte, porque a política é espiritualmente falida. A ideia de que, por sua vez, o político poderia representar um desafio para o ético — de que, digamos, um modo de tratar os outros poderia ser transformado pela mudança institucional — é predominantemente desconsiderada.

Exatamente o mesmo, como veremos num instante, aplica-se ao Jacques Derrida maduro. Na esteira dos acontecimentos impetuosos de 1968, quando o capitalismo ocidental consolidou seu poder e setores

O PROBLEMA DOS DESCONHECIDOS

inteiros da esquerda política mergulharam consoantemente na desilusão, o próprio conceito de política passou a ser mais e mais bombardeado pela filosofia, inclusive numa França cuja intelectualidade resvalava rapidamente para uma reação estrídula. Alguns desses espíritos descontentes remontaram a uma época anterior de desencanto político — à amarga experiência do fascismo e do stalinismo, à luz da qual todos os projetos coletivos ou utópicos pareciam fadados a gerar despotismos monstruosos. A dívida de Jacques Derrida para com Emmanuel Lévinas, um homem que passou algum tempo num campo nazista de trabalhos forçados, é uma dessas ligações entre dois momentos históricos diferentes.

Para Lévinas, uma das diferenças entre a esfera do Outro e o campo da política é que as relações na primeira são assimétricas e, no segundo, uma questão de igualdade ou reciprocidade. Mas essa distinção precisa ser interrogada. É verdade, como vimos, que a situação que Lévinas toma como seu protótipo moral envolve assimetria e abjeção, uma vez que o Outro é inferior a mim e mais necessitado do que eu e, portanto, nos anais da sabedoria judaica, é também superior. Mas esse não é, na verdade, o protótipo do amor humano. No sentido mais pleno do termo, não pode haver amor sem igualdade e reciprocidade. É fato que o Novo Testamento ordena o amor unilateral aos inimigos, assim como é fato que podemos nutrir um amor genuíno por criaturas como os bebês, para não falar dos coelhos, que são incapazes de retribuir plenamente nossa afeição. Mas, embora o amor unilateral — o amor que envolve um temerário e infrutífero dar de si, rangendo os dentes diante da maldade e da zombaria — seja mais meritório, em termos morais, do que o amor que é mutuo, até por ser incomparavelmente mais desgastante, ele também é, num certo sentido, menos perfeito. É menos perfeito porque, nessa situação, um dos parceiros não floresce no e pelo florescer do(s) outro(s), que é o que envolve o amor no sentido mais pleno. Que o amor no sentido mais completo só é possível entre iguais é a razão por que, na doutrina cristã, o Pai ama Suas criaturas na e pela humanidade do irmão mais velho delas, Seu Filho, em quem elas são elevadas da mera condição de criaturas para a amizade e a igualdade com Ele. Se assim não fosse, Deus só poderia amar-nos como podemos amar nossos *hamsters* ou nossos automóveis Volvo. Não reconhecer que o amor e a igualdade se entrelaçam dessa maneira é reforçar as fronteiras entre a ética e a política, ou o amor e a justiça. É também, como veremos depois, negligenciar o conceito de amor político, o qual, do mesmo modo, rompe as barreiras entre os dois domínios.

Há um outro sentido em que igualdade e singularidade não são tão discrepantes quanto suporia Lévinas. Tratar os outros com igualdade não é tratá-los como se fossem iguais, algo cujo resultado seria uma injustiça flagrante, e sim um voltar-se com atenção desinteressada e igual para suas necessidades singularmente diferentes. Identidade e diferença, nesse sentido, não são naturalmente opostas. É por isso que Sylviane Agacinski, que, como Lévinas, contrasta uma relação entre singularidades absolutas com as equivalências impessoais da ordem simbólica, erra ao dizer que, "num caso de respeito ético ou de amor respeitoso, meu relacionamento decorre de uma exigência que é indiferente à individualidade alheia (...)".[12] É somente por presumir uma ideia burguesa de igualdade como equivalência abstrata que Lévinas é forçado a destinar esse conceito à esfera auxiliar do político, enquanto a singularidade torna-se uma reserva do ético.

Para Marx, em contraste, é preciso conceder a todos os homens e todas as mulheres um respeito igual, mas faz parte desse respeito reconhecer que as necessidades deles são singularmente diferentes. Essa é uma das razões por que ele se opõe à ideia de igualdade da renda em sua *Crítica do programa de Gotha*.[13] A igualdade abstrata não é uma virtude socialista, por mais que tenha sido um valor progressista em sua época. A igualdade, para Marx — um pensador agradecido tanto ao particularismo romântico quanto ao universalismo iluminista — devia encarnar-se na diferença humana, e não tratá-la a pontapés. A espécie marxista de socialismo significa simplesmente isto: que agora se criaram os recursos materiais para que a comunidade humana, que antes tendia a florescer à custa da liberdade individual, possa ser reinventada no nível do indivíduo único e ricamente evoluído. É por isso que o marxismo tanto celebra quanto critica severamente a grande herança liberal da classe média. Numa democracia socialista, todos os homens e todas as mulheres terão igual direito de participar da determinação da vida comum a todos, porém a maneira como o farão dependerá de suas aptidões individuais.

O pensamento ético de Jacques Derrida não precisa deter-nos por muito tempo. Em sua maior parte, ele é uma extensa nota de rodapé às meditações de Lévinas, com as quais Derrida — de modo bastante estranho, à

O PROBLEMA DOS DESCONHECIDOS

luz de suas diversas críticas ao filósofo mais velho — certa vez se declarou inteiramente de acordo. Derrida escreveu com empolgação que Lévinas teria revolucionado todo o significado da ética, mas isso desconsidera o modo como a obra levinasiana ainda agradece a uma concepção tradicional (e profundamente suspeita) da ética como sendo sobretudo uma obrigação, o que também faz Derrida, aliás. A proeminência de Kant no meio acadêmico francês é suficiente para garantir que até o mais extravagantemente boêmio dos pensadores parisienses renda homenagens a concepções de dever moral que, noutros lugares, vêm sendo sistematicamente jogadas na lixeira da história. Seguindo a deixa do colega mais velho, Derrida presume, sem questionamento, que uma ética autêntica deve girar em torno da ideia de responsabilidade — uma suposição que seria uma certa surpresa para Aristóteles, Hume, Bentham ou Nietzsche. O pensamento ético de Lévinas e Derrida fica preso nos confins do deontológico. Só que consegue traduzir um discurso bastante prosaico sobre leis, direitos e sujeitos universais num linguajar muito mais poético ou fenomenológico, numa retórica de risco, chamamento, ordem, aventura, alteridade, enigma, infinidade e impossibilidade. Lévinas e Derrida nos oferecem uma espécie de versão mistificada da ética de Kant, uma versão que a investe da ressonância poética que falta dolorosamente ao sábio de Königsberg. A obra inicial de Derrida não se faz notar por seu compromisso com o ético, mas, em seu ensaio posterior intitulado *Força de lei*, vamos encontrá-lo argumentando que a desconstrução *é* a justiça, assim como ele afirma, em *Espectros de Marx*,[14] que sempre viu o desconstrucionismo como uma forma radicalizada de marxismo. É difícil dizer qual dos dois campos teóricos em questão terá achado essa última afirmação mais assombrosa.

Tal como Lévinas, Derrida emprega o ético para denegrir o sociopolítico. "Não existe responsabilidade", escreve ele, "sem uma ruptura dissidente e inventiva com a tradição, a autoridade, a ortodoxia, a regra ou a doutrina.[15] O ético é uma forma de vanguardismo espiritual que irrompe diruptivamente na inércia presunçosa da vida cotidiana. Não parece ocorrer a Derrida, preso numa oposição rígida entre o dissidente e o normativo, que tanto existem tradições inventivas quanto opressivas, tanto ortodoxias esclarecidas quanto bárbaras, normas revolucionárias ou repressivas, regras protetoras ou burocráticas e formas benignas ou nocivas de autoridade. Há também uma profusão de tipos profundamente desa-

338

gradáveis de marginalidade, formas criminosas de transgressão, estilos ignorantes de dissidência e formas ultrajantes de violação das normas. O consenso pode ser radical, e o não conformismo, odiosamente privilegiado. A comunidade — conceito do qual, como Derrida nos informa em *On the Name*,[16] ele sempre desconfiou — tanto pode ser enriquecedora quanto sufocante. Mas Derrida é tão hostil a esse conceito que J. Hillis Miller escreveu, com certa justiça, que a obra derridiana é marcada pela "suposição fundamental de que todo eu ou *Dasein* é absolutamente isolado de todos os demais". "Entre meu mundo e todos os outros mundos", diz Miller, citando o texto de Derrida num arquivo pessoal, "(...) há (...) uma interrupção incomensurável com todas as tentativas de passagem, de ponte, de istmo, de comunicação, de tradução, de tropo e de transferência. Não existe mundo, existem apenas ilhas".[17] Não estamos lidando com a alteridade, mas com uma monadologia.

Pense Derrida o que pensar, o ético não discorda espontaneamente do corriqueiro, determinado, ortodoxo ou consensual. A palavra "doutrina" significa, simplesmente, "o que é ensinado", sem uma sugestão necessária de dogmatismo. O texto em que Derrida faz essa observação cansativamente chique é uma obra de doutrina e não piora em nada por isso. Também não se escapa de proposições determinadas usando o recurso estilístico favorito e batidíssimo de Derrida, a pergunta retórica ("O que é dar risadinhas? Pode haver um tipo de risadinha pura, livre da lei, do dever, da dívida, da obrigação? Será que essa pergunta é sequer inteligível? E quanto àquela?"),[18] recurso que insinua um ponto de vista distintivo, ao mesmo tempo em que gera um sentimento de abertura animada.

Mas a doutrina pertence à ordem simbólica, razão por que Derrida a evita tanto. O ético é inimigo do conceitualmente determinado. A responsabilidade envolve "decisões absolutas, tomadas fora do conhecimento e das normas dadas, tomadas, portanto, através da própria provação do irresolúvel".[19] Não fica claro se a decisão de fazer um aborto deve ser tomada fora do conhecimento de quão avançada está a gravidez, mas é evidente que Derrida não está falando desses assuntos vulgarmente mundanos. Ao contrário, ele sustenta a visão excêntrica de que, como as decisões não são redutíveis a normas ou critérios, elas são uma forma de "loucura".

Em termos teológicos, Derrida é um fideísta com uma desconfiança protestante da racionalidade. No estilo kierkegaardiano, ele afirma que o voto de confiança implicado nas decisões éticas independe da razão. Mas as decisões podem depender de razões sem ser redutíveis a elas. Derrida assinala que as escolhas morais não podem ser "asseguradas" por uma regra, mas isso não quer dizer que não possam ser guiadas por regras. Se ele sente necessidade de isolar tais decisões da razão, é porque quer resgatá-las da ignomínia de não passarem de deduções de princípios *a priori*. Mas isso é como salvar um nadador que nitidamente não está se afogando. As decisões podem ser racionais sem ser rigorosamente deduzidas de princípios, assim como os enunciados podem ser gramaticais sem ser mecanicamente previsíveis. Derrida não parece reconhecer que apresentar razões para os compromissos que a pessoa assume — razões pelas quais ela está irremediavelmente apaixonada pelo próprio motorista, por exemplo — não equivale a reduzir esses compromissos a tais razões. Uma outra pessoa pode sentir a plena força das minhas razões e, ainda assim, não se apaixonar por meu motorista. Os compromissos devem ser racionais, de fato, mas insistir nessa exigência não é resolver a questão de por que os assumimos, uma vez que situações incompatíveis podem ser igualmente racionais. É o modo como sua racionalidade nos engaja que importa, mas isso não é o mesmo que uma decisão tomada no vazio.

Se realmente fosse preciso escolher um curso de ação independentemente de todas as normas ou todos os critérios, é difícil saber em que sentido se poderia chamar isso de decisão. Equivaleria a dar a um ronco no estômago o nome de proclamação real. O que o chamado decisionismo não reconhece é que não posso denominar de escolha aquilo que faço se não há critérios com base nos quais escolher. A ética, no dizer de Derrida, é uma questão de decisões absolutas, que são, a um só tempo, necessárias e "impossíveis" — uma espécie de destino implacável pelo qual, não obstante, tal como Édipo, somos inteiramente responsáveis. Só nos resta sentir alívio pelo fato de ele já não poder ser eleito para o júri quando nosso caso for a julgamento.

Tal como a ética levinasiana, a de Derrida baseia-se predominantemente na culpa, que se poderia ver como o avesso da responsabilidade. Minha responsabilidade pelo outro deve ser absoluta; no entanto, se eu tiver de ser responsável por todos, como isso será possível? Diluir minha singularidade no conceito coletivo ou geral é agir de maneira irresponsável, mas sem esses conceitos genéricos, como posso me conduzir sempre com responsabilidade? Toda responsabilidade é absoluta, singular, excepcional e extraordinária, mas qualquer manifestação particular dela deve constituir, por conseguinte, uma traição da minha responsabilidade para com todas as outras pessoas. Esse, como veremos num instante, é um dilema flagrantemente falso. Ademais, a verdadeira responsabilidade deve envolver o cálculo, um dos muitos temas da ordem simbólica que Derrida acha desagradáveis e inevitáveis. O termo "economia" é outro desses seus bichos-papões, pois sugere uma troca aridamente regulada de bens, deveres e serviços, uma troca muito distante da loucura dos gastos ilimitados, da perigosa aventura de um compromisso fora das normas, do temor e tremor de uma exposição absoluta ao Outro. Para ser autêntica, essa exposição deve ser tal que "não faça contas nem preste contas a homens, a seres humanos, à sociedade, aos companheiros ou a si próprio".[20] A assunção de responsabilidade, Derrida insiste, tem lá o seu lugar, mas pelo seu tom depreendemos que ela é basicamente para dentistas e merceeiros. É preciso dar a César o que é de César e dar ao absoluto as coisas que lhe pertencem. Exigir prestações de contas e justificações é uma forma de "violência" — um floreio pós-estruturalista tipicamente exagerado. Será esse o caso quando exigimos que empresas ferroviárias prestem contas por sua negligência causadora de acidentes, ou será que estamos falando num nível muito mais sublime?

A responsabilidade, escreve Derrida, "exige, por um lado, uma contabilidade, um responder por si geral com respeito ao geral e perante a generalidade, donde a ideia de substituição, e, por outro, o caráter único, a singularidade absoluta, donde a não substituição, a não repetição, o silêncio e o sigilo".[21] Já vimos que essa polaridade pode ser desconstruída. A verdadeira generalidade envolve atentar para o específico, não fechar os olhos para suas reivindicações peculiares em busca do universal. Aqui, a força do termo "geral" ou "universal" consiste simplesmente em nos lembrar que estamos falando de toda e qualquer especificidade. Não há nenhuma tentativa, por parte de Derrida, de negociar uma transição do singular para o universal, tal como existe, ainda que de maneira trabalhosa e ambígua, nos escritos de Lévinas. Como as esferas numênica e fenomênica de Kant, os dois mundos existem numa intimidade de unha e carne, separados por um abismo intransponível. Derrida não é homem de resoluções, as quais suspeita, injustamente, de serem quase sempre anódinas e organicistas. A ética e a política existem em permanente conflito.

O PROBLEMA DOS DESCONHECIDOS

Ambas são essenciais, sem dúvida, mas uma importância aflitiva parece perder-se na tradução de uma para a outra.

O Real da ética resiste aos consolos fáceis do Imaginário, ao mesmo tempo em que repele as exigências do Simbólico. Confronta o que Derrida chama com desdém de "funcionamento tranquilo" da sociedade civil, de "complacência monótona de seus discursos sobre a moral, a política e a lei e sobre o exercício dos direitos (...)".[22] Então, será que todas as formas de política e moral servem apenas para respaldar o funcionamento tranquilo do *status quo*? Será que todos os discursos sobre política, direito e moral são monotonamente complacentes? E que dizer das campanhas contra a guerra e a pobreza, das leis contra os maus-tratos infantis ou das lutas pelos direitos dos imigrantes? Onde estão as contradições nessa ordem social aparentemente monolítica? Por que uma homogeneização tão violenta da vida social na pena de um apóstolo da diferença? Derrida tem muito a dizer sobre a violência da lei, mas, como a maioria dos esquerdistas libertários, silencia sobre a capacidade que ela tem de proteger, alimentar e educar. Atribui-se à emancipação política uma urgência que é estranha para o conservador Lévinas; contudo, é a ideia de infinitude, e não de política, que incendeia a imaginação derridiana. Simon Critchley adota uma visão similar ao escrever que a ética é "uma metapolítica anárquica", ou "o questionamento contínuo, de baixo para cima, de qualquer tentativa de impor a ordem de cima para baixo (...) a política é a manifestação do dissenso, o cultivo de uma multiplicidade anárquica que põe em questão a autoridade e a legitimidade do Estado".[23] Mas e quando o Estado em questão está lutando para se libertar do colonialismo, por meio da força revolucionária? E quando uma dada corrente de dissidentes é reacionária? Não pode haver consenso radical?

O ensaio derridiano *Força de lei* é um exemplo clássico desses preconceitos. A lei, para Derrida, é finita, determinada e basicamente negativa, enquanto a justiça é infinita, indecidível e sumamente positiva. É como se a justiça, uma preciosa pedra angular da ordem simbólica, tivesse de ser salva desse campo predominantemente desonroso e investida de uma aura quase religiosa. Lévinas é mais ambíguo nessa matéria, às vezes não sabendo ao certo se deve incluir a justiça na esfera ética ou na esfera política. O que capta a atenção de Derrida não é uma legalidade corriqueira, mas um tipo de justiça que "não só ultrapassa ou contradiz a lei, mas também talvez não tenha nenhuma relação com ela, ou mantenha com a

342

LÉVINAS, DERRIDA E BADIOU

lei uma relação tão estranha que tanto pode exigi-la quanto excluí-la".[24] O que lhe agrada acima de tudo são o elusivo, o transgressivo e o indecidível, todos os quais são bem mais glamorosos do que os determinismos insossos da vida cotidiana. Tal como a odontologia, o determinado, aos olhos de Derrida, é inevitável, mas não atraente. *Grosso modo*, o que é inequívoco, na sua opinião, é pouco inspirador. Trata-se de um tipo de doutrina curiosamente rígida. Derrida não parece reconhecer que existem enunciados cativantemente inequívocos, assim como prosaicamente polivalentes. Os verdadeiros pluralistas compreendem que ora precisamos de descrições tão exatas quanto possamos fazê-las, ora não. As definições podem ser emancipadoras, ou apenas (como observou Wittgenstein) uma espécie de enfrentamento ornamental. A despeito de toda a força e originalidade espantosas de sua obra (ele certamente é um dos filósofos mais ilustres do século XX), Derrida é o tipo de pensador que, nas palavras de Bernard Williams, "faz da própria incerteza uma virtude e, em vez da convicção, usufrui a satisfação (...) de uma indecisão refinada".[25] O que não equivale a sugerir que não tenha convicção alguma.

A lei, para Derrida, envolve a calculabilidade, ao passo que a justiça é incalculável. Os termos desse contraste são hoje maçantemente previsíveis: a lei é "um aparato estabilizável, estatutário e calculável, um sistema de prescrições reguladas e codificadas", descrição essa que finge neutralidade, mas deixa transparecer um ânimo secreto em cada palavra. A justiça, em contraste, é "infinita, incalculável, rebelde ao governo e alheia à simetria, tanto heterogênea quanto heterotrópica."[26] Ultrapassa regras, programas e cálculos. Fica bem claro o polo dessa oposição que Derrida acha mais sedutor, embora seja aquele que envolve uma aversão a tomar partidos. Segue-se então uma tentativa meio superficial de equidade. A igualdade e os direitos universais, no dizer dele, são tão imperativos quanto o heterogêneo e de singularidade única. A pessoa deve entregar-se à "decisão impossível", "levando em conta" as leis e normas. O excesso de justiça em relação à lei não deve tornar-se um álibi para que se evitem as batalhas jurídico-políticas. Mas esse esforço de equilíbrio é solapado pelo decisionismo ético de Derrida, que parece ver as escolhas morais autênticas como algo que transcende as regras e as razões. Se déssemos o devido peso ao determinado, ele poderia vir a reconhecer que as escolhas morais ainda são escolhas, mesmo quando presas a códigos e guiadas por regras. Isso porque seguir uma regra, como assinala Wittgenstein nas *Investigações filosóficas*, não é o mesmo que estar submetido a uma lei. Aplicar regras é em si uma prática criativa. Na verdade, não haveria liberdade sem ela. Assim, não há necessidade de resgatar as decisões das regras a fim de preservar sua liberdade. As decisões não são uma forma de loucura, como Derrida parece considerar. Forma de loucura é pensar assim.

O que significa afirmar que a justiça é infinita? Talvez ela seja infinita no sentido de que a paixão por ela o é, como vimos no caso do Shylock de Shakespeare e do Michael Kohlhaas de Kleist, ou no sentido de que, como a injustiça parece não ter fim, também não tem fim a justiça. Todavia, seria mais apropriado vê-la como finita. A sede de justiça de Shylock pode ser inabalável, mas o objeto de seu desejo é tal que ele o vê simplesmente como aquilo que lhe é devido. É a imparcialidade que ele busca. Como a vingança, a justiça é uma questão de toma lá dá cá. É uma questão de pesar os méritos e calcular os retornos, práticas essas que de modo algum são intrinsecamente mal-intencionadas ou mesquinhas, como os realistas éticos parecem suspeitar. Não há nada de mesquinho em pedir que um empréstimo que deixou você quase na miséria lhe seja devolvido, agora que seu devedor herdou uma vasta propriedade. Se a ideia de justiça cria uma espécie de problema para Lévinas e Derrida, é porque ambos (até por sua origem judaica) são passionalmente comprometidos com ela na prática, porém, ao mesmo tempo, desconfiam da lei, da medida, da regra e da reciprocidade, todas as quais eles denigrem injustamente como uma ética dos subúrbios residenciais, e não do sublime.

Há um sentido no qual Derrida consegue comer seu bolo simbólico e guardá-lo, ao mesmo tempo. Se abandona a ética, no sentido da monótona presunção dos discursos sobre os maus-tratos à criança, ele o faz em nome da ética, no sentido de ser responsável perante a demanda do Real. Nesse sentido, ele repete o paradoxo do agressor potencial de crianças, Abraão, em *Temor e tremor*, de Kierkegaard, dilacerado entre o dever absoluto para com um Deus visivelmente sádico e o amor por seu filho Isaac. Ou, numa outra linguagem, apanhado entre a ética, que, para Derrida (embora não para Lévinas), é uma questão de generalidade, e a singularidade da fé. Abraão, comandado por uma ordem divina a matar seu filho, escolhe Deus acima do universal, escolhe a singularidade absoluta de sua fé no Todo-Poderoso às leis gerais e, com isso, tanto é responsável quanto irresponsável. Opta pelo Real, que está sempre em

LÉVINAS, DERRIDA E BADIOU

excesso em relação ao ético, e não pelas obrigações da ordem simbólica. "Os absolutos do dever e da responsabilidade", insiste Derrida, "pressupõem que o indivíduo denuncie, rejeite e transcenda, ao mesmo tempo, todos os deveres, todas as responsabilidades e todas as leis humanas."[27] No entanto, esses laços simbólicos também devem ser valorizados, pois se Abraão não amasse tanto a seu filho, matá-lo não contaria como sacrifício, é claro. Ele precisava como que odiar Isaac, na medida em que o amava, e, no ato de destruí-lo, imolar juntamente a ética. Mas também esse não seria um sacrifício genuíno, a não ser que o valor do ético fosse igualmente reconhecido.

A visão de Abraão não é exatamente ingênua, mas ele tem a virtude da esperança radical. Trata-se de uma distinção entre esperança e otimismo que é esclarecida de maneira proveitosa pelo filósofo norte-americano Jonathan Lear.[28] Abraão se recusa a renunciar a seu desejo do impossível — o desejo de um Deus cujas ordens estejam em harmonia com os decretos da ordem simbólica — no paradoxo impensável que se conhece como "fé", e é por ele se agarrar tão tenazmente ao impossível que esse vem a ocorrer, quando Deus lhe detém a mão e salva seu filho. Sua aceitação da evidente inutilidade do seu ato é o que finalmente o resgata em segurança. Ele é, conforme a observação de Kierkegaard, "grandioso com aquele poder impotente". Como em muitos enredos trágicos, uma coisa só vem do nada.

Na visão de Kierkegaard, o clássico herói trágico move-se na esfera do ético, o que significa que seu destino, por mais que não seja invejável, pelo menos é inteligível. Abraão, ao contrário, contorna as mediações do ético, nas quais todas as particularidades são indiferentemente intercambiáveis, para estabelecer uma relação imediata com o absoluto, uma relação que o lança além das fronteiras do discurso moral e da compreensão racional. Falando esteticamente, poderíamos dizer que ele se assemelha mais ao símbolo romântico do que à prática da alegoria. Ao ser preparado para desdenhar das reivindicações do ético em nome do Real, Abraão se revela uma afronta viva não só aos costumes convencionais, mas também à dialética hegeliana. Ele eleva o particular acima do universal, optando pelo mistério ilegível da vontade de Javé contra as representações translúcidas da ordem simbólica. Aos olhos da fé, existe um Outro que vai além até mesmo do Outro simbólico. Nesse sentido, Abraão ousa aventurar-se no que é, para Kierkegaard, o mais temível projeto de to-

O PROBLEMA DOS DESCONHECIDOS

dos: existir como indivíduo. Como já vimos, os indivíduos, nessa visão protestante radical, são singularidades puras, a destruição suprema da ordem simbólica, bem como de qualquer política racional. Aquilo que é ele mesmo, pura e eternamente, está fadado a escapar ao conceito.

Ao ter a conduta que tem, Abraão antecipa o trágico drama da crucificação de Cristo. Só que, se Jesus ignora seu destino, Seus apelos atormentados no Calvário, saudados pelo sonoro silêncio que é Seu Pai, podem elevar-se em glória dos mortos. Caso contrário, Ele permanece aprisionado na lógica do toma lá dá cá, ou da troca simbólica: essa agonia efêmera em troca da bem-aventurança celestial. Entretanto, depois de manifestar sua fé num Deus que transcende todas essas transparências e equivalências, Abraão é devolvido à ordem simbólica, mais uma vez unido a seu filho Isaac. E esse é um sinal de que a lei do amor humano é de fato o meio para a presença de Deus no mundo. O ético é suspenso, mas não anulado. A estrutura dessa fábula é irônica. Com efeito, em sua forma kierkegaardiana, ela saiu da pena de um dos grandes mestres da ironia da era moderna. A fé não pode traduzir-se no discurso ético sem um resto ilegível, mas os dois tampouco habitam mundos incomunicáveis. Se a fé é uma insensatez para os sábios, uma espécie de enigma e sublimidade que se recusa a calcular os lucros, ela também se encarna no amor humano do dia a dia; e o amor humano é o que o mito de Abraão finalmente comprova, quando o filho é alegremente devolvido ao pai.

Portanto, é a misericórdia divina que salva Isaac de sua condenação, mas nem por isso devemos supor, presunçosamente, que essa lógica é a nossa; e Deus acaba de dar a Abraão um lembrete oportuno dessa verdade inconveniente, mediante o ato gratuito de exigir a vida do seu filho. Derrida, ao contrário, tenta forçar a fábula para colocá-la a serviço de certo protestantismo radical. Segundo essa leitura, Deus é um personagem voluntarioso, tão cheio de venetas e caprichos quanto um astro mimado do rock. Aliás, é isso que o humanista liberal médio acha tão desagradável na história, mas é o que o próprio Derrida julga muito sedutor. Como ele admira mais o gratuito do que o sensato — ou seja, uma vez que associa a razão ao *status quo* político, e não (como Hegel) à sua transformação política — esse tipo de Deus imprevisível e pascaliano não lhe é nem um pouco impalatável. O temor e o tremor não são emoções inteiramente desprazerosas.

LÉVINAS, DERRIDA E BADIOU

A fidelidade ao Real (Derrida não usa esse termo, mas fala da experiência de Deus como sendo de "horror estupefato") "compele o cavaleiro da fé (kierkegaardiano) a fazer e dizer coisas que se afiguram (e até devem ser) atrozes".[29] É difícil saber se Derrida realmente quer dizer isso — *devemos* fazer coisas (literalmente) atrozes? — ou se a afirmação deve ser tomada como mais um de seus bombásticos floreios retóricos. Seja como for, ela mal faz justiça à história de Abraão, o qual Derrida retrata com sensacionalismo, a certa altura, como um "assassino". Mas é claro que ele não o é. Abraão não mata o filho e parece um tantinho míope por parte do filósofo não reparar nessa reviravolta vital no enredo. É como supor que Desdêmona sobrevive com uns arranhõezinhos. Sylviane Agacinski comete um erro semelhante, ao escrever repetidas vezes sobre o "crime" de Abraão. Mas Abraão não comete crime algum, a menos que a pessoa seja adepta da polícia do pensamento. No final das contas, não há conflito entre a demanda do Real e as decências do Simbólico. Deus simplesmente testa a fé manifestada por seu discípulo. A fábula é uma paródia sombria da criativa imprudência da fé. A lei simbólica — a ordem de não matar — *é* a demanda do Real. Nesse nível, não há disputa entre imanência e transcendência. Como proclama a tradição judaico-cristã, Deus estará presente para nós na medida em que estejamos presentes uns para os outros. Ele é encarnado em carne e osso, não simplesmente (como considera Derrida, à sua maneira jansenista) como uma não presença eternamente inacessível, que põe uma reles razão humana em seu lugar. O fato de Deus e a humanidade, em última instância, não estarem em desacordo é conhecido pela religião cristã como a doutrina da encarnação. Se, num dado sentido, Deus realmente é inteiramente outro, Ele também se torna manifesto no corpo torturado de um criminoso político vilipendiado. E esse corpo, como todos os *pharmakoi* ou bodes expiatórios monstruosamente poluídos, é suficientemente "outro" ou desumano para ser um sinal adequado d'Ele. A macabra boa-nova do Evangelho é que ser morto pelo Estado por falar em defesa do amor e da justiça é a condição a que todos devemos aspirar. A mensagem do Evangelho é que se você não amar, está morto e se amar, eles o matarão. Aí está, portanto, a doce esperança de bem-aventurança numa vida futura, ou o ópio do povo. Trata-se de uma mensagem escandalosa, que faz lembrar o liberal civilizado, o humanista militante e o progressista ingênuo.

O PROBLEMA DOS DESCONHECIDOS

Que Deus não é inteiramente obscuro é um ponto bem compreendido por Lévinas, para quem nosso acesso à transcendência é o rosto do Outro. Derrida, por sua vez, insiste no conflito entre Real e Simbólico, Deus e o semelhante, fé religiosa e ética social, a ponto de levar a um impasse implausível. A mensagem da saga de Abraão é que Javé é realmente imanente ao amor humano, mas que não devemos explorar essa verdade, tratando-O de maneira idólatra como uma versão agigantada de nós mesmos. Fazer isso seria vê-lo no Imaginário — reduzir esse não-deus a um *alter ego* consolador, cujo nome proibido então poderíamos manipular para nossos próprios fins. Essa manipulação, que transforma a fé em ideologia, é conhecida como a história da religião. Assim, a diferença absoluta de Javé deve ser frisada, juntamente com Sua imanência — Seu não ser, sua transcendência à astúcia humana, Sua maneira de escapulir de nossos esquemas reificadores e agir como uma crítica a todos eles, em Seu amor assustadoramente incondicional. Deus não é em Si um ser ético, embora seja a causa da ética em outros. Não é uma megapessoa de impecável bom comportamento, de quem se possam predicar as qualidades morais. Não pode ser objeto de uma teologia puramente racional, à moda de Kant, com sua entediante racionalidade cívica. Tudo isso Derrida percebe corretamente. Mas Javé também não deve ser separado da ética humana, num acesso de fideísmo ou de flerte pós-estruturalista com o louco, o violento, o absurdo, o irracional, o gratuito e o impossível. O político, na visão de Derrida, é, simultaneamente, o domínio da "decisão" e a zona da administração — o que equivale a dizer que ele ao mesmo tempo o glamoriza em excesso e o desvaloriza. Se o decisionismo do filósofo nazista Carl Schmitt decorre de uma convulsão da racionalidade iluminista, o de Derrida e seus acólitos é sintoma de uma crise histórica posterior. Pertence a uma era para a qual, aparentemente, não pode haver base racional para uma política radical.

O que constitui a fé religiosa para Kierkegaard é uma forma numinosa de ética para Lévinas e Derrida. Se o filósofo dinamarquês promove a religião acima da ética, seus equivalentes franceses elevam a ética do Real acima da do Simbólico. O Outro passa a ser o último vestígio de transcendência num mundo profano. Mas é um erro tomar a história de Abraão como um paradigma da vida ética. Essa é, *grosso modo*, a visão dos que exigem que sua ética seja mais elevada, em termos espirituais, do que as campanhas contra os supermercados, mais ressonante com absurdos e impossibilidades, aporias e infinitudes do que a luta para conservar uma escola maternal. O mito do Velho Testamento, na verdade, diz respeito ao absurdo da fé aos olhos dos teóricos e filósofos, mas a fé em questão é num Javé que locupleta os famintos de coisas boas e manda os ricos embora de mãos vazias. Não se trata, portanto, de uma questão de fé *versus* ética, ou de religião contra a moral. Antes, trata-se de que Abraão, diante de todas as provas tangíveis, apega-se firmemente ao Deus da ética e da política — ao defensor dos desvalidos, protetor dos imigrantes e libertador dos escravizados, ao deus antirreligioso que despreza as oferendas sacrificiais dos hebreus e fulmina os opressores dos pobres. À primeira vista, a ética derridiana pareceria alinhar-se com a injunção do Novo Testamento de dar a César o que é de César, concedendo a Deus o que Lhe é propriamente devido. As reivindicações das duas esferas, o Simbólico e o Real, devem ser atendidas, mas pareceria haver mais antagonismo do que afinidade entre elas. A política e a religião não se misturam. No entanto, é sumamente improvável que fosse essa a maneira de um judeu devoto do século I entender o mandamento de Jesus. É que as coisas de Deus incluem a justiça, a misericórdia e a retidão, as quais, para o Velho Testamento, manifestam-se na proteção dos fracos e na acolhida dada aos párias. As distinções modernas entre política e religião são anacrônicas nesse ponto.

Abraão é tradicionalmente tratado como um protótipo de Jesus crucificado, uma outra figura que se mantém fiel, no tormento e na perplexidade, a um Pai que parece ter-lhe faltado. Mas essas duas figuras bíblicas também se assemelham num outro sentido. Ambas são críticas contundentes da ordem simbólica no sentido do parentesco, Abraão por se dispor a matar o sangue de seu próprio sangue e Jesus porque Sua atitude para com a família é quase sempre de uma indiferença brutal. Uma nova forma de ordem simbólica ou movimento de massa deve ser lavrada, uma forma que atravesse violentamente as soberanias, as relações consanguíneas e as lealdades arraigadas, separando pais de filhos, pondo vizinhos em violenta discordância e arrancando uma geração dos braços de outra.

O conflito derridiano entre a singularidade absoluta e a responsabilidade universal — um conflito que, na visão de Derrida, não deve ser acessível a nada tão simplista quanto uma solução — é uma versão da tensão levinasiana entre a ética e a política. Mas é também, em sua maior parte, um falso dilema. O fato de que, ao alimentar meu gato (no exem-

O PROBLEMA DOS DESCONHECIDOS

plo solenemente absurdo do próprio Derrida em *The Gift of Death*),
estou inevitavelmente negligenciando todos os outros gatos carentes do
mundo não é, como considera esse filósofo, uma questão de culpa e só
posso sentir culpa, sensatamente, por atos ou omissões dos quais eu seja
culpado. Não posso alimentar todos os gatos do planeta, nem mesmo
com a melhor boa vontade do mundo e com uma frota de caminhões carregados de fígado moído. Nesse sentido, a responsabilidade não é infinita
e é inutilmente hiperbólico afirmar que ela o é. Há suficientes motivos
autênticos de culpa no mundo sem que os intelectuais parisienses inven-
tem mais uns acréscimos fajutos. Com absurdidade igualmente grandiloquente, Lévinas observa, à maneira de um desorientado astro do rock em
campanha, que, ao tomarmos café a cada manhã, "matamos" um etíope
que não tem café para beber. Esse, poderíamos arriscar, é um veio de
hipérbole melodramática típico de parte da filosofia francesa moderna,
com seu vocabulário exorbitante de "loucura", "monstruosidade", "violência", "impossibilidade", "diferença pura", "singularidade absoluta" e
coisas similares. A verdade maçantemente sóbria é que, no momento em
que escrevo, não sou culpado pelas injustiças praticadas contra uma sofrida criança sudanesa que não conheço, assim como, ao escolher morar em
Galway, não estou depreciando Nashville nem Newcastle. A verdadeira
resolução do conflito entre singularidade e universalidade é uma solução
que já encontramos. Devemos prestar absoluta atenção ao estranho que
porventura ocupe no momento o lugar do próximo e fazer exatamente o
mesmo com qualquer velho camarada que venha a aparecer em seguida.
A universalidade significa ser responsável por qualquer um, e não, por
pura impossibilidade, por todas as pessoas ao mesmo tempo. Presumir
que ela significa isso, mesmo insistindo em sua impossibilidade, deixa
transparecer uma certa arrogância do infinito, por mais que o tom seja
escusatório e de autorrepreensão.

Lévinas certamente tem razão ao afirmar que a responsabilidade é
infinita pelo menos no sentido de que devo estar disposto a morrer pelo
Outro. Isso se dá mesmo que ele seja um estranho ou um inimigo, o que,
em certo sentido, ele sempre é. Na verdade, se os outros são inimigos,
em parte é porque sempre podemos ser solicitados a dar a vida por eles.
Só nos resta esperar com devoção que tal demanda, tremendamente inconveniente, nunca nos seja feita, ainda que os guerrilheiros a enfrentem
o tempo todo. Na medida em que o indivíduo deve estar preparado para

morrer por qualquer pessoa, sem distinção, dadas as circunstâncias apropriadas, a igualdade e a universalidade estão ligadas ao amor ou à ética; não se restringem à esfera política, como Lévinas parece imaginar, assim como o amor não se restringe ao pessoal. (Alain Badiou é outro que comete esse erro estereotipadamente gaulês a respeito do amor, definindo-o sobretudo em termos eróticos e afirmando que o amor começa onde a política termina.) Mas, afinal, não se pode morrer por todo o mundo. E nem se deve ficar excessivamente ansioso por liberar os outros da responsabilidade por eles mesmos. Tal como qualquer outro bem humano, a responsabilidade pelos outros deve funcionar dentro dos limites da prudência e do realismo. Existe um tipo apropriado de temeridade, que consiste, por exemplo, em morrer por um estranho, e existe um tipo impróprio, que consiste (digamos) em a pessoa se atirar na frente de um caminhão para que um estranho possa atravessar a rua sem o inconveniente de deixar cair o seu sorvete.

Há, portanto, algo de incorrigivelmente cerebral em falar de infinitude nesse ponto. Não é, como às vezes Lévinas parece imaginar, que a minha responsabilidade pelo Outro seja infinita, enquanto minhas dívidas para com os cidadãos anônimos da ordem simbólica são estritamente reguladas. Por um lado, devo estar disposto, em circunstâncias extremas, a dar a vida pelos anônimos, e não apenas por aqueles dentre eles que tenham vagado para uma proximidade numinosa de mim. Por outro lado, mesmo quando um cidadão antes anônimo assume seu lugar como Outro, minha relação com ele deve continuar a ser regida pelos requisitos da prudência e da justiça. A justiça não é simplesmente uma relação entre cidadãos anônimos. Também tem a ver com nossa maneira de tratar o Outro. Essa é uma das várias razões por que é impossível sustentar uma distinção nítida entre ética e política, tema a que voltaremos em nossa Conclusão.

Para Derrida, assim como para Lévinas, a Alteridade é uma questão de singularidade absoluta, "inacessível, solitária, transcendente, não manifesta (...)".[30] Solitária porque, embora a ética seja uma questão de relações corretas entre o sujeito e os outros, ela não é, na opinião dos adeptos do Real, uma questão de compartilhar a própria vida com eles. Quanto a isso, o realismo ético é tão antissocial quanto o Kant cuja massa gigantesca continua a ofuscá-lo. No bom e velho estilo deontológico, essa ética tem a ver com nossas obrigações para com os outros, não com

O PROBLEMA DOS DESCONHECIDOS

nossa fruição deles. A alteridade, aqui, não é primordialmente o campo da amizade e da afinidade, mas, em vez disso, reifica-se numa condição absoluta, na qual os amigos e vizinhos tornam-se tão assombrosamente inacessíveis quanto a visão satânica de Javé. O pavor de que os outros procurem assimilar-nos a eles — a poderosa neurose do pós-moderno — é tão agudo, atualmente, que autoriza uma impenetrabilidade mútua. Para os lacanianos, é aí que a ética deve começar. Devemos moldar uma vida com os outros que se baseie nessa estranheza comum. Para Lévinas e Derrida, o reconhecimento dessa temível opacidade é, com bastante frequência, onde termina a ética.

Nos escritos de Alain Badiou, talvez o mais influente de todos os filósofos franceses contemporâneos, o Real se transforma no Evento — essa ocorrência milagrosa que brota de uma situação histórica à qual, ao mesmo tempo, ela não pertence. Para Badiou, os eventos não são simples fatos históricos, mas objetos de fé. São ocorrências profundamente originais, puramente baseadas nelas mesmas, puras rupturas e começos desarticulados de seu "lugar" histórico, que ultrapassam seus contextos e brotam ao acaso e (como que) *ex nihilo* de uma ortodoxia estabelecida que não teria como prevê-las. São atos puramente aleatórios, tão incalculáveis quanto a graça divina ou as estratégias de um poema de Mallarmé.

Os eventos de verdade, como os chama Badiou, ocorrem em todos os formatos e tamanhos, desde a ressurreição de Cristo até o jacobinismo, do apaixonar-se ao fazer uma descoberta científica, da insurreição bolchevique ao momento do cubismo, da composição atonal de Schönberg à revolução cultural chinesa e à turbulência política de maio de 1968 (o exemplo pessoal e subjetivante do próprio Badiou). Todas essas rupturas de vanguarda representam, para ele, um "vazio" na situação da qual fazem parte formalmente, uma presentificação do infinito que espreita nessa situação, mas não pode ser plenamente articulado. Na visão de Badiou, há uma infinidade de elementos em qualquer situação, o que proporciona um potencial de anarquia ou imprevisibilidade que o poder convencional tem de policiar. É essa multiplicidade anárquica, que figura como uma espécie de *a priori* transcendental ou anterioridade impensável, que ele vê como o "vazio" no interior de uma situação — aquilo que é inerente a ela, mas não pode ser representado; e é desse ponto singular de "nada" que brota o que ele chama de evento.

Essa é, poderíamos dizer, a reescrita do Real lacaniano por Badiou. O evento é aquilo que escapa à contagem; é o supranumerário, aquilo que não serve para nada, aquilo cuja existência é puramente indecidível do ponto de vista da situação em que ocorre. Tal como nem o mais inflexível dos literalistas teológicos poderia interpretar uma fotografia da Ressurreição, o evento é inominável na situação em que ocorre. Como um artefato estupendamente vanguardista, ele significa uma origem pura ou uma novidade absoluta — que não tem qualquer relação com o contexto a que pertence formalmente e que, com certeza, não pode ser captada no léxico lamentavelmente restrito de sua fala. Uma situação nada pode enunciar sobre seu próprio vazio. Aquilo que o evento em si capta como verdade é algo que a situação em que ele ocorre vê como esvaziado de valor.

O ser, na visão de Badiou, é um múltiplo inesgotável, que só nos chega em pedaços reconhecíveis ou situações distintas pela operação de ser "tornado uno" ou provisoriamente unificado por um sujeito humano. Afora isso, ele nos é tão infinitamente inacessível quanto a esfera numênica de Kant. Na presença de um evento, porém, é como se a "multiplicidade inconsistente" escondida nesse contar-como-um tornasse a explodir por um momento, proporcionando-nos um vislumbre privilegiado da desordenada infinitude do Ser puro. Os eventos são exceções explosivas e inefáveis à regra, epifanias de verdade totalmente sem fundamento. Assim como a Revolução Iraniana para Michel Foucault, eles expressam uma ruptura inexplicável, em última instância, com a causalidade histórica habitual.[31] Como tais, constituem um insulto ao conhecimento, à reflexão, à ontologia, à calculabilidade, à lei e à moral — em suma, a todas as categorias ortodoxas para as quais a própria existência desses eventos, como a de conjuntos matemáticos puramente pertencentes a eles mesmos, é, estritamente falando, impossível.

Poderíamos pedir licença para indagar como devemos determinar o que figura como um desses eventos, ou como podemos saber, digamos, que as situações são infinitamente múltiplas, a menos que a ideia de verdade já esteja em jogo desde o começo. Mas a verdade, para Badiou, é mais performativa do que proposicional. Num sentido bem mais grave, poderíamos também questionar a solidez de uma ética pela qual a moral, no sentido das avaliações corriqueiras de certo e errado, é sarcasticamente desdenhada. Ao defender a violência revolucionária num hino de louvor à revolução cultural de Mao, Badiou comenta que o "tema da

O PROBLEMA DOS DESCONHECIDOS

emancipação total (...) é sempre situado além do bem e do mal (...). A paixão leninista pelo real (...) não conhece moral alguma. A moral, como sabia Nietzsche, tem apenas o *status* de uma genealogia. É um resto do mundo antigo".[32] A ética é vanguarda, enquanto a moral é pequeno-burguesa e obsoleta. O elitismo nietzschiano combina bem com o purismo revolucionário.

Ironicamente, a novidade absoluta do "evento" de Badiou é uma certa *idée reçu*.[33] Nada é mais tradicionalmente modernista do que o sonho dessa ruptura inefável com o real. Basta pensarmos, por exemplo, na ficção de Joseph Conrad, na qual muitos dos principais eventos narrativos — o salto crucial de lorde Jim, os ritos indizíveis que cercam Kurtz em *O coração das trevas*, o assassinato do marido por Winnie Verloc em *O agente secreto*, a explosão de Stevie no mesmo romance, a desintegração gradativa de Decoud em *Nostromo* — ocorrem, por assim dizer, pelas costas do leitor, sendo observados de esguelha, e não vistos de frente. Num mundo insipidamente determinista, é fatal que a verdade, a liberdade e a subjetividade continuem a ser enigmas tão impenetráveis quanto a África. E é assim que se concede aos personagens de Conrad um momento sublime de transcendência, apenas para ver esse evento quase milagroso ser inexoravelmente reabsorvido pelo mundo fenomênico, sugado mais uma vez para o fluxo da matéria sem sentido e do tempo degenerado, até o sujeito, anteriormente livre, confrontar sua existência como pura facticidade. O ato de pular pode ser uma decisão livre, mas entrega o sujeito a forças naturais sobre as quais ele não exerce nenhum controle.

Os eventos de verdade não podem ser conhecidos na ocasião em que ocorrem. Sua existência só pode ser decidida retrospectivamente, tal como São Paulo declara que o Jesus que ele jamais encontrou em carne e osso é o Senhor, ou *Kyrios*. Não existe evento de verdade sem o ato decisivo de um sujeito e, num paradoxo do estilo o ovo ou a galinha, não há outro sujeito senão aquele que passa a existir por sua fidelidade persistente, esforçada e às vezes heroica a essa revelação primeva. Badiou herdou a dúbia doutrina vanguardista de que o sujeito humano só é autêntico quando aposta audaciosamente a sua existência *in extremis*. A verdade é uma questão de tudo ou nada. Caso contrário, numa espécie de versão secularizada da doutrina da eleição, seríamos meros indivíduos biológicos finitos, que ainda têm de ser transformados em sujeitos autênticos ou infinitos pela força desse compromisso. O indivíduo é uma espécie de nada, uma cifra que precisa ser eliminada e ressuscitada pela fé em algum evento do tipo estrada para Damasco, que permanece racionalmente indemonstrável e extrínseco à ordem do ser. O sujeito humano é sempre sujeito de um evento de verdade. O que o provoca a existir é uma verdade eterna, incorruptível, excepcional e completamente particular. Subjetivação é conversão. Somente um sujeito assim pode afirmar que um evento de verdade realmente ocorreu, do mesmo modo que nosso conhecimento de Deus, para o credo judaico-cristão, move-se no âmbito da fé. A Ressurreição, para São Paulo, é tão pouco uma questão de testemunhas oculares quanto são para nós as câmaras de gás, hoje em dia.

Essa fidelidade a um evento que nos descortina uma nova ordem de verdade é o que Badiou quer dizer com o ético. Tal como a graça divina, trata-se de um convite acessível a qualquer um, de tal sorte que, nesse sentido, Badiou defende a igualdade e a universalidade da ordem simbólica. Todavia, uma vez que a verdade na qual o sujeito aposta sua própria existência é sempre singular, traumática, infinita, transformadora e, em última instância, inefável, ela pertence ao registro do Real. Também faz parte do Real em sua austera solidão protestante. Assim como o sujeito lacaniano do Real existe num limite extremo e insociável, rejeitando as amenidades sedutoras da pólis, o cavaleiro da fé postulado por Badiou é uma singularidade pura. Esse estado é não apenas ético, mas ontológico. Um dos aspectos mais controvertidos do pensamento de Badiou é sua insistência na não relação dos seres — em suas proliferações aleatórias, suas interseções fortuitas, seus contatos contingentes e sua resistência a uma ligação ordeira. Os sujeitos humanos podem cooperar numa espécie de "ser coletivo" ou "comunismo de singularidades", mas não são constitucionalmente relacionais. Badiou confia nas coletividades, porém emprestar-lhes um nome e uma forma determinada, a seu ver, é sempre uma catástrofe política. Num gesto antiestruturalista, são os elementos distintos que ganham prioridade, não as relações entre eles. Não admira que o filósofo do evento seja um admirador de Gilles Deleuze.

Decorre desse gosto pelo distinto que Badiou, o ativista de esquerda, é tão hostil à ideia de um *sistema* capitalista global quanto o mais despreparado dos comentaristas políticos. Sua visão da solidão não relacional do Ser é classicamente modernista. Exatamente o mesmo se poderia dizer dos heróis éticos lacanianos do Real — dos Édipos e Antígonas a quem ele esbanja tamanhos louvores. A verdade, como a matemática ou

O PROBLEMA DOS DESCONHECIDOS

a poesia simbolista, fundamenta-se em si mesma, é autoconstitutiva, autovalidante e autorreferente. É desvinculada do campo corriqueiro da natureza, da história e da biologia, do mesmo modo que, para o Badiou exmaoísta, a política é uma questão da vontade e do espírito — de decisão, exceção e convicção axiomática, distante da zona sublunar do social e do econômico. A política tem a ver com o sujeito, não com a organização do abastecimento alimentar. Como observa Peter Hallward, Badiou tem uma concepção "elevada" da política[34] — uma concepção aliada a um desprezo ultraesquerdista pelo sindicalismo, pelos programas sociopolíticos, pela democracia social e por outros desses fenômenos teoricamente sem glamour. Num verdadeiro espírito paulino, o indivíduo não deve se adaptar ao mundo — doutrina que, nas mãos de Badiou, torna-se uma espécie de purismo ultraesquerdista. Paulo, pelo menos, tinha uma desculpa para seu abstencionismo: assim como a Igreja primitiva em geral, ele sem dúvida acreditava que o segundo advento de Cristo era iminente, um evento que poria fim à prática histórica, pois poria fim à história. Essa é uma das razões pelas quais o Novo Testamento não tem um conceito real de ação política. Simplesmente não havia tempo. O próprio Jesus parece haver acreditado que a história chegaria ao fim enquanto alguns de seus discípulos ainda estivessem vivos.

É verdade que, pessoalmente, Badiou continuou a ser ativista político, mas isso nos faz lembrar o Derrida dos *Espectros de Marx*, com seu desejo de um marxismo sem doutrina, programa, partido, ortodoxia nem instituição, o que é muito parecido com o anglicano ultraliberal que busca um cristianismo não estorvado por embaraços como Deus, Jesus, céu, inferno, pecado e arrependimento. O máximo que Derrida consegue é um marxismo sem nome, um socialismo envergonhado, que só é absolvido dos crimes de seus antepassados ao preço de ficar politicamente vazio. Isso nos faz pensar no sonho simbolista do poema ideal, um poema tão livre da mácula das palavras decaídas que não passa de uma folha de papel em branco. Em seu nervosismo patológico em relação ao positivo, a intelectualidade esquerdista francesa permaneceu entravada pela culpa do stalinismo e pela sombra do fascismo. Para Badiou, não se pode nem deve dizer toda a verdade, como se qualquer declaração completa tivesse de ser inevitavelmente despótica. Para Derrida, é possível fazer proposições, porém só em meio ao temor e tremor, ironia e subversão de si mesmo. É bem possível que esse estilo de reticência (talvez possamos dizer

LÉVINAS, DERRIDA E BADIOU

algo parecido sobre Adorno) renda uma homenagem oblíqua às vítimas da opressão, mas é difícil entender como se mostraria eficaz na prevenção de sua recorrência. Nesse sentido, trata-se de uma homenagem mais comprometida do que ele confessa.

Opondo-se ao calculismo sórdido dos interesses sociais, Badiou se posiciona em defesa da infinitude. Essa aversão aos interesses humanos é uma de suas maneiras de se manter fiel à herança de Kant — ironicamente, o grande profeta da finitude humana. A justiça é uma questão de imortalidade, não de finitude. O evento inaugura seu tempo próprio, um tempo que independe da história corriqueira. Nessa perspectiva profundamente extramundana, a história vive às turras com o dado e é basicamente indiferente ao sensível ou ao empírico. Também nesse aspecto, Badiou concorda com Kant. A ética deve ser separada da animalidade. Badiou pode ser fascinado pela singularidade, mas nutre um desdém platônico pela particularidade. Por conseguinte, uma ética naturalista, baseada na finitude e no corpo, é rechaçada em prol de uma ética do infinito — ou seja, do compromisso tenaz com um evento de verdade que nos eleve acima de nossa condição de criaturas e que, ao fazê-lo, constitua uma espécie de eternidade. Trata-se da ética de um matemático, além de ex-althusseriano. Mas há também um traço kantiano na convicção de que o ético é transcendente — de que sua verdade nos leva para além da natureza, até nossa casa na eternidade.

Como Lévinas e Derrida, Badiou encontra na ética o flagelo da moral cotidiana. Apesar de todo o seu feroz antagonismo ao pensamento deles (em sua *Ética*,[35] o culto do Outro é descartado de maneira concisa e vulgar como "uma porcaria"), alguns aspectos de sua própria teoria seguem a mesma trilha dos depositários da Alteridade sobre os quais ele é tão reanimadoramente grosseiro. Apesar das invectivas, ele compartilha a altiva antipatia desses pensadores por coisas como teoria, consenso, saber, comunidade, legalidade, interesses, reformismo, cálculo, direitos civis, humanitarismo, responsabilidades cívicas, ortodoxias sociais e o resto dessa bagagem já familiar. A política diz respeito ao sujeito humano, não aos direitos humanos, à democracia de massa ou à economia.[36] Todo consenso procura evitar a divisão, observa Badiou, esquecendo-se convenientemente da solidariedade que derrubou o *apartheid* e derrotou o neostalinismo. Ele também compartilha a visão sombria de seus colegas parisienses sobre o prazer, a felicidade, o bem-estar, a utilidade e a

O PROBLEMA DOS DESCONHECIDOS

sensibilidade. Tal como Lacan, observa Peter Hallward, Badiou repudia "todas as normas sociais consensuais (felicidade, prazer, fé etc.) em favor de uma exceção essencialmente associal, essencialmente traumática".[37] O que ele rejeita é o que Slavoj Žižek chama, com igual displicência, de "a tranquila direção dos negócios no campo do Ser",[38] como se qualquer coisa aquém de uma ética do Real fosse, simplesmente, uma entediante questão de administração burocrática. "Para Badiou, não menos do que para Lacan e Žižek", comenta Hallward, "a subjetivação é essencialmente indiferente às atividades e aos requisitos da vida como tal."[39] Parece estranho um tipo de ética que encara a atividade de viver como algo de menor importância. Em lugar dessas metas degradadas, Badiou propõe uma ética da "tenacidade sobre-humana", que se resume no lema "Não desistas!" ou "Conserva a fé!", e que tem mais do que um simples eco do "não ceder quanto ao desejo" em Lacan. (Badiou considera Lacan "o maior de nossos mortos".) Em ambos os casos, trata-se da ética como uma ação de retaguarda, um vistoso gesto de desafio, no estilo última trincheira, a um mundo agora retratado como cronicamente irregenerado. Sendo assim, esses gritos de batalha aparentemente universais têm suas próprias condições históricas peculiares.

A adesão a um evento de verdade, para Badiou, bem como para o Pascal que ele admira, é uma questão puramente fideísta. Numa linhagem de espontaneísmo maoísta, o saber e a reflexão são inimigos da fé, não seus esteios essenciais. A análise e a prática política devem manter-se distintas. A ética é uma relação vivenciada com a verdade, não uma questão de especular sobre o que se deve fazer. A própria verdade é mais axiomática do que deliberativa — um dogmatismo com o qual Mao bem poderia ter-se descoberto em sincero acordo. Ela pouco tem a ver com a reflexão, existindo na borda extrema do saber. Assim, é-nos oferecida uma série de oposições nítidas e eminentemente desconstruíveis: verdade (ou fé) *versus* conhecimento, política em oposição à vida cotidiana, infinitude em vez de finitude, evento contra ontologia, acaso contra sistema, sujeito em vez de objeto, rebelião e não consenso, autonomia *versus* causalidade, transcendência *versus* imanência histórica, eternidade contra o tempo. Visto que todos os eventos de verdade correm o perigo iminente de ser neutralizados e absorvidos pela ortodoxia social, poderíamos acrescentar uma conhecida dupla weberiana a essas polaridades: carisma e burocracia.

LÉVINAS, DERRIDA E BADIOU

Tal como Derrida — a rigor, como o pensamento pós-moderno em geral — Badiou compartilha a suposição banal de que todas as ortodoxias são opressoras, todos os consensos são sufocantes e todas as heterodoxias devem ser aplaudidas. Mas é difícil entender por que a doutrina ortodoxa de que às vezes os trabalhadores podem suspender o trabalho deva ser ridicularizada, assim como é difícil apreender exatamente o que há de esclarecido em dissidentes que cultuam o demônio. Aqueles que supostamente deveriam olhar com frieza para as oposições binárias acabam com um sistema político demonizado, por um lado, e com uma dissidência intrinsecamente criativa, por outro. A verdade é sempre oposicionista. Se pode inaugurar um novo regime, não pode, em contrapartida, desencadear uma transformação política geral. Na visão de Badiou, a era das revoluções acabou-se. O *status quo* político pode ser abalado, mas não derrubado — uma proposição que os líderes da União Soviética do fim da década de 1980 talvez acolhessem com certa surpresa. Ao confiar mais na subversão do que na transformação, Badiou alia-se à teoria pós-modernista que detesta. Também compartilha com Lacan e Derrida o que se poderia chamar de falácia vanguardista: a crença em que a inovação radical sempre deve ser valorizada, por romper com um passado caricaturado como uniformemente estéril. Em seu contraponto ingênuo de tradição e inovação, esse iconoclasmo imaturo esquece o poder regenerador do passado e desconhece a natureza nociva de muitas novidades. Não há forma de vida mais inovadora, subversiva e diruptiva do que o capitalismo. Apesar de todo o seu culto do diverso e do diferencial, esse estilo de pensamento retrata o passado e o presente como enfadonhamente uniformes, milagrosamente esvaziados de contradição interna. Assim, a filosofia que exalta o político é sintomática de uma crise da política. Todo valor é transcendente, e não imanente. Num dogmatismo do desvio, toda verdade autêntica provém de uma exceção às regras. Não estamos longe do culto romântico banal do gênio imprevisível (Lênin, Robespierre, Cézanne) que rompe com os moldes vigentes.

Ao rejeitar uma ética do Outro, Badiou adota uma postura militante e revigorantemente fora de moda em relação à política do Mesmo. Em nossa era, acredita, a ética deslocou a política, na medida em que uma falsa ideologia humanitária da vitimação, da alteridade, da identidade e dos direitos humanos jogou de lado os projetos políticos. (O outro grande deslocamento político de nossa época, ele poderia ter acrescen-

O PROBLEMA DOS DESCONHECIDOS

tado, tem o nome de cultura.) A linguagem chique da diferença e da alteridade reflete o que ele denomina de "fascínio de turista" pela diversidade moral e cultural, enquanto o culto dos direitos humanos divide o mundo entre vítimas impotentes e benfeitores pretensiosos. Visto que o multiculturalismo só tolera o "bom" outro (isto é, aquele que se parece muito comigo), ele não tolera absolutamente ninguém. Nesse sentido, continua encerrado no Imaginário. Não respeita a diferença daqueles que desrespeitam suas próprias diferenças mais acalentadas. Há muita verdade nessa tese, assim como uma boa dose de hipérbole tipicamente gaulesa. Numa audaciosa reversão à universalidade, que nem de longe está na moda na intelectualidade parisiense, Badiou afirma, ao contrário, que a diferença ou alteridade é a marca do *status quo* e que a luta que importa é a que se trava pela conquista da mesmice. A tarefa política, em suma, é aquilo que tem sido desde o Iluminismo radical: resistir aos interesses desiguais e particularistas em nome do universal revolucionário. A ideia de universalidade de Badiou é, sem dúvida, bastante idiossincrática: o campo do universal não é dado, mas construído, não é um fato aceito, mas uma operação subjetiva. Nesse sentido, todo universal é excepcional, como produto de uma decisão subjetiva. Mas sua hostilidade ao antiuniversalismo de Lévinas, Derrida, Lyotard e Foucault continua firme. A filosofia, considera ele, sempre se constituiu em confronto com o sofisma, desde as disputas de Platão com Protágoras até a polêmica de Kant com Hume, e os pós-modernistas são simplesmente a mais recente turma de sofistas a contestar.

São esses aspectos universalistas e igualitários do pensamento de Badiou que o aliam a uma ética simbólica. As verdades são iguais para todos e qualquer um pode proclamá-las. Elas desafiam frontalmente qualquer doxa local, étnica ou comunitária. Mas as verdades em si são teimosamente singulares. Com efeito, existem tantas delas quantos são os sujeitos humanos. Diversamente das verdades da ordem simbólica, elas não são teóricas, regidas por normas, nem propositivas, mas semelhantes a eventos, não conceituais, reveladoras e subjetivantes. A verdade é menos kantiana do que kierkegaardiana. Nesse sentido, portanto, o Simbólico e o Real se aliam: as verdades pertencem à ordem do Real, mas têm de ser universalizadas por certos procedimentos comprovados em toda a ordem simbólica. Para o Badiou do pequeno e excelente estudo intitulado *Saint Paul: The Foundation of Universalism* ["São Paulo: A fundação do universalismo"], a relação entre Cristo e São Paulo é uma alegoria dessa aliança, uma vez que o Real da crucificação e da ressurreição de Cristo — eventos imperscrutáveis para a teoria, o saber, o discurso moral, a simbolização e coisas similares — é promulgado por São Paulo como um evangelho universal. Uma nova forma de ordem simbólica ou igreja, na qual todos os membros são iguais e idênticos em Cristo, cinde violentamente as distinções convencionais de gênero, parentesco, classe e etnicidade encontradas na ordem simbólica. Dessa maneira, ela lança o primeiro movimento verdadeiramente universal na história humana, bem como o mais duradouro entre as nações e ao longo dos séculos. O Simbólico se encontra com o Real, reconfigurando-o à sua imagem e semelhança. A Igreja cristã lavra, a partir das ordens sociais existentes, uma nova forma de comunidade, unida em torno do Real da morte e da miséria de Cristo.

Opondo-se aos pós-modernistas e aos multiculturalistas, Badiou adota uma indiferença kantiana à particularidade, mas, ao mesmo tempo, livra esse kantismo de suas normas e obrigações. Vimos uma versão similarmente seletiva de Kant no caso de Lévinas. O pensamento de Badiou é uma curiosa mescla de racionalismo iluminista e fé romântica na verdade como revelação sublime. Mas há um sentido em que essa ideia de verdade difere das dos adeptos da ética do Real que preferem a ruptura à continuidade, o enigma epífano à monótona persistência da história. É que todo o impulso de sua ética é uma tentativa de viver em perpétua fidelidade a uma verdade revelada — a "perseverar na ruptura", em suas palavras — e, com isso, a juntar a inovação e a continuidade. O *big bang* — a grande explosão — da verdade deve combinar-se com o estado estacionário da ética. Nesse sentido, o pensamento de Badiou difere do daqueles radicais para quem o problema é o que fazer quando terminar a Greve Geral, quando houverem atirado nos relógios públicos, quando o *happening* dadaísta se houver encerrado, quase que mal depois de começar, quando a epifania estiver desbotada e quando o gozo já não passar de uma doce lembrança da meia-idade. Em contraste com essa turma desencantada, Badiou quer inserir a eternidade no tempo, transpor a passagem entre o evento de verdade e a vida cotidiana, que é o que geralmente conhecemos como política. Os que insistem na pura impossibilidade de relação do evento, isolando-o de suas consequências temporais na ordem simbólica, são descartados como "místicos".

O PROBLEMA DOS DESCONHECIDOS

Mas não é como se o evento e a vida cotidiana tivessem uma intersecção completa. É que o "tempo" da perseverança do indivíduo na verdade não é o tempo da ordem simbólica como tal. É totalmente pertencente à esfera subjetiva. Não existe uma história única com a qual os eventos possam ser relacionados, mas apenas as histórias múltiplas que eles mesmos inauguram. Mantém-se, portanto, o contraste entre o comum e o epífano, o imanente e o transcendente. Badiou não dá crédito suficiente ao mundo corriqueiro para confiar em que possa haver nele forças imanentes capazes de transformá-lo. A vida cotidiana é caracterizada, em termos quase biológicos, como o reino dos apetites, do egoísmo e da compulsão bronca. Há um traço hobbesiano nessa visão do dia a dia. Se Badiou tivesse dele uma imagem menos distorcida, talvez precisasse de uma alternativa menos elevada. Será que realmente não existe coragem, compaixão nem desprendimento nessa esfera? Não haverá nenhuma graça do normativo, nenhum milagre do comum? Ou será que a vida virtuosa só brota da fidelidade a eventos de verdade excepcionais? Em certo sentido, a ordem simbólica recebe o que lhe é devido, pois a liberdade, a igualdade e a universalidade são reconhecidas como metas políticas preciosas, mas tudo isso tem de se "organizar em torno do Real de uma fraternidade radical", nas palavras de Peter Hallward — uma fraternidade que não pode ser representada e que, em sua militância, destroça as simetrias aburguesadas do Simbólico.

Badiou descarta sumariamente a ética aristotélica da virtude, linhagem que examinaremos mais adiante. (O mesmo se poderia dizer de um estudo magistral de J. M. Bernstein, *Adorno: Disenchantment and Ethics* ["Adorno: desencanto e ética"], que, numa extensão de umas 450 páginas, mal tem algo a dizer sobre Aristóteles.) No caso de Badiou, isso decorre principalmente de que a ética da virtude não diz respeito à verdade, mas a bens morais maculados, como a felicidade e o bem-estar. Mas decorre também de que esses envolvem nossa constituição animal, ou (na expressão marxista) o ser da espécie, e assim, do ponto de vista platônico-racionalista de Badiou, pertencem ao domínio subsidiário da natureza, da história e do cotidiano. Para esse filósofo, a ética envolve um salto desafiador da morte, que vai dessa zona melancólica da inautenticidade para o infinito do compromisso com a verdade. Só por meio dessa aventura temerária é que o ser humano se torna um sujeito "imortal", em vez de um animal ligado à biologia e orientado para a morte.

LÉVINAS, DERRIDA E BADIOU

Badiou não admite que o infinito, para que esse termo tenha validade, só possa ser encontrado por um confronto trágico com a própria finitude. "O homem", observa Milan Kundera em seu romance *Imortalidade*, "não sabe ser mortal." Não é fácil apreender que a imortalidade é a ilusão em que nascemos e que desfazer essa fantasia letal, que desmembra corpos e destrói comunidades, envolve um cansativo trabalho moral. Se fôssemos mais cônscios da nossa finitude, talvez nos sentíssemos menos tentados a esquecer que todos os nossos apetites e todas as nossas animosidades terminarão em pó. Mas a finitude, na visão de Badiou, faz parte da esfera subalterna de nosso ser da espécie. É o oposto diametral de uma ética autêntica. A ambição dele, declara o filósofo, é "acabar com o finito".[40]

Assim, o trabalho de Badiou toma partido na batalha entre as metamorfoses do infinito e os apologistas da finitude. Desde *Ser e tempo*, de Heidegger, até *Homo sacer*, de Georgio Agamben, e *Dependent Rational Animals* ["Animais racionais dependentes"], de Alasdair McIntyre, é a criatura humana vulnerável e dominada pela morte que nos chama atenção. Michel Foucault, a seu modo, também é um poeta da finitude, se bem que com uma louca contracorrente de anseio pelo ilimitável. À maneira de Nietzsche, Gilles Deleuze vê o próprio processo material como um fluxo ilimitado de criatividade, do qual as vidas individuais não passam do produto perecível. Por conseguinte, a realidade é rebaixada em nome do virtual ou potencial, que não é nada menos do que todo o contínuo infinito do tempo.

Emmanuel Lévinas é mais difícil de categorizar, na condição de um paladino da fragilidade e da mortalidade que, não obstante, insiste na necessidade da responsabilidade infinita. Igualmente difícil é o pensador de quem provém grande parte desse discurso sobre a infinitude, Søren Kierkegaard, que insiste na finitude da nossa condição, mas vê os homens e as mulheres perpassados pela infinitude do espírito. Kant é, ao mesmo tempo, o maior filósofo moderno da finitude humana e o apologista de uma Razão sublimemente inatingível. Freud é uma figura similarmente ambígua: como assinala Eric Santner, os seres humanos são mais do que criaturas, mas apenas porque sua existência é ampliada por uma singularidade movida pela morte que os torna *mais* criaturas do que seus semelhantes animais.[41] Por sermos os únicos animais capazes de refletir sobre a própria morte, desfrutamos de um excesso em relação às outras criaturas

363

O PROBLEMA DOS DESCONHECIDOS

vivas; no entanto, pelo fato de essa reflexão intensificar nosso senso de mortalidade, tornamo-nos mais puramente animais do que elas.

Há também os que se voltam do finito para o infinito. O jornal de vanguarda francês *Tel Quel*, que foi sede, na década de 1970, de uma política e poética materialistas com toques de maoísmo, mudou de nome, depois que essas correntes de esquerda se esvaíram, adotando o título bem menos materialista de *L'Infini*. Jacques Derrida, com seu sonho de responsabilidade absoluta e a dança infindável do significante, é sem dúvida uma metamorfose do infinito; e o mesmo se dá, de maneira diferente, com Alain Badiou, que observa com insensibilidade que o ser humano, como vítima sofredora, geralmente vale tão pouco quanto o homem como torturador. Esses personagens são defensores da sublimidade burkiana, e não da simetria social que Burke chama de beleza. Uma ética do corpo mortal é pouco heroica demais para Badiou, além de excessivamente naturalista. Como a maioria dos adeptos do Real, há um toque do sobre-humano nessa visão, uma recusa a render-se a algo tão reles e indigno quanto a carne. A filósofa lacaniana Alenka Zupančič escreve que "a base da ética não pode ser um imperativo que nos mande endossar nossa finitude e renunciar a nossas aspirações 'superiores', 'impossíveis', e sim um imperativo que nos convide a reconhecer como nosso o 'infinito' que pode ocorrer como algo que é, essencialmente, um subproduto de nossos próprios atos".[42]

Mas a teoria da tragédia que corre sob a ética lacaniana não dá trégua a nenhum desses dois campos, a rigor. A tragédia pune a arrogância daqueles cuja mão tenta ir além de onde o braço pode alcançar e desfaz sua pretensão insana, despojando-os de seu eu e introduzindo-os na macabra presença do Real. Mas, quando essas figuras conseguem contemplar a monstruosidade de sua condição sem ficar cegas nem ser transformadas em pedra, ao ver no espelho delas mesmas não um *alter ego* imaginário, mas um pária repulsivo, é possível que a força incomensurável que lhes permite reconhecer essa coisa tenebrosa como própria também seja capaz de levá-las para além dos ossos descoloridos e dos crânios esmagados dos que pereceram antes delas, conduzindo-as ao campo remoto do que Lacan denomina, em *Os quatro conceitos fundamentais da psicanálise*, de "um amor ilimitado". Se a ideia é transcender o finito, isso não há de ser feito evitando-o, mas fitando-o cara a cara. Para que isso ocorra, entretanto, é preciso um estado de destituição ou descida ao inferno que

LÉVINAS, DERRIDA E BADIOU

ultrapassa qualquer coisa que a ética mais afirmativa de Badiou é capaz de acolher. Como escreve Slavoj Žižek sobre Édipo destruído, "ele é 'demasiadamente humano', viveu a 'condição humana' até o fim, percebendo sua possibilidade fundamental; e, justamente por essa razão, de certo modo, 'já não é humano' e se transforma num 'monstro desumano', que não é cerceado por leis nem considerações humanas (...)". Como alguém que depara com a pulsão de morte como limite extremo da experiência humana, ele "paga o preço, sofrendo uma 'destituição subjetiva' radical e ficando reduzido a um resto excrementício".[43]

O que Žižek não acrescenta nesse ponto (embora sem dúvida tenha conhecimento disso) é que, para o protagonista maldito e poluído de *Édipo em Colono*, esse é o prelúdio de uma espécie de apoteose. Ao se transformar em nada além da escória e do refugo da pólis — o "lixo do mundo", como São Paulo descreveu picantemente os seguidores de Jesus, ou a "perda total da humanidade", como Marx retratou o proletariado — Édipo é despojado de sua identidade e autoridade e, desse modo, pode oferecer seu corpo dilacerado como a pedra angular de uma nova ordem social. Somente os que não têm valor algum aos olhos do sistema de poder em vigor são suficientemente descentrados em relação a ele para inaugurar um credo radicalmente novo. "Acaso me torno homem nesta hora em que deixo de existir?" (ou, talvez, "Porventura só devo ser valorizado como algo quando nada sou,/quando já não sou humano?"), pergunta o rei mendicante em voz alta. Ser despojado da própria diferença cultural, despido até chegar ao ser da espécie, é existir como nada além de um excremento inútil, excedente, dispensável (pois é a cultura que constitui nossa humanidade); entretanto, isso é também tornar-se uma encarnação viva do que há de mais autenticamente humano, um significante intolerável de nossa mortalidade e fragilidade comuns. É essa dialética que a tragédia compreende da maneira mais profunda.

Apenas sobre essa base "desumana" é que se pode construir uma comunidade humana duradoura. Se o Imaginário é uma questão de mesmice e o Simbólico, de diferença, esse irrepresentável ponto de esvaecimento da humanidade, ao qual Lacan deu o nome de Real, é uma questão de mesmice e estranheza, permitindo que nos descubramos espelhados no próprio caráter alheio ou não relacional, ou na singularidade mortífera do outro. Amar o outro em sua singularidade é amá-lo nele mesmo; contudo, como o que há de mais constitutivo no outro é sua pura humani-

O PROBLEMA DOS DESCONHECIDOS

dade — o vazio ou ponto de esvaecimento em que todas as diferenças se dissolvem — esse amor tem uma dimensão propriamente impessoal, razão por que podemos falar na caridade como uma lei. Não admira, portanto, que o amor seja tamanha impossibilidade, dado que os despojados de marcadores culturais diferenciais são monstros, são criaturas obscenas como Édipo cego, Lear decaído ou Cristo crucificado, assustadoras de se ver. É por acreditar simultaneamente na necessidade e na impossibilidade desse amor que o cristianismo prega a doutrina da graça redentora.

Não muitos de nós, felizmente, somos convocados a ser protagonistas trágicos. A maioria de nós não se compõe de guerrilheiros que arrisquem a vida pelo bem-estar alheio. Mas existem maneiras vicárias de negociar essa passagem do autodespojamento para uma vida nova. Uma delas é a arte performativa conhecida como psicanálise; outra é a prática cristã da Eucaristia, na qual os participantes desse banquete amoroso ou refeição sacrificial estabelecem a solidariedade entre si por meio de um corpo mutilado. Dessa maneira, eles compartilham, no nível do signo ou do sacramento, da passagem sangrenta de Cristo da fraqueza para o poder, da morte para a vida transfigurada. O São Paulo de Badiou, em contraste, é alguém que prega somente a ressurreição, e não toda a ação trágica da qual ela faz parte. Em *Modern Tragedy*, Raymond Williams repreende os comentaristas que isolam o momento da morte e da destruição, na arte trágica, da vida revigorada que pode sobreviver a ele. Mas também é possível fazer o inverso, celebrando o espírito que sobrevive sem calcular o preço terrível que ele tem de pagar em sua passagem pelo inferno. Nesse sentido, Badiou não é um pensador trágico. O próprio Williams, cuja obra é às vezes maculada por um humanismo de afirmação obstinada demais, não é inteiramente inocente nesse lapso. W. B. Yeats sabia que nada pode ser uno ou inteiro sem ter sido rasgado,[44] mas, com demasiada frequência, esse discernimento cede lugar, nos escritos de Williams, a um traço nietzschiano de triunfalismo. Os que mantêm o sofrimento e a esperança no equilíbrio mais delicado — os verdadeiros protagonistas trágicos, por assim dizer — são os que se rebelam por ter muito pouco a perder, mas que, por isso mesmo, têm o poder de transformar sua condição.

LÉVINAS, DERRIDA E BADIOU

NOTAS

1. Ver, em particular, Emmanuel Lévinas, *Totality and Infinity* (Pittsburgh, 1969), *Otherwise than Being* (Pittsburgh, 1981), *Ethics and Infinity* (Pittsburgh, 1985) e *Time and the Other* (Pittsburgh, 1987).
2. *Manuscritos econômico-filosóficos*, trad., apres. e notas de Jesus Ranieri, São Paulo: Boitempo, 2004. (*N. da T.*)
3. Lévinas, *Otherwise than Being*, p. 81.
4. Simon Critchley, *Ethics-Politics-Subjectivity* (Londres, 1999), p. 189. [Os termos em francês são, respectivamente, *gozo* e *alegria de viver*. (*N. da T.*)]
5. Lévinas, *Otherwise than Being*, p. 74.
6. Citado em Jeffrey Bloechl (org.), *The Face of the Other and the Trace of God* (Nova York, 2000), p. 99.
7. Ib., p. 100.
8. Ib., p. 101.
9. Bruce Robbins, *Feeling Global: Internationalism in Distress* (Nova York e Londres, 1999), p. 172.
10. Para uma exposição excelente, ver Howard Caygill, *Lévinas and the Political* (Londres e Nova York, 2002).
11. Lévinas, *Otherwise than Being*, p. 159.
12. Sylviane Agacinski, "We Are Not Sublime: Love and Sacrifice, Abraham and Ourselves", in Jonathan Rée e Jane Chamberlain (orgs.), *Kierkegaard: A Critical Reader* (Oxford, 1998), p. 146.
13. Karl Marx, *Crítica do programa de Gotha*, trad. Neuza Campos, Rio de Janeiro: Ciência e Paz, 1984. (*N. da T.*)
14. J. Derrida, *Espectros de Marx*, trad. Anamaria Skinner, Rio de Janeiro: Relume Dumará, 1994. (*N. da T.*)
15. Jacques Derrida, *The Gift of Death* (Chicago, 1995), p. 51.
16. Nessa edição em inglês, *On the Name* reúne três textos de J. Derrida: *Passions*, *Sauf le nom* e *Khora*; o segundo desses, *Salvo o nome*, foi publicado no Brasil em tradução de Nicia A. Bonatti, Campinas: Papirus, 1995. (*N. da T.*)
17. J. Hillis Miller, "Don't Count Me In", *Textual Practice*, 2:2 (junho de 2007), p. 285.
18. Confio ser desnecessário assinalar que essa exemplificação é invenção minha.
19. Derrida, *Gift of Death*, p. 76.
20. Ib., p. 101.
21. Ib., p. 82.
22. Ib., p. 71.
23. Simon Critchley, *Infinitely Demanding* (Londres, 2007), p. 13.
24. "The Force of Law: The 'Mystical Foundation of Authority'", in Jacques Derrida, *Acts of Religion* (Nova York e Londres, 2002), p. 223 [*Força de lei: o*

O PROBLEMA DOS DESCONHECIDOS

fundamento místico da autoridade, trad. Leyla Perrone-Moysés, São Paulo: WMF Martins Fontes, 2007].

25. Bernard Williams, *Ethics and the Limits of Philosophy* (Cambridge, 1985), p. 169.

26. Derrida, "Force of Law", p. 250 [*Força de lei...*, op. cit.].

27. Ib., p. 78.

28. Ver Jonathan Lear, *Radical Hope: Ethics in the Face of Cultural Devastation* (Cambridge, 2006).

29. Derrida, *Gift of Death*, p. 77.

30. Ib., p. 41.

31. Ver Janet Afary e Kevin B. Anderson, *Foucault and the Iranian Revolution* (Chicago, 2005).

32. Alain Badiou, "One Divides Itself into Two", in S. Budgeon, S. Kouvelakis e S. Žižek (orgs.), *Lenin Reloaded* (Durham e Londres, 2007), p. 13-14.

33. Ideia convencional ou batida, em francês no original. (*N. da T.*)

34. Peter Hallward, *Badiou: A Subject to Truth* (Mineápolis, 2003), p. 226.

35. A. Badiou, *Ética: um ensaio sobre a consciência do mal*, trad. A. Trânsito e Ari Roitman, Rio de Janeiro: Relume-Dumará, 1995. (*N. da T.*)

36. Ver, por exemplo, A. Badiou, *Metapolitics* (Londres, 2005), no qual ele afirma que a democracia de massa é indistinguível da ditadura.

37. Hallward, *Badiou*, p. 265.

38. Slavoj Žižek, *The Ticklish Subject* (Londres, 1999), p. 143.

39. Hallward, *Badiou*, p. 134.

40. Alain Badiou, "Philosophy and Mathematics: Infinity and the End of Romanticism", in R. Brassier e A. Tascano (orgs.), *Alain Badiou: Theoretical Writings* (Londres e Nova York, 2004), p. 25.

41. Eric Santner, "Miracles Happen: Benjamin, Rosenzweig, Freud, and the Matter of the Neighbor", in S. Žižek, E. Santner e K. Reinhard (orgs.), *The Neighbor* (Londres e Chicago, 2005), p. 47.

42. Alenka Zupančič, *Ethics of the Real*, p. 97.

43. Žižek, *The Ticklish Subject*, p. 156.

44. Alusão aos versos finais do poema "Crazy Jane", de William B. Yeats. (*N. da T.*)

CAPÍTULO 10   A banalidade do bem

De Robespierre a Rimbaud, de Breton a Lyotard, a França tem sido uma das grandes pátrias da vanguarda. Dizem que o próprio termo *avant-garde* teria sido cunhado por Claude Saint-Simon. Todavia, trata-se de um vanguardismo que muitas vezes se mostrou desdenhoso a respeito da vida comum. Esse desdém, ao contrário da sabedoria popular, não está embutido na ideia de vanguarda. Em certo sentido, constata-se o inverso. É que não existe guarda avançada sem um exército a que ela tenha de prestar contas e em cujo benefício examine o terreno à frente. O próprio termo implica uma relação com um corpo menos glamoroso de soldados da infantaria, o que não ocorre com palavras como "elite" ou "panelinha". A vanguarda é a primeira a sentir as tênues vibrações que um dia ganharão forma como o futuro, mas, ao senti-las, tem a esperança de transmitir esses frêmitos aos que vêm atrás e ainda não estão em sintonia com eles. Se as vanguardas envolvem hierarquias, essas são provisórias, não eternas. Como os movimentos radicais em geral, elas só logram êxito ao cessarem sua atividade. Um dia, se tudo correr bem, o corpo principal avultará no horizonte e as alcançará.

Na prática, entretanto, a linha entre os vanguardistas e os elitistas é meio indistinta. No período moderno, houve muito trânsito nos dois sentidos por essa fronteira. As elites de maior sucesso, por exemplo, são as que têm raízes populares, as quais ligam uma minoria às pessoas comuns, numa oposição mútua às massas provincianas tacanhas. O fascismo idealiza tanto o *Volk* quanto o faz o esquerdismo romântico. T. S. Eliot deleitava-se com o *jazz* e os cafés-concerto e sonhava com um público leitor semianalfabeto. W. B. Yeats buscava uma aliança entre os intrépidos senhores de terras anglo-irlandeses e os campônios de fala irlandesa, todos os quais seriam veículos de uma sabedoria atemporal e uma minoria dos quais seria pitorescamente louca. Para os bolcheviques, o partido estava oficialmente a serviço dos sovietes dos trabalhadores, por mais rara que

O PROBLEMA DOS DESCONHECIDOS

fosse a materialização efetiva dessa visão. É dessa maneira que as elites diferem das claques, dos clubes, das camarilhas e das panelinhas, todos os quais são, de fato, zelosamente exclusivos e não populistas.[1]

De Mallarmé e Sorel a Sartre e Badiou, uma sucessão de pensadores franceses tem sonhado com o momento de crise que revelará num estrondo a inautenticidade do cotidiano, ou tem imaginado um reino do ser que transcenda por completo a esterilidade dessa vida. O resultado foi uma série de oposições nítidas entre *la poésie pure* [a poesia pura] e a fala comum, o mito e a ilusão social, a dádiva e a troca equitativa, o Real e o Simbólico, o semiótico e o simbólico, a liberdade e a má-fé, a teoria e a ideologia, a diferença e a determinação, o esquizoide e o paranoide, o evento e a ontologia. Por mais variados que sejam esses contrastes, o projeto subjacente a eles continua a ser admiravelmente coerente. Trata-se de resgatar o valor verdadeiro das muletas do cotidiano — do conformismo anônimo que Heidegger denomina desdenhosamente de *das Man*. Por baixo dessas polaridades corre uma tradição robusta de pensamento libertário. A revolta é tão gaulesa quanto o erotismo. E, como o sexo, também é prazerosa por si só.

Para o Sartre da juventude, o contraste se dá entre a liberdade do *être-pour-soi* e a inércia mecânica do *être-en-soi*.[2] Mais tarde, essa oposição ontológica se tornaria política, entre a práxis e o prático-inerte. Para Jacques Derrida, a ação da diferença pura é restringida pela camisa de força da metafísica, irrompendo dela aqui e ali como um louco que escapasse exultantemente de seus guardiães. Para os pensadores pós-nietzschianos, de Bataille a Deleuze, a loucura e a transgressão assediam as cinzentas devoções apolíneas da esfera cívica. Há momentos em que Michel Foucault trata as chamadas ciências biológicas ou discursos da vida cotidiana (biologia, medicina, psicologia, economia, demografia etc.) como pouco mais do que sinistras criadas da vigilância social. Sonha-se com um ato gratuito, um momento de conversão ou um compromisso existencial que catapulte o sujeito do reino da necessidade para o campo da liberdade, abandonando a matéria enfadonhamente prosaica da tradição, da biologia, do discurso moral e da ortodoxia política em favor do inebriante meio formado pela liberdade, pelo desejo, pelo *engagement* e pela autenticidade do eu. Podemos dar um toque desconstrucionista a essa narrativa renascida, insistindo em que nada jamais é *simplesmente* abandonado — em que cada polo da oposição implica inexoravelmente o outro, em que

A BANALIDADE DO BEM

o metafísico não deve ser descartado com tanta simplicidade e em que o poder, a lei, a falta, o eu, a má-fé, o fechamento e a convenção são inescapáveis, em última instância. Mesmo assim, fica bastante claro qual das opções oferecidas deve ser julgada a mais preciosa.

Em alguns pensadores franceses recentes, essa polaridade envolve uma espécie de cisão da sensibilidade. Por um lado, temos a face prudente de Jacques Derrida, com suas leituras exemplarmente escrupulosas, seu respeito pelo Iluminismo e pela investigação racional, sua sóbria insistência em que ele não é *contra* o sistema, a verdade, o sujeito, a dialética, a estabilidade, a universalidade e coisas similares. Por outro lado, correndo como uma turbulenta corrente submarina por baixo dessa cautela, há um texto mais enlouquecido e muito mais anárquico, que se revela aqui e ali numa explosão poética ou num lampejo de especulação utópica. Pode-se dizer algo parecido sobre Michel Foucault, cujas sombrias investigações arquivísticas, que criticam duramente qualquer discurso sobre a negação, a transcendência ou a repressão, contrastam com a figura mais impetuosa e dionisíaca que sentimos rondar as bordas dessas investigações clínicas. Esse Foucault insubmisso eclode de repente num elogio extravagante a Bataille ou Deleuze, soltando as rédeas de um impulso que rejeita todos os regimes, resiste a todas as normas e estremece à beira da articulação, sem nunca chegar propriamente a dizer seu nome. Uma exceção a essa norma pós-estruturalista é Gilles Deleuze, para quem, em estilo espinosista, há uma espécie de excesso ou infinidade "transcendente" que é imanente à própria realidade material. Deleuze, para quem tudo é a um tempo comum e milagroso, tem um senso da poesia do corriqueiro que mais se aproxima do surrealismo do que de Lacan ou Badiou.

Poderíamos retratar essa sensibilidade cindida como uma forma de pessimismo libertário na qual o impulso emancipatório não foi morto, de modo algum — na qual ainda se pode sentir a visão de 1968, viva e palpitante — mas que agora, na sequência desencantada daquela época, tem de confessar a ingenuidade do sonho de que um dia o desejo pudesse libertar-se da lei, ou o sujeito pudesse desconhecer o poder. *Grosso modo*, os franceses preferem ser vistos como maldosos a ser considerados imaturos. Portanto, é preciso afirmar o desejo e sua impossibilidade, a liberação e o ceticismo, tudo de uma vez só. Há muito dessa sensibilidade cindida, a um tempo rebelde e resignada, na ética lacaniana. Não devemos abrir mão de nossos sonhos delirantes de diferença pura, de fluxos

373

O PROBLEMA DOS DESCONHECIDOS

libidinais livres, do reino da justiça ou de um império do amor além da lei, mas também não devemos tentar dar-lhes vida, pois nisso residem a psicose, o totalitarismo ou algum outro macabro túmulo do espírito.

A ambição vanguardista de pôr fim à história tem uma história notavelmente longa. O termo "moderno" remonta ao *modernus* do latim, palavra que, segundo Jürgen Habermas, era usada pelos cristãos do século V para se distinguirem dos devotos mais antigos do paganismo.[3] Segundo essa visão, o cristianismo foi a primeira forma de modernidade, rompendo com o antigo credo em seu ineditismo acanhado. Mas as tentativas de novidade absoluta simplesmente acumulam mais história sobre a que já temos. O próprio anúncio da morte da história é um ato histórico com consequências materiais e, nesse aspecto, é tão autorrefutador quanto anunciar o próprio falecimento. A vanguarda se engana ao crer que o passado sempre pesa como um pesadelo no cérebro dos vivos. Dado que o passado é aquilo de que somos feitos, só podemos criar o futuro com os recursos ambíguos que ele nos proporciona. A história tanto é emancipação quanto opressão e a vanguarda tanto é nova tecnologia capitalista quanto insurreição política. Romper com o passado é, entre outras coisas, romper com a possibilidade de transcendê-lo. Existem vanguardas alemãs, assim como francesas, mas, considerando-se a feição mais dialética do pensamento alemão, há também uma visão do que poderíamos chamar de continuidade revolucionária, pois, ao voltarmos os olhos para o passado do ponto de vista de um presente transfigurado, podemos captar como o presente tanto se alinha com ele quanto é descentrado em relação a ele.

Seria possível dizer que se a França é uma das grandes pátrias do vanguardismo, ela é também a cultura a que devemos a própria concepção do cotidiano.[4] É aí que mais se evidencia, acima de tudo, o que Louis Aragon chamou de "*le sentiment du merveilleux quotidien*".[5] Que dizer de Charles Baudelaire, o primeiro grande poeta da vida urbana miserável, ou dos desgarrados objetos do dia a dia de Mallarmé e Apollinaire? Quem mais, senão Henri Lefebvre, em sua monumental *Crítica da vida cotidiana*, em três volumes, pôs a ideia do corriqueiro no mapa intelectual, sendo depois seguido por luminares da vida cotidiana como Michel de Certeau e Georges Perec? "Na medida em que existe a ciência do homem", escreve Lefebvre no primeiro volume de seu *magnum opus*, "ela encontra seu material no 'trivial', no corriqueiro."[6]

A BANALIDADE DO BEM

Trata-se de uma afirmação corroborada pela portentosa herança de realismo ficcional que vai de Stendhal a Malraux. Franco Moretti descreveu o romance realista como "uma cultura da vida cotidiana", e não uma crítica a ela.[7] Os cenários microscopicamente detalhados da vida histórica produzidos pela escola dos *Annales*, assim como as investigações sociológicas de Pierre Bourdieu, são outros exemplos marcantes. Até o estruturalismo tem um toque demótico, uma vez que os códigos ocultos que ele desnuda são subjacentes tanto à luta livre quanto a Rimbaud, tanto à moda quanto a Fourier. Assim é que o Roland Barthes da juventude é herdeiro de diagnosticadores mais antigos da vida cotidiana, como Michel Leiris e Raymond Queneau. O maior sumário do dia a dia produzido no século XX, o *Passagenarbeit* de Walter Benjamin,[8] é obra de um alemão, porém é ambientado em Paris. Os escritos de Maurice Merleau-Ponty abandonam os picos platônicos da fenomenologia transcendental em troca de uma hermenêutica do cotidiano. O existencialismo pode condenar o que é comum por sua inautenticidade, mas também pensa a partir do interior do dia a dia, razão por que pode haver um romance existencialista em oposição, digamos, a um romance lógico-positivista. Foi Merleau-Ponty quem sugeriu a um Jean-Paul Sartre perplexo que a filosofia poderia ser tecida a partir do cinzeiro. E o que são o surrealismo e o situacionismo senão a poesia do sem importância?

A assombrosa riqueza desse trabalho não está em questão. Mas convém lembrarmos que vários desses mergulhos no cotidiano foram dados de um ponto de vista que o criticava duramente, ou que buscava redimi-lo de sua impenitência. Se Baudelaire volta o olhar para as prostitutas e os vadios, é para investi-los de uma aura de eternidade. Lefebvre e os situacionistas veem a experiência cotidiana como inextirpavelmente ambígua, tão empobrecida quanto é preciosa. A visão de Guy Debord sobre os consumidores perplexos, atolados na administração do bem-estar, está longe de ser um hino de louvor às energias criativas do cotidiano.[9] Lefebvre e os situacionistas são vanguardistas autênticos, que anseiam, nas palavras do primeiro, pelo nascimento do "novo homem". É verdade que os surrealistas procuram destilar a magia do corriqueiro, inventando novas formas de mitologia urbana, mas, aos olhos de Lefebvre, eles erraram ao fazer um culto do momento privilegiado que denegria o dia a dia. Ele pensou o mesmo do existencialismo, o qual criticou por ter "chegado mais perto da vida (...) só para desacreditá-la", desvalorizando-a em

O PROBLEMA DOS DESCONHECIDOS

favor de "momentos puros ou trágicos — uma crítica à vida por meio da angústia ou da morte — critérios artificiais de autenticidade etc."[10] Para André Breton e seus acólitos, a moral comum deve ser denunciada como covardemente pequeno-burguesa, em contraste com o heroísmo da transgressão defendido por eles. Mais tarde, essa doutrina encontraria o caminho para uma ética do Real. Na transição do realismo para o modernismo, o fascínio pela textura da vida cotidiana deu lugar a um ceticismo rebuscado em relação a ela. A experiência comum tornou-se a pátria da ilusão, não o *locus* da verdade. Se a ética de Hume ou de Hutcheson se compatibiliza com o mundo de Smollett e Richardson, as de Derrida e Badiou fazem parte da era do simbolismo, do formalismo e da abstração.

Poderíamos contrastar essa linhagem da cultura francesa com certo veio inglês de preocupação com a vida corriqueira, que vai desde William Cobbett, George Eliot e John Ruskin até William Morris, Thomas Hardy, F. R. Leavis, George Orwell, Richard Hoggart, Raymond Williams e E. P. Thompson. Decerto também há muitos defeitos nessa linhagem. A visão excessivamente indulgente do corriqueiro é um vício inglês, assim como sua abordagem demasiadamente condescendente é um vício francês. A filosofia analítica, em seu apogeu, ficou ávida demais de identificar a soma total da sabedoria humana com o linguajar corriqueiro de North Oxford. Mas há também uma estima genuína pelo comum nessa tradição inglesa — uma estima capaz de inspirar o radicalismo político, em vez de se descobrir oposta a ele. Há no pensamento esquerdista uma tensão necessária entre o respeito pela vida comum e a hostilidade às forças e às ilusões que a instrumentam. Se o Raymond Williams da juventude às vezes troca a hostilidade pelo respeito, a vanguarda costuma cometer o erro inverso. Os vanguardistas que desprezam a vida comum às vezes o fazem por confundir o cotidiano com o sistema político que o regula, esquecidos de que existe uma resistência diária a esse poder, assim como há uma cumplicidade rotineira. O Wittgenstein da maturidade foi um dos poucos mestres do século XX a combinar uma confiança profunda no dia a dia com um descaso contundente pela política burguesa.[11]

Essa divergência entre as tradições francesa e inglesa é também uma questão de estilo. Se um dos tropos característicos da teoria vanguardista francesa é a hipérbole, as figuras definitivas para os ingleses são o batos ou a lítotes. Há um traço de pragmatismo em alguns escritos ingleses nessa área, um ceticismo seco diante do bombástico ou do exagerado. Uma

A BANALIDADE DO BEM

de suas raízes menos respeitáveis está numa robusta desconfiança empirista das ideias fantasiosas. Mesmo assim, quando David Wood escreve, em *The Step Back*, sobre uns "bichanos desconhecidos em Madras", a propósito do ridículo *mea culpa* de Derrida por não poder alimentar todos os gatos do planeta, ele utiliza um recurso estilístico que seria quase impensável nos textos dos filósofos parisienses. O mais leve toque de prosaísmo se revelaria fatal para as composições sofisticadas desses. Ficaria igualmente deslocado no tom impecavelmente acadêmico de grande parte dos textos radicais norte-americanos. Podemos encontrar a mesma espirituosidade irônica, digamos, em Simon Critchley, Jonathan Rée ou Simon Blackburn. Rée escreve sobre "a tradição inglesa, de Hobbes a Shaftesbury e a Bentham, que faz do ridículo a prova de fogo da verdade".[12] No linguajar altivo da teoria francesa, em contraste, até a brincadeira ou o prazer passam a se afigurar coisas intimidantes e nitidamente antipáticas. O carnavalesco mantém-se nitidamente cerebral. É claro que há exceções a essa regra. Lacan é amiúde censurado pela falta de clareza, não sem excelentes razões, mas os que o criticam por isso geralmente deixam de lado as obscenidades abruptas, os tremendos coloquialismos, os lampejos de esportivo bom humor, as alusões irônicas a si mesmo e as caçoadas maliciosas que ele dirige a sua plateia.

Se Slavoj Žižek consegue ser a um tempo cerebral e indecente, uma mescla de filósofo refinado e comediante pós-moderno, talvez seja por ser esloveno, além de francês honorário. As nações pequenas, como há muito sabem os observadores dos irlandeses, geralmente tendem a olhar com ar divertido e com admiração para as macaquices solenes de seus vizinhos metropolitanos. Não é à toa que o mais mundano e materialista de todos os grandes romancistas de vanguarda é James Joyce. O trabalho de seu conterrâneo dublinense Samuel Beckett revela uma fidelidade semelhante e inflexível ao corriqueiro. Um dublinense anterior, Edmund Burke, exibiu uma sensibilidade estética à trama e urdidura dos costumes cotidianos e das devoções tidas como certas. Os paradoxos, as inversões e perversões de Žižek tanto são a marca da intelectualidade das pequenas nações quanto da espirituosidade de Oscar Wilde. A própria psicanálise é uma forma de batos, uma redução da marcha do sublime para o ridículo, que detecta as mais reles pulsões rondando nossas sublimações mais elevadas. "Para Freud", observa Lacan, "tudo o que vai em direção à realidade exige não sei que temperança, um certo baixar o tom."[13] William

O PROBLEMA DOS DESCONHECIDOS

Empson comenta com sensatez que "os desejos mais refinados são inerentes aos mais simples e seriam falsos se não o fossem".[14] Para Lacan, o mais rotineiro dos objetos pode tornar-se um fragmento arrancado do Real.

Muitas das grandes correntes intelectuais do século XX alimentaram suspeitas quanto à vida cotidiana. Para os freudianos, ela é sobretudo uma questão de psicopatologia. Os formalistas só encontram valor na linguagem comum quando ela se despedaça e se distancia, de tal modo que a proposição corriqueira ressurge como essa coisa mais rara e mais lapidada que é o enunciado poético. A linguagem comum só pode ser aliviada de seu rico fardo de significação ao ser submetida à violência organizada. Por trás da estética do formalismo, com sua ruminação fenomenológica sobre a palavra, encontra-se um arraigado ceticismo em relação à fala comum. Trata-se de um ceticismo nitidamente moderno — o inverso, por assim dizer, da confiança habermasiana excessivamente crédula nos recursos da enunciação do dia a dia. De modo similar, a hermenêutica se recusa a presumir que o significado esteja logo ao alcance da mão.

O neokantismo aponta as falhas óbvias entre o que existe e o que tem valor. O Wittgenstein dos primeiros tempos faz exatamente o mesmo. Para o *Tractatus Logico-Philosophicus*, o valor não deve ser situado no mundo comum, em absoluto. Os textos de Heidegger são perpassados de ponta a ponta por uma distinção entre o heroísmo e a mediocridade, o excepcional e o médio, distinção essa que viria a culminar, na década de 1930, em sua lealdade ao *Führer*. É verdade que Heidegger é muito voltado para a terra, a casa e a gente comum, mas em seu texto tudo isso é investido de uma aura quase mística, que o eleva acima do lugar-comum, rumo a um domínio muito mais eminente. O modernismo é repleto desse exotismo do corriqueiro, desde seu culto dos camponeses e primitivos até um naturalismo que chafurda de modo sensacionalista na sarjeta. A fenomenologia coloca o mundo social cotidiano entre parênteses, a fim de atentar com mais vigilância para o modo como ele aparece na consciência. A *Lebensphilosophie* privilegia o impulso vital em relação às cascas vazias das instituições cotidianas. Há uma tensão similar na obra de Max Weber entre o carisma e a burocracia. O estruturalismo, tal como o marxismo, o freudismo e o realismo científico, recusa-se a se deixar enganar pelas aparências habituais das coisas, buscando, em vez delas, os mecanismos invisíveis que lhes dão origem.

O existencialismo contrapõe o frágil momento de autenticidade à *mauvaise foi* da vida cotidiana. Boa parte do modernismo contrasta a epifania súbita, absoluta e meio vislumbrada, ou a intensidade errante, com as *longueurs* [as horas maçantes] do dia a dia. Os formalistas encontram seu inimigo no que os russos conhecem como *byt*, a esterilidade da existência diária, que destrói a alma. Como Kierkegaard antes dele, Heidegger sente-se oprimido pelo tédio, um conceito que ele consegue investir de um *status* pseudofilosófico. Sartre se descobre afundado na desordem viscosa do *être-en-soi*, enquanto Lévinas é perseguido por uma mistura de cansaço, letargia e insônia, um ronco surdo e anônimo no pano de fundo da vida, ao qual ele dá o nome de o *il y a*.[15] Todos esses pensadores afligem-se com o cotidiano. Vivenciam o lugar-comum como uma afronta, um soporífero, um estado de ataraxia e *ennui* [tédio] capaz de matar a alma. Grande parte da teoria ética moderna tem sua fonte secreta na alienação. Reflete a perda catastrófica de um senso de valor comum e solidariedade cotidiana.

Há um tipo de herói modernista solitário que existe em alguma longínqua fronteira do espírito e essa figura faz um reaparecimento tardio na ética do Real. Ela costuma pertencer à corrente modernista que comete o erro de supor que a verdade só se revela *in extremis*. Isso é o que se poderia chamar de síndrome do Quarto 101: aquilo que se balbucia sob tortura excruciante está fadado a ser a verdade.[16] A rigor, como até a CIA talvez já tenha descoberto a esta altura, é improvável que isso ocorra. A doutrina moderna de que a verdade ou o bem só brilharão nessas longínquas terras fronteiriças pressupõe que a experiência comum seja desprovida de validade. O imediatamente acessível é sempre empobrecido. Quem diz consciência diz falsa consciência. A verdade da humanidade está no desumano. É no limiar externo da experiência que o sujeito prova ser homem.

Há mais do que um toque desse purismo nos escritos dos adeptos da ética do Real. Nessa medida, eles mais são modernistas tardios do que pós-modernistas. A soberania do desejo é o tema do surrealismo do começo ao fim. A Antígona de Lacan tem tanto de heroína do alto modernismo quanto a de Jean Anouilh. Há perguntas por fazer a respeito do valor de uma ética que parece restrita a um grupinho de extremistas espirituais. Será que se deve impingir às massas a simples moral, enquanto os eleitos desfrutam de uma linha direta com o Real? Essa é uma forma conhecida de elitismo ético, tão desproporcionalmente demoníaca quanto o Simbólico é excessivamente angelical. Os Homens Ocos de T. S. Eliot, respeitavelmente provincianos, são frouxos demais, no plano espiritual, até para serem amaldiçoados — e os amaldiçoados, não importa o que mais se diga deles, ao menos são criaturas de mentalidade metafísica, à sua maneira peculiar, mais próximas dos que foram salvos do que daquilo que se poderia chamar de classes médias morais.

Rejeitar o bem supremo envolve conhecê-lo superficialmente, o que é mais do que se pode dizer dos meros bem-comportados. Além disso, os maus são puramente desinteressados, destruindo por destruir, e por isso têm uma semelhança mórbida com os que se aferram a seu desejo diante de qualquer razão ou utilidade. Na visão de Kant, o mal diabólico, se existisse, teria exatamente as mesmas qualidades do ato ético supremo. Nenhuma dessas formas de conduta provém de um impulso sensível; ambas são inteiramente praticadas por elas mesmas e nenhuma das duas é racionalmente inteligível. Os puramente maus fazem questão de transgredir a lei moral, assim como o tipo mais ingênuo de anarquista viola as regras como regra geral. Eles o fazem mesmo que isso signifique agir contra seus próprios interesses e mesmo que resulte em sua morte. Nesse sentido, são imagens especulares dos heróis éticos de Kant.[17] Satanás, como já assinalamos, é um anjo decaído que conheceu o horror e a glória. Os maus conhecem Deus por negação, o que não se dá com os meramente bem-comportados. O mal anseia por aniquilar a criação divina, porque essa é a única forma de criatividade absoluta que ainda lhe é acessível, uma vez que o Todo-Poderoso, sem a menor consideração, açambarcou todas as formas de produção mais prazerosas para Si.

Se o professor anarquista maluco de O agente secreto, romance de Joseph Conrad,[18] quer exterminar a realidade inteira e recomeçar ex nihilo, o ato ético, para Lacan e Badiou, é precisamente uma cativante nova criação desse tipo. Alenka Zupančič, tomada pela crença tipicamente vanguardista em que o novo é invariavelmente positivo, escreve que o ato ético autêntico é aquele que ultrapassa as fronteiras dadas e, por isso, é indistinguível do mal.[19] Trata-se de uma tese puramente formalista. Por esse ponto de vista, a moral que de fato existe é sempre uma falsa consciência. Pinky, o maligno protagonista de O condenado, de Graham Greene,[20] é espiritualmente superior à moralização burguesa de Ida Arnold, precisamente porque acredita em Deus, mas cospe de propósito em

A BANALIDADE DO BEM

Seu rosto. Nesse sentido, ele é uma versão em ponto pequeno do Ivan Karamazov de Dostoiévski. Greene, segundo um comentário de George Orwell na revista *New Yorker* em 1948, "parece compartilhar a ideia, que vem circulando desde Baudelaire, de que há algo muito *distingué* em ser maldito". Segundo essa visão, compartilhada por Hegel, todos os grandes artistas, inovadores e legisladores tiveram a coragem de transgredir. O fato de alguns dos grandes espoliadores, autocratas e imperialistas terem feito exatamente o mesmo é recebido por essa tese "radical" com um gélido silêncio.

Assim, os maus relacionam-se tanto com a salvação e a perdição quanto os santos. Há um certo tipo de maldade, observa Pascal em seus *Pensamentos*,[21] que é tão raro quanto a bondade e facilmente confundido com essa. É melhor governar no inferno do que ser porteiro no paraíso. A experiência extrema, inclusive o conhecimento da maldade, é preferível à mediocridade moral. Os verdadeiramente depravados estão em contato com o divino. O mal tem todas as melhores canções. O ateu é um metafísico às avessas. Em *Doutor Fausto*, de Thomas Mann,[22] o diabo sente-se superior à banalidade pequeno-burguesa e se declara, cheio de orgulho, o único guardião da verdade teológica. Com isso pretende dizer que o mal é tudo o que sobrevive do metafísico na era moderna. A modernidade só conhece o metafísico por meio de sua negação — acima de tudo, poderíamos dizer, sob a forma de Auschwitz. Tudo o que resta do Criador é a sombra desesperançada de Sua ausência. Em *Doutor Fausto*, a música do satânico protagonista de Mann, Adrian Leverkuhn, revela "a identidade substancial dos mais benditos com os mais amaldiçoados". Naphta, o austero jesuíta absolutista de *A montanha mágica*, de Mann,[23] vê Deus e Satanás unidos na oposição a uma razão e virtude enfadonhamente provincianas.

Trata-se de uma mitologia sedutora e profundamente perigosa, muito distante da visão tradicional de que o mal é, a rigor, uma espécie de falta ou negação, uma incapacidade para a vida, e não uma abundância dela. É o mal que é maçante e rabugento, e não o bem, o qual é espirituoso e bem-humorado. Se não apreciamos isso, em parte é porque a classe média optou por todas as virtudes mais mansas e entediantes. Em certos aspectos, a ética do Real é uma versão atualizada da ideologia baudelairiana. E isso deve ser pesado no cotejo com sua percepção propriamente trágica de que a vida autêntica deve emergir da destituição do sujeito.

O PROBLEMA DOS DESCONHECIDOS

A ética do Real vai muito mais fundo do que a do Imaginário ou a do Simbólico, mas, justamente por isso, é também muito hiperbólica, muito privilegiada e quase sagrada. Toda a discussão, como no caso da ética simbólica de um pensador como Kant, fica num nível elevado demais. Quando Kant fala, nos *Fundamentos da metafísica dos costumes*, sobre "o desprezo e o descaso" com que a lei moral trata as falíveis inclinações humanas, o grande liberal se revela uma fonte desse elitismo espiritual.

Sylviane Agacinski escreveu sobre sua desconfiança daquilo que vê como a "exaltação da grandeza, da imensidão e do absoluto" nos escritos de Kierkegaard e acrescentou que "O chamamento ou a demanda que provém do infinito ou do absoluto envolve uma condenação da finitude, uma condenação que está presente em todas as formas de nostalgia do incomensurável".[24] Agacinski veria confirmadas as suas suspeitas da sublimidade kierkegaardiana pelo fato de George Steiner, com sua aristocrática antipatia pelo calculável e pelo utilitário, ser um entusiasta tão ávido dela. Sem dúvida, é meio inquietante, para os adeptos do Real que se veem como radicais, serem saudados por um beijo tão ardoroso da morte, vindo de um reacionário tão espalhafatoso, um dos poucos expoentes da *Kulturkritik* [crítica da cultura] que sobrevivem no fim da era moderna. "Ali onde a moral tem seu nível mais elevado, num Sócrates, num Kant", escreve Steiner num texto enaltecedor de Kierkegaard, "a desumanidade e o absurdo irracional não têm lugar."[25] Isso, convém assinalar, pretende ser uma repreensão a Sócrates e Kant, não um elogio a eles. A desumanidade trágica e o absurdo irracional, que dificilmente encimariam a lista dos estados do ser preferidos por todos, são, na visão de Steiner, um bem-vindo alívio das cansativas discussões pequeno-burguesas da razão, da moral, do igualitarismo e da democracia de massa — em suma, de uma modernidade desprezível, mais ou menos desprovida de aspectos redentores. O ato de Abraão, ao se preparar para sacrificar Isaac, declara o direitista Steiner, no espírito do esquerdista Derrida, "transcende todas as afirmações concebíveis de responsabilidade intelectual e critérios éticos", que não são nada, comparados a "uma pessoa física nas garras da infinitude".[26] Exatamente em que sentido Abraão é uma pessoa física não fica claro. Ele não é normalmente associado aos subúrbios residenciais da classe média.

A proximidade de Steiner e Derrida está longe de ser acidental. É que existe um sentido no qual os adeptos do Real encontram-se entre

382

A BANALIDADE DO BEM

os herdeiros mais recentes da tradição da *Kulturkritik*.[27] O que distingue essa linha de pensamento, à medida que ela passa de Coleridge, Arnold e Ruskin para F. R. Leavis, T. S. Eliot, o Thomas Mann da juventude, Karl Mannheim e José Ortega y Gasset, é sua aversão ao Iluminismo e ao igualitarismo, sua desconfiança do liberalismo, do materialismo e da civilização de massa e seu enaltecimento de alguns raros espíritos humanos em relação à democracia popular e à vitória da mediocridade. Uma de suas mais requintadas expressões encontra-se na ficção de Saul Bellow. Trata-se de uma linhagem ricamente engenhosa e politicamente catastrófica, que de longe preferiria abraçar um absurdo angustiado a um bem-estar administrado. Racionalidade é coisa para lojistas, não para sábios. Existem, sem dúvida, claros pontos de divergência entre essa visão e a ética do Real. Com a notável exceção de Lévinas, os "realistas" éticos se inclinam predominantemente para a esquerda e, de modo geral, não são vistos desancando o socialismo e a democracia. Derrida mistura aspectos da *Kulturkritik* com uma carreira ilustre de dissidente político. Mas o desdém lacaniano por coisas como a felicidade, a política, a utilidade, o bem-estar, o consenso social, os bens mundanos e a moral de classe média tem uma proximidade notável com a linguagem de um Leavis ou um Eliot. Há um ímpeto antiburguês tanto da direita quanto da esquerda, o qual deu origem a alguns dos mais ilustres escritos modernistas. À medida que se desdobrou a carreira de Derrida, um dissidente esquerdista da civilização capitalista resvalou aos poucos para um desdém espiritual pela esfera política propriamente dita, por mais que continuasse a batalhar bravamente nela.

Tomemos, por exemplo, a incongruente afinidade entre Lacan e D. H. Lawrence, um escritor que se situa de forma inequívoca na tradição da *Kulturkritik*. Tradicionalmente, os moralistas discutem se a ética diz respeito primordialmente ao bem ou ao direito. Isso constituiu um embate entre utilitaristas e deontologistas, os arautos da virtude e da felicidade em oposição aos apologistas dos direitos e das obrigações.[28] Lawrence e Lacan unem-se na rejeição de ambos os estilos de pensamento moral em favor de uma ética do desejo, uma ética que confina direitos e virtudes a um *status* inferior. Assim como, para Lacan, a única verdadeira culpa está em ceder quanto ao próprio desejo, o único verdadeiro crime, para Lawrence, é renegar o desejo que é a essência da personalidade do sujeito. Isso é negar o "deus" que cada um traz em si e, como tal, constitui uma

383

espécie de blasfêmia. Na metafísica lawrenciana, esse desejo, tal como o desejo lacaniano do Real, é implacavelmente "alheio" aos que são seus portadores. É uma dimensão insondável e irresistível do ser, que dará um jeito de nos dominar, sejam quais forem as nossas predileções conscientes. Quando Lawrence escreve que "O eu do homem é uma lei em si, não uma lei *dele*",[29] a diferença em causa é a que se dá entre o reino do eu e seus apetites mesquinhos e o terreno majestoso do Real. Trata-se de uma escolha entre o desejo e desejos — entre uma grandiosa abstração metafísica, por um lado, e, por outro, as vontades e necessidades tangíveis pelas quais a moral clássica se interessa, muito apropriadamente.

Os que são fiéis a seu desejo, em Lawrence, são aristocratas do espírito, homens e mulheres apanhados numa orgulhosa singularidade do eu, para quem as massas representam um reles não ser. Os que não podem satisfazer nem ser satisfeitos são quase literalmente inexistentes e serão peremptoriamente varridos para longe pela força vital. O que importa é a pureza da alma, não a solidariedade humana. Em seus momentos mais sórdidos, Lawrence vitupera com violência contra "a benevolência infernal, e a boa vontade asquerosa, e a caridade fétida e os ideais venenosos".[30] O liberalismo e o humanitarismo, como o "serviço dos bens" de Lacan, são as fugas dos provincianos bem nutridos, covardes demais para enfrentar o Real. Em "Kant com Sade", Lacan fala do "egoísmo da felicidade", visão que Lawrence com certeza endossaria. Para ele, o sentimento, a moral, a consciência e até a própria humanidade são simples espuma na negra onda da força vital. Assim como ocorre com grande parte da *Kulturkritik*, a ética, a política, a sociedade e até a própria humanidade devem ser descartadas como um punhado de "mecanismos" sem alma, ou, na melhor das hipóteses, toleradas como males necessários. A democracia e a igualdade são ameaças odiosas à autonomia individual. O que a alma ou o desejo dentro de nós nos instigam a fazer é a coisa certa. Um assassinato cometido em nome da vida espontânea e criativa tem mais valor moral do que alimentar zelosamente os famintos.

Um lar conhecido da *Kulturkritik* tem sido a ideia de tragédia. Se o trágico assumiu tamanho vulto na cultura ocidental moderna, figurando entre as preocupações de um filósofo eminente atrás do outro, não é, como se poderia esperar, por essa filosofia brotar de uma era mais sobrecarregada de um excesso de mortes do que qualquer outra na história humana. Em vez disso, houve quatro razões principais para a curiosa persistência do trágico numa época anti-heroica e pós-metafísica. Primeiro, ele procurou servir de substituto da religião num mundo laico. Ao abordar o absoluto e o transcendente, ele sequestrou a auréola da religião, enquanto deixou de lado seu conteúdo doutrinário desacreditado. Segundo, a ideia de tragédia procurou oferecer uma resolução estética do paradoxo de que os homens e as mulheres modernos são livres em toda parte, mas em toda parte se acham acorrentados. Trata-se de uma resposta prática, em suma, à questão teórica da liberdade e do determinismo. O herói trágico que se curva ao inevitável, com um espírito de *amor fati*, e que faz do seu destino uma escolha sua revela nesse próprio ato uma liberdade infinita, que transcende sua condição calamitosa. Nada demonstra essa liberdade de maneira mais convincente do que o gesto nobre de abrir mão dela. Terceiro, a tragédia tem servido como uma forma moderna de teodiceia, abordando o problema do mal com um sucesso tão espetacularmente pequeno quanto qualquer outra tentativa de justificar sua existência. A existência do mal é um argumento extremamente forte contra a existência de Deus.

Por último, a tragédia tem prestado serviços como uma crítica deslocada da modernidade — de uma cultura racional, científica, niveladora, utilitária, imaturamente progressista e instantaneamente inteligível, que desviou o rosto dos mistérios da arte trágica, das mitologias, do culto da culpa pelo sangue derramado, dos rituais sagrados, das hierarquias do ser, do valor absoluto, do desdém pelo contingente, do espírito de transcendência e do glamoroso panteão de deuses, heróis e aristocratas.[31] Ela tem sido um lamento pelo declínio da cultura superior, uma saudade numinosa de um mundo mais elevado. A tragédia é uma crítica da razão arrogante, à medida que a tentativa do sujeito liberal de forjar sua própria história é reduzida a nada por um destino implacável. A esperança política é desmascarada como um autoengodo: nenhuma confiança ingênua no progresso material seria capaz de curar o pé de Filoctetes, nenhuma engenharia social resgataria Fedra de sua condenação. O saber deve ser preferido ao conhecimento. Édipo é conhecimento no limite do que esse pode suportar. A reverência é inimiga da explicação racional. Há uma imperecível dignidade humana além da turba política ou do laboratório do cientista. Diante da catástrofe trágica, o humanismo sentimental da classe média é denunciado como uma farsa desprezível. Nenhuma nódoa do mundano pode entrar nesse mundo majestoso. Como observou George

O PROBLEMA DOS DESCONHECIDOS

Steiner, com uma sonora mescla de petulância e altivez, "Se existem banheiros nas casas da tragédia, é para que neles Agamêmnon seja assassinado".[32] O oposto da tragédia é o sistema de encanamento. Para muitos teóricos trágicos, Agamêmnon é trágico, mas Auschwitz não.

Não é difícil ver a ética do Real como herdeira de alguns preconceitos aristocráticos da *Kulturkritik*. A teoria da tragédia, no que tem de menos persuasiva, é uma combinação de niilismo e triunfalismo. A vida é brutal e absurda, mas a vontade indomável do protagonista o eleva serenamente acima dela. No que tem de mais poderosa, a tragédia rechaça o niilismo e o triunfalismo. Instrui-nos a esperar sem otimismo. Como a ética lacaniana, portanto, ela é um credo adequado para os radicais desiludidos que desejam conservar a fé, sem abandonar o realismo político. Se diminuirmos o espírito humano à maneira do niilista, privaremos homens e mulheres dos critérios pelos quais eles poderiam medir sua infelicidade; e a consequência disso é que eles correrão o risco de ver sua miséria como inevitável, em vez de intolerável. Se inflarmos o espírito humano à maneira do triunfalista, o sofrimento humano começará a parecer uma coisa bastante banal.

A esperança difere do otimismo na medida em que não antecipa confiantemente um desfecho positivo. É aí que os *Kulturkritikers* [críticos da cultura] levam vantagem sobre os progressistas deslumbrados. A única esperança com resiliência suficiente para nos levar até o fim é aquela que se mostra capaz de olhar de frente para a possibilidade do fracasso. Ela é aquilo que descobrimos quando nossas forças ficam alquebradas e aturdidas, mas quando, ainda assim, algo sobrevive para registrar esse fato. Como diz Edgar em *Rei Lear*, "O pior não existe/Enquanto podemos dizer 'Isto é o pior'" (4.1.29-30). E isso não é niilismo nem triunfalismo. Se Jesus Se houvesse submetido a Sua morte com um olho arguto em Sua ressurreição iminente, não teria ressuscitado dos mortos. Mas também não teria ressuscitado se houvesse cedido em Seu desejo — um desejo que, no Seu caso, consistia nessa espécie peculiar de amor conhecida como fé. ("O crente, afinal, é um apaixonado", escreveu Kierkegaard em *O desespero humano*.) Somente por não ser um truque *a la* Houdini, e sim um encontro infernal com o Real da destituição, é que a crucificação pode constituir o *transitus* para uma vida transfigurada. Somente se Jesus reconhecesse que Sua missão não dera em nada, que Ele era um fracasso lastimável, abandonado por Seus companheiros em pânico, e ainda assim mantivesse,

386

A BANALIDADE DO BEM

diante dessa confissão, Sua amorosa fidelidade àquilo que Ele via como a fonte do Seu ser, é que Sua morte poderia frutificar na vida de terceiros.

Essa dialética da aceitação e da transfiguração é também uma dialética entre o corriqueiro e o extraordinário. É nisso que ela difere do contraste entre a nobreza moral e a banalidade social, no qual insistem a *Kulturkritik*, a teoria trágica "superior" e o realismo ético. É notável que em parte alguma o Novo Testamento apresente o sofrimento de Jesus como heroico. Sua morte nada tem de intrinsecamente glorioso. Søren Kierkegaard observa, em *Temor e tremor*, que o herói trágico abre mão do que é certo pelo ainda mais certo, mas também reconhece que não há triunfos garantidos em troca de atos de fé. A morte de Jesus deve ser tão pouco celebrada quanto qualquer outra morte humana. O sofrimento, para a cultura judaico-cristã que deu origem aos Evangelhos, é inequivocamente maléfico. Deve-se resistir a ele, e não glorificá-lo. Nem uma única vez Jesus aconselha os doentes a se resignarem a suas aflições. Ao contrário, parece subscrever o mito de que a doença é obra de espíritos maléficos. Se você puder colher algo de positivo da sua agonia, tanto melhor, porém melhor ainda seria não precisar fazê-lo.

O martírio — atrelar Tânatos à causa de Eros, pôr a morte a serviço dos vivos — deve envolver a aceitação da morte como uma realidade trágica, e não um espiar expectante para além dela. Somente para os que descobrem que, mesmo nessas condições, não podem desistir de sua fé ou seu amor, por mais escassa que seja a sua possibilidade de realização ou recompensa, é que a barreira da morte ou da autodestituição pode transmudar-se num horizonte. Somente para os que veem a morte, o fracasso e a mortalidade como a última palavra, e não como material de barganha numa troca simbólica, é que essas coisas podem revelar que não são propriamente a última palavra, afinal, assim como a sinfonia demoníaca que conclui o *Doutor Fausto*, de Thomas Mann, termina numa nota impossível, infinitamente baixa, quase inaudível — um mero fantasma ou gesto frágil no ar, uma "esperança além da desesperança" que pode simplesmente sugerir uma outra maneira completamente diferente de ver e viver a vida. Também o socialismo é um projeto trágico nesse sentido. É uma prática de solidariedade com o fracasso e sabe que o único poder duradouro é aquele que brota de um pacto com essa impotência. Somente os que têm pouco a perder tendem a apostar seus recursos escassos no perigoso acaso de um futuro mais justo.

O PROBLEMA DOS DESCONHECIDOS

A crucificação é tradicionalmente vista como o momento em que Cristo assume e redime a culpa humana. A culpa em questão provém do conluio letal entre a lei e o desejo, visto que a lei ou supereu impele-nos não apenas a nos castigarmos por nossos anseios ilícitos, mas também a extrairmos um prazer obsceno desse processo, um prazer que, por sua vez, provoca uma culpa mais profunda e, portanto, um autodespedaçamento mais selvagem. Se a morte de Cristo pretende abrir essa espiral é porque, como vimos, ela revela que a lei do Pai é uma lei de amor e justiça, e não uma força que imponha a morte. Ela proclama a lei como graça — como amor, êxtase, libertação, alegre abundância de vida — e não como um jugo opressor.

O pensamento lacaniano vê uma trágica hiância entre o sujeito e o Outro — entre o que somos como sujeitos e aquilo que o imperscrutável Outro pode exigir de nós. Dizer que Jesus é o Filho, em contraste, é afirmar que o que Ele é para o Outro conhecido como Deus é também aquilo que Ele é para Si mesmo. A fonte do amor e a fonte da Sua existência pessoal são idênticas. Ele está identificado com a lei do Pai, é um significante (ou "Verbo") transparente dela, inteiramente nascido do amor, e não da carne; e é por essa identificação fiel com as raízes de Sua identidade, por essa recusa a abrir mão de Sua amorosa confiança no fundamento do Seu ser, que Ele é torturado e assassinado. Sua fidelidade à lei do Pai é em si um exemplo de amor sem limites e, portanto, uma revelação do próprio Pai. Deus não é o simples objeto do Seu desejo, porém a fonte dele, donde o "mau" infinito do desejo lacaniano, cujo objeto escapa perpetuamente, cede lugar a um desejo do bem que só é possível quando, de algum modo, já se desfruta do bem. Seria impossível buscar Deus, como diz o velho clichê cristão, se já não se O houvesse encontrado. Nesse sentido, a infinitude do desejo dá lugar a uma eternidade de vida abundante. É a caridade que é ilimitada da maneira mais importante, não o desejo. O desejo já não é uma perda perpétua depois que assume a forma da fé. Entretanto, como o nosso clamor mórbido é que o Outro nos castigue, e não que nos perdoe, relutamos em abrir mão do gozo que extraímos dessas fantasias autopunitivas. É difícil aceitar o escândalo de que haveria uma Alteridade efetivamente do nosso lado. Reconhecê-lo significaria renunciar ao prazer masoquista que nos vincula à lei e, desse modo, exigiria uma transformação radical do eu.

388

A BANALIDADE DO BEM

Dizer que Jesus é o "Filho" do Pai, portanto, é dizer que Ele é a imagem autêntica do Pai, a qual O revela como amigo, amado e vítima como nós, e não um Nobodaddy[33] patriarcal, um juiz satânico ou um déspota sanguinário. Jesus não foi assassinado pelo Pai, mas pelo Estado romano e seus lacaios coloniais apáticos, que se assustaram com a mensagem de misericórdia e justiça transmitida por Ele e com Sua enorme popularidade junto aos pobres e O eliminaram numa situação política sumamente volátil. Provavelmente, o fato de vários de Seus companheiros mais íntimos serem zelotes ou revolucionários anti-imperialistas também não ajudou. Assim, o pavor santo do amor divino tornou-se o pavor santo do inocente culpado, do bode expiatório brutalizado pelo bem dos outros. Não é que Deus tenha uma presença benigna, mas tenha também um lado obscuro obscenamente sádico, e sim que Ele é um terrorista do amor. A mensagem da crucificação é que os que invocarem a tradição dos profetas do Velho Testamento, a fim de que os pobres cheguem ao poder, serão executados pelo Estado. A ressurreição sugere que essa vitória não é propriamente a última palavra.

Por conseguinte, a imagem idólatra e superegoica da lei é derrubada de seu lugar de honra. Por isso, torna-se possível, em princípio, amar e desejar sem culpa. A falta de ser que é o desejo pode ser vista como um vestígio da negatividade mais profunda que é Deus. Desse modo, somos libertados da trágica situação em que o desejo provoca o sadismo maldoso da lei, assim alimentando em nós essa cultura infecta de culpa para a qual a denominação cristã clássica é "pecado original". Espantosamente, uma forma não obscena de *jouissance* ou êxtase torna-se então possível. Como Tânatos ou a pulsão de morte, esse gozo, na expressão lacaniana, "não serve para nada", ultrapassa loucamente a utilidade; agora, porém, ele é o não servir para nada da própria criação, a qual, como dádiva e graça puras e não motivadas, não tem absolutamente nenhum sentido além do supremo deleite de Deus com Ele mesmo. O terror da lei é desmascarado como o extremismo implacável do amor divino — o próprio amor é denunciado como uma demanda violenta, diruptiva, traumática e, por conseguinte, como nada menos do que o Real janusiano. Se o desejo já não é ilícito — se agora podemos amar uns aos outros sem culpa — é por termos aceitado o fato intolerável de que a fonte desse amor sempre já nos perdoou, aceita-nos como somos, em toda a nossa sordidez moral, e não pede nada de nós senão a permissão de nos amar. Surpreendente-

389

O PROBLEMA DOS DESCONHECIDOS

mente, existe uma forma do Real que deseja o nosso bem-estar, em vez de perturbá-lo, e que não nos deixará naufragar. Com isso, é-nos rudemente roubado o prazer obsceno de nosso remorso, que pelo menos nos garante que existimos.

Tudo isso pode ser interpretado como uma alegoria da ética do Real. O Real, como o amor de Deus, é um terror santo, ao mesmo tempo sagrado e maldito. É o lugar em que nos tornamos presas da fúria vingativa da pulsão de morte, mas é também o lugar em que podemos ser libertados de seus grilhões. A destituição do desespero talvez seja mais próxima do que parece do autodessapossamento do amor. Ao abraçarmos as forças da morte podemos passar, na visão lacaniana, do registro do desejo para o da pulsão. Ao fazê-lo, somos transportados pelo terreno bem cultivado da lei para o lado oposto, para uma região sem lei, ou um oeste selvagem do espírito, no qual a única lei que importa é a do nosso desejo. Trocamos a lei simbólica pela lei do Real. A opressiva exigência da lei simbólica dá lugar à exigência vivificante do agarrar-se ao próprio desejo, o que, como todos os impulsos morais autênticos, é sentido como inelutável. Agora, a única culpa a temer é a má-fé que consiste em renunciar a esse desejo, que é afirmado como a própria essência do ser. Nesse aspecto, à sua maneira, Lacan é tão essencialista quanto Lawrence.

Os mortos-vivos são os autotorturadores apanhados nas redes da lei, aprisionados no inferno eterno de uma dialética cristalizada entre o desejo e a autoabominação; entretanto, uma vez vista a morte como um limiar, e não um beco sem saída, essas criaturas vampirescas ou semelhantes a zumbis podem morrer de verdade, abraçando sua finitude, apoderando-se da pulsão de morte e a convertendo na própria dinâmica do seu desejo. Ao fazê-lo, elas afirmam uma curiosa espécie de imortalidade. Não mais temer a morte é desfrutar de uma espécie de vida eterna. É esse estado que Lacan tem em mente ao observar que somente nesse terreno, para além da ordem simbólica, "pode surgir a significação de um amor sem limite, porque fora dos limites da lei, único lugar onde ele pode viver".[34] Somente ao renunciarmos aos objetos imediatos da nossa afeição, que Lacan vê como "patológicos" no sentido kantiano, é que podemos afirmar a pureza do desejo que é o Real. Ao fazê-lo, libertamo-nos da culpa e passamos a poder amar sem reservas.

Tal como a do cristianismo, portanto, a ética de Lacan é sacrificial. Aliás, certa vez ele comentou que, se havia alguma religião verdadeira, coisa em que ele não acreditava nem por um instante, era o cristianismo. Lacan contrasta o amor pelas coisas mundanas com o desejo do Real, em prol do qual é preciso abrir mão dessas coisas. O cristianismo, por outro lado, não vê essa oposição clara entre a mundanidade e o Real. Cristo renunciou ao mundo por amor a ele. Dispôs-Se a perder tudo por amor à humanidade. Para uma religião baseada na encarnação, o Real não é uma alternativa para o amor aos outros, como se afiguraria a alguns lacanianos. Antes, realiza-se através dele. Como escreveu Eric Santner, "Não (...) precisamos de Deus em nome das coisas divinas, mas em prol de uma atenção adequada às coisas seculares".[35] Nesse sentido, não há antagonismo final, para a fé cristã, entre o Real e o Simbólico, Deus e os outros, o desejo e o amor, o momentoso e o mundano. Os objetos de amor não são armadilhas no caminho do desejo, e sim o modo como o Real do amor divino pode ser rotineiramente encontrado. Com efeito, para o credo judaico-cristão, os outros só são realmente objetos de amor quando são encontrados "no Real" — ou seja, como portadores de uma estranheza sublime, que resiste ao *égoisme à deux* do Imaginário e tem sua fonte na transcendência do Pai.

A afirmação de que o próximo repulsivamente estranho deve ser amado "como a si mesmo" é uma receita de trabalho suado, não de narcisismo. Isso porque amar a si mesmo está longe de ser uma tarefa simples, visto que implica uma aceitação do Real desfigurador que se acha no cerne da identidade de cada um. Mas isso, em contraste com a admiração recíproca do Imaginário ou com os arranjos contratuais entre sujeitos autônomos que caracterizam o Simbólico, tem então a possibilidade de se transformar no terreno sólido em que os seres humanos podem encontrar-se. Em certo sentido, os mandamentos gêmeos das Escrituras — amar a Deus e amar ao próximo como a si mesmo — devem ser considerados inseparáveis: o amor ao próximo só é possível quando fundamentado no Real. Entretanto, eles também devem ser distinguidos, para frisar que nem todo amor ao próximo é tão bem fundamentado. Existem maneiras imaginárias de amar ao próximo que ficam muito aquém do Real — isto é, às quais falta o tipo de amor impessoal, sacrificial e abnegado que seria necessário para fazer surgir uma nova ordem social.

Nesse sentido, nem todo amor ao próximo significa o tipo de narcisismo secreto a que alguns lacanianos parecem ansiosos por reduzi-lo. O amor que não tem essa significação é desse tipo sacrificial. É aquele

O PROBLEMA DOS DESCONHECIDOS

que Marx retrata, em sua *Contribuição à crítica da filosofia hegeliana do direito*, como sendo necessário, se quisermos converter a "perda total da humanidade" num "ganho total da humanidade". O bode expiatório ou objeto sacrificial — no caso de Marx, o proletariado — passa da fraqueza para a força e o nome psicanalítico desse movimento do inferior para o enaltecido é sublimação. Como Hans Castorp vem a reconhecer na grande cena da neve de *A montanha mágica*, de Thomas Mann, é o amor, não a razão, que é mais forte do que a morte e só dessa percepção pode brotar a doçura da civilização — mas "sempre num silencioso reconhecimento do sacrifício de sangue". Devemos honrar a beleza e a nobreza de espírito, ao mesmo tempo reconhecendo o horror e a miséria que se encontram na raiz deles.

No fim, o pensamento ético de alguém como Lacan, Lévinas ou Badiou simplesmente não é entediante ou batético o suficiente.[36] Numa era que a muitos parece desprovida de grande valor intrínseco, esses pensadores estão demasiadamente prontos a trocar o imanente pelo transcendente. Nesse aspecto, seu pensamento contrasta de maneira desfavorável com a ética cristã, para a qual não há necessidade de escolher quanto a isso. Dar pão a quem tem fome é levar a vida da graça divina. Os adeptos da ética do real são bem mais ascéticos, "religiosos" e extramundanos do que a moral judaico-cristã, que não é outra coisa senão materialista. O batos é a figura constitutiva dessa herança recente — como é, aliás, a da psicanálise, para a qual o objeto fica sempre lamentavelmente aquém do desejo dele. Aqui não há conflito entre imanência e transcendência, como há para os "realistas". O Javé do Velho Testamento proclama que Seu povo O conhecerá por quem Ele é quando acolher os imigrantes, cuidar dos desvalidos e proteger os pobres da violência dos ricos.

Há um toque carnavalesco num credo para o qual o cosmos inteiro está em jogo na doação de um copo d'água. O Filho do Homem desce majestosamente em nuvens de glória, só para indagar de forma prosaica se você visitou os enfermos e alimentou os famintos. Os Messias convencionais tendem a fazer sua entrada na capital do país em limusines à prova de balas, com batedores policiais, e não num burrego. Jesus é apresentado como um Salvador que é uma piada de mau gosto. No entanto, o evangelho cristão vê em atividades corriqueiras como vestir os que estão nus o antegozo de uma transfiguração da Terra, uma transfiguração que é uma sandice para os franceses. O excepcional e o corriqueiro não são

392

A BANALIDADE DO BEM

domínios separados, como são para os discípulos de Lacan. O mundo material é o único *locus* de redenção. Como escreveu Graham Pechey, por trás do "descartar da clássica 'separação de estilos' (*Stiltrennung*) [nos escritos modernos] e da descoberta que esses fazem do sério e do trágico no cotidiano, houve uma ação policial corriqueira, na Judeia romana, que abalou o mundo".[37]

O mesmo se aplica à ética socialista, para a qual as formas rotineiras de camaradagem no presente prefiguram o regime revolucionário do futuro. O marxismo clássico adere ao "Real" da revolução, com toda a sua panóplia de drama, crise e ruptura, mas essa ruptura momentosa existe em prol da vida comum e é produzida pelas pessoas comuns. Se existe heroísmo, é o das massas anti-heroicas. O Real e o Simbólico não devem ser cindidos. E tampouco o são para a psicanálise, para a qual a pulsão de morte é a coloração invisível da vida cotidiana.

Essa tensão entre imanência e transcendência surge no Evangelho de São João como uma tensão entre amar e desprezar o mundo. O mundo, no sentido do sistema de poder dominante, vilipendia os apóstolos da justiça e, por conseguinte, deve ser rejeitado. Mas essa não é uma antipatia derridiana pela vida cotidiana, do mesmo modo que não reflete o caráter extramundano ultraesquerdista de alguém como Alain Badiou. É que o mundo, segundo nos é dito, é também aquilo que Deus ama. Visto que é Sua própria criação, a dissidência política não deve ser confundida com uma aversão ascética pelo carnal e pelo finito. A carne, como Badiou reconhece em seu estudo sobre São Paulo, não significa o corpo, que é uma sagrada criação divina, mas uma forma corrupta e violenta de vida política. O cristianismo e o socialismo realmente são credos extraterrenos: ambos anseiam por uma transformação da humanidade. Mas o fazem por sua preocupação com os homens e as mulheres que efetivamente existem, e não pela doce esperança de felicidade numa vida futura. Há pouca ilusão opiácea na advertência que Jesus faz a Seus companheiros, dizendo-lhes que se eles forem fiéis a Seu evangelho, serão assassinados. Os que desdenham desse caráter extramundano são conhecidos como liberais ou conservadores. Eles se deixaram levar pela proposição estapafúrdia de que, com uma ou outra reforma judiciosa, isso é o melhor que se pode conseguir. É essa suposição que se mostra ingenuamente irrealista, e não a convicção de que a vida humana poderia, em termos viáveis, ser muito aprimorada.

A voz do herói (ético), escreve Lacan em *A ética da psicanálise*, "não treme diante de nada, muito especialmente não diante do bem do outro".[38] O altruísmo, a igualdade e o respeito pelos direitos são apanágio da ética simbólica, à qual Lacan rende homenagens respeitosas; mas essa ética, a seu ver, não vai fundo o bastante. A ética do Real tem um preconceito contra a filantropia, o qual, podemos imaginar, os necessitados de ajuda urgente não devem compartilhar com tanto fervor. A ética não é uma questão de felicidade, de autorrealização nem de servir ao bem dos outros.

Mas os argumentos de Lacan contra essa tese, em *A ética da psicanálise*, são notavelmente fracos. O campo do bem ou da virtude envolve inevitavelmente o poder, ele assinala, pois quem há de controlar e distribuir os vários bens sociais — bens que, a seu ver, de qualquer modo não são mais do que distrações no caminho para a realização do desejo? No entanto, o desejo do Real decerto pode envolver o poder, exatamente na mesma medida. Com certeza, Clarissa Harlowe exerce uma enorme autoridade, por optar de maneira tão perversamente resoluta pela morte. Além disso, afirma Lacan, a questão do bem levanta o problema de saber de quem é o bem que está em jogo, como se isso bastasse para desacreditá-lo. Žižek e Zupančič formulam exatamente o mesmo argumento. Não parecem reconhecer que a luta interminável sobre qual é e de quem é o bem em causa, em qualquer situação particular, é precisamente o que se pretende dizer com ética, no sentido tradicional. Fazer o bem não alivia a culpa, lembra-nos Lacan severamente, como se alguém em algum momento imaginasse que sim. Querer o bem dos outros, acredita ele, em geral é uma questão de querer o que é bom para si. A filantropia, em suma, é uma espécie de tapeação. Devemos situar nossas metas éticas em coisas mais elevadas do que cuidar dos outros, o que os serviços de previdência social sem dúvida podem fazer por nós.

Num estudo que se destaca em outros aspectos, Alenka Zupančič fala com desdém que o gozo de uma ética do Real seria "domesticado" pelo amor ao próximo.[39] Não é essa, podemos desconfiar, a visão de quem acabou de ser esmagado embaixo de um caminhão numa rua cheia de transeuntes. A filósofa Catherine Chalier acha que Kant e Lévinas têm razão de rejeitar uma ética da felicidade, já que ela está fadada a provir do amor-próprio.[40] Não fica claro por que a felicidade é egoísta, mas o desejo, digamos, não o é. O próprio Lévinas mostra-se profundamente

A BANALIDADE DO BEM

nervoso com a ideia de felicidade, que traz o risco de nos anestesiar contra a agonia que devemos sentir na presença do Outro. Podemos, teme ele, vir a esquecer de Deus em nosso prazer com as coisas terrenas, do mesmo modo que, para Lacan, esse deleite pode nos levar a esquecer o Real. A felicidade é quase sempre vista por Lévinas como uma espécie de satisfação bovina.[41] Outro adepto da ética do Real, Kenneth Reinhard, declara-se contrário a tratar o próximo "como meu 'semelhante', *mon semblable*, cujo bem (autopreservação, satisfação das necessidades) eu imagino no espelho do meu próprio eu".[42] Mas não há razão para suspeitar que toda caridade humana seja desse tipo imaturamente narcísico. O amor ao próximo pode resultar na própria morte, como faz no caso de Antígona. Alguns adeptos do Real contrastam os chamados prazeres animais do altruísmo (essencialmente uma coisa imaginária) com o gozo sublime do Real. Mas, como o próprio Lacan ensina, o gozo envolve uma aceitação da morte e o mesmo faz o amor pelos outros. Mesmo que não se morra literalmente, como no caso do mártir, a morte continua a ser uma metáfora do abandono de si mesmo que esse amor acarreta. Não há um conflito necessário entre a compaixão e o Real, o semelhante e o estranho. Clarissa vira as costas para a humanidade e se entrega a Deus, mas um dogma da fé cristã a que ela adere é que esse Deus está mais fundamentalmente presente nos desvalidos. Emoldurada numa ficção, ela morre em nome de todas as mulheres violentadas de sua época, não apenas numa gloriosa solidão.

Além disso, não devemos precipitar-nos em descartar o valor do amor-próprio, como Reinhard parece fazer. Um dado moral conhecido é que a pessoa boa e justa deseja coisas boas e justas para si, pois sem esses recursos fica menos bem equipada para cuidar dos outros. Nem todo amor-próprio é presunçoso e estéril. Por que devo ter licença para me tratar com mais desleixo do que trato qualquer outra pessoa? Por que devo ser dispensado da lei universal da caridade só porque me acontece ser eu? A ordem de eu me portar com os outros tal como me porto comigo só funciona quando me trato com certo grau de respeito. E não há razão para supor que essa seja uma questão natural ou espontânea. Para a fé cristã, amar a si mesmo requer tanto a graça de Deus quanto amar aos outros.

O Creonte de Sófocles, como representante da pólis, está engajado no controle e na distribuição do bem, numa burocracia do espírito que

O PROBLEMA DOS DESCONHECIDOS

não interessa a Lacan por acaso. Essa é a ética como nada além do "serviço dos bens". O que capta a imaginação lacaniana não é Creonte, defensor da razão prática kantiana, e sim Antígona — não uma economia regulamentada dos bens públicos, mas o excesso de um desejo solitário, impulsionado pela morte, que foi além de todos os interesses e todas as satisfações terrenos. "Só os mártires são sem piedade e sem temor", comenta Lacan orgulhosamente, talvez esquecido do jardim de Getsêmane, uma cena bíblica que apresenta Jesus sofrendo um pânico terrível na véspera da morte.[43] O mártir tradicional coloca sua morte a serviço dos vivos, atrelando Tânatos aos objetivos de Eros; o mártir-herói lacaniano a entrega à causa ou à Coisa nele que é seu desejo, vivenciado como um gozo solitário que vai além dos longínquos postos avançados da vida social.

E é assim que Zupančič pode falar da recusa do ético a ser "seduzido" pelo prazer, pela compaixão, pelo amor ao próximo, a felicidade, o bem público e coisas similares. Pensar na ética nesses moldes terrenos — como bioética, ética cultural, ética médica, ética ambiental etc. — reflete, segundo essa visão, uma incapacidade pusilânime de contemplar uma ética do Real.[44] A caridade comum é uma defesa inconsciente contra os sinistros esplendores do gozo, um gasto que, ao contrário das reformas sociais ou da sopa dos pobres, não serve para nada. As meras "ações" morais devem ser contrastadas com "atos" éticos revolucionários, termo que, noutros pontos da exposição de Zupančič, como que para frisar sua colocação, transmuda-se em outro bem mais honroso, "Atos". Se apenas esses atos puros são verdadeiramente éticos, a moral parece tão escassa quanto as revoluções políticas. Slavoj Žižek refere-se à moral convencional ou simbólica, em tom depreciativo, chamando-a de "a tranquila direção dos negócios no campo do Ser",[45] como se o ético fosse um mero azeitar superficial das engrenagens administrativas. A ética é aristocrática, ao passo que a moral é pequeno-burguesa. Do ponto de vista olímpico do Real, a vida cotidiana se afigura tediosamente uniforme e mecânica. Não deve ser apreendida, antes de mais nada (como Žižek costuma fazer), como uma arena de conflitos éticos e políticos. Comparadas ao sublime esplendor do Real, suas lutas e contradições internas parecem relativamente banais. São uma questão de moral provinciana, e não de ética elitista.

A meta da psicanálise, comenta John Rajchman, "não é nos tornar cidadãos mais virtuosos nem trabalhadores mais produtivos". A implicação

A BANALIDADE DO BEM

é que os cidadãos virtuosos são apenas aquelas criaturas certinhas e sem imaginação que apoiam acriticamente o Estado, e não, digamos, as que exercem sua virtude para questionar o poder estatal. Se Edgar J. Hoover foi um cidadão virtuoso, também Robespierre o foi. Similarmente, gerar trabalhadores produtivos talvez tenha sido um projeto conservador na Alemanha de Hitler, mas continua a ser um projeto construtivo em muitas regiões do mundo pós-colonial. A matéria da psicanálise, como afirma Rajchman, é realmente a insatisfação humana, porém há uma distinção bastante vital entre ficar insatisfeito com a vida na Alemanha nazista e aborrecer-se com a expulsão do antigo regime na Cuba de Fidel Castro. Quando essas diferenças não são observadas, corre-se o risco de reproduzir, com uma roupagem bem mais sofisticada, o batido contraste romântico entre o dissidente solitário e o Estado uniformemente opressor. Grande parte da ética do Real enquadra-se justamente nessa postura estereotipada.

Há uma pitada previsível do dionisíaco na atitude de Lacan para com a vida ética. O desejo de humanidade em nossa era, considera ele, foi aburguesado, castrado, embalado e domesticado por moralistas, reformistas e educadores bem-pensantes. É como se aquilo que é moral fosse feminino, enquanto o ético é masculino. A cultura política moderna, obcecada com o mero "serviço dos bens" — felicidade, assistência social, bem-estar, direitos civis e outros desses exemplos anódinos do princípio de realidade — abandonou a grande questão ética da relação do Homem com seu desejo. O campo do bem-estar social, dos direitos etc., admite Lacan em tom magnânimo, "existe, naturalmente, não se trata de negá-lo".[46] Só que ficamos com a impressão de que, tal como a febre tifoide, ele preferiria que não existisse. Talvez cônscio dos perigos do elitismo ético, ele insiste a seguir em que não há distinção fundamental entre o herói trágico e o indivíduo comum: "Em cada um de nós há a via traçada para o herói e é justamente como homem comum que ele a efetiva."[47] O herói experimenta todas as paixões da pessoa média, "com a ressalva de que nele elas são puras e de que ele se sustenta inteiramente nelas".[48] Na verdade, portanto, o herói é apenas o vizinho do lado, só que nos é dito, ao mesmo tempo, que ele não é nada disso. Depois de anular generosamente a diferença entre o excepcional e o mediano, Lacan a reinstaura num instante. O indivíduo médio, ele nos informa, tende a recuar em seu desejo ao ser traído, regressando ao campo inferior do serviço dos bens,

O PROBLEMA DOS DESCONHECIDOS

ao passo que o herói se mantém fiel a sua paixão. Essas figuras insignes levam seu desejo a um ponto em que ele já não pode ser representado, a um ponto no qual perecem por causa da verdade.

Em *A religião nos limites da simples razão*,[49] Kant escreve sobre a revolução na índole do indivíduo em função da qual ele se torna uma espécie de nova criação. É disso que precisamos se quisermos passar do "patológico" para o ético. A ética do Real herda meritoriamente essa doutrina, pois gira em torno de uma revelação ou extremo "impossíveis" que viram nosso universo de pernas para o ar, de um evento tumultuoso que nos desarticula, faz uma nova totalização de nosso mundo e remolda violentamente os alicerces da nossa vida. Somente uma ética revolucionária como essa, percebem com acerto os adeptos do Real, é capaz de resolver nossa situação incorrigível, seja no plano pessoal, seja no político. Em matéria de política, só os que deixam o realismo de lado — liberais, conservadores, reformistas e similares — podem imaginar que uma mudança menos profunda do que essa, em vista da nossa calamitosa situação política, nos daria algo parecido com tudo de que precisamos.

Entretanto, um problema dessa revelação, no estilo da ocorrida na estrada para Damasco, é o que acontece depois dela. Há poucas indicações, na teoria lacaniana, de como o encontro do solitário herói ético com o Real poderia criar um caminho para a transformação política. No que concerne à política, essa ética é elitista demais e insociável demais para se prestar com facilidade a esse tipo de tradução. Em sua maior parte, a política e a ética ficam em lados diferentes do muro. De qualquer modo, temos de indagar se todos os homens e todas as mulheres têm de se transformar em versões de Lear e Antígona para viver bem. O erro dos adeptos do Real é tomar como paradigma da vida moral aquilo que é, na verdade, uma experiência sumamente excepcional. À maneira modernista, o extremo define a norma. No entanto, precisamos de uma ética apropriada ao hospital ortopédico e ao jardim de infância pré-escolar, e não apenas aos campos de extermínio e às barricadas. Uma ética que ilumine o momento de conversão, revelação, ruptura ou revolução, como faz essa, de um modo precioso, não pode ser projetada na vida social como um todo, pois essa inevitavelmente revelará não estar à altura dela. O Real, portanto, corre o risco de se portar como o supereu freudiano ou a lei moral de Kant, esfregando-nos na cara a nossa fragilidade, ao nos fazer exigências que descobrimos serem impossíveis de cumprir.

A BANALIDADE DO BEM

Para Alain Badiou, pode haver uma espécie de tradução de um campo para o outro. A resposta a como o Real converge com o Simbólico é preservar a fidelidade cotidiana à verdade que ele torna manifesta. É essa, por assim dizer, a versão de Badiou para a Encarnação, para a interseção do infinito com o finito. Não é fácil saber o que significaria traduzir o excepcional no comum dessa maneira, porém ao menos Badiou presume uma continuidade entre os dois. Em geral, contudo, traduzir em termos políticos uma ética que se estrutura contra a pólis, em grande parte, revela-se um problema para o realismo ético. Como observou Bernard Williams em outro contexto, "seria preciso admitir que a virtude como pureza do coração, embora fosse o único bem, só poderia ser uma realização minoritária, e essa, por sua vez, precisaria de uma outra política para construir a relação entre essa virtude e a sociedade impenitente".[50] É justamente isso, como vimos, que Lévinas se atrapalha meio inutilmente para alcançar.

O cristianismo tem sua própria resposta para a questão de saber se todos os homens e todas as mulheres têm de se transformar em versões de Lear e Antígona, que é a doutrina de que o sacrifício de Cristo foi feito de uma vez por todas. Por Ele ter sido o bode expiatório ou o *pharmakos* que assumiu nossa culpa, como o significante poluído da humanidade pura, Seus seguidores literalmente não têm de suportar esse sangrento despojamento deles mesmos. Em vez disso, compartilham-no no plano semiótico, no nível do signo ou do sacramento. O banquete eucarístico comemora a turbulenta passagem do antigo credo para o novo, do mesmo modo que o sujeito da verdade postulado por Badiou mantém-se fiel ao evento fundador. Contudo, embora todos os cristãos devam ser mártires em potencial, literalmente dispostos a abrir mão de sua vida por terceiros, é por meio do significante que se preserva a continuidade com a transformação original. É também por meio do significante, no sentido da cura pela fala, que o paciente na cena da análise transpõe a passagem de um estado oprimido para um estado de emancipação. O que está em jogo, na expressão de Žižek, é a "destituição subjetiva", e não uma perda literal do eu. Quanto à política, os que desejam ver os pobres chegarem ao poder não precisam ser miseráveis, eles mesmos, embora sua credibilidade política possa ser favorecida por também não possuírem um excesso de Picassos. O que importa é a solidariedade política, não um partilhar literal das privações alheias.

O PROBLEMA DOS DESCONHECIDOS

Mas não é primordialmente em termos de sacramento que os cristãos reencenam a abnegação de Cristo. Isso se dá, antes, por meio do amor corriqueiro. É na compaixão e no perdão, e não sobretudo em rituais, oferendas, códigos morais ou dietas complexas, que o amor de Javé se manifesta. E, nesse campo humano, ele se manifesta, antes de mais nada, nos pobres e espoliados. A era da religião é superada no Calvário: como observa o autor da Epístola aos Hebreus, Cristo é o último sumo sacerdote, que "entrou no Santuário de uma vez por todas, levando não o sangue de cabras e bezerros, mas Seu próprio sangue, e com isso assegurou a redenção eterna" (9.11). A única oferenda que importa no novo credo é um corpo humano alquebrado. É em torno dessa verdade monstruosa que se deve construir um novo tipo de solidariedade, que perpassa sem concessões os papéis dados da ordem simbólica. Essa é uma das razões por que o Novo Testamento é tão indiferente à sexualidade e mostra tanto descaso pela família.

Em contraste com uma ética do Real, portanto, o cristianismo une o impossível e o corriqueiro, a transcendência e a imanência, o Evento e suas consequências históricas, no que poderíamos chamar de sublimidade terrena. Kierkegaard fala do cavaleiro da fé como alguém que "expressa o sublime no prosaico".[51] O amor comum reencena a crucificação, por envolver uma morte ou um dar de si metafóricos. A ligação entre amor e morte é basicamente desconsiderada pelo grande clássico filosófico de Martin Heidegger, *Ser e tempo*.[52] O ser com os outros e o ser para a morte são ambos constitutivos do *Dasein* ou humano para Heidegger; no entanto, na maior parte do tempo, ele não percebe que a forma cotidiana do morrer para si que é o amor constitui um ensaio da autodestituição final que é a morte. A ética tem a ver com o amor, não com o desejo. Não há caminho da ética como desejo para a vida cotidiana da pólis, mas esse caminho existe, como veremos, partindo da ética como amor.

Com o cristianismo, portanto, surge uma nova estima pelo comum. Charles Taylor vê a revolução baconiana do começo da sociedade moderna como uma revolução que "desloca o *locus* da vida virtuosa de um leque especial de atividades e lugares superiores para o interior da própria 'vida'".[53] Os códigos de honra e glória dão lugar a uma preocupação com o trabalho, o comércio, a sexualidade e a vida familiar. O valor espiritual deixa de ser um assunto elitista e se torna parte da existência cotidiana. Foi principalmente a Reforma, com sua santificação da vida corriqueira,

400

A BANALIDADE DO BEM

que desgastou as barreiras entre o sagrado e o profano, mas Taylor encontra as origens desse desgaste na espiritualidade judaico-cristã em si, com sua afirmação do dia a dia. É a preciosidade da vida comum que torna trágica a execução de Jesus, ao passo que Sócrates se encaminha para a morte acreditando não estar perdendo nada de grande valor. "Para o cristão", escreve Taylor, "aquilo a que se renuncia é, por isso mesmo, afirmado como bom."[54] Uma vez que toda forma de vida provém de Deus, o simples estar vivo é um valor em si — uma visão que dificilmente seria compartilhada pela espécie de casta de guerreiros pagãos para a qual a honra suplanta a mera existência.

Em seu grande estudo intitulado *Mímesis*, Erich Auerbach contrasta a psicologia essencialmente simples dos poemas homéricos com as figuras humanas complexas, multifacetadas e evolutivas das Escrituras hebraicas. "Desde o começo, nas histórias do Velho Testamento", comenta ele, "o sublime, o trágico e o problemático adquirem forma justamente no doméstico e corriqueiro."[55] Se os textos homéricos retratam as questões de uma aristocracia, o Velho Testamento tem uma predileção pela gente comum: "Sua atividade é sempre discernível, ela está constantemente em ebulição, intervém com frequência nos acontecimentos, não apenas como um todo, mas também em grupos separados e por meio de indivíduos distintos que se apresentam; as origens da profecia parecem situar-se na irreprimível espontaneidade do povo."[56] Essa cultura é que veio a produzir, em sua sequência cristã, o primeiro movimento universal das pessoas comuns de que a história tem conhecimento.

Alain Badiou, como vimos, exorta-nos a nos mantermos fiéis ao evento revolucionário. Mas é um erro imaginar que uma sociedade justa deva permanecer eternamente escravizada a seu momento de fundação. Ao contrário, um dos indicadores de sua emancipação é ela já não necessitar desse heroísmo moral. Uma vez que tenha ocorrido a revolução "Real" ou política, ela fica livre para virar as costas a esse drama trágico e desfrutar de uma existência cotidiana realizadora. Aqui, como na doutrina cristã, a crise e a conversão devem ser vistas como estando a serviço da vida corriqueira, sendo o Real considerado o servo do Simbólico. Mas os dois também concordam num sentido: o de que estabelecer essas virtudes não heroicas e corriqueiras de justiça e igualdade, em escala universal, dado o tipo de mundo que temos, não exigiria nada menos do que uma transformação completa. Para que a ética assuma a fluência do Imagi-

O PROBLEMA DOS DESCONHECIDOS

nário — para que adquira a facilidade do hábito que conhecemos como virtude — ela precisa, politicamente falando, da ação e da autodisciplina do Simbólico, bem como das descontinuidades traumáticas do Real.

Lacan admira Aristóteles, mas considera sua ética irremediavelmente falha. A ética da virtude é um discurso moral vulgar demais para o defensor de Édipo e Antígona, é uma questão pequena demais de sublimidade e transcendência. Pertence com demasiada severidade ao Simbólico, e não ao Real. É uma linha de investigação que encontra mais a valorizar na vida social do dia a dia do que os discípulos de Lacan, Derrida e Badiou se dispõem a tragar. Mas a tradição moral que flui de Aristóteles oferece um desafio importante ao ascetismo dos adeptos do Real. Cotejada com a insociabilidade taciturna da ética do Real, uma linha de pensamento moral para a qual os bens humanos estão profundamente inseridos na vida social e política está fadada a parecer convidativa. Diante do êxtase do gozo, impulsionado pela morte, é um alívio nos voltarmos para uma ética para a qual o bem consiste numa bem-humorada abundância de vida — na realização prazerosa da natureza animal característica de cada um. Enquanto os lacanianos consideram um fim em si o apego do sujeito a seu desejo, os adeptos da ética da virtude sentem o mesmo em relação ao florescimento humano. Só que sua ideia de florescimento pressupõe um senso bem maior de um eu coerente do que o pensamento pós-moderno se dispõe a admitir.

Diante do pretensioso discurso kantiano sobre lei, direito, dever, princípio e obrigação, é fatal que nos impressionemos com uma ética da virtude que demonstra pouco interesse por essas questões (o que não equivale a sugerir que os direitos, os imperativos e as proibições, inclusive absolutos, não precisem ter papel algum nessa teoria moral). A ética de Kant tem por modelo o supereu, ao passo que a ética da virtude não se pauta por ele; e embora, é claro, isso não nos livre dessa potência desagradável, persiste a verdade de que a ética da virtude recomenda uma modalidade de conduta humana que ao menos não a reforce. Com a ética da virtude, estamos num mundo de contextos, não de ordens sibilinas, num mundo de instituições sociais, não de estados transcendentes do ser.[57] O ético não é um ideal sedutoramente inatingível, mas uma prática material comum. Nada tem de inefável nem exorbitante. Estamos falando da forma e da textura de vidas medianas, não do esplendor estético de atos isolados.

A BANALIDADE DO BEM

As ações não devem ser avaliadas simplesmente em termos do que conseguem realizar; queremos agir de uma certa maneira, e não apenas acarretar certos estados de coisas. A ética da virtude devolve o estudo da ação, da vontade, do sentimento, das intenções, dos motivos, das consequências etc. à "personalidade moral", apreendendo-os não como fenômenos isolados, mas como produtos de um processo histórico de formação do sujeito, ou (num linguajar mais antigo) do "caráter". Ao resistir dessa maneira ao equivalente ético da morte do autor, ela reinsere o discurso moral em toda a questão da cultura, da infância, da criação, do parentesco, da política e da educação. Sendo assim, fica mais próxima do romance do que do código de trânsito. Agir bem não é apenas fazer o que é certo, o que vem a ser o ponto em que esse estilo de moral difere de parte da ética simbólica; mas a ação correta tampouco é garantida pela compaixão e pela solidariedade, o que é o aspecto em que ela diverge de parte do discurso moral imaginário. Para Aristóteles, a ética é a ciência do desejo humano, porém uma das razões por que alguns adeptos do Real o tratam com tanta condescendência é que os desejos em questão são tal ou qual anseio ou necessidade palpáveis, e não essa moderna forma de metafísica que é o desejo *tout court*. É verdade que, considerando-se essa inclinação empírica, a ética da virtude sempre pode resvalar para uma aquiescência complacente ao dado, como o Wittgenstein da maturidade foi acusado de fazer. Não há dúvida de que abraçar o cotidiano pode ser realmente conservador. Mesmo assim, talvez se revele politicamente menos lesivo, a longo prazo, do que um apocaliptismo do Real.

A ética da virtude discrimina diferentes qualidades de ação e caráter, em vez de se preocupar com hierarquias ontológicas. Ao contrário dos defensores da ética do Real, ela leva inteiramente a sério a felicidade, o prazer e o bem-estar. Para Aristóteles, a felicidade humana é uma atividade, e não, em primeiro lugar, um estado de ânimo. É algo em que temos de nos tornar competentes. O indivíduo realizado é aquele que transforma em sucesso o precário projeto de ser humano. No fim das contas, a ética diz respeito a saber viver de forma prazerosa e farta, e não a uma fidelidade à lei ou ao desejo. Ela concerne a fazer o que se quer fazer (o que por certo já é bem difícil de determinar), bem como o que é correto fazer. A ética da virtude não classifica a fidelidade ao desejo mais profundo que se tem, ou o curvar-se à lei moral por ela mesma, como bens superiores à misericórdia ou à compaixão. As leis e obrigações são

O PROBLEMA DOS DESCONHECIDOS

essenciais, mas devem ser vistas como a estrutura de uma forma de vida, e não tratadas como fetiches a serem reverenciados por eles mesmos. Seria tão impossível reduzirmos a moral a um conjunto de regras quanto codificarmos exaustivamente nossa cultura. Sabina Lovibond escreveu sobre "a dependência que nossos poderes de comunicação racional têm de uma 'afinidade de ideias' que não é criação nossa — uma afinidade que vai além de qualquer mera adesão coletiva a um código comum de regras".[58] São semelhanças imaginárias, e não obrigações simbólicas, que entram em ação aí. A razão prática envolve uma espécie de tato, argúcia ou (no dizer de Aristóteles) *phronesis*, que é aonde ela chega mais perto do Imaginário do que do Simbólico. Também se aproxima do Imaginário por considerar que a virtude se enraíza no mimético, uma vez que começa na imitação infantil. Essa linhagem moral também não imagina que exista uma certa classe de razões para a ação que se chamem razões "morais" e que difiram de maneira vital de outros tipos de razões. Nesse sentido, sustenta Bernard Williams, o antigo pensamento grego "carece basicamente e por completo do conceito de *moral*".[59] Foi Kant, diz ele, quem apresentou ao mundo essa curiosa noção.

Existem problemas na ética da virtude, assim como existem em qualquer outra teoria moral. Ela é uma ética antropológica, baseada, em alguns casos, numa teoria da natureza humana que muitos achariam implausível hoje em dia. Além disso, as virtudes prediletas de Aristóteles não atraem irrestritamente a sensibilidade moderna. Seu principal exemplo de indivíduo virtuoso, a chamada "grande alma" ou homem magnânimo, é de uma condescendência execrável, santarronamente acrítico em relação a si mesmo, arrogantemente independente, orgulhoso demais para dever alguma coisa aos outros e dotado de uma opinião nitidamente ruim a respeito deles. Se isso é virtude, um toque de vício até que não cairia mal. Esse tipo de ética também tem de enfrentar a afirmação psicanalítica de que existe em nossos desejos corriqueiros algo que tende a lhes causar grandes estragos. Quanto à autorrealização, o que deve figurar como seu modelo autêntico? Acima de tudo, parece faltar à ética da virtude uma concepção muito clara do Real. Ela pertence inteiramente à ordem simbólica e não sente o peso integral de coisas como a morte, o sacrifício, a tragédia, o autodesapossamento, a perda, o desejo, a negatividade, o impasse e a extrema estranheza do eu. Em alguns aspectos, é uma ética aburguesada demais para isso. Aristóteles é nosso primeiro

A BANALIDADE DO BEM

grande teorizador da tragédia, mas sua *Ética* é perniciosamente distante de sua *Poética*. Ele não compreenderia que o florescimento e a perda estão intimamente ligados.

Apesar disso, há mais na ideia de virtude, ainda que vez por outra ela seja excessivamente "cívica", do que a compulsão neurótica do hábito, que é como Jacques Lacan parece vê-la. O ar *démodé* da ética da virtude na Europa vanguardista tem muito a ver, sem dúvida, com o fato de ela valorizar a regularidade, a continuidade, a previsibilidade e a coerência do eu. Aos olhos de alguns, ela também parece conservadora em sua ênfase nas convenções de um dado estilo de vida — o que não quer dizer que uma ética radical da virtude esteja minimamente fora de cogitação.[60] Mas seu jeito fora de moda também tem a ver com o rebaixamento de Hegel, o poderoso herdeiro dessa corrente nos tempos modernos, em favor do que é praticamente uma apoteose de Kant. Esse último foi tratado por muitos filósofos morais com o tipo de reverência que ele mesmo reservava para a lei moral. Não há dúvida de que Kant é mais atraente do que Hegel para uma era antitotalizadora que acredita ter-se despedido das metanarrativas. Com suas distinções escrupulosas entre áreas de investigação, ele também é simpático para uma época que recorre à ética em busca de uma alternativa para uma política fracassada. Se a política foi fatalmente comprometida, a ética pode proporcionar uma fonte alternativa de valor. Mas Hegel, como verdadeiro discípulo de Aristóteles, não faz essa separação clara entre os dois campos. Nesse aspecto, é fiel a seu antigo mentor grego. Existe uma ciência que estuda o bem supremo do homem, informa Aristóteles ao leitor no início de sua *Ética a Nicômaco*, e acrescenta, de modo meio surpreendente, que o nome dessa ciência é a política.

Com efeito, se e em que sentido o ético é um "domínio" distinto é uma questão que vale a pena levantar. Jacques Derrida nega que ele o seja em *Do espírito*,[61] embora argumente com bastante frequência como se essa distinção existisse. Em *Força de lei*, ele escreve sobre o ético, o político, o econômico etc. como "campos", mas também os vê enredados uns com os outros a tal ponto que esse termo já não chega a ser suficiente.[62] O ético é, com certeza, uma dimensão distintiva da vida humana, para Søren Kierkegaard. Martin Heidegger, em sua *Carta sobre o humanismo*,[63] afirma que a questão do "dever", como área especial de investigação, surgiu tardiamente no pensamento humano, apenas quando do

405

O PROBLEMA DOS DESCONHECIDOS

nascimento da filosofia platônica. Toda a tortuosa tarefa de relacionar o ético com o político nos textos de Lévinas provém da suposição de que eles são dois campos distintos. O crítico americano J. Hillis Miller fala de um momento ético na leitura que "não é cognitivo nem político nem social nem interpessoal, mas, apropriada e independentemente, ético".[64] Com base em qualquer concepção razoavelmente densa da vida moral, teríamos dificuldade em dizer como seria esse momento, mas se adotarmos a rala versão kantiana da moral, como faz Miller, a resposta, previsivelmente, será um imperativo absoluto. Tal imperativo, considera Miller, "não pode ser explicado pelas forças sociais e históricas que o afetam".[65] O crítico Paul de Man considera a dimensão ética da leitura uma "lei do texto" que se impõe a nós de forma inelutável.

Em *The Ethics of Deconstruction* ["A ética da desconstrução"], Simon Critchley afirma que "a política começa como ética", proposição da qual nos permitiremos duvidar, mais adiante; diz ele que, ainda assim, as comunidades ética e política são simultâneas, uma vez que o "começa", em sua frase, assinala uma prioridade ontológica, não temporal, e que a sociedade tem uma estrutura dupla, sendo, ao mesmo tempo, uma comunhão entre iguais (a política) e uma ordem mais assimétrica, baseada no momento desigual da ética (levinasiana). O espaço político, sugere Critchley, "baseia-se na irredutibilidade da transcendência ética (...) é uma rede aberta, plural e opaca de relações éticas não totalizáveis (...)".[66] Não é difícil intuir que o político, nesse caso, é mais ou menos expulso pelo ético. De qualquer modo, tendo em mente essa rede "aberta", "plural" e de relações "não totalizáveis", ficamos a nos perguntar que contribuição teria feito para a argumentação uma ética supostamente desconstrucionista, contribuição essa que já não seja feita por um pluralismo liberal tediosamente conhecido. Kenneth Reinhard acredita que Lévinas postula um "abismo intransponível" ou uma "aporia fundamental" entre a ética e a política e que tem razão em fazê-lo — mesmo sendo "apenas da perspectiva do político, em sua radical não relação com a ética, que o amor como tal pode surgir".[67] É instrutivo saber que a não relação entre a ética e a política é radical, e não uma simples não relação.

Poderíamos contrastar essas formulações com as ideias do filósofo Herbert McCabe, que afirma não existir isso de vermos algo "no nível moral" ou "à luz da moral". Talvez se trate de uma afirmação bastante duvidosa: há momentos em que precisamos distinguir "o ponto de vista moral" do técnico ou estético ou político. Mas esse, digamos, é um erro generoso. Para McCabe, a ética é mais parecida com a crítica literária do que com a aplicabilidade de códigos ou princípios. Seu propósito, diz ele, "é nos habilitar a desfrutar mais a vida, reagindo a ela de maneira mais sensível, entrando na significação da ação humana".[68] E essa investigação, como a da análise de um texto literário complexo, é ilimitada, em princípio. Não se trata de que McCabe descarte as leis e os princípios morais (a rigor, ele é absolutista no que concerne a alguns deles), mas de que tais preceitos e proibições só têm sentido no contexto desse tipo de investigação mais ampla e conceitualmente mais densa. A ética concerne à textura e à qualidade de toda uma forma de vida. É daí que devemos partir, e não de obrigações absolutas e responsabilidades infinitas. A ética e a política são modalidades distintas de investigação, no sentido de que cada uma esmiúça a vida social por um ângulo diferente — no caso da ética, são os valores e as qualidades da conduta e das relações humanas; no da política, as instituições públicas e os processos do poder. Mas não está em jogo aí uma clara distinção ontológica. A diferença é mais metodológica do que real.

Slavoj Žižek rejeita o privilégio que Lévinas atribui ao Outro do cara a cara.[69] Em vez disso, insiste com acerto em que o político é precondição do ético, e não o inverso. A seu ver, a justiça tem prioridade sobre o amor, assim como a tem o chamado terceiro em relação ao mais próximo. Mas isso é inverter a oposição de Lévinas, e não desarticulá-la. O amor que Žižek rebaixa ainda é, como em Lévinas, uma questão cara a cara, ao passo que a justiça, que ele valoriza acima do amor, é descrita como cega. Mas o amor, como já vimos, não é, em primeiro lugar, uma questão do *en face*. A segunda epístola de São Pedro distingue entre o amor, que é propriamente impessoal, e o que ela chama de "afeição fraterna". Longe de contrastar com a justiça, o amor se assemelha a ela em sua cegueira, no sentido de que se recusa a privilegiar umas pessoas em relação a outras. Por outro lado, no que concerne a cuidar das reivindicações de homens e das mulheres de carne e osso, a justiça não é mais cega do que o amor. A lei, tal como o amor, tem de ser sensível ao específico. A justiça não é o inverso do amor, porém uma dimensão dele. É aquele subconjunto das nossas relações com os outros que concerne a lhes dar o que lhes é devido, para que eles possam florescer.

Kenneth Reinhard diz que "o amor ao próximo não pode ser generalizado num amor social universal".[70] Mais uma vez, porém, isso é

O PROBLEMA DOS DESCONHECIDOS

pensar no amor primordialmente como algo interpessoal e é por isso que é difícil traduzi-lo em termos sociais. Essa visão desconsidera o fato de que, num sentido importante, a relação que se tem com o próximo é impessoal. Amar os outros "por Cristo" significa amá-los por sua pura humanidade — uma abstração que não quer dizer, todavia, não prestar atenção *a eles*. "Amor social universal" soa como uma filantropia global nebulosa, uma ideia que Reinhard tem toda razão de considerar suspeita; mas ele erra ao imaginar que o oposto disso é um amor primordialmente interpessoal.

Talvez pareça haver uma tensão entre a ética da virtude e uma ética do amor. É notório, por exemplo, que Aristóteles não inclui a caridade em seu rol de virtudes. Nas palavras de Alasdair MacIntyre, "Para o amor da pessoa, em contraste com sua bondade, simpatia ou utilidade, Aristóteles não tem lugar algum".[71] Para os cristãos, essa tensão se resolve nos escritos de Santo Tomás de Aquino, cujo conceito de *beatitudo* é uma versão da *eudaimonia* ou bem-estar de Aristóteles, mas um bem-estar que, em última instância, como vimos, só pode ser encontrado no amor de Deus. O que os aristotélicos chamam de virtude, ou de capacidade espontânea de agir bem, o cristianismo chama de graça. Viver a vida da graça é adquirir o hábito espontâneo da bondade à maneira da virtude aristotélica, do mesmo modo que o bailarino gracioso é aquele que dança sem esforço. Isso é o avesso da trabalhosa conformidade kantiana à lei. É também muito mais prazeroso.

Para os de mentalidade menos celestial, o caminho de Aristóteles para uma ética mais sociável passa por Hegel e Marx. É Hegel quem situa o esforço do indivíduo em prol da realização no contexto do mesmo desejo por parte dos outros e que, por isso, conclui que, numa ordem social justa, cada um chega à autorrealização por e em termos da autorrealização alheia. Os outros se tornam a base e a condição da chegada do indivíduo a seu eu. O desenvolvimento de cada um, como Marx reformula essa questão no *Manifesto comunista*, torna-se a condição do desenvolvimento de todos. E isso exemplifica tanto o amor quanto o encontro levinasiano com o Outro. O fato de ser um amor político, e não interpessoal, não faz diferença nesse ponto. Portanto, Lacan se engana ao citar com aprovação o dito de Mazarin "política é política, mas o amor é sempre o amor".[72] O marxismo é simplesmente uma investigação da transformação social que seria necessária para que essa forma de amor vicejasse.

A BANALIDADE DO BEM

Quando ocorre essa autorrealização recíproca entre dois indivíduos — quando cada um deles se torna a base e o meio para que o outro floresça — ela também é conhecida como amor, quer seja erótica, quer não. O amor é uma prática, e não, em primeiro lugar, um estado da alma. Ele implica liberdade e autonomia, pois permite que o indivíduo se livre do medo para se tornar ele mesmo. O medo, e não o ódio, é o oposto do amor. Ele também requer igualdade, visto que esse processo realmente só pode ocorrer entre iguais. É uma questão do que Aristóteles chama de *philia*, ou amizade. Não pode haver amizade genuína entre o indivíduo e seu criado, por mais que a pele do primeiro se ilumine e comiche toda vez que o segundo entra no aposento.

Reconhecer a própria natureza de modos que criem espaço para que os outros também o façam não é uma ética da lei, do dever, da consciência moral ou da obrigação, mas claramente implica essas questões. Ela exclui, por exemplo, o estupro, a tortura e o assassinato — a rigor, qualquer tratamento dos outros que não seja conducente à autorrealização deles ou à do próprio sujeito. Ocorre apenas que suas leis e proibições decorrem de um concepção positiva do bem, em vez de figurar (como a lei moral kantiana, ou, pelo menos, a vontade de obedecer a ela) como um bem supremo em si. As cooperativas autônomas que já examinamos de relance, nas quais as coisas são arranjadas de tal modo que, na medida do possível, minha autorrealização promova a de meus colegas de trabalho e seja promovida pela deles, poderiam servir para trazer essa ideia grandiloquente para um plano mais terreno. Não há dúvida de que essa é uma ética utópica, porém isso não a torna pior. O mesmo se aplica, aliás, ao idealismo moral de Kant. De nada adianta situar as metas morais num nível temerosamente baixo. É difícil pensar num objetivo mais precioso para almejar, ainda que ele nunca seja plenamente realizável. Com certeza, essa é uma forma de vida mais desejável do que a ética do Real, mesmo que essa ética tenha algo valioso a dizer sobre o que seria preciso para atingir esse tipo de amizade política.

A proeminência do pensamento kantiano na obra de pensadores como Lacan, Lévinas, Deleuze, Lyotard, Foucault e Derrida, a extraordinária homenagem prestada a seu pensamento em Paris, é bastante apropriada, considerando-se que ele tem o direito de ser chamado o maior ou o segundo maior filósofo surgido em toda a história humana. Para esses pensadores, percebe-se, Kant *é* a filosofia moral. Mas essa veneração

O PROBLEMA DOS DESCONHECIDOS

também é irônica, dado que houve um movimento decisivo, nos últimos tempos, para destronar o deontológico, movimento esse do qual o livro *Ethics and the Limits of Philosophy* ["A ética e os limites da filosofia"], de Bernard Williams, é um espécime exemplar. Enquanto Lévinas, Derrida e outros andaram falando de obrigações absolutas e responsabilidades infinitas, Williams e outros têm assinalado justamente a versão drasticamente empobrecida da ética que esse culto ao dever representa. Nesse sentido, a opção por Kant contra Hegel teve algumas consequências bastante desastrosas. O discurso conhecido como moralidade supõe, erroneamente, que a obrigação se acha no cerne da discussão ética — visão que Lévinas e Derrida, apesar de todo o seu ceticismo a respeito do pensamento moral tradicional, propagam com entusiasmo. O mesmo se aplica aos lacanianos, para quem, como vimos, a obrigação absoluta de que se trata não é uma lei moral, mas um desejo peculiar do ser distintivo do indivíduo. Todavia, não se escapa ao despotismo do obrigatório simplesmente substituindo um tipo de exigência por outro. As obrigações, assim como os princípios, certamente entram no discurso moral — porém como um fator entre vários, e não necessariamente como aquele a que todos os outros devem invariavelmente se curvar.

Muito do discurso moral é obcecado com o princípio e a necessidade e seus herdeiros vanguardistas mal chegam a ser diferentes nesse aspecto. Ele presume que existe uma classe especial de motivos de ação chamados "morais", que seriam de natureza radicalmente diferente da de quaisquer outros. Inclina-se também a imaginar que a complexidade das questões morais pode ser reduzida a um único princípio ou conjunto de princípios. Gira estreitamente em torno de um punhado de conceitos autoritários de julgamento e culpa, aprovação e desaprovação. A diferença entre a moral e a ética da virtude, nesse aspecto, é a que existe entre o romancista didático e o grande realista. Por acreditar erroneamente que qualquer ação digna de um juízo moral deve ser puramente voluntária, e que a única alternativa para esse voluntarismo é o determinismo, a moral é um discurso azedo, perpassado pela recriminação. É o tipo de visão legalista da existência humana que instigou Jesus a invocar terríveis maldições sobre a cabeça dos fariseus — dos quais, em termos teológicos, Ele era bastante próximo em outros aspectos.

Segundo essa visão, a moral tem a ver com o remorso, a autorrecriminação e a responsabilidade absoluta. É o que fez tantos indivíduos

A BANALIDADE DO BEM

irem parar no corredor da morte nos Estados Unidos. A visão de que o indivíduo é absolutamente responsável por seus atos é algo que a ideologia norte-americana tem em comum com Emmanuel Lévinas. A nação mais poderosa da história é dominada por uma espécie de voluntarismo enlouquecido. À sua maneira devotamente kantiana, os lacanianos também supõem que a culpa, o remorso, a lei, a obrigação e o dever são, com efeito, aquilo a que mais se refere a moral — porém acham que a ideia é descobrir uma saída dessa forma horrorosa de vida. Essa saída de emergência encontra-se além da lei, numa ética do Real (positivamente concebido). Mas, se não houvessem subscrito uma variedade tão árida de ética, para começo de conversa, talvez eles não tivessem de recorrer a manobras tão engenhosas (e improváveis, às vezes) para escapulir dela. O que a moral e a ética do Real têm em comum é seu purismo. Trata-se de uma extramundanidade quase religiosa, que os lacanianos herdaram de Kant — e para a qual o judaísmo e o cristianismo podem funcionar como um corretivo mundano muito necessário. Quando Slavoj Žižek escreve que "a vida terrena, em última instância, [é] de importância secundária" para o cristianismo,[73] como se os cristãos fossem criaturas sulfurosas e cheias de pernas, vindas de outra galáxia, ele se esquece momentaneamente de que a salvação é coisa deste mundo, de que o corpo ressuscitado é tradicionalmente visto como mais, e não menos, do que o corpo histórico e de que o reino de Deus é tradicionalmente tido como uma Terra transfigurada, e não uma cidade estelar.

Há algo de nitidamente estranho no fato de pós-estruturalistas como Derrida, Lyotard, Hillis Miller e de Man se voltarem para o sábio de Königsberg na busca de suas verdades morais. Para começar, Kant promove justamente o tipo de universalismo que o pós-estruturalismo abomina. Em segundo lugar, esse austero apologista do dever e da lei estaria a anos-luz de distância, no tom e na sensibilidade, dos relativistas lúdicos, relaxados e ávidos de prazer da *rive gauche*. Exigências férreas e decretos incondicionais estão longe de ser o que associamos a Roland Barthes ou a Jean Baudrillard. Mas há alguns aspectos em que esses dois campos se harmonizam. Por exemplo, eles compartilham certo formalismo. Assim como falta à lei kantiana qualquer substância além dela mesma, a substância, para o pós-estruturalismo, é subordinada às regras do discurso, ao jogo do significante, ao ato arbitrário da postulação, ou ao perpétuo oscilar da diferença. A outorga kantiana da lei que o indivíduo faz a si mesmo

O PROBLEMA DOS DESCONHECIDOS

transforma-se, nas mãos dos pós-estruturalistas, em mais um exemplo do signo autorreferente.

As duas teorias também compartilham certo antifundacionismo. A lei moral de Kant não se fundamenta na divindade nem na natureza humana, mas em si mesma. O pós-estruturalismo está similarmente disposto, à maneira de Nietzsche, a viver sem alicerces últimos. Mas o ético, visto como uma lei misteriosamente coercitiva, pode fornecer a esse mundo instável uma espécie de lastro vindo do além. "A ética", escreve Paul de Man, "nada tem a ver com a vontade (coagida ou livre) do sujeito, nem tampouco, *a fortiori*, com uma relação entre sujeitos."[74] Aí, portanto, numa ética que fica além da subjetividade, temos mais uma afinidade entre Kant e os pós-estruturalistas, visto que o sujeito moral do primeiro, que nada mais é do que uma função obediente da lei, converge para o sujeito descentrado desses últimos. Assim como a pura aleatoriedade dissolve o sujeito, o mesmo faz o tipo de exigência férrea que o torna basicamente supérfluo.

O ético, nesse cenário sombrio apresentado por de Man, nada tem a ver com a ação ou a decisão humana. Antes, trata-se de uma força que, como a linguagem, impõe-se a nós com toda a compulsão arbitrária de um drama de Ésquilo. A lei moral de Kant traduz-se na linguagem ou no texto: "O que torna uma leitura mais ou menos verdadeira", comenta de Man, "é simplesmente a previsibilidade, a necessidade de sua ocorrência, independentemente de o leitor ou o autor a desejarem."[75] Se de Man quer dizer que os absolutos morais assemelham-se a sermos forçados a ler um texto de determinada maneira, ele se equivoca quanto à natureza dessas obrigações, às quais, é claro, é sempre possível desobedecer. Sua necessidade se afiguraria mais natural do que ética, mais parecida com um terremoto do que com um edito moral.

Assim como de Man, Hillis Miller também pensa na ética em termos de absolutos e necessidades. Também como ele, reescreve Kant num estilo pós-estruturalista mais em voga. Existem leis incondicionais, porém "não há absolutamente nenhuma base (para elas) no conhecimento, isto é, no campo epistemológico regido pela categoria do verdadeiro e do falso".[76] Tal como no decisionismo de Derrida, não se permite que a faculdade subalterna da cognição tenha voz na questão do valor moral. Os valores morais não podem fundamentar-se em seja lá o que for, já que o próprio seja lá o que for é uma interpretação infundada. Não se trata

412

A BANALIDADE DO BEM

propriamente de que a razão pura e a razão prática devam ser zelosamente discriminadas, como entre os kantianos, mas de que realmente não existe razão pura, para começar.

Para os kantianos, os fatos são uma coisa e os valores, outra; para os pós-estruturalistas e sua prole pós-moderna, não há a menor fissura entre eles, já que os fatos são simplesmente valores com uma roupagem empírica. São nossos valores que determinam o que vemos. Para Kant, o tipo de conhecimento que podemos ter do mundo empírico simplesmente não é de uma espécie capaz de alicerçar nossos projetos morais, até porque o mundo é uma questão de determinismo e a moral é uma questão de liberdade. Para os pós-estruturalistas, o conhecimento é simplesmente precário demais para servir de base para muita coisa. Aliás, essa é uma das razões de eles se voltarem para Kant. Num capítulo anterior, assinalamos que, no fim do século XIX, alguns positivistas, deterministas científicos e marxistas evolutivos descobriram-se incapazes de invocar um valor moral num mundo do qual eles mesmos se haviam empenhado em extirpá-lo. Por conseguinte, foram forçados a importar uns fragmentos seletos de Kant para sua visão de mundo, a fim de preencher o vazio moral que eles próprios tinham cavado. O pós-estruturalismo, depois de retratar o mundo como semiose incessante, intensidade libidinal ou jogo de poder, descobriu-se igualmente embatucado na busca de um modo de gerar valores a partir dessas exposições e, ao apelar para o seu kantismo, repetiu a manobra de seus predecessores do *fin-de-siècle*.

É verdade que, em certo sentido, fatos e valores se ligam no pensamento pós-estruturalista, já que ambos são desmascarados como ficções sem fundamento. Em outro sentido, porém, eles são isolados uns dos outros, visto que a condição ficcional dos fatos faz parte do que nos impede de levar a epistemologia a socorrer a ética. Os compromissos éticos e políticos devem independer dos fatos, presumindo-se que exista algum fato, para começo de conversa. Há nisso um resvalar sub-reptício da afirmação sensata de que os valores morais não podem ser simplesmente lidos em seja lá o que for para a afirmação implausível de que o cognitivo e o ético são totalmente independentes um do outro. Não é isso que se dá com a ética da virtude, para a qual a pessoa virtuosa efetivamente percebe aspectos objetivos de uma situação que a pessoa menos virtuosa não vê e pode considerar que esses fatos constituem uma razão suficiente para que se pratique certo tipo de ação.[77]

O PROBLEMA DOS DESCONHECIDOS

Para Hillis Miller, entretanto, quanto menos os fatos entram na questão dos valores, mais puros se tornam nossos juízos morais. "Não há dúvida de que o político e o ético estão sempre intimamente entrelaçados", observa Miller, no tom de concessão reservada de quem está prestes a retirar o que admitiu superficialmente, "mas um ato ético que é plenamente determinado por considerações ou responsabilidades políticas já não é ético. Poderia até ser chamado, em certo sentido, de amoral."[78] Quanto mais puramente políticos se tornam nossos atos, menos morais eles são — uma tese que poderia constituir certa surpresa para Martin Luther King. A esfera política, como acontece entre os adeptos da ética do Real, é rebaixada para um *status* insipidamente utilitário e, como tal, é compreensivelmente difícil de vincular a uma ética definida em contraposição a ela. Quanto mais degradado é o político, mais arrogante se afigura a ética. Que isso é efeito de uma certa história política, por si só, seria descartado por Hillis Miller, sem dúvida, como um juízo que não chega a ser puramente ético.

O ético, portanto, é a um tempo arbitrário e absoluto, como as regras de um jogo. É uma base, mas não é base alguma. Não pode ser contornado, mas também não pode ser justificado. Tal como a linguagem, pelo menos numa visão pós-estruturalista dela, os ditames morais têm toda a força imotivada daquilo que se fundamenta inteiramente em si mesmo. São ordens imperiosamente idênticas a elas próprias num mundo que não é idêntico a si. É só por parecer brotar do nada, sem origem no conhecimento, na história, na política ou na natureza, que elas se afiguram arbitrárias; mas essa aparente falta de contexto é também o que as investe de certo *status* absoluto ou transcendente. Sentimo-nos obrigados a tratar essas ordens como entidades enigmáticas nelas mesmas e, por conseguinte, de uma força estranhamente absoluta. Elas não são absolutas por ser incontestavelmente bem fundamentadas, mas exatamente porque não o são. Seu absolutismo é proporcional a sua gratuidade — de tal sorte que, assim como acontece com certos atos gratuitos inconsequentes, sua própria falta de fundamento avulta como um tipo perverso de fundamentação. Se não há uma razão particular para obedecer a elas, tampouco existe uma razão particular para desrespeitá-las. Assim, o pós-estruturalismo pode evitar os embaraços do relativismo moral, ao mesmo tempo em que preserva sua confiança no antifundacional. Entretanto, só pode fazê-lo ao preço de confundir o incondicional com o imotivado.

A BANALIDADE DO BEM

Há uma outra razão por que a falsa suposição de que a ética consiste sobretudo em imperativos, proibições, promessas, prescrições e coisas similares revela-se conveniente para os pós-estruturalistas. É que ela promete reduzir a questão da ética ao campo performativo, no qual eles se sentem mais à vontade. A lei é reescrita como linguagem, de modo que a natureza desumana da lei moral de Kant, com seu gélido descaso pelas aptidões dos seres humanos de carne e osso, transmuda-se na força desumana da própria linguagem. Trata-se de uma ética para tipos literários. Que aquilo que nos torna humanos é desumano, em si mesmo, é um tema da modernidade que vai de Kant a Derrida. Assim, essa reescrita influi na questão da verdade moral. As proposições éticas, na realidade, são enunciados discursivos, tão pouco passíveis de ser avaliados por seu valor de verdade quanto qualquer outro tipo de ato performativo de fala. Os juízos morais, observa Miller, são "uma postulação infundada, sempre injustos e injustificados e, portanto, sempre propensos a serem deslocados por outra postulação momentaneamente mais forte ou mais persuasiva, mas igualmente infundada, de um código de ética diferente".[79] Seria intrigante saber como essa ressalva se aplicaria ao juízo de que Mao Tsé-tung trucidou milhões de seus concidadãos. Para Miller, o código moral é absoluto até ser derrubado por outro mais adequado em termos morais, quando então deixa de ser absoluto, naturalmente. De modo similar, a Igreja Católica Romana nunca muda de ideia: simplesmente passa de um estado de certeza para outro, como faria se alterasse seus ensinamentos sobre o aborto ou o uso de anticoncepcionais. Há um sabor nietzschiano ou de darwinismo social no deslocamento milleriano dos mais fracos pelos mais fortes, bem como no decisionismo da "postulação infundada" proposta por ele e por de Man. Na verdade, toda essa ética é um curioso amálgama de Nietzsche e Kant. "Os filósofos autênticos", escreve Nietzsche, num de seus estados de espírito menos despretensiosos, "(...) são comandantes e legisladores; eles dizem: *assim será*!"[80] Quando os juízos morais já não podem ser corroborados pela razão e pelas provas, sempre se pode recorrer à pura força retórica. "Ande logo, faça-o!" — tal é a forma assumida por esse tipo de injunção. Visto que ela não é corroborada por nenhuma autoridade racional, não se pode contradizê-la, porque não há nada nela a refutar. Editos desse tipo são apenas misteriosamente transmitidos das alturas. Depois que a arte, após o modernismo, despiu sua aura numinosa, a ética tornou-se a nova forma de transcendência para uma era pós-religiosa.

O PROBLEMA DOS DESCONHECIDOS

O mesmo decisionismo radical se encontra em *Au juste: conversations*, de Jean-François Lyotard, que confere um toque pós-estruturalista à costumeira proibição filosófica de se derivarem proposições prescritivas de proposições descritivas. Nem a ética nem a política, declara Lyotard, podem basear-se numa ciência da sociedade. Michel Foucault concorda, insistindo em que "não há nenhuma necessidade de relacionar os problemas éticos com o conhecimento científico (...). Creio que temos de nos livrar dessa ideia de um elo analítico ou necessário entre a ética e outras estruturas sociais, econômicas ou políticas".[81] A tese alternativa é formulada por Denys Turner: "Queremos conhecer porque queremos ser livres e, de vez em quando, aprendemos a chamar pelo nome de 'conhecimento' as formas de investigação de que precisamos se quisermos nos libertar das concepções enrijecidas pelo tempo que, no decorrer da história, degeneraram no anacronismo da ideologia."[82] Nem todo conhecimento, é claro, é desse tipo político, mas Turner percebe que o tipo vital de cognição que chamamos de saber emancipador não se enquadra com facilidade numa divisão rigorosa entre o descritivo e o prescritivo. A moral, tal como classicamente concebida, prossegue ele, é "uma investigação científica da ordem social capaz de gerar normas de ação".[83] Portanto, ela é o inverso da ideologia. O que Marx busca em sua obra, por exemplo, é uma investigação moral num sentido tradicional do termo, ainda que ele mesmo, na maior parte do tempo, não a reconheça como tal. Marx apressou-se demais em identificar essa investigação moral com o moralismo e, desse modo, em descartá-la como mera retórica ideológica. Nesse aspecto, ele foi inadvertidamente instigado por kantianos, sentimentalistas, liberais e evangélicos de mentalidade brutal, todos os quais haviam conspirado para reduzir a ética justamente a essa coisa sem eficácia política.

É óbvio que as prescrições morais têm de implicar crenças sobre como é o mundo. De nada adianta insistir na abolição da servidão feudal em Hemel Hempstead.[84] E não é preciso proibir as lojas de vídeos pornográficos entre os dincas, pelo menos por enquanto. Mas, para Lyotard, parece que o empírico não entra na esfera moral, nem mesmo nesse sentido evidente. Devemos julgar, declara ele, "sem critérios (...). Decide-se, e isso é tudo que se pode dizer (...). Quero dizer que, em cada situação, tenho uma sensação, só isso (...). Mas se me perguntarem por quais critérios julgo, não terei resposta".[85] Algumas páginas adiante, esse apelo propositalmente escandaloso ao dogmatismo da intuição é explici-

A BANALIDADE DO BEM

tado em termos mais sobriamente kantianos: os juízos morais e políticos, somos informados em tom moderado, podem ocorrer "sem passar por um sistema conceitual que sirva de critério para a prática".[86] Eles mais se parecem com a estética de Kant do que com sua epistemologia. As proposições prescritivas não podem ser justificadas, o que, para Lyotard, faz parte de seu ar imperscrutável. A lei moral é promulgada a partir de uma transcendência vazia. Não há maneira geral, conceitual ou calcada em princípios para responder por que o indivíduo é de uma facção ética ou política e não de outra. O que nos obriga é uma espécie de sublimidade moral que está "absolutamente fora da nossa compreensão".[87]

Isso capta, de um jeito meio mistificado, uma intuição autêntica — a de que os compromissos morais fundamentais não são apenas decisões conscientes, mas têm um toque de necessidade. A pessoa não pode alterar sua aversão ao genocídio simplesmente por querer. Nesse sentido, ali onde mais somos nós mesmos não é, de modo algum, onde somos mais livres, pelo menos num sentido conhecido da palavra "livres". Essa talvez seja uma das várias maneiras pelas quais se pode desarticular a antítese kantiana entre liberdade e determinismo. Essa polaridade também é desarticulada na fé cristã, para a qual Deus é, ao mesmo tempo, a fonte necessária do ser do indivíduo e a força que lhe faculta ser um agente livre. Só por ser dependentes d'Ele é que os homens e mulheres podem determinar a si mesmos. Na visão de Lyotard, a lei kantiana "nos guia no conhecimento do que é e do que não é justo. Mas, no fim das contas, ela nos guia sem realmente nos guiar, ou seja, sem nos dizer o que é justo".[88] Tal como nos textos de Derrida, o decisionismo, o formalismo kantiano e o apelo quase místico do enigma convergem com uma antipatia pós-marxista pelos projetos deterministas.

O ético, admite Hillis Miller a contragosto, entrelaça-se com o político, mas também é contaminado pela presença mesquinha desse e, como um marido dominado pela mulher, fica melhor sozinho. Eis aí, em grau extremo, uma visão da política, da ética e da epistemologia como campos autônomos (em contraste com distintos). Resgatar a ética da política é salvar o valor moral do ambiente corruptor da história do século XX. O que pôs fim aos projetos e princípios universais foram, acima de tudo, os espectros do fascismo e do stalinismo. Isso, portanto, fornece o último de nossos elos entre o kantismo e o pós-estruturalismo, duas doutrinas que, por razões muito diferentes, têm profunda desconfiança do histórico.

O PROBLEMA DOS DESCONHECIDOS

Para Aristóteles, a ideia de uma virtude não política seria difícil de apreender — não só por ele ter uma ideia de virtude diferente, digamos, das de Miller ou Lacan, mas também por ter uma concepção muito menos desencantada da política. Como seria possível avaliar qualidades de ação e caráter isoladas da pólis que as produz? Um juízo que não levasse em conta essas condições não seria moral, mas moralista. A ética e a política não são esferas separadas, porém pontos de vista distintos sobre um mesmo objeto, a primeira investigando questões como necessidades, desejos, qualidades e valores, a segunda examinando as convenções, formas de poder, instituições e relações sociais, que são as únicas dentro das quais essas coisas se mostram inteligíveis. É por essa razão que Aristóteles vê a ética como uma espécie de ramificação subordinada da política. Com respeito a algumas implicações dessa tese, podemos agora voltar-nos para nossa Conclusão.

NOTAS

1. Para uma discussão mais detalhada, ver Terry Eagleton, *The Idea of Culture* (Oxford, 2000), Capítulo 5.
2. *Ser para si* e *ser em si*, respectivamente. (*N. da T.*)
3. Ver Jürgen Habermas, "Modernity: An Incomplete Project", in Hal Foster (org.), *Post-modern Culture* (Londres, 1985).
4. Para um levantamento útil, ver Michael Sheringham, *Everyday Life: Theories and Practices from Surrealism to the Present* (Oxford, 2006).
5. "O sentimento do maravilhoso cotidiano." (*N. da T.*)
6. Henri Lefebvre, *Critique of Everyday Life* (Londres, 1991), vol. 1, p. 133.
7. Franco Moretti, *The Way of the World* (Londres, 1987), p. 35.
8. Walter Benjamin, *Passagens*, ed. brasileira: Willi Bolle; trad. do alemão Irene Aron, trad. do francês Cleonice Paes Barreto Mourão, posfácios de W. Bolle e Olgária Matos, Belo Horizonte: Ed. UFMG, e São Paulo: Imprensa Oficial do Estado, 2006. (*N. da T.*)
9. Ver Guy Debord, *Society of the Spectacle* (Detroit, 1970) [*A sociedade do espetáculo*, trad. Estela dos Santos Abreu, Rio de Janeiro: Contraponto, 1997].
10. Lefebvre, *Critique of Everyday Life*, vol. 1, p. 130, 264.
11. Ver Terry Eagleton, "Wittgenstein's Friends", in *Against the Grain: Collected Essays 1975-1985* (Londres, 1986).
12. Jonathan Rée, *Times Literary Supplement* (20 de outubro de 2006), p. 14.

A BANALIDADE DO BEM

13. Jacques Lacan, *The Ethics of Psychoanalysis* (Londres, 1999), p. 13 [*O Seminá-rio*, livro 7, *A ética da psicanálise*, trad. Antônio Quinet, Rio de Janeiro: Jorge Zahar Editor, 1988, p. 23].

14. William Empson, *Some Versions of Pastoral* (Londres, 1966), p. 114.

15. O "há", a existência pura. (*N. da T.*)

16. A referência ao "Quarto 101" é uma alusão ao romance *1984*, de George Orwell (trad. Wilson Veloso, 20ª ed., São Paulo: Ed. Nacional, 1986). (*N. da T.*)

17. Ver Alenka Zupančič, *Ethics of the Real* (Londres, 2000), p. 85.

18. J. Conrad, *O agente secreto: uma história singela*, trad. Laetitia Cruz de Moraes Vasconcellos, Rio de Janeiro: Imago, 1995. (*N. da T.*)

19. Alenka Zupančič, *Ethics of the Real*, p. 94.

20. G. Greene, *O condenado*, trad. Leonel Vallandro, pref. Marcelo Pen, São Pau-lo: Globo, 2ª ed. rev., 2003. Ida Arnold é outro personagem do mesmo livro. (*N. da T.*)

21. B. Pascal, *Pensamentos*, ed., apres. e notas de Louis Lafuna, trad. Mario Laran-jeira, intr. da ed. brasileira Franklin Leopoldo e Silva, São Paulo: Martins Fon-tes, 2001. (*N. da T.*)

22. T. Mann, *Doutor Fausto: a vida do compositor alemão Adrian Leverkuhn nar-rada por um amigo*, trad. Herbert Caro, Rio de Janeiro: Nova Fronteira, 3ª ed., 2000. (*N. da T.*)

23. T. Mann, *A montanha mágica*, trad. Herbert Caro, Rio de Janeiro: Nova Fron-teira, 4ª ed., 1984. (*N. da T.*)

24. Sylviane Agacinski, "We Are Not Sublime: Love and Sacrifice, Abraham and Ourselves", in Jonathan Rée e Jane Chamberlain (orgs.), *Kierkegaard: A Criti-cal Reader* (Oxford, 1998), p. 129, 130.

25. George Steiner, "The Wound of Negativity: Two Kierkegaard Texts", in Rée e Chamberlain, *Kierkegaard*, p. 105.

26. Ib., p. 108.

27. Para uma exposição excelente, ver Francis Mulhern, *Culture/Metaculture* (Londres, 2000).

28. Ver Terry Eagleton, *The Illusions of Postmodernism* (Oxford, 1996), Capítulo 4 [*As ilusões do pós-modernismo*, trad. Elisabeth Barbosa, Rio de Janeiro: Jor-ge Zahar Editor, 1998].

29. D. H. Lawrence, "Democracy", in *Selected Essays* (Harmondsworth, 1962), p. 91.

30. D. H. Lawrence, *Fantasia of the Unconscious* (Nova York, 1967), p. 34.

31. Ver Terry Eagleton, *Sweet Violence: The Idea of the Tragic* (Oxford, 2003), es-pecialmente Capítulos 1 e 2.

32. George Steiner, *The Death of Tragedy* (Londres, 1961), p. 243.

33. Neologismo do poeta inglês William Blake que se poderia traduzir por "Pai de Ninguém". (*N. da T.*)

O PROBLEMA DOS DESCONHECIDOS

34. Jacques Lacan, *The Four Fundamental Concepts of Psychoanalysis* (Londres, 1977), p. 276 [*O Seminário*, livro 11, *Os quatro conceitos fundamentais da psicanálise*, trad. M. D. Magno, Rio de Janeiro: Jorge Zahar Editor, 1979, p. 260].

35. Eric Santner, "Miracles Happen: Benjamin, Rozensweig, Freud, and the Matter of the Neighbor", in S. Žižek, E. Santner e K. Reinhard (orgs.), *The Neighbor* (Chicago e Londres, 2005), p. 133.

36. Para uma excelente crítica da ética lacaniana do ponto de vista da comédia, ver Simon Critchley, *Ethics-Politics-Subjectivity* (Londres, 1999), Capítulo 10.

37. Graham Pechey, *Mikhail Bakhtin: The Word in the World* (Londres, 2007), p. 155.

38. Lacan, *Ethics of Psychoanalysis*, p. 323 [*A ética da psicanálise*, op. cit., p. 387].

39. Zupančič, *Ethics of the Real*, p. 23.

40. Catherine Chalier, *What Ought I To Do? Morality in Kant and Lévinas* (Ithaca, 2002), p. 133.

41. Ver, por exemplo, Emmanuel Lévinas, *Noms propres* (Montpellier, 1976), p. 169.

42. Kenneth Reinhard, "Towards a Political Theology of the Neighbor", *in* Žižek, Santner e Reinhard, *The Neighbor*, p. 48.

43. Lacan, *Ethics of Psychoanalysis*, p. 267 [*A ética da psicanálise*, p. 324].

44. Zupančič, *Ethics of the Real*, p. 95.

45. Slavoj Žižek, *The Ticklish Subject* (Londres, 1999), p. 143.

46. Lacan, *Ethics of Psychoanalysis*, p. 321 [*A ética da psicanálise*, p. 385].

47. Ib., p. 319 [*A ética...*, p. 383].

48. Ib., p. 320 [*A ética...*, p. 383].

49. Immanuel Kant, *A religião nos limites da simples razão: texto integral*, trad. Ciro Mioranza, São Paulo: Escala, 2ª ed., 2008. (*N. da T.*)

50. Bernard Williams, *Ethics and the Limits of Philosophy* (Cambridge, 1985), p. 46.

51. Søren Kierkegaard, *Fear and Trembling and The Sickness Unto Death*, org. Walter Lowrie (Nova York, 1954), p. 70 [*Diário de um sedutor, Temor e tremor* e *O desespero humano*, trad. Carlos Grifo, Maria José Marinho e Adolfo Casais Monteiro, São Paulo: Abril Cultural (série Os Pensadores), 2ª ed., 1984].

52. M. Heidegger, *Ser e tempo*, trad. rev. Marcia Sá C. Schuback, Petrópolis: Vozes/Bragança Paulista: Edusf, 2006. (*N. da T.*)

53. Charles Taylor, *Sources of the Self* (Cambridge, 1989), p. 213 [*As fontes do self: a construção da identidade moderna*, trad. A. Ubirajara Sobral, Dinah de Abreu Azevedo, São Paulo: Loyola, c. 1997].

54. Ib., p. 219.

55. Erich Auerbach, *Mimesis: The Representation of Reality in Western Literature* (Princeton e Oxford, 2003), p. 2 [*Mimesis: a representação da realidade na li-*

A BANALIDADE DO BEM

teratura ocidental, trad. George B. Sperber, São Paulo: Perspectiva, 2ª ed. rev., 1976 (Coleção Estudos — Crítica, 2)].

56. Ib., p. 21.

57. Para uma exposição valiosa, ver Rosalind Hursthouse, *On Virtue Ethics* (Oxford, 1999).

58. Sabina Lovibond, *Ethical Formation* (Cambridge [Massachusetts] e Londres, 2002), p. 30.

59. Bernard Williams, "Philosophy", in M. Finley (org.), *The Legacy of Greece, 202-55* (Oxford, 1981), p. 251.

60. Ver, por exemplo, o excelente estudo de Lovibond, *Ethical Formation.*

61. J. Derrida, *Do espírito*, trad. Constança Marcondes César, Campinas: Papirus, 1990. (*N. da T.*)

62. Derrida, "Force of Law", p. 257 [*Força de lei: o fundamento místico da autoridade*, trad. Leyla Perrone-Moysés, São Paulo: WMF Martins Fontes, 2007].

63. M. Heidegger, *Carta sobre o humanismo*, trad. Ernildo Stein, in *Heidegger* (Ed. Victor Civita, col. Os Pensadores), São Paulo: Abril Cultural, 1979. (*N. da T.*)

64. J. Hillis Miller, *The Ethics of Reading* (Nova York, 1992), p. 225 [*A ética da leitura: ensaios 1979-1989*, trad. Eliane Fittipaldi e Kátia Orberg, Rio de Janeiro: Imago, 1995].

65. Ib., p. 8.

66. Simon Critchley, *The Ethics of Deconstruction* (Oxford, 1992), p. 225.

67. Reinhard, "Towards a Political Theology of the Neighbor", p. 49.

68. Herbert McCabe, *Law, Love, and Language* (Londres, 1968), p. 95.

69. Slavoj Žižek, "Neighbors and Other Monsters: A Plea for Ethical Violence", in Žižek, Santner e Reinhard (orgs.), *The Neighbor*, p. 181.

70. Reinhard, "Towards a Political Theology of the Neighbor", p. 49.

71. Alasdair MacIntyre, *A Short History of Ethics* (Londres, 1968), p. 80.

72. Lacan, *Ethics of Psychoanalysis*, p. 324 [*A ética da psicanálise*, p. 388].

73. Žižek, "Neighbors and Other Monsters", p. 150.

74. Paul de Man, *Allegories of Reading* (New Haven e Londres, 1979), p. 206 [*Alegorias da leitura*, trad. Lenita Esteves, Rio de Janeiro: Imago, 1993].

75. Paul de Man, prefácio de Carol Jacobs, *The Dissimulating Harmony* (Baltimore e Londres, 1978), p. xi.

76. Hillis Miller, *Ethics of Reading*, p. 48 [*A ética da leitura...*, op. cit.].

77. Esse último caso é defendido por John McDowell em "Are Moral Requirements Hypothetical Imperatives?", *Proceedings of the Aristotelian Society*, suplemento do vol. 52 (1978).

78. Hillis Miller, *Ethics of Reading*, p. 4.

79. Ib., p. 55.

80. Friedrich Nietzsche, *Beyond Good and Evil*, in W. Kaufmann (org.), *Basic Writings of Nietzsche* (Nova York, 1968), p. 326 [*Além do bem e do mal: prelúdio*

O PROBLEMA DOS DESCONHECIDOS

a uma filosofia do futuro, trad., notas e posfácio: Paulo César de Souza, São Paulo: Companhia das Letras, 2ª ed., 2001, 7ª reimpr. 2002].

81. Michel Foucault, "On the Genealogy of Ethics", in Paul Rabinow (org.), *The Foucault Reader* (Nova York, 1984), p. 349-350 ["Sobre a genealogia da ética: uma revisão do trabalho", in Paul Rabinow e H. L. Dreyfus, *Michel Foucault. Uma trajetória filosófica: para além do estruturalismo e da hermenêutica*, trad. Vera Portocarrero, trad. da introdução por Antonio Carlos Maia, Rio de Janeiro: Forense Universitária, 1995].

82. Denys Turner, *Marxism and Christianity* (Oxford, 1983), p. 113.

83. Ib., p. 85.

84. Cidadezinha do condado de Hertford, uns 40 quilômetros a noroeste de Londres. (*N. da T.*)

85. Jean-François Lyotard e Jean-Loup Thébaud, *Just Gaming* (Mineápolis, 1985), p. 14-15.

86. Ib., p. 18.

87. Ib., p. 71.

88. Ib., p. 77.

CONCLUSÃO

Há um sentido em que todos os estranhos são estranhos consanguíneos. Em sua Epístola aos Efésios, São Paulo fala da queda das barreiras entre Israel e os gentios — os desconhecidos que "um dia estiveram longe (mas) foram agora trazidos para perto no sangue de Cristo". O próprio Cristo, segundo a observação do apóstolo, "pregou a paz a vós que estáveis distantes e a paz aos que estavam perto". Cristo reconfigurou o espaço geográfico, apagando a distinção entre os que se submetiam à lei e os que se encontravam fora dela. Os terrenos físicos deixaram de ser importantes.

É um equívoco afirmar que nossas simpatias espontâneas restringem-se àqueles que conhecemos, enquanto nosso interesse pelos que se acham distantes tem de ser delegado ao enferrujado mecanismo da razão abstrata. Muitas pessoas nutrem sentimentos mais intensos por fenômenos longínquos do que pelos vizinhos do lado, ou até pelos que lhes são mais próximos do que isso. Você pode perder mais sono por causa da fome num lugar remoto, ou até de uma derrota política ocorrida séculos atrás, do que da falência do seu irmão. Os benevolentistas erram ao imaginar que as emoções são coisas predominantemente domésticas. Não é verdade, como suspeitam muitos conservadores, que o sentimento seja inimigo do cosmopolitismo. Os sentimentos só começam em casa no sentido literal de que, na maioria dos casos, é lá que os aprendemos pela primeira vez. Mesmo nessa ocasião, porém, nossos primeiros apegos fervorosos podem ser ao líder, e não a nossos parentes. O sentimentalismo, poderíamos sugerir, é uma forma de afeição que jamais conseguiu sair de casa. Reagindo a esse provincianismo, Kant sustenta que mais vale tratar aqueles a quem queremos bem mais ou menos como nos portamos com os estranhos. Até os ingleses podem ser levados a admitir isso.

Sylviane Agacinski afirma que, "num caso de respeito ético ou amor zeloso, minha relação brota de uma exigência que é indiferente à individualidade do outro". Se isso implica que sempre agimos sem emoção no

O PROBLEMA DOS DESCONHECIDOS

que concerne aos desconhecidos, trata-se de uma afirmação claramente falsa. Também vimos que a indiferença à individualidade do outro, no sentido de não restringirmos nosso amor a certas pessoas (amigos, por exemplo, ou compatriotas, ou os que são do mesmo signo zodiacal que nós ou têm a mesma cor de cabelo), não significa, necessariamente, sermos indiferentes à sua individualidade no sentido de não atentarmos para suas necessidades específicas. De qualquer modo, há mais maneiras de respeitar a individualidade alheia do que sentir uma afeição pessoal pelos outros. A lei, acrescenta Agacinski, sempre exige "uma dissolução dos vínculos — dos laços que nos ligam a individualidades finitas, dos laços que vinculam as existências corporais dos indivíduos".[1] Mas vimos, no caso de Shylock, que as leis existem para proteger os laços corporais, não para anulá-los. Os laços corporais de alguém com outras pessoas não são os do simples cara a cara. Os laços afetivos entre nós e os outros tampouco são necessariamente desfeitos pelas leis que também são válidas entre nós, quer se trate de leis da terra ou da lei do amor. Agacinski comete o erro humiano de supor que os sentimentos são inevitavelmente locais e que as leis são meras substitutas deles, com um alcance maior; a verdade, no entanto, é que não apenas podemos nutrir sentimentos pelos desconhecidos como os afetos pelos que nos são próximos brotam, em parte, daquilo que aprendemos no trato com os estranhos.

Nessa medida, não existe inimizade óbvia entre o Imaginário e o Simbólico. Naturalmente, temos laços afetivos mais profundos com aqueles que conhecemos do que com os que não nos são familiares, mas a afeição não é o único sentimento que está em jogo quando se trata de estranhos. Como assinala Bruce Robbins, "Não precisamos praticar o habilidoso truque de manter relações com os povos distantes do mundo, com plena intensidade imaginativa e afetiva, para defendermos melhores medidas políticas no tocante ao bem-estar deles".[2] As relações "densas" nem sempre são interpessoais: "A compacta, densa materialização corporal que é tão facilmente aceita como uma realidade doméstica", escreve Robbins, "não pode ser negada às reivindicações e às relações que atravessam fronteiras nacionais."[3] De qualquer modo, como assinala Santo Tomás de Aquino, as amizades pessoais podem funcionar como uma espécie de academia moral para as relações menos imediatas. A *philia* ou amizade humana não é, para Santo Tomás, em primeiro lugar, um assunto pessoal;

426

CONCLUSÃO

mas é nela que podemos alimentar o tipo de sensibilidade que também precisamos praticar nas questões mais impessoais da justiça e da política.

As relações simbólicas são aquelas mediadas pela lei, pela política e pela linguagem; e elas — o Outro de Lacan — sempre constituem meios de separação e meios de solidariedade. Tais relações podem facilmente resvalar para a mera utilidade ou o contratualismo. Contudo, ao priorizar nossas relações com os estranhos, o Simbólico também nos lembra que esse, e não o próximo literal, é o paradigma da conduta ética, que inclui nossa conduta para com os próximos literais. Não é que os desconhecidos sejam simplesmente pessoas com quem ainda não travamos amizade, e sim que os amigos são as criaturas estranhas que nos sucede conhecer. O ato definitivo de amor não é misturar as almas, porém tomar o lugar de um estranho na fila para as câmaras de gás. Pode-se morrer por um amigo, tal como se pode amar um estranho, mas morrer por um estranho é o "evento" ético supremo. O fato de os cristãos verem tal morte como algo exigido por Deus é uma das razões pelas quais não se trata de Ele ser alternadamente amoroso e terrível, mas de que Seu amor é um terror sagrado.

Não é essa, de modo geral, a sabedoria moral convencional. Essa extensão de nossas simpatias a um sem-número de outros anônimos, observa o direitista norte-americano Robert Sibley, "esforça-se para ampliar nossa realidade concreta de modo a incluir 'outros' distantes e generalizados, os quais, segundo nos dizem, são nossos semelhantes globais".[4] Estender suas realidades concretas a outros distantes e generalizados, o que também é conhecido por imperialismo, certamente tem envolvido os Estados Unidos num pequeno esforço ocasional. O Simbólico insinua uma estranheza em nossas questões, inclusive nas questões que nos são próximas, que a um tempo aprofunda e é potencialmente destrutiva. E é aí que se insere o gume fino do Real. No que concerne ao Real, o próximo é aquele que nos aceita em nossa destituição desumana e a quem abraçamos com o mesmo espírito. Somente as relações enraizadas em nossa fraqueza mortal têm probabilidade de evoluir para além das narcisísticas.[5]

O Real, portanto, representa o ponto de fratura interna da ordem simbólica — as contradições que ameaçam derrubá-la, o trauma que a tira do prumo, a negatividade que ela tem de excluir para florescer, o encontro mortífero com seus próprios limites, que poderia ajudá-la a se

O PROBLEMA DOS DESCONHECIDOS

refazer. Carne e osso podem ser a base do Imaginário, em contraste com os significantes desencarnados do Simbólico, mas são também a marca do Real — da humanidade animalesca, passível de ser ferida e que é perseguida pela morte: a humanidade que compartilhamos como espécie. Assim, o que responde pela intimidade é também o que responde pela universalidade. Encontrarmo-nos uns com os outros puramente como corpos companheiros é tão palpável quanto abstrato. Visto que carne e osso são aquilo que nos constitui, a universalidade da espécie entra em cada vez que respiramos, em cada gesto que fazemos. É isso que o pós-modernismo, uma corrente de pensamento que substituiu as formas mais clássicas de fundacionalismo por um tipo novo de sustentação absoluta, conhecido como cultura, nega da maneira mais lesiva.

Carne e osso são o grau zero da humanidade, a um tempo monstruosos em seu anonimato e o veículo do nosso contato mais dileto. É por estar o corpo mortal e aflito na raiz de toda cultura que o local e o universal não se opõem, em última instância. Para os judeus do chamado Velho Testamento, como vimos, o corpo não é, em primeiro lugar, disciplinado nem erótico, enaltecido nem estetizado, e sim o princípio que nos une com corpos da nossa espécie. Faz parte do nosso caráter de criaturas, como percebem os benevolentistas, conferir um *status* especial àquilo que podemos sentir e perceber em primeira mão. Mas também faz parte da nossa natureza animal, como os benevolentistas não admitem com a mesma rapidez, nutrir sentimentos pelos outros, simplesmente por eles possuírem corpos em comum com os nossos, por mais diferentes que sejam esses corpos em termos físicos ou culturais. A diferença em si não é, de modo algum, uma base suficientemente sólida sobre a qual erigir a ética ou a política. Só dá a impressão de sê-lo quando as formas particulares de universalidade que encontramos à mão dão errado, por algum motivo.

Vimos que o perto e o longe se aliam, pelo menos no sentido de que o próximo é, simplesmente, qualquer estranho que porventura tenha vindo parar na nossa presença. Essa permutabilidade abstrata dos indivíduos é possibilitada pelo Simbólico, mas existe, em termos éticos, para ser superada. A indiferença da caridade existe a serviço de terceiros específicos, não é um modo de tratar a pontapés as distinções que os separam. Uma vez que o Simbólico nos livra da particularidade, ele também pode nos libertar para ela. Qualquer um passa a poder ser apreciado como inimi-

CONCLUSÃO

tável, o que não acontece com o Imaginário. O esclarecimento, como sempre, progride por seu lado ruim.

Para a doutrina cristã, essa verdade simbólica não é incompatível com o Real — o que significa, nesse contexto, um excesso ou infinitude diruptivos, uma transcendência do finito que tanto se pode revelar revigorante quanto nociva. A versão cristã dessa infinitude é que a caridade não tem fim, o que é uma forma de compartilhar o gozo da vida eterna, de modo que embora exista uma identidade ou equivalência de tipo simbólico entre os supostos objetos dessa caridade, o amor dedicado a qualquer uma delas excede temerariamente essa medida equitativa, à maneira do Real. Dispor-se a dar a vida por outro — qualquer outro — leva essa temeridade a um absurdo sublime e, ao fazê-lo, capta algo do escândalo e da loucura característicos do cristianismo. No entanto, esse Real impensável não é mais do que a permutabilidade da ordem simbólica, levada ao extremo.

Se a fé cristã envolve o Simbólico e o Real, ela também propõe sua própria versão do Imaginário. A mimese em questão não é uma imitação burkiana das figuras civilizadas que nos cercam, e sim a *imitatio Christi* — ou seja, a rigor, a disposição de nos deixarmos assassinar pelo Estado na busca de justiça. É para esse destino sinistro que Jesus convoca explicitamente Seus companheiros. O que o século XVIII conhecia como simpatia — recriar dentro de si mesmo a situação de outra pessoa — recebe aí um toque bem mais sangrento, ao passarmos do amor como benevolência social para o amor como morte sacrificial. Dizer que os cristãos têm de compartilhar o ser-para-os-outros de Cristo é afirmar que eles devem estar prontos para repetir o tolo dispêndio que Ele fez de Si mesmo até a morte. Mesmo assim, o temerário desperdício de si que é exigido pelo Evangelho, em contraste com a ética estreita do toma lá dá cá, não deve ser confundido com o contraste levinasiano entre uma infinitude de responsabilidade pessoal e as demandas prudentes do político. O fato de a caridade não ter fim não deve ser entendido como uma receita para se desprezar a prudência e o realismo, os quais, em si mesmos, são qualidades morais desejáveis. A caridade, por exemplo, deve ser avaliada junto com a necessidade de justiça, que faz parte dela. Como disse Alasdair MacIntyre, "a caridade para com (o próximo) vai além da justiça, mas sempre a inclui".[6] Não se trata de a justiça estar do lado do político, enquanto o amor seria um assunto puramente pessoal.

429

O PROBLEMA DOS DESCONHECIDOS

Tampouco se trata, como tendem a insistir os levinasianos, de que a relação pessoal de amor ou responsabilidade seja assimétrica em todos os sentidos, em contraste com as igualdades rigorosas da ordem simbólica. Isso é válido, sem dúvida, no sentido que acabamos de assinalar — o de que a caridade, em princípio, é interminável. Também se aplica ao trato com os inimigos. Nesse caso, "assimetria" é uma palavra educada para designar o fato de alguém suportar insultos ultrajantes em troca de atos generosos. Mas não é verdadeiro no sentido de que o tipo mais pleno de amor, como já assinalamos, deva ser igual e recíproco. Assim, não há aí uma distinção nítida entre o ético/Real e o político/Simbólico. Essa é uma das razões por que, provavelmente, o amor pessoal surge com mais facilidade nas ordens sociais que fomentam as virtudes da mutualidade e do igualitarismo. E existem, é claro, formas negativas de assimetria — as desigualdades de classe ou de gênero, por exemplo, que Lévinas desconsidera, caracteristicamente — além das positivas.

Falando em termos éticos, precisamos estar atentos às perdas e aos ganhos de cada um dos registros lacanianos que investigamos. Há uma simpatia rápida no Imaginário da qual nenhuma forma autêntica de moral pode prescindir. É aí que uma ética puramente jurídica desmorona. No fim das contas, a lei não é um meio suficientemente denso de comunicação humana. Todavia, despojados dessa dimensão simbólica, parecemos correr o risco de resvalar para o egoísmo ampliado da panelinha, desconfiados dos estranhos e temerosos do não idêntico. A ética imaginária também deixa transparecer uma aversão ao Real, pudicamente cética como é, por exemplo, quanto à realidade do mal puro. Se a ética do Real é insociável demais, a do Imaginário é meio clubística em excesso.

A ordem simbólica, por sua vez, faz-nos descortinar o político, mas cobra um tributo de carne e osso de seus integrantes, como bilhete de ingresso nessa preciosa universalidade. Devemos, ao que parece, sacrificar nossa especificidade pessoal aos objetivos impessoais da justiça, da liberdade, da igualdade e da universalidade. Se o Imaginário é impetuoso demais, o Simbólico é apático em excesso. As instigações do coração cedem lugar ao cálculo racional, na medida em que a interação imaginária entre eus especulares dá margem a uma dialética da diferença e da identidade. Já assinalamos várias vezes que uma das maneiras de conciliar o singular e o universal, nesse aspecto, é atentar para as necessidades peculiares de

CONCLUSÃO

qualquer um. É isso que os Ângelos deste mundo — os evangelistas mais rígidos da ordem simbólica — ignoram de forma prejudicial.

Há uma interação similar entre o abstrato e o concreto no Real. Para começar, como vimos, carne e osso são o que há de mais palpável em nós, porém também o que há de mais universal. Em segundo lugar, conhecer os outros da maneira mais íntima equivale, em certo sentido, a deparar com eles como estranhos — uma verdade da qual D. H. Lawrence, em seus estados de ânimo menos desagradáveis, tem refinada consciência. Talvez seja por isso que Emerson fala do amigo como uma espécie de "belo inimigo". Ademais, a confiarmos em Lacan, trilhamos um caminho pela abstrata ordem simbólica apenas para descobrirmos, no outro extremo dela, o desejo irredutivelmente específico que nos faz sermos quem somos. Mas esse desejo permanece tão estranho para nós quanto a própria lei desumana da ordem simbólica. Nesse posto de observação privilegiado, sugere Lacan obscuramente, tornamo-nos capazes de um amor sem limites. Somos devolvidos à presença próxima dos outros, se não exatamente ao Imaginário, mas passamos a poder amá-los com toda a força obstinada de uma lei simbólica anônima, que sofreu uma enorme mudança e se transformou no desejo do Real. Já vimos, contudo, que parte do preço que pagamos pelo acesso a esse domínio é uma espécie de elitismo espiritual e extremismo trágico.

Existe um persistente sonho romântico com um objeto que tenha todo o calor e a intimidade da carne, mas possua todo o alcance universal de uma linguagem. Trata-se de uma fusão do Imaginário com o Simbólico, encontrável no símbolo romântico ou no universal concreto. Também o vislumbramos na fantasia estética de Kant sobre um corpo (a obra de arte) que parece encarnar uma lei universal, mas também se afigura tão sob medida para nosso prazer quanto os cuidados maternos. O cristianismo vai um passo adiante, acrescentando o Real a essa união dos outros dois registros. O Cristo ressuscitado, a Palavra de Deus, é um corpo humano com toda a disponibilidade universal de uma linguagem.[7] Já vimos que, no banquete eucarístico, o "Real" desse corpo, marcado como é por sua passagem sacrificial pela morte, faz-se presente na "linguagem" universal do pão e do vinho, o meio de comunicação simbólica entre os participantes, mais ou menos como o significado se faz presente numa palavra. Assim, as ordens real e simbólica fundem-se num único ato. Os elementos eucarísticos são compartilhados sob a forma de uma

O PROBLEMA DOS DESCONHECIDOS

vida comum, mas, já que consumir o pão e o vinho é extrair vida de um ato de destruição, eles significam, ao mesmo tempo, o trânsito da morte para a vida que é a estrutura real ou sacrificial desse evento. O Real e o Simbólico também são atrelados ao Imaginário, uma vez que a partilha do pão e do vinho também envolve uma troca mútua de identidades em Cristo. Existe uma espécie de Imaginário cristão do qual a frase "Quando o fizerdes a um destes meus pequeninos irmãos, a Mim o tereis feito" [Mateus 25:40] é exemplar. Trata-se, por assim dizer, de um exemplo de transitivismo divino. O preceito de que devemos agir com os outros como queremos que eles ajam conosco — um conselho perigoso para o masoquista — também gira em torno de uma troca imaginária de posições. Portanto, a Eucaristia celebra um simpático estar com os outros, como um banquete de amor que prefigura um futuro reino de paz e justiça; no entanto, ele é um reino fundamentado na morte, na violência e na transformação revolucionária, condições que estão totalmente além do princípio do prazer.

É bem possível, é claro, que o cristianismo não seja verdadeiro. Nada neste estudo, sem dúvida, toma por certa a veracidade dele. É igualmente possível que a psicanálise também não seja verdadeira. Talvez uma das razões de nenhum dos dois ser verdadeiro esteja em que ambos postulam um estado fictício, conhecido como condição humana. Se assim for, uma das razões de ambos serem falsos talvez seja uma razão de o pós-modernismo ser verdadeiro. O problema surge quando se considera que a psicanálise é verdadeira, mas o cristianismo não. Nesse caso, seria razoável afirmar que a dimensão trágica da condição humana é irreparável, afinal. Isso porque o evangelho cristão oferece uma solução radical para os pavores do Real e os estragos devastadores da pulsão de morte — uma solução que, longe de desmentir essas coisas, à maneira do humanista liberal ou socialista, encontra uma verdade redentora justamente nesse que é o mais inauspicioso de todos os lugares. Através da revolução espiritual conhecida como fé, o gozo obsceno da pulsão de morte, que "não serve para nada", converte-se no temerário "nada a perder" da vida virtuosa.

Se nem o cristianismo nem a psicanálise são verdadeiros, podemos relaxar um pouco. Não existe redenção, mas também não há necessidade dela. Não há necessidade de uma solução porque não existe problema. Ou, pelo menos, não existe problema do tipo que a psicanálise supõe existir. Se o cristianismo é verdadeiro, mas a psicanálise é falsa,

CONCLUSÃO

estivemos usando essa última para identificar erroneamente a condição que o primeiro promete redimir. Mas e se (formulando mais uma vez nossa primeira permutação) o cristianismo for falso e a psicanálise for verdadeira? Nesse caso, poderíamos sugerir, somos remetidos de volta a nossos recursos políticos para corrigir as dificuldades que a psicanálise diagnostica. É verdade que a política pode fazer muito mais para mitigar nossa situação do que acreditaria qualquer destes dois céticos políticos, Freud e Lacan. Mas é duvidoso que a mudança política, por si só, seja inteiramente capaz de resolver a trágica situação que eles dois retratam. Para isso, como afirma o cristianismo, precisaríamos de uma transformação que penetrasse na matéria do próprio corpo. Se isso é um mito, a pergunta é até que ponto nossa situação pode tornar-se tolerável sem essas intervenções milagrosas.

A relação entre ética e política não gira em torno de um contraste entre o amor e a administração, o infinito e o finito, o próximo e o distante, os íntimos e os estranhos, ou o assimétrico e o simétrico. As duas não se relacionam como o espiritual e o material, o interno e o externo, o indivíduo e a sociedade, ou o singular e o universal. A responsabilidade para com os outros, que nos perdoem Lévinas e Derrida, não é absoluta e infinita, mas deve ser temperada com a justiça, a prudência e o realismo. Não é que a ética lide com o próximo, enquanto a política lida com os desconhecidos. A ética não é uma simples abertura reverente para o Outro, e sim uma questão, digamos, de formular políticas sobre a propaganda ou o infanticídio que afetem aqueles a quem não conhecemos. Ela não se desvaloriza por ser tematizada, como imaginam com escrupulosa exigência os adeptos do Real.

A ética envolve ordens impessoais, assim como a política. Inversamente, questões políticas como a justiça e a igualdade aplicam-se tanto às relações entre o sujeito e o Outro quanto às que vigoram entre estranhos. A ética e a política não são reinos incomensuráveis, passíveis de ser ligados unicamente por um habilidoso trabalho de desconstrução, mas pontos de vista diferentes sobre uma mesma realidade. Não existe algo que se possa chamar de socialismo "ético", por exemplo, em oposição a formas "não éticas" desse credo. O ético é uma questão de como podemos conviver da maneira mais recompensadora, enquanto o político é uma questão de quais instituições promoverão melhor esse objetivo. As

433

O PROBLEMA DOS DESCONHECIDOS

metas da associação política, observa Aristóteles na *Política*, são "a vida e a vida virtuosa". Se você vir a ética e a política como esferas separadas, ou sentir necessidade de salvar a primeira das garras imundas da segunda, é provável que acabe denegrindo o político e idealizando o ético. Numa era de desilusão com a política, a ética é obrigada a abandonar a pólis e a fixar residência noutro lugar: na arte, na religião, na transcendência, no Outro, no evento, no infinito, na decisão ou no Real.

Uma certa visão do Holocausto reforça essa cisão entre o ético e o político. Como o Holocausto parece exigir juízos morais absolutos, além de apontar, segundo alguns comentaristas, para a transcendência do mal, a questão ética continua mais premente do que nunca na esteira dele. No entanto, como as metanarrativas políticas ou históricas que supostamente deram origem a essa catástrofe têm de ser abandonadas, justamente por essa razão, ou porque nenhuma abordagem puramente histórica seria capaz de explicar tamanha crueldade, os tais juízos absolutos deixam de ter fundamento. São tão insistentes quanto infundados. Os juízos morais são solicitados e desbaratados. E assim a ética que nos resta é uma transcendência vazia.

É possível que o Simbólico realmente seja um clima rarefeito demais para que nele a ética possa florescer. Mas isso não significa que a lei, a política, os direitos, o Estado e o bem-estar humano devam ser altivamente desdenhados, como uma tecnologia inevitável, porém letal para a alma. Somente os que são privilegiados o bastante para não necessitar da proteção delas podem ver a lei e a autoridade como intrinsecamente maléficas. A ordem simbólica atinge sua eficiência máxima quando se enraíza no corpo — em necessidades e carências humanas palpáveis, em vez de abstrações morais. Marx tecia elogios abundantes à democracia burguesa, mas considerava que, nesse aspecto, ela não ia muito longe. Só incorporava os homens e as mulheres como cidadãos abstratamente livres e iguais, em vez de incorporá-los em sua particularidade singular. Somente a democracia socialista, que havia reduzido o abismo entre o Estado político e a vida e o trabalho cotidianos, seria capaz de fazer isso.

Quanto ao Real, poderíamos dizer que, a despeito de todos os seus defeitos manifestos, o lema "Agarre-se ao seu desejo!" é uma excelente injunção política nos tempos atuais. De nada adianta a esquerda política se conformar com a metade. O que deixou o capitalismo global mais difícil de desafiar, na atualidade, foi o fato de ele ter-se tornado mais

CONCLUSÃO

predatório, não menos. Isso significa que as próprias mudanças do sistema que contribuíram para desanimar e esvaziar a esquerda são também a razão por que a necessidade de combater esse sistema continua a ser mais urgente do que nunca. Por isso, a esquerda deve preservar sua confiança, em vez de se submeter aos engodos do reformismo ou do derrotismo. Ela deve reagir a um sistema político incapaz de alimentar a humanidade, ou de lhe conceder justiça suficiente, com algo da recusa implacável de uma Antígona — uma recusa que é uma sandice para os conservadores e um obstáculo para os liberais. Ainda que ela venha finalmente a fracassar nesse projeto, ao menos poderá colher a satisfação agridoce de saber que sempre teve razão.

NOTAS

1. Sylviane Agacinski, "We Are Not Sublime: Love and Sacrifice, Abraham and Ourselves", in Jonathan Rée e Jane Chamberlain (orgs.), *Kierkegaard: A Critical Reader* (Oxford, 1998), p. 146.
2. Bruce Robbins, *Feeling Global: Internationalism in Distress* (Nova York e Londres, 1999), p. 152.
3. Ib., p. 172.
4. Citado em Kwame Anthony Appiah, *Cosmopolitanism: Ethics in a World of Strangers* (Londres, 2006), p. 157.
5. Para uma excelente discussão, ver Martha Nussbaum, *For Love of Country: The Limits of Patriotism* (Boston, 1996).
6. Alasdair MacIntyre, *Selected Essays, vol. 2: Ethics and Politics* (Cambridge, 2006), p. 146.
7. Ver Terry Eagleton, *The Body as Language* (Londres, 1970).

ÍNDICE REMISSIVO

abjeto, 234, 315, 327, 328
abnegação, 317, 321, 329
Abraão
    Derrida, 174, 268, 281, 320-322,
      326, 329, 335-340
    fé, 344
    Kierkegaard, 320, 344-345
    opção resoluta pela morte, 259-260
Adão, 234
Addison, Joseph, 35, 36
adeptos da ética do Real, 379, 382, 392
adeptos do Real, 332, 351, 364, 382,
    395, 398, 402-403, 433
Adorno, Theodor, 236
    Dialética do esclarecimento, 24
    imitação, 100
    Minima moralia, 57-58
    moral/sentimento, 105
    reticência, 356
    sobre Kant, 111, 123-124
afeição, 79, 98-99, 147, 263, 295, 324;
    ver também apego; amor
afeto, *ver* afeição, sentimentos*
Agacinski, Sylviane, 337, 347, 367 n. 12,
    382, 419 n. 24, 425-426, 435 n. 1
Agamben, Georgio, 363
ágape, 324
Agostinho, Santo, 117, 165, 169, 220,
    261

Althusser, Louis, 76
    ideologia/teoria, 15, 25-26, 74,
      141, 143-144
    marxismo, 141
    sobre Espinosa, 145
altruísmo, 43, 229, 245, 394
amigos/estranhos, 81, 85-86
amizade, 18-19, 57, 99, 173, 319, 409.
    426-427
amor ao próximo, 231, 245, 391-392,
    395, 408
amor aos inimigos, 175
amor-próprio, 57, 71, 105, 232, 394
amor, 66, 87, 429
    Badiou, 351
    benevolentistas, 153
    cristão, 174
    de irmã, 189, 190
    a Deus, 88
    Freud, 88
    Hegel, 174
    igualdade, 336
    incondicional, 315
    judaico-cristão, 46, 391
    justiça, 165, 407
    Kant, 172
    Kierkegaard, 172
    Lacan, 192, 231, 408-409
    lei, 46, 86, 172, 231, 407

ÍNDICE REMISSIVO

Lévinas, 434
Mercador de Veneza, O, 286
morte, 392
poder, 97
política, 408-409
Real, 88, 324
Santo Agostinho, 169
Anderson, Benedict, 79
Annales, escola dos, 375
Anouilh, Jean, 379
antifundacionismo, 412
Antígona, 215, 216, 219, 262, 264, 265, 278, 288; *ver também* Sófocles
antissemitismo, 275,
apegos distantes, 78, 425
Apocalipse, 278
Appiah, Kwame Anthony, 88
Aragon, Louis, 374
Aristóteles
    amizade, 18, 409
    e adeptos do Real, 402-403
    Ética a Nicômaco, 18, 33, 161, 405
    Lacan sobre, 59
    moral, 217
    phronesis, 404
    Poética, 405
    política, 405, 418
    Política, 433
    prazer, 59
    Retórica, 102
    virtude, 59, 89, 160
arrependimento, 232
Auerbach, Erich: *Mimesis*, 401, 421 n. 54
Austen, Jane, 35-36, 49 n. 17

autodeterminação, 132, 140-141, 148, 163, 165, 182
autonomia, 85, 140-141, 168
autorreflexão, 20, 22
autotranscendência, 147
avant-garde, ver vanguarda*

Badiou, Alain
    amor, 351
    ato ético, 235, 380
    consenso político, 357-359
    cotidiano, 362
    encarnação, 399
    ética da virtude, 362
    ética, 317, 358, 359-362, 364-365
    evento revolucionário, 401
    evento, 317, 352-358, 399
    finitude, 357, 358
    infinitude, 331, 357
    Metapolítica, 342, 368 n. 36
    moral, 252
    não relação dos seres, 355
    particularidade, 361
    pós-modernismo, 359-361
    Real, 352-353
    Saint Paul: The Foundation of Universalism ["São Paulo: A fundação do universalismo"], 360 Real
    Ser, 235
    sobre Lacan, 358
    verdade, 360-362
    vida política, 358
Bakhtin, Mikhail, 60
Balakrishnan, Gopal, 98, 119 n. 6

Barthes, Roland, 375, 411,
Bartlett, Thomas, 114
Bataille, Georges, 372, 373
batos [bathos], 60, 228, 376-377, 392
Baudelaire, Charles, 109, 120 n. 25, 121 n. 30, 374, 375
Baudrillard, Jean, 411
Bauman, Zygmunt, 320
Baumgarten, Alexander, 159
bebês, 19, 336
Beckett, Samuel, 222 n. 19, 377
beleza, ver belo*
Bellow, Saul, 383
belo, o, 102, 120 n. 14
bem-estar, 214-215, 408
bem
    comum, 245-246
    dever moral, 218
    Lacan, 215
    Lévinas, 312
    política do, 214
    supremo, 380
    Žižek, 394
    Zupančič, 394
benevolência, 32, 39-40, 43, 47-48
    altruísmo, 245
    amor, 84
benevolentistas, 48
    caridade, 48
    compaixão, 84
    contentamento, 158
    corpo, 428
    Hume, 3940
    Kant, 159
    lei, 155
    Outro, 331

sentido moral, 115
sentimentalismo, 44, 47
sentimento/egocentrismo, 146
universalismo, 80, 83, 87, 98, 99, 261
Benjamin, Walter, 108, 120 n. 25, 290, 375, 418 n. 8
Bennett, Arnold: The Old Wives' Tale, 302
Bentham, Jeremy, 118
benthamistas, 80, 246
Berkeley, George, 31, 116-118, 121 n. 40 e 43
Bernstein, J. M., 39, 50 n. 28, 164, 185 n. 17, 362
Blackburn, Simon, 377
Blake, William, 174, 185 n. 27, 216, 420 n. 33
bode expiatório, 176, 206, 289-290, 317, 347, 392; ver também pharmakos
bom samaritano, parábola do, 173
Bourdieu, Pierre, 375
Brecht, Bertolt, 86, 100, 109, 121 n. 29
Breton, André, 376
Brontë, Charlotte, 295, 299
Brontë, Emily: O morro dos ventos uivantes, 295, 300, 308 n. 26,
Brooke, Henry, 37
Brown, Dan, 46
Bryson, Gladys, 114
Burke, Edmund, 253, 377
    amizade, 99
    apegos distantes, 78
    belo, 189
    como benevolentista, 45
    comunhão de interesses, 97

Conciliation with the Colonies
["Conciliação com as colônias"], 97
e Hutcheson, 44
First Letter on a Regicide Peace
["Primeira carta sobre uma paz regicida"], 97
Goldsmith sobre, 43
justiça, 99
política, 97, 102
Remarks on the Policy of the Allies
["Observações sobre a política dos Aliados"], 100
sociedade, 98, 100
sublime, 129, 130, 270
universalismo, 99-100
virtude, 253
Butler, Joseph, 32, 48 n. 8, 64, 91 n. 32, 163,
Byron, George Gordon, 48

calvário: *ver* crucificação
camaradas, 57
capitalismo, 71, 86, 322, 323, 335, 434
caridade, 47, 61, 81, 88, 100, 172, 192, 366, 384, 388, 395-396, 408, 428-430
carnavalesco, o, 60, 377, 392
Carter, Elizabeth, 43
casamento, 35, 115
Castorp, Hans, 392
castração, 21, 127, 129, 134, 217,
causalidade, 76, 140, 145
celibato, 88-89
Certeau, Michel de, 374
ceticismo, 216

Chalier, Catherine, 394, 420 n. 39
civilidade, 35-36
civilização, 165
Clarke, Samuel, 40
classe média
acumulação de capital, 156
anonimato, 118
benevolência, 32
liberdade, 130
tato, 86
virtude, 58, 317
classe social, 101, 154, 430; *ver também* classe média
clemência, *ver* misericórdia*
Cobbett, William, 376
Coleridge, Samuel Taylor, 43, 383
comédia, 60, 193, 197, 285, 420 n. 34
comércio, 36, 104
compaixão, 35, 39, 43, 83-85, 103, 230, *ver também* simpatia, solidariedade
comunal, comunitário, 239, 243
comunidade, comunhão, 18, 80, 113, 148, 289, 320, 322, 331, 357, 361
comunismo, 206
concupiscência, 195
conhecimento, 358, 385, 413
Conrad, Joseph
Coração das trevas, 354
Lorde Jim, 270, 354
Nostromo, 354
O agente secreto, 354, 380
consciência moral, 98, 160, 244
consciência, 17, 193, 244, 327
Copérnico, Nicolau, 139
corpo

bebê, 17
    como linguagem, 178
    gozo [*jouissance*], 129
    Hutcheson, 36
    materno, 129, 166
    morte, 275
    Outro, 1
    Real, 206, 319-320
    sentidos, 118
    signo, 275-277
    transcendência, 311
corriqueiro, o, 374, 375, 400-401;
    ver também vida cotidiana;
    cotidiano
cotidiano, 362, 374-379; *ver também*
    corriqueiro, o; vida cotidiana
crianças pequenas, *ver* bebês*
cristianismo
    amor-próprio, 394-395
    caridade, 428-430
    carnavalesco, o, 392
    e psicanálise, 432-433
    inferno, 260
    Kierkegaard, 236, 241
    Lacan, 240
    martírio, 387
    modernidade, 374
    morrer pelo Outro, 350
    Outro, 109
    pecado original, 234, 389
    sacrifício, 392, 399, 404
    Simbólico/Real, 432
    socialismo, 393
    transcendência/imanência, 400
    ver também Deus; Jesus Cristo
    Žižek sobre, 411

Critchley, Simon, 10, 311, 312, 342,
    367 n. 4 e 23, 377, 406, 420 n. 35,
    421 n. 65
crucificação, 346, 361, 389, 388-400
crueldade, 113
culpa, 340, 350, 388
cultura inglesa, 34, 115, 376-377

De Man, Paul, 406, 411-412, 415
Debord, Guy, 375
decisionismo, 343, 348, 412, 415-417
decoro, 34
Defoe, Daniel, 37, 40
Deleuze, Gilles, 134, 155, 177, 355,
    363, 372-373, 409
democracia, 239, 337, 434
deontologia, 323, 339, 345; *ver*
    também dever
Derrida, Jacques
    Abraão, 174, 344, 347-349, 382
    comunal, comunitário, 239
    Deus, 326
    diferença, 134, 326
    Do espírito, 405
    economia, 320, 341
    Espectros de Marx, 338, 356, 367
        n. 14
    ética do Real, 402
    ética simbólica, 281
    ética, 329, 344, 348
    fé, 348
    "Força de lei", 338, 342, 367 n. 42,
        368 n. 26, 405, 421 n. 61
    infinito, 364
    influência kantiana, 411, 417
    justiça, 268, 281, 339, 342-343,
        347

ÍNDICE REMISSIVO

lei, 342-343
moral/dever, 162
obrigação, 281
política/filosofia, 359, 409-410
Salvo o nome, 367 n. 16
sensibilidade cindida, 373
The Gift of Death [*O dom da morte*], 350, 367 n. 15
Williams sobre, 343
Descartes, René, 20
descentração do sujeito, 62, 233, 315
desconhecidos, *ver* estranhos*
desconstrucionismo, 200
desejo
autoabominação, 390
batos, 228
comunismo, 206
falta-a-ser/falta de ser, 389-390
gozo [*jouissance*], 214
hegemonia, 177
impossível, 207, 213, 220, 241
intersubjetividade, 130
justiça, 286
Kant, 218
Lacan, 208, 217, 228, 237
lei, 236-237, 260, 263
mau infinito, 233
melancolia, 286
ordem simbólica, 134, 209, 217-218, 285, 286
Outro, 109-110, 130, 170, 284, 319
perpétuo, 260
política, 217
Racine, 209
razão, 196

Real, 211, 213, 217, 220, 225, 272, 431, 434
Shaftesbury, 63-64
sujeito, 127
surrealismo, 379
Tomás de Aquino, 215
traição, 305
transcendência, 263
vontade, 227
desespero, 237
desprendimento, 58, 62, 64, 145, 232
desreconhecimento, 111
determinismo, 147, 244, 410, 417
Deus
como Outro, 132
Derrida, 326
Dez Mandamentos, 169, 176
Espinosa, 140-141
existência de, 326, 385
Kierkegaard, 228
Tomás de Aquino, 165, 209
Velho Testamento, 392
dever, 162, 166, 218, 338, 411; *ver também* deontologia
Dez Mandamentos, 169
diáspora judaica, 87
Dickens, Charles, 36, 37, 44, 48, 104, 118
diferença, 134, 155, 198, 372
direitos naturais, 153
discurso angelical, 162, 193
discurso demoníaco, 193, 207, 300
disparates verbais, 190
distância, 105,107
apegos distantes, 78, 87, 98, 153, 190, 425

441

dor, 157
Dostoiévski, Fyodor, 382
Drennan, William, 56
Dwyer, John, 114

Eagleton, Terry, 91 n. 33, 185 n. 16
economia, 101, 341
Édipo, 260, 355, 365; *ver também*
  Sófocles
efésios, 425
egocentrismo, 327
egoísmo, 44, 57
egoísmo/egocentrismo
  afeição, 62
  prazer, 103
  sentimento, 182
  Smith, 34
  sociabilidade, 57
  solidariedade/simpatia, 159
  tragédia, 102
Ehrenreich, Barbara, 173
Eliot, George, 25, 118, 376
Eliot, T. S., 108, 140, 288, 371, 380,
  383
elitistas, 371
emoção, 47, 163 *ver também*
  sentimentos
empatia, 104-180, 112, 263
empirismo, 117, 171
Empson, William, 378
encarnação, 236, 398-400
Eros/Tânatos, 208, 216, 230, 262, 289,
  295, 301, 387, 396
esperança, 385
Espinosa, Baruch de, 76
  causalidade, 140

consciência, 142
desprendimento, 145
Deus, 147
e Kant, 141, 147
egocentrismo, 327
Ética, 139, 140
experiência, 141
falsa consciência, 46
geometria, 140
Imaginário, 147
liberdade, 148, 156
moral, 147
sabedoria, 146
sujeito, 156
Ésquilo: *Oresteia*, 216
essencialismo, 260, 390
estádio do espelho
  bebê, 183
  crianças, 56
  diferença, 156
  eu, 17
  ilusão de dominaçao, 196
  Imaginário, 74
  inocência/narcisismo, 19
  Lévinas, 314
  reflexo idealizado, 47
Estados Unidos da América
  escritores dos, 376
  imperialismo, 427
  responsabilidade absoluta, 410
estética
  aparência, 211
  e Imaginário, 225
  juízo moral, 40-41
  religiosa, 226
  sentidos, 147

ÍNDICE REMISSIVO

estranhos
  afiliação, 98
  como inimigos, 232
  e amigos 81, 68
  eu, 145
  Hume, 132, 345
  indiferença aos, 82
  Kant, 170
  Lévinas, 324
  obrigações para com os, 88
  problemas com os, 154
  proximidade, 318, 351
  São Paulo, 425
estruturalismo, 375, 378
estruturas de parentesco, 113
ética
  alegoria da, 390
  além do princípio do prazer, 166
  Badiou, 357, 359, 362
  baseada em regras, 93
  Derrida, 337-343
  Derrida, 342
  desejo, 264
  e crítica literária, 407
  efeito especular, 58
  emotivistas, 78
ética comunicativa, 39
ética do Real
  falta, 220
  fé, 345
  formalismo, 305
  herói modernista, 379
  Hutcheson, 80
  Imaginário, 84, 86
  inclinação/obrigação, 161, 379,
    390, 394

Lacan, 207, 217
Lévinas, 311, 312, 325, 334-336
Lévinas, 383
moral, 325
mutualidade, 79
obrigação, 323
ontologia, 323
Outro, 109
política, 332-335, 341, 398, 399,
  417-418
racionalismo, 144
sentimentos, 79
solidariedade, 100
tragédia, 365
transformativa, 276
ver também ética imaginária; ética
  simbólica; ética da virtude
verdade, 358
Zupančič, 394
ética imaginária, 26, 43, 64, 78, 84,
  88, 107, 430
ética simbólica, 133, 139, 280-281,
  360
ético, o, 413-414
  De Man, 412
  e o político, 406-407, 433-434
  e o Simbólico, 234-238
  Foucault, 416
  Lacan, 397-398
  sensibilidade, 312
eu, 24-25, 44
eu
  estranhos, 170
  Outro 16, 104, 316, 327, 331
Eucaristia, 127, 275, 276, 366, 399,
  432

eudemonismo, 144, 157, 408 *ver também* felicidade

Eurípides, 216

Evangelho de São Lucas, 87

Evangelho de São Marcos, 172

Evangelho de São Mateus, 87, 172

evento, em Badiou, 317, 353-353, 361-362

eventos de verdade, 354-355, 357-358, 361

existencialismo, 375, 379

falo, 111, 130

falsa consciência, 22, 142, 235, 239, 380

falta, 109, 216, 226, 262-263, 389

fascismo, 225, 356

fatos/valores, 157, 412-413

fé
    Derrida, 339-340
    ética, 345
    evento, 352
    Hegel, 236
    Kierkegaard, 236-237, 241-242, 348
    Novo Testamento, 241
    pulsão de morte, 432
    Real, 220, 264
    socialismo, 434

felicidade, 86, 157-158, 394-395

felix culpa, 128

Ferguson, Adam, 35, 38

Fichte, Johann Gottlieb, 108

fideísmo, 339, 348, 358 *ver também* fé

Fielding, Henry, 39, 65-66

filosofia do sentido moral, 40

ato virtuoso, 58

Espinosa, 139

ética do Imaginário, 36

Hutcheson, 33-34, 36, 40-42, 49

imaginação, 66

intuitiva, 57

Kant sobre, 228

percepção, 61

ser da espécie, 65

Shaftesbury, 64

finitude, 229, 312, 329-330, 363-364

Fordyce, David, 46

formalismo, 305, 378, 411

Foucault, Michel
    Discurso, 372
    e Nietzsche, 244-245
    ético, o, 416
    finitude, 363
    influência kantiana, 408
    poder, 134
    Revolução Iraniana, 353
    sensibilidade cindida, 373
    subjetividade, 281

Freud, Sigmund, 225, 228
    "Projeto para uma psicologia científica", 23
    amor, 89
    estranheza, 205
    estranhos, 232
    inconsciente, 226
    Lacan sobre, 215-217, 377
    O mal-estar da cultura, 81
    pulsão de morte, 213, 230-231, 237, 365
    Schopenhauer, 228
    supereu, 164, 196-197

ÍNDICE REMISSIVO

generosidade, 71, 103

Godwin, William, 162

Goethe, Johann Wolfgang von, 220, 260, 263

Goldsmith, Oliver, 43-46
  O vigário de Wakefield, 58
  The Citizen of the World ["O cidadão do mundo"], 50 n. 44

gozo [*jouissance*]
  criação, 153
  desejo, 163
  dionisíaco, 252
  do corpo, 214
  ética do Real, 305
  Lacan, 73, 77, 91, 109
  maléfico, 231
  mártires, 396
  momento edipiano, 332
  morte, 302
  pecado original, 215
  Real, 161, 164, 171
  supereu, 177, 193, 196-197
  Tânatos, 301
  vazio, 272
  vida eterna, 390
  Žižek, 64
  Zupančič, 362

graça de Deus, 169

Gramsci, Antonio, 148

Greene, Graham, 380

Guattari, Félix, 134

Habermas, Jürgen, 39, 374

Hallward, Peter, 356, 358, 362

Hampshire, Stuart, 144

Hardy, Thomas, 18, 183, 295, 376

Hartman, Geoffrey, 291-294

Hastings, Warren, 99

Hawkins, John, 42

hebreus, 349

Hegel, G. W. F.
  amor, 174
  e Kant, comparados, 405
  fé, 235
  Filosofia do direito, 154
  Geist, 21, 88, 149
  história, 240
  mau infinito, 233, 326
  ordem social, 408
  razão, 226
  Sittlichkeit [eticidade], 178, 180, 234
  sujeito, 179-180. 228

hegemonia, 97, 148

Heidegger, Martin
  Carta sobre o humanismo, 405
  das Man, 240, 372
  Dasein, 312
  escritos quase místicos, 378
  guerra, 24
  morte, 321
  o corriqueiro, 325
  razão, 77
  Ser e tempo, 363, 400

herói ético, 394, 398

herói
  ético, 394, 398
  Lacan, 303
  modernista, 379
  moral, 220
  trágico, 345, 387

história, 208, 228, 240, 374
Hobbes, Thomas, 43, 44, 55, 57, 60
Hoggart, Richard, 376
Holocausto, 434
Horkheimer, Max, 24
humanidade, 103, 139, 291, 365, 428
humanitarismo, 239-240
Hume, David
   amigos, 81
   amor-próprio, 82
   apegos distantes, 87, 190
   benevolência, 71, 85
   causalidade, 76
   compaixão, 83
   empatia, 263
   empírico/ideal, 171
   estranhos, 81, 132, 331
   generosidade, 71
   ideias, 76
   imaginação, 76
   Investigações sobre o entendimento humano e sobre os princípios da moral, 83, 88
   justiça, 79-80
   maldade, 64
   moral, 41, 146
   paixões, 74-76
   projeção do eu, 106
   razão, 42
   relações familiares, 74
   sacrifício, 89
   sentimentos, 39
   soberania, 195
   solidariedade, 75, 80
   terminologia moral, 77

Tratado da natureza humana, 71-73, 81, 83
virtudes, 40, 88-89, 160
humor, 61; *ver também* comédia
Husserl, Edmund, 67-68, 328
Hutcheson, Francis, 55
   apegos distantes, 78, 82, 87
   corpo, 70
   e Kant, 158
   empatia, 263
   empírico/ideal, 171
   Essay on the Nature and Conduct of the Passions and Affections ["Ensaio sobre a natureza e a conduta das paixões e afetos"], 63
   ética, 80
   Inquiry Concerning the Original of Our Ideas ["Investigação sobre a origem de nossas ideias"], 45, 62
   moral, 145
   Outro, 319
   piedade, 99
   prazer, 59
   Reflection upon Laughter ["Reflexão sobre o riso"], 57
   sentido moral, 40-42, 63, 66, 78
   Short Introduction to Moral Philosophy ["Breve introdução à filosofia moral"], 41, 55
   sobre Hobbes, 55, 57, 60
   System of Moral Philosophy ["Sistema de filosofia moral"], 56
   virtude, 33, 36, 38, 40, 59-61, 65, 191, 205, 326

identidade 191, 205, 326

ÍNDICE REMISSIVO

ideologia 15, 24-25, 74, 134, 143-144, 318

Igreja Católica Romana, 415

igualdade, 239, 336m 384

II São Pedro [epístola], 407

Iluminismo escocês, 34, 114-115

Iluminismo, 55 78, 89, 114, 383

ilusão, iludido, 130, 142

imaginação, 62, 66, 70-73, 76, 82, 291

Imaginário 15-19
  causalidade, 76
  compaixão/simpatia, 81, 430
  Espinosa, 140
  estádio do espelho, 47
  estético, 233
  eu, 44
  eu/Outro, 319
  ideologia, 24-25, 74, 134
  imitação, 102
  intersubjetividade, 69
  leis universais, 129
  Lévinas, 319
  pré-linguístico, 111
  pré-reflexivo, 77
  Real, 228-230
  rivalidade, 72, 284
  Simbólico, 72, 102, 426
  Wordsworth, 290-294

imanência, 393-394

imitação, 18-19, 62, 66, 72, 98, 100, 280

imitação, *ver* mimese*

imperativo categórico, 162, 169, 171, 172, 263, 327

imperativo divino, 169

imperativo ético, 207, 325

imperialismo, 225

inconsciente, 226

industrialização, 118

infância, 19, 35, 115, 175-176, 296-297, 336, 398, 403; *ver também* bebês

infans, *ver* bebês*

infinito, infinitude, 331, 357, 364
  mau infinito, 327, 388

instituições, 180, 181

interpelação, 318

intersubjetividade, 21, 127, 130

intimidade, 176, 428

Isaac, 241, 270, 344; *ver também* Abraão

James, Henry, 289, 295

Jameson, Fredric, 116, 121, 131, 135, 208

Jefferson, Thomas, 55

Jesus Cristo
  como Deus encarnado, 196, 347, 428
  como *pharmakos*, 298, 399
  crucificação, 346, 362, 386, 389, 400
  e Abraão, 344
  e os fariseus, 410
  lei do Pai, 388
  morte, 321
  ressurreição, 321, 352, 355
  sofrimento de, 319

João Escoto Erígena, 117

Johnson, Samuel, 34

jouissance, ver gozo*

Joyce, James, 377

judaico-cristã, tradição, 283, 347, 387,
  392, 401
juízos morais, 415
  gosto estético, 40
  marxismo, 114, 141, 338
  Miller, 339
  Nietzsche, 251
  Smith, 103
Jünger, Ernst, 24
justiça
  absoluta, 214
  amor, 132, 400
  Burke, 78, 91
  caridade, 396
  compaixão, 160
  Derrida, 134, 162, 268, 281
  desejo, 219
  Hume, 71-72
  lei, 158
  Lévinas, 334-336
  Marx, 65
  misericórdia, 160
  responsabilidade, 382
  vingança, 175, 284, 286

Kafka, Franz, 169
Kant, Immanuel
  A religião nos limites da simples
    razão, 398
  agente moral racional, 160
  amizade, 161
  amor, 132
  benevolência, 115
  como influência, 330
  como legalista, 175

Crítica da razão pura, 157, 413
Crítica do juízo, 144
desejo, 217
determinismo, 335
e Espinosa, 144-145
e pós-estruturalismo, 411-414
estética, 159, 166, 185, 196, 199,
  377
estranhos, 154, 171, 173, 324
ética simbólica, 313
Fundamentos da metafísica dos
  costumes, 158, 185, 382
imperativo categórico, 162-163,
  169, 171-172, 263, 327
inclinação/obrigação, 159, 160
lei moral, 51, 155-158, 162,
  263-264
liberdade, 163, 362
mal, 382
moral, 110, 376
númeno, 124, 168, 231, 300
ordem simbólica, 133
Real, 198
sabedoria, 143
Schiller sobre, 177
sentido moral, 40, 66
subjetividade, 182
sublime, 166
virtude, 148
Keats, John, 106, 120
Kettle, Thomas, 79
Kierkegaard, Søren
  amigos/o próximo, 173-174
  amor, 189
  angústia, 234
  Conceito de angústia, O, 23

ÍNDICE REMISSIVO

cristianismo, 236

Desespero humano, O, 132, 135, 233, 236-238, 254

Deus, 228

Diários, 43

falsa consciência, 235, 239

fé, 238, 241-242, 297, 304

finitude, 229, 312

herói trágico, 324

imaginário/estético, 232

Kulturkritik [crítica da cultura], 239, 382-383

My Point of View as an Author ["Meu ponto de vista como autor"], 240

o ético/o político, 405

Real/Simbólico, 238

sublime, 312, 330

Temor e tremor, 239, 341, 344

verdade, 239

King, Martin Luther, 400

Klein, Melanie, 17

Kleist, Heinrich von

Michael Kohlhaas, 265-273, 344

O príncipe Friedrich von Homberg, 269

Knox, Vicesimus, 31

Kristeva, Julia, 134, 234, 254

Kulturkritik [crítica da cultura], 239, 382-384, 386-387

Kundera, Milan, 162, 193

Imortalidade, A, 208, 221, 357

Insustentável leveza do ser, A, 206

L'Infini, 364

Lacan, Jacques

amor, 169, 189, 408-409

Antígona, 304, 379

Apocalipse, 278

bem, 261

comédia, 285, 420 n. 35

como essencialista, 205, 260

cristianismo, 177

desejo, 300, 397

"Estádio do espelho, O", 15

Ética da psicanálise, A, 253, 305

eu/Imaginário, 44

falo, 111, 130

falta, 109

gozo [*jouissance*], 64, 129, 170

influência kantiana, 406

"Kant com Sade", 263, 307

linguagem, 109

moral, 251

narcisismo, 183

objeto pequeno a, 117, 133, 272, 274, 294

ordem simbólica, 20, 69, 74

Outro, 101, 198, 228, 331-333, 348

política, 216

psicanálise, 217

Quatro conceitos fundamentais da psicanálise, Os, 307

Real, 102, 117, 129, 159, 171, 198

rivalidade, 23

sobre Aristóteles, 362

sobre *Hamlet,* 277

ver também Imaginário; estádio do espelho; Real; ordem simbólica

virtude, 404

Laplanche, Jean, 20

Lawrence, D. H., 313, 383-384, 390
   Arco-íris, O, 313
   Mulheres apaixonadas, 313
Lear, Jonathan, 345
Leavis, F. R., 376, 383
Lefebvre, Henri, 374-375
lei do Pai, 21, 388
lei moral
   falta, 182
   Kant, 128, 139-141, 145, 156, 177, 357
   Outro, 313
   prazer, 244
lei simbólica, 164, 169, 320
lei
   amor, 46, 86, 172, 231, 407
   belo/sublime, 183
   benevolentistas, 108
   Derrida, 339-341
   desejo, 219-220, 228-230
   justiça, 215
   Kant, 175, 177
   laços corporais, 426
   linguagem, 414
   Mercador de Veneza, O, 285
   mosaica, 248
   Nietzsche, 248
   ordem simbólica, 154-155
   sentidos, 177
   simbólica, 164, 169, 320
   universal, 129, 156, 174, 189
   ver também lei moral; lei simbólica
Leibniz, G. W., 36
leis universais, 80, 129, 334
Lemaire, Anika, 221 n. 6
Lévinas, Emmanuel, 281, 311

amor, 324
bem, 312
comunal, comunitário, 239
consciência, 311
corpo, 68
estádio do espelho, 319
estranhos, 331
ética do Real, 382
ética, 311-314, 326, 335
felicidade, 395
finitude, 312, 329-330
identidade, 322
Imaginário, 319
influência kantiana, 409-410
justiça, 333, 337
morte, 312
obrigação, 281
ordem simbólica, 333
Outro 313-317, 407
político, o, 333-336, 406
responsabilidade, 331, 363, 410
sensibilidade, 311, 318
substituição, 320-321
sujeito, 132-133, 311
terceiro, 332-333
Totality and Infinity ["Totalidade e infinito"], 319, 333-334
liberdade
   autodeterminação, 163-165, 329
   classe média, 167
   Espinosa, 141, 148
   Kant, 162-164, 417
   Nietzsche, 244
   Outro, 316-317
libido, 81, 215
linguagem, 111, 316, 377, 415

ÍNDICE REMISSIVO

livre-arbítrio, 243 *ver também* vontade
Livro da Sabedoria, 87
Locke, John, 56, 67, 117, 145
Lovibond, Sabina, 404
lugar-comum, *ver* corriqueiro, o*
Lutero, Martinho (em Kleist), 266,
268-270
Lyotard, Jean-François, 134, 360,
371, 409
Just Gaming [Au juste], 416

MacIntyre, Alasdair, 38, 114, 408, 429
mal, maldade, 380-381, 385, 387, 434
Mandela, Nelson, 162
Mann, Thomas
Dr. Fausto, 1193, 260, 306, 381,
387
Montanha mágica, A, 381, 392
Mao Tsé-tung, 415
máquina de dor, 106
mártires, 290, 396, 399
Marx, Karl, 242
alienação, 22
*Contribution to the Critique of
Hegel's Philosophy of Right
[Contribuição à crítica
hegeliana da filosofia do
direito]*, 392
*Critique of the Gotha Programme
[Crítica do programa de Gotha]*,
337
democracia, 434
dialética, 213
divisão do trabalho, 51 n. 44
formalismo da lei kantiana, 169,
178
história, 228

igualdade, 337
investigação moral, 416
justiça, 80
Manifesto comunista, 408
Manuscritos econômico-filosóficos,
311
moral como ideologia, 242, 251
ponto de vista romântico, 285
proletariado, 365, 392
ser da espécie, 65
sujeito, 180
marxismo, 114, 141, 144, 337-338,
356, 378, 393, 408
masoquismo, 64, 289
materialismo, 31, 46, 144, 383
McCabe, Herbert, 406
Medida por medida
Ângelo como supereu, 196-197
apatheia [apatia], 145
concupiscência, 195
identidade, 288
justiça, 266-267, 269-270
lei, 266-267, 269-270
misericórdia, 160, 199
morte, 194, 259, 261, 264
perdão, 194, 196, 270
razão/desejo, 196
substituição, 198
tautologias, 192, 198
medo, 245
melancolia, 286
Melville, Herman: *Moby Dick*, 302
Mercador de Veneza, O (Shakespeare)
amor, 286
antissemitismo, 275
caixinha de chumbo, 284-285

desejo, 286
justiça, 333
lei, 403
letra comercial de Shylock, 272
objeto pequeno a, 272, 274
ordem simbólica, 279, 282-283, 346
Pórcia, 194, 279-280, 282-285
Real, 275
Merleau-Ponty, Maurice, 16, 26, 68-69, 71, 92, 108, 120, 375
metaética, 325
metalinguagem, 111
metanoia, 276, 289
Millar, John, 34
Miller, Arthur
   As bruxas de Salém, 304
   Morte do caixeiro viajante, A, 303, 333
   Panorama visto da ponte, 303, 304
Miller, J. Hillis, 339, 367, 406, 411-412, 414-415, 417
Milton, John, 66, 89, 193, 301
mimese/mímesis, 32, 57, 62, 100, 103, 284, 429
misericórdia, 132, 133, 134, 137-138, 201
modernismo, 211, 240, 378
moderno, como termo, 374
Molesworth, Robert, 56
Molière, 42
momento edipiano, 21, 73-74, 129
Montaigne, M. E. de, 18
Montesquieu, C-L. de S., 34
Moore, G. E., 41
Moore, Thomas, 115
moral, 16, 62

Aristóteles, 250
Badiou, 252
dever, 169
Espinosa, 139
estetizada, 21
ética, 261-262
feminina, 288
Hume, 39, 132
Hutcheson, 103
irrefletida, 243
Kant, 175, 384
Lacan, 209
Locke, 117, 145
medo, 242-244
mimese, 57
Nietzsche, 218, 338
ordem social, 365
sentidos, 82
sentimentos, 145
tradição judaico-cristã, 392
valores, 243
virtude ética, 362
Moretti, Franco, 375
Morgan, *Sir* Charles, 31
morrer pelo Outro, 320, 350, 427
Morris, William, 376
morte
   amor, 395
   corpo, 275
   gozo [*jouissance*], 389, 395
   Heidegger, 321
   Jesus Cristo, 177,
   judeus/cristãos, 312
   Lévinas, 312
   mártires, 290
   Medida por medida, 196, 265

INDICE REMISSIVO

niveladora, 194, 385
opção resoluta pela, for 259, 260
ordem simbólica, 189
Real, 213, 275, 431
Rilke, 290
São Paulo, 129
ver também morrer pelo Outro;
   mortos-vivos
mortos-vivos, 209, 219, 237, 272,
   289, 301, 304, 390
Mullan, John, 47

nacionalismo, 55, 79, 114
narcisismo, 23, 48, 108, 183, 391
natureza, 140, 165, 181, 283
neokantismo, 378
neoplatonismo, 84, 115
neostalinismo, 205
New Yorker [revista], 381
Newton, Isaac, 31
Nietzsche, Friedrich, 22
   Além do bem e do mal, 75, 244-246
   Aurora, 244-245
   Caminhante e sua sombra, O, 251
   Crepúsculo dos ídolos, 245
   e Lacan, 218
   filósofos, 416
   Genealogia da moral, 64, 243, 246
   Humano, demasiado humano, 250
   lei, 248
   moral, 243-244, 246, 252
   Nascimento da tragédia, O, 252
   super-homem, 245, 247-253
   teleologia, 248-249
   virtude ética, 251

Vontade de poder, A, 228, 243, 247
niilismo, 183
Nome do Pai, 127, 277
Novo Testamento
   ação política, 356
   amor, 173
   anti-Imaginário, 46
   crucificação, 348, 400
   fé, 242
   metanoia, 276
   sofrimento de Jesus, 387
Nussbaum, Martha, 435 n. 5

objetividade, 229
objetos auráticos, 108-109
obrigação
   absoluta, 410
   assimétrica, 320
   deontologia, 323
   estranhos, 88
   ética, 323
   Lévinas, 281
   Mercador de Veneza, O, 283-284
   Outro, 320
   pós-estruturalismo, 312
   sem economia, 321
   sensibilidade, 323
olhar, 108-111
ordem simbólica, 20, 127, 197, 390
   amor, 170
   autonomia, 85
   como ficção, 118
   contrato, 282
   desejo, 129, 173, 182, 285
   desreconhecimento, 111

O PROBLEMA DOS DESCONHECIDOS

doutrina, 339
encarnação, 344
exclusão, 128
função, 127
Heathcliff, 269
imparcialidade, 344
Kant, 156
lei, 154-155
Lévinas, 333
Mercador de Veneza, O, 285-286
morte, 130
Outro, 16
política, 430
Real, 207, 226, 316-317
sujeito descentrado, 77
virtude ética, 405
Orwell, George, 376, 381
Outro
    benevolentismo, 315
    corpo, 16, 67-68
    cristianismo, 87
    desejo, 110, 130, 170, 285, 319
    morrer pelo, 320-321, 348-351, 427
    fetichismo, 176
    liberdade, 316
    amizade, 57
    olhar, 108
    Deus, 132
    Hutcheson, 318-319
    bebê, 132
    intersubjetividade, 127
    Lacan, 127, 228, 271, 388, 427
    Lévinas, 314-317, 407
    metalinguagem, 111
    lei moral, 323,329

obrigação, 333
política, 336
Real, 320
revelação, 317
eu, 17, 103, 315-316, 319, 327, 331-332
singularidade absoluta, 349, 351
Smith, 110
sujeito, 127-128
lei simbólica, 320
ordem simbólica, 21
transcendência, 330, 347
Zizek, 407
Owenson, Sydney, 31

paixões, 64-76
particularidade, 361, 428
Pascal, Blaise, 131, 348, 358
Paton, H. J., 182
patriarcado, 34
pavor, 234
pecado original, 234, 389
pecado, 196, 236, 289, 389
Pechey, Graham, 393
Peirce, C. S., 44
pena, *ver* piedade*
pensadores de esquerda
    autorreflexão, 20
    desilusão, 336
    ética do Real, 382
    vanguarda [*avant-garde*], 364
    ver também socialismo
pensadores franceses, 372-374, 376-377; *ver também* pensadores individualmente listados

454

INDICE REMISSIVO

pensamento budista, 229
percepção, 61, 159
perdão, 194-195, 270, 282-283
Perec, Georges, 374
pharmakos
    em *Moby Dick*, 301
    Heathcliff como, 295-297
    Jesus Cristo, 349, 399
    lei moral, 175
    pecado coletivo, 289
    Sófocles, 265
phronesis, 192, 404
piedade, 46, 82, 86, 99, 102
Plekhanov, Georgi, 144
poder, 97, 134
política
    amor, 408
    Aristóteles, 405, 418, 433
    desejo, 217-218
    ética, 333-336, 342, 398-399, 417
    Lacan, 216
    Outro, 336
    psicanálise, 206
político, o
    Burke, 97, 102
    ético, o, 406, 417, 433
    independência, 207
    Lévinas, 330-331, 334-335, 406-407
    ordem simbólica, 431
Pontalis, J.-B., 20
pós-estruturalismo, 322, 412-417
pós-modernismo, 360
prazer, 59-61, 63-64, 104-105, 160, 263-264
presbiterianismo, 55-56, 63

proletariado, 365, 392
proporção, 37-38
protestantismo, 35; ver também presbiterianismo
proximidade, 318, 324, 331; *ver também* distância
psicanálise, 366
    e cristianismo, 432
    vínculo erótico, 214
    Lacan, 23
    Lévinas contra a, 315
    política, 206-207
    sentido da vida, 220
    sublimação, 392
psicose, 261
pulsão de morte
    ética imaginária, 64
    fé, 432
    Freud, 213, 230, 270
    na ficção, 237, 252, 301, 365
    suicídio, 228
    ver também Tânatos

Racine, Jean, 209
racionalidade, 37, 39, 41-42, 144-145, 226
Rajchman, John, 214, 218, 396-397
razão
    desejo, 196
    dever, 166
    Hegel, 226
    Heidegger, 77
    Hume, 42
    juízo, 107
    sentido moral, 42

sentimento, 31
Real
  amor, 89
  Badiou, 352
  Berkeley, 117
  caixinha de chumbo, 284-285
  como ponto de falha, 209
  corpo, 275
  desejo, 211, 213, 217, 220, 225
  e o Simbólico, 198
  fé, 220
  gozo [*jouissance*], 208, 213-214
  herói ético, 394, 398
  humanidade, 428
  Imaginário, 228-231
  Jameson, 208
  Kant, 198
  Lacan, 101, 134, 159, 174, 205, 237
  lei simbólica, 164
  linguagem para, 210
  masoquismo, 64
  Mercador de Veneza, O, 265
  morte, 212, 261
  na ficção, 327, 354, 383, 395
  ordem simbólica, 210, 237
  Outro, 316
  redenção, 213
  Santo Agostinho, 261
  significante, 211, 213
  sujeito, 263
  Tânatos, 219, 226
  ver também ética do Real
  virtude ética, 408
  Žižek, 205-206, 208
"realistas", *ver* adeptos do Real*

reciprocidade, 179-181
Rée, Jonathan, 377
Reinhard, Kenneth, 232, 395, 406-407
relativismo, 142, 162, 414
religião, vi, 238
responsabilidade
  culpa, 317, 323
  justiça, 427
  Lévinas, 331, 361, 410
  universal, 349
ressurreição, 352, 361, 386
revelação, 317
revolução cultural, 352
Revolução Francesa, 293
Revolução Iraniana, 353
revolução, 115, 393
Reynolds, Joshua, 45
Richardson, Samuel, 33, 36
  Clarissa, 288, 295
ridículo, 377
Rilke, Rainer Maria, 290
rir da desgraça alheia, ver
  *Schadenfreude**
rivalidade, 24, 72, 101-102, 284
Robbins, Bruce, 320, 426
romantismo, 78, 84, 410
Rousseau, Jean-Jacques, 79, 99, 105, 110
Ruskin, John, 378

sabedoria, 146, 385
sacramento, 277
sacrifício, 89-90, 329, 345, 399
sadismo, 213
sadomasoquismo, 242

ÍNDICE REMISSIVO

Saint-Simon, Claude, 371
Santner, Eric, 363, 391
São Paulo, 146
    estranhos, 425
    lei, 172, 175-176, 248
    morte, 129
    pecado, 290
    ressurreição, 355, 366
    seguidores de Jesus, 365
    virtude, 176
Sartre, Jean-Paul, 241, 305, 372, 375, 379
Scarry, Elaine, 70
Schadenfreude [alegria maldosa], 65, 107
Scheler, Max, 113
Schiller, Friedrich von, 148, 177, 196
Schmitt, Carl, 348
Scholem, Gershom, 109, 169
Schopenhauer, Arthur
    e Freud, 226
    objetividade, 229
    Real/Imaginário, 228
    Simbólico, 232
    vontade, 226, 228
Sedgwick, Peter, 10
selvagens, 110
Sen, Amartya, 44
Sennett, Richard, 153-154
sensibilidade
    cisão, 373
    corpo/mente, 31
    crueldade, 113
    ética, 311
    jornalismo, 35-36
    Lévinas, 311, 318-319

    obrigação, 323
    prazer, 166
    sentimento, 33
    Smith, 33
    sociabilidade, 114
    subjetividade, 316
sentidos, 66-67, 105, 118, 144, 291
sentimentalismo, 44-45, 47, 98, 425
sentimento, 31, 37, 99-100, 172
sentimentos
    comportamento, 31, 37, 39, 425
    éticos, 79
    falsa consciência, 146
    morais, 157
    privados, 99
sexualidade, 115
Shaftesbury, conde de
    consciência, 21
    e Hutcheson, 53, 63
    e Kant, 157
    neoplatonismo, 115
    piedade, 46
    riqueza, 34
    sentido moral, 41, 80
    virtudes, 57
Shakespeare, William
    Antônio e Cleópatra, 285
    Como lhe aprouver, 287
    Hamlet, 191, 277, 283
    Rei Lear, 22, 194, 386
    Sonho de uma noite de verão, 285
    Timão de Atenas, 45, 279
    Troilo e Créssida, 227
    ver também Medida por medida; O mercador de Veneza
Sibley, Robert, 427

significante
  caráter esquivo do, 130
  falta transcendental, 133
  Real, 217, 302
  significado, 20, 116, 129, 132, 198
signo, 210, 275-277, 285
Simbólico
  deontologia, 323
  e o Imaginário, 73, 74, 127, 180, 426
  e o Real, 159, 286, 360, 427-430
  ético, o 232
  Schopenhauer, 223
  troca/comensurabilidade, 19
simpatia
  benevolentistas, 146
  compaixão, 103-104
  distanciamento cognitivo, 107
  egoísmo, 156
  ética, 107
  Hume, 87-89
  imaginação, 70-71
  Imaginário, 118,430
  política de, 102
  transitivismo, 17
singularidade absoluta, 334, 337, 349
situação ética, 164
situacionismo, 375
Smith, Adam, 55
  amor-próprio, 105
  dualismo, 70
  egoísmo, 34
  juízos morais, 108
  olhar do Outro, 108
  Outro, 105
  sensibilidade, 33

sentidos, 67
sentimento moral, 104
Teoria dos sentimentos morais, 17, 70
sociabilidade, 578, 110
socialismo
  Brecht, 86
  cristianismo, 393
  democracia, 434
  ética, 434
  fé, 432
  futuro justo, 387
  ver também pensadores de esquerda
sociedade justa, 149, 179
Sófocles
  Antígona, 215, 219, 262, 264, 396
  Édipo em Colono, 216, 265, 365
  Édipo Rei, 216
  Filoctetes, 216
sofrimento, 387 *ver também* dor
Solidariedade, movimento polonês, 207
Solidariedade, Polônia, 207
solidariedade, *ver* simpatia*
Spectator, 35-36, 85
stalinismo, 322
Steele, Richard, 32, 35-36, 44-46, 98, 113
Steiner, George, 382, 386
Sterne, Laurence, 32, 37, 39, 43-45, 48, 60
  Tristam Shandy, 26 n. 5, 39, 67, 70, 121 n. 33
  Uma viagem sentimental, 32
Strauss, Leo, 148
subjetividade
  destituição, 399

ÍNDICE REMISSIVO

enigmática, 182
Foucault, 281
Kant, 170
Nietzsche, 228
sensibilidade, 311
significação, 198
valor moral, 170
vazio, 167
vontade, 227
sublimação, 392
sublime
belo, 102, 189
Burke, 364
como força masculina, 102
Kant, 182
Kierkegaard, 382, 400
moral, 162, 416
sentidos, 67, 312
terrena, 100
transcendência, 354
substituição, 197, 320-321
suicídio, 229, 287
sujeito
castração, 217
descentrado, 17, 77, 100, 293, 304
desejo, 134
Espinosa, 140
ético, 334
felix culpa, 128
identidade, 205
Lévinas, 133, 311
Outro, 128-129, 313, 388
protestante, 35
Real, 206
reciprocidade, 173
significante/significado, 116

Super-homem, 245-253
supereu, 129, 164, 169, 177, 193, 196, 209, 398
surrealismo, 373, 3758, 379
Swift, Jonathan, 98

Tânatos, 64
Eros, 208, 216, 221-222, 230, 262, 295, 301, 387
gozo, 389
Kleist, 265
Real, 212-213
Tatler, 35, 85
tautologias, 165-166, 169
Taylor, Charles, 400
Tel Quel, 364
teleologia, 228, 249
teoria/ideologia, 79, 142
terceiro, 332
Teresa, Santa, 219
Thompson, E. P., 376
Todd, Janet, 18
Tomás de Aquino, Santo
amizade, 99, 426
beatitudo [beatitude], 215, 408
Deus, 165
discurso ético, 59
Real, 161
vontade, 161
tradição irlandesa, 114, 117, 371
tradições celtas/gaélicas, 113-114
tragédia grega, 219
tragédia, 111, 364, 384; *ver também* tragédia grega
traição, 283, 294, 305-306, 341

transcendência
corpo, 311
desejo, 263-264
eu, 91
imanência, 393, 400
mal, 434
Outro, 330, 348-349
sublime, 354-355
transitivismo, 17, 18, 24, 103
Turner, Denys, 416

universalidade, 155-156, 350
universalismo
belo, 212
benevolência, 80, 83, 87, 98
Burke, 78
caridade, 192
e especificidade, 164-165
Iluminismo, 114-115, 178
utilitarismo, 133, 142, 144, 214, 382-383

Valéry, Paul, 108
valor de troca, 47, 1174,-175, 189-198
valores femininos, 103
valores/fatos, 167, 412-413
vanguarda, 352, 354, 364, 371, 374
Velho Testamento, 169, 175, 392, 401, 428
verdade, 210, 220, 358-361
vida cotidiana, 362, 396 ver também corriqueiro, o; cotidiano
vingança, 230, 344

virtude ética, 251, 362, 402-404, 408, 410
virtudes
Aristóteles, 102, 173, 404
autodeterminação, 141
Burke, 273
cidadania, 397
classe média, 396
experiência, 158
Hume, 40, 77-78, 190
Hutcheson, 34, 36, 40-42, 44-45, 49-50, 53
Kant, 227
Lacan, 418
mimese, 429
racionalidade, 37
São Paulo, 175-176
Shaftesbury, 51
voluntarismo, 85, 410-411
vontade, 140, 209, 226

Weber, Max, 378
Wiggins, David, 90 n. 1
Wilde, Oscar, 24, 38, 61, 116, 233, 277
Williams, Bernard, 399
Ethics and the Limits of Philosophy ["A ética e os limites da filosofia"], 414
Williams, Raymond, 34, 49, 336, 375
Wittgenstein, Ludwig
cotidiano, 376
fim da explicação, 41
Investigações filosóficas, 20, 22, 26-27, 344
máquina de dor, 103

ÍNDICE REMISSIVO

sobre ética, 161
Tractatus Logico-Philosophicus, 378
virtude ética, 402-203
Wollaston, William, 40
Wood, Alan, 179
Wood, David, 290, 308, 320, 377
Woolf, Virginia
Mrs. Dalloway, 212
Rumo ao farol, 210, 213
Wordsworth, William
Imaginário, 72, 318-319
Lyrical Ballads, 294
The Borderers, 293

Yeats, W. B., 117, 366, 368, 371

Žižek, Slavoj

antecedentes, 332
bem, 403
destituição subjetiva, 399
Édipo, 340
ética do Real, 376
falta, 220
gozo, 61
Outro, 127
piedade, 105
Real, 219-220
sobre cristianismo, 408
vida cotidiana, 393
viver a condição humana, 236
Zupančič, Alenka, 364, 368, 380, 394, 419

Este livro foi composto na tipografia ClassGarmnd BT,
em corpo 11/13,9, e impresso em papel off-white no
Sistema Digital Instant Duplex da
Divisão Gráfica da Distribuidora Record.